Intercultural Studies

Schriftenreihe des Zentrums für Interkulturelle Studien (ZIS)

Band 6

Herausgegeben von

DILEK DIZDAR · ANTON ESCHER

ALFRED HORNUNG · DIETER LAMPING

Zentrum für Interkulturelle Studien (ZIS)
Interdisziplinäre Forschungsplattform
der Johannes Gutenberg-Universität Mainz

Komparatistische Blicke auf Lateinamerika und Europa

Herausgegeben von

MARTINA KOPF
SASCHA SEILER

Universitätsverlag
WINTER
Heidelberg

Bibliografische Information der Deutschen Nationalbibliothek
Die Deutsche Nationalbibliothek verzeichnet diese Publikation in der Deutschen Nationalbibliografie; detaillierte bibliografische Daten sind im Internet über *http://dnb.d-nb.de* abrufbar.

UMSCHLAGBILD
© Corinna Rotert

ISBN 978-3-8253-6689-6

Imprimé en Allemagne · Printed in Germany
Umschlaggestaltung: Klaus Brecht GmbH, Heidelberg
Druck: Memminger MedienCentrum, 87700 Memmingen

Gedruckt auf umweltfreundlichem, chlorfrei gebleichtem und alterungsbeständigem Papier

Den Verlag erreichen Sie im Internet unter:
www.winter-verlag.de

INHALTSVERZEICHNIS

Literarische Beziehungen zwischen Lateinamerika und Europa – eine Annäherung

Martina Kopf und Sascha Seiler

Lateinamerika und Europa können heute auf eine über 500 Jahre alte literarische Beziehung zurückblicken. Mit Kolumbus' Bordbuch beginnt nicht nur das „Problem des Anderen"[1], wie Todorov es formuliert, sondern auch das Schreiben über Lateinamerika.

Jahrhunderte später ist der Kontinent ein beliebtes Thema in der europäischen Literatur: Alexander von Humboldt wird zum zweiten Entdecker Lateinamerikas ernannt, aus seiner Besteigung des Chimborazo macht er ein literarisches Kunststück und auch Flora Tristan ästhetisiert die Anden in ihrem 1837 erschienenen Reisebericht über Peru, *Pérégrinations d'une paria*. Im 20. Jahrhundert entstehen schließlich so genannte lateinamerikanische Romane – beispielsweise *The Plumed Serpent* (1926) von D. H. Lawrence oder Malcolm Lowrys 1947 publizierter Roman *Under the Volcano*, der wie Humboldt einen Vulkan als zentrales Motiv beherbergt –, aber auch Reiseberichte von Bruce Chatwin (*In Patagonia*, 1977) oder Stefan Zweig, dessen essayartiger Text *Brasilien. Ein Land der Zukunft* historische Fakten mit Impressionen eines Reisenden und utopischem Gehalt kombiniert.

Umgekehrt scheint das Schreiben über Europa, genauer über Deutschland, aus lateinamerikanischer Perspektive eine neue Tendenz der aktuellen lateinamerikanischen Literatur zu sein, wie Michi Strausfeld andernorts betont.[2] Ein Beispiel dafür ist Patricio Pron, der mit einem kurzen Prosatext in diesem Band vertreten ist, ein „Autor zwischen den Welten", der sich zwischen Argentinien, Göttingen und Madrid bewegt und schreibt, wobei er dieses ‚zwischen den Welten-Sein' in seinen Texten auch vordergründig thematisiert. Im Zuge der von Strausfeld erwähnten bemerkenswerten Zunahme deutscher Themen, Figuren und *settings* in lateinamerikanischen Romanen wird auch regelmäßig der Nationalsozialismus aufgegriffen, so geht MARCO THOMAS BOSSHARD (Flensburg) in seinem Beitrag Nazis als „Reflektorfiguren" im argentinischen Roman und Film nach.

Selbstverständlich ist dies nur eine mögliche Facette der vielfältigen literarischen Beziehungen zwischen Europa und Lateinamerika. Aus komparatistischer Perspektive ist vor allem die wechselseitige Rezeption der Literaturen von Interesse. Zu dem mittlerweile fast schon mythisch überhöhten Boom lateinamerikanischer Literatur in Deutschland und Europa kam es in den 60er Jahren. Autoren wie Carlos Fuentes, Mario Vargas Llosa und vor allem Gabriel García Márquez schienen ein europäisches Verlangen nach Neuem, auch nach Exotik und Magie, zu bedienen. Und die Begeisterung hält bis heute an, vor allem auch auf einen Autor bezogen, der es sich in seinen Werken zum Ziel gemacht hat, die zeitgenössische gebrochene lateinamerikanische Realität zu beschreiben: Roberto Bolaño hat sich auch in Deutschland als viel gelesener, kontrovers diskutierter und verstärkt auch in der Literaturwissenschaft zunehmend breit rezipierter Schriftsteller etabliert.

[1] Tzvetan Todorov: *Die Eroberung Amerikas. Das Problem des Anderen*, Frankfurt a.M.: Suhrkamp, 1985.

[2] Michi Strausfeld: „Die lateinamerikanische Literatur auf dem Weg ins 21. Jahrhundert", in: *Sondierungen. Lateinamerikanische Literatur im 21. Jahrhundert*, hg. von Rike Bolte, Susanne Klengel, Frankfurt a.M.: Vervuert, 2013, 27–44, 38.

Umgekehrt nimmt die Rezeption europäischer Literatur in der lateinamerikanischen Literatur seit jeher eine zentrale Position ein. Jorge Luis Borges' erste Lektüre waren nach eigener Aussage Grimms Märchen, später entwickelte er dank seiner elterlichen Prägung ein großes Interesse an britischen Autoren, allen voran G. K. Chesterton. Miguel Angel Asturias und Alejo Carpentier wiederum standen in engem Kontakt zu den französischen Surrealisten und Mario Vargas Llosa zählt Flaubert, Balzac, Tolstoi, Sartre, aber auch einen valencianischen Ritterroman-Autor zu seinen literarischen Vorbildern. Und es ist insbesondere Franz Kafka, der von Autoren wie Borges, García Márquez und Bolaño immer wieder als Referenz und Bezugspunkt europäischer Literatur genannt wird.

Von besonderem Interesse ist dabei die produktive Rezeption. Dies zeigt sich sowohl in der Neugestaltung eines literarischen Stoffes, als auch in der Übernahme literarischer Figuren oder Motti. Ein Beispiel hierfür wäre etwa José Enrique Rodós *Ariel* (1900). Allerdings kann es natürlich auch zu Bezugnahmen im Bereich von Gattung und Stil bis hin zur Adaption in anderen Medien kommen. HORST NITSCHACK (Santiago de Chile) stellt in seinem Beitrag die Frage nach einem Bildungsroman in den Tropen. PETER W. SCHULZE (Bremen) untersucht Strategien des *Rewriting* und RIKE BOLTE (Osnabrück) verortet Baudelaire und Rimbaud im lateinamerikanischen Kontext.

Eine weitere Ebene der literarischen Beziehungen zwischen Europäern und Lateinamerikanern lässt sich in Form von direktem Austausch zwischen Autorenpaaren oder -gruppierungen festhalten – Alejo Carpentiers Begegnung mit den französischen Surrealisten wäre hier als Beispiel zu nennen. Schließlich kann der Magische Realismus nicht zuletzt auch als Produkt europäisch-lateinamerikanischer Beziehungen betrachtet werden. Einzelne Autoren können hierbei zum Mittelpunkt europäisch-lateinamerikanischer literarischer Netzwerke werden; ein Beispiel für solch ein Netzwerk, zu Beginn des 19. Jahrhunderts, ist die Begegnung Humboldts mit dem lateinamerikanischen Unabhängigkeitskämpfer Simón Bolívar. In seinem Prosagedicht *Mi delirio sobre el Chimborazo* begibt sich Bolívar auf Humboldts Spuren wie MARTINA KOPF (Mainz) in ihrem Beitrag zeigt.

Zu literarischen Beziehungen zwischen Europa und Lateinamerika kann es natürlich nicht zuletzt auch auf der Textebene kommen. So reflektiert Carlos Fuentes in *Terra nostra* (1975) über das Verhältnis zwischen Europa und Lateinamerika und spielt mit wechselseitigen Projektionen. Interessanterweise ist die *conquista* immer noch künstlerisches Thema, und zwar auf beiden Seiten der Welt: Man denke an Alfred Döblins *Amazonastrilogie* (1937/38), an Werner Herzogs Film *Aguirre, der Zorn Gottes* (1972) oder an den Roman des argentinischen Autors Federico Andahazi *El conquistador* (2006).

Aber auch in anderen Medien kann es zu Bezugnahmen zwischen Lateinamerika und Europa kommen. So zum Beispiel in populärkulturellen Zeitschriften wie KATJA CARRILLO ZEITER (Berlin) in ihrem Beitrag demonstriert. Sie geht den Beziehungen zwischen Argentinien und Europa in populärkulturellen Zeitschriften zu Beginn des 20. Jahrhunderts nach.

Diese facettenreichen literarischen Beziehungen zwischen Lateinamerika und Europa sind Thema unseres Sammelbandes *Komparatistische Blicke auf Lateinamerika und Europa.* Allerdings sind diese Beziehungen nicht immer offensichtlich und häufig bedarf es eines komparatistischen Blicks, um diese zu (re)konstruieren. Nicht zuletzt können eben solche komparatistischen Blicke auch neue Beziehungen herstellen, also dort Verbindungen ziehen, wo sie auf den ersten Blick nicht zu erwarten wären. Dies betrifft vor allem den Vergleich literarischer Motive, dem sich der Beitrag von KORA BAUMBACH (Göttingen) zum literarischen Verschwinden bei dem argentinischen Autor Marcelo Figueras und bei Uwe Timm widmet. In SASCHA SEILERs Beitrag geht es um ein ähnliches Thema, nämlich die Figur des in Europa exilierten Lateinamerikaners im Werk Roberto Bolaños und um die Frage, wie der europäische Blick auf diesen zu einer verfremdeten Wahrnehmung führt.

Immer schwieriger wird es von zwei Entitäten zu sprechen: Die Formel von der ‚Alten Welt' und der ‚Neuen Welt' scheint sich aufzulösen zu Gunsten von transatlantischen oder ‚europamerikanischen' Beziehungen. Dabei zeigt sich lateinamerikanische – und auch europäische – Literatur keinesfalls in sich homogen. Stellt man Jorge Luis Borges Miguel Ángel Asturias gegenüber und José María Arguedas MarioVargas Llosa, so können die Haltungen dieser Autoren zum Schreiben und zur Literatur unterschiedlicher nicht sein. Lateinamerikanische Autoren zeigen sich stellenweise als „europäische Autoren", als Autoren „zwischen den Welten". Häufig handelt es sich um transkulturelle Figuren wie bereits der erste lateinamerikanische Autor, Inka Garcilaso de la Vega, der als im ersten Jahrzehnt der spanischen Herrschaft geborene Sohn eines spanischen Eroberers und der Nichte eines Inka-Herrschers ein katholischer Inka war und damit einen Mestizen par excellence[3] darstellte.

Als der Nobelpreis für Literatur 2010 an Vargas Llosa vergeben wurde, hörte man in Peru indes auch kritische Stimmen: Ein Autor, der in Europa lebt, bei europäischen Verlagen publiziert, über Europa schreibt und sich kritisch bis abwertend zu Lateinamerika äußert – macht ihn allein seine Herkunft zu einem lateinamerikanischen Autor? Interessanterweise bekennt Vargas Llosa, er habe Lateinamerika erst in den sechziger Jahren entdeckt und zwar in Paris.[4] Lateinamerika erklärt er zu einer „überseeischen Verlängerung des Westens, welche natürlich beträchtliche Nuancierungen und Unterschiede angenommen hat"[5]. Die Formulierung der Verlängerung mag ungeschickt gewählt sein und eurozentrisch anmuten, doch lässt sich das Prinzip der Einflussnahme nicht leugnen. Allerdings mit dem bedeutsamen Unterschied, dass etwas Neues entsteht, das für Europa ebenso relevant ist, wie Ottmar Ette formuliert: „Denn wie das Leben nicht ohne Literatur

[3] „La historia tradicional ha querido ver en los *Comentarios Reales* la conciliación armónica entre España y los Andes." Alberto Flores Galindo: „Europa y el país de los Incas: la utopía andina", in: *Buscando un inca. Identidad y utopía en los Andes*, hg. von ders., 4. Aufl., Lima: Horizonte, 1994, 42. Vgl. dazu auch Alberto Escobar: *La narración en el Perú. Estudio preliminar, antología y notas*, 2. Aufl., Lima: Mejia Baca, 1960, XVI: „Encarna Garcilaso el mestizaje biológico y el mestizaje espiritual, y en cuanto al carácter de su obra de ‚comentarista', el equilibrio entre las narraciones preferidas por el hombre singular y la historia del estado colectivo."

[4] Mario Vargas Llosa: „Lateinamerika von innen und außen", aus dem Spanischen übersetzt von Rosa María S. de Maihold, in: *EuropAmerikas. Transatlantische Beziehungen*, hg. von Ottmar Ette, Dieter Ingenschay und Günther Maihold, Frankfurt a.M.: Vervuert, 2008, 25–35, hier 25.

[5] Vargas Llosa, *Lateinamerika von innen und außen*, 32.

und Philologie, so ist Europa nicht ohne Lateinamerika, ohne die Geschichte und Kreativität dieser Neuen Welt, zu denken."[6] Europa solle sich also von den „Enden der Welt" her verstehen.

Gerade im Hinblick auf den transkulturellen Aspekt – auf Konzepte der Mehrsprachigkeit wie sie im deutschsprachigen Raum seit einiger Zeit diskutiert werden – kann von Lateinamerika profitiert werden. Theoretische Ansätze zur Transkulturation hat Angel Rama schließlich bereits in den 70er Jahren formuliert.

Europa als Zentrum gibt es also nicht mehr wie Octavio Paz festgestellt hat, was bleibt, ist die Peripherie.[7]

So gibt es auch die Dyade Europa-Lateinamerika nicht mehr, sondern der Blick reicht auch hier weiter – auf die ganze Welt – wie die beiden Beiträge dieses Bands von OTTMAR ETTE (Potsdam) und SUSANNE KLENGEL (Berlin) zeigen. Um die Inszenierung „literarischer Weltrepublik" geht es schließlich in KARIN PETERS (Mainz) Beitrag.

Unser Band versammelt Beiträge aus der Komparatistik, der Hispanoromanistik sowie der Filmwissenschaft und wirft damit einen interdisziplinären Blick auf die Diversität der kulturellen Beziehungen zwischen Europa und Lateinamerika. Gleichzeitig wollen wir aber auch einen Schritt weiter gehen und diverse praktische, alltägliche Aspekte des kulturellen Kontakts beleuchten. Dazu haben wir nicht nur ‚reine' Wissenschaftler als Beitragende eingeladen, sondern die wohl prominenteste Vermittlerin lateinamerikanischer Literatur, MICHI STRAUSFELD, die am Beispiel ihrer Arbeit mit den Autoren Isabel Allende und Carlos Ruiz Zafón aufzeigt, wie deutsche Verlage dem lesenden Publikum lateinamerikanische Literatur näher bringen.

[6] Ottmar Ette: „Laudatio: Mario Vargas Llosa oder die Praxis einer lebenswissenschaftlich ausgerichteten *Literatur*wissenschaft", in: *EuropAmerikas. Transatlantische Beziehungen*, hg. von Ottmar Ette, Dieter Ingenschay und Günther Maihold, Frankfurt a.M.: Vervuert, 2008, 9–23, 22.

[7] „Heute hat sich der Mittelpunkt der Welt verschoben: so daß wir alle, einschließlich Europäer und Nordamerikaner, periphereWesen geworden sind. Wenn es überhaupt kein Zentrum mehr gibt, stehen wir alle am Rand." Octavio Paz: *Das Labyrinth der Einsamkeit*, Übersetzung und Einführung von Carl Heupel, 9. Aufl., Frankfurt a.M.: Suhrkamp, 1990, 166.

Wir danken vor allem allen Referentinnen und Referenten, die ihre interessanten Tagungsbeiträge in diesen Band eingebracht haben. Für die intensive redaktionelle Mitarbeit danken wir darüber hinaus auch Heike C. Spickermann, die uns mit außergewöhnlichem Engagement, Akribie und viel Geduld unterstützt hat. Unseren besonderen Dank möchten wir dem Zentrum für Interkulturelle Studien der Universität Mainz aussprechen, ohne dessen finanzielle Unterstützung der vorausgegangenen Tagung und die Aufnahme in seine Publikationsreihe dieser Sammelband so nicht möglich gewesen wäre, und an Prof. Dr. Dieter Lamping für die moralische und institutionelle Unterstützung der diesem Sammelband vorangegangenen Tagung richten.

Ottmar Ette

Die Transarealität der Literaturen der Welt

Lateinamerika zwischen Europa, Afrika, Asien und Ozeanien

Die Literaturen der Welt sind polylogisch. Bereits der Begriff der ‚Literaturen der Welt' zielt auf die Tatsache, dass sich Produktions-, Rezeptions- und Distributionsformen von Literatur im planetarischen Maßstab nicht aus einer einzigen ‚Quelle' speisen, nicht auf eine einzige Traditionslinie – etwa auf die abendländische – reduzierbar sind, sondern auf unterschiedlichste kulturelle Areas, verschiedenste Zeiten und mannigfaltigste Sprachbereiche zurückverweisen. Anders als beim Goethe'schen Begriff der Weltliteratur zielt der Begriff der Literaturen der Welt vor diesem Hintergrund nicht auf ein im besten Falle dialogisches, zwischen Abendland und Morgenland, zwischen Westen und Nicht-Westen vermittelndes Verstehen, sondern auf ein polylogisches Begreifen und Erleben eines Wissens, das niemals auf eine einzige Logik reduzierbar ist. Die von Goethe mit guten Gründen so vehement und nachhaltig gegen den Begriff der Nationalliteratur ins Feld geführte Weltliteratur lässt sich aus heutiger Sicht als eine Epoche beschreiben, die längst ihren historischen Höhepunkt überschritten hat und ebenso in ihrem historischen Gewordensein wie in ihrem Historisch-Gewordensein von neuen Horizonten (des Schreibens, des Lesens, der Theorie) geprägt ist, die nicht mehr an einem einzigen Blickpunkt, nicht mehr an einem einzigen Meridian einer einzigen weltumspannenden Literatur ausgerichtet werden können.

Zu den traditionellen (und auch weiterhin unverzichtbaren) Area Studies sind seit einigen Jahren *TransArea Studies*[1] hinzugetreten, die nicht länger auf raumgeschichtlichen, sondern auf *bewegungsgeschichtlichen* Grundlagen beruhen. Dabei geht es den ebenso kulturwissenschaftlich wie literaturwissenschaftlich ausgerichteten *TransArea Studies* nicht nur um eine möglichst exakte Repräsentation globaler Wirklichkeit, sondern zugleich (und vielleicht weit mehr noch) um die möglichst polylogische, vielstimmige Erfassung und Präsentation *gelebter*, aber auch *lebbarer* Wirklichkeiten in einem weltumspannenden Maßstab. Diesseits und jenseits der Dimensionen von Vergleich, Transfer und Verflechtung[2] ist es einer transarealen Wissens- und Wissenschaftskonstellation um eine Poetik der Bewegung zu tun, die in der Lage ist, fundamental-komplexe[3] Prozesse

[1] Vgl. hierzu Ottmar Ette: *TransArea. Eine literarische Globalisierungsgeschichte.* Berlin/Boston: Walter de Gruyter, 2012.

[2] Vgl. Michael Werner und Bénédicte Zimmermann: „Vergleich, Transfer, Verflechtung. Der Ansatz der ‚Histoire croisée' und die Herausforderung des Transnationalen", in: *Geschichte und Gesellschaft* (Göttingen) 28 (2002), 607–636.

[3] Zum Begriff des fundamental-komplexen Systems vgl. Friedrich Cramer: *Chaos und Ordnung. Die komplexe Struktur des Lebendigen.* Frankfurt a.M./Leipzig: Insel, 1996, 223.

in ihren vielfältigen und widersprüchlichen Lebenszusammenhängen ebenso transdisziplinär wie vielperspektivisch zu erfassen[4].

Transareal perspektivierte Beziehungen lassen kein ‚Anderes' entstehen, das von einem ‚Eigenen' klar zu trennen wäre – sie sind keiner Alterisierungslogik und keiner Geste der Diskriminierung zwischen vermeintlichen Zentren und vermeintlichen Peripherien verpflichtet. Sie interessieren sich in besonderer Weise für Süd-Süd-Beziehungen, die oft transtropischen Zuschnitts sind, versuchen zugleich aber, die bewegungsgeschichtlich zu erfassenden Rückbindungen an ‚den' Norden zu reflektieren und damit eine vielperspektivische Globalisierungsgeschichte zu entwerfen. Seit einer Reihe von Jahren liegt eine Vielzahl von Studien vor, die nicht nur die arabisch-amerikanischen, sondern in einem nicht geringeren Maße die amerikanisch-afrikanischen, die amerikanisch-europäischen oder die amerikanisch-asiatischen Beziehungen untersuchen, deren mobile Geflechte den hemisphärischen Raum der Amerikas wie auch einzelne Nationen oder Nationalstaaten transareal konfigurieren[5].

Gerade in einem so stark vektorisierten transkulturellen Überschneidungsbereich wie Lateinamerika kann eine transareal aufgestellte Philologie Pionierleistungen erbringen, die dazu beitragen werden, die nationalliterarischen und zum Teil rassistischen Altlasten der im 19. Jahrhundert gegründeten Nationalphilologien kritisch zu hinterfragen und zu

[4] Vgl. zur nicht nur fachgeschichtlichen Bedeutung einer derartigen epistemologischen Neuausrichtung sowie zur spezifischen Relationalität der Kulturen und Literaturen der Romania neuerdings Ottmar Ette: „Zukünfte der Romanistik im Lichte der TransArea Studien", in: *Geisteswissenschaft heute. Die Sicht der Fächer*, hg. von Dieter Lamping, Stuttgart: Alfred Kröner Verlag, 2015, 93–116.

[5] Vgl. hierzu u.a. Marianne Braig, Ottmar Ette, Dieter Ingenschay und Günther Maihold (Hgg.): *Grenzen der Macht – Macht der Grenzen. Lateinamerika im globalen Kontext* (2005); Peter Birle, Marianne Braig, Ottmar Ette und Dieter Ingenschay (Hgg.): *Hemisphärische Konstruktionen der Amerikas* (2006); Ottmar Ette und Friederike Pannewick, (Hgg.): *ArabAmericas. Literary Entanglements of the American Hemisphere and the Arab World* (2006); Ineke Phaf-Rheinberger und Tiago de Oliveira Pinto (Hgg.): *AfricAmericas. Itineraries, Dialogues, and Sounds,* Madrid/Frankfurt a.M.: Iberoamericana – Vervuert, 2008; Ottmar Ette (Hg.): *Caribbean(s) on the Move – Archipiélagos literarios del Caribe. A TransArea Symposium,* Frankfurt a.M./New York/Oxford: Peter Lang, 2008; Ottmar Ette, Dieter Ingenschay und Günther Maihold (Hgg.): *EuropAmerikas. Transatlantische Beziehungen.* Frankfurt a.M./Madrid: Vervuert – Iberoamericana, 2008; Ottmar Ette und Horst Nitschack (Hgg.): *Trans*Chile. Cultura – Historia – Itinerarios – Literatura – Educación. Un acercamiento transareal,* Madrid/Frankfurt a.M.: Iberoamericana – Vervuert, 2010; Ottmar Ette und Gesine Müller (Hgg.): *Caleidoscopios coloniales. Transferencias culturales en el Caribe del siglo XIX. Kaléidoscopes coloniaux. Transferts culturels dans les Caraïbes au XIX*e *siècle,* Madrid/Frankfurt a.M.: Iberoamericana – Vervuert, 2010; Ottmar Ette, Werner Mackenbach, Gesine Müller und Alexandra Ortiz Wallner (Hgg.): *Trans(it)Areas. Convivencias en Centroamérica y el Caribe. Un simposio transareal,* Berlin: Walter Frey – edition tranvía, 2011; Ottmar Ette und Gesine Müller (Hgg.): *Worldwide. Archipels de la mondialisation. Archipiélagos de la globalización. A TransArea Symposium,* Madrid/Frankfurt a.M.: Iberoamericana – Vervuert, 2012; Ottmar Ette, Werner Mackenbach und Horst Nitschack, (Hgg.): *TransPacífico. Conexiones y convivencias en AsiAméricas. Un simposio transareal,* Berlin: Walter Frey – edition tranvía, 2013; sowie Ottmar Ette und Gesine Müller (Hgg.): *Paisajes vitales. Conflictos, catástrofes y convivencias en Centroamérica y el Caribe. Un simposio transareal,* Berlin: Walter Frey – edition tranvía, 2014; Ottmar Ette und Gesine Müller (Hgg.): *Paisajes sumergidos Paisajes invisibles. Formas y normas de convivencia en las literaturas y culturas del Caribe. Un simposio transareal,* Berlin: Walter Frey – edition tranvía, 2015.

entsorgen[6]. Das in den Literaturen der Welt gespeicherte Wissen, auf welches die *Trans-Area Studies* unter anderem zurückgreifen, kann sehr wohl als Korrektiv disziplinär eingeschränkter Wahrnehmungsmuster dienen und transdisziplinär zu erarbeitende Fragestellungen ins Bewusstsein heben. Ließe sich nicht mit Roland Barthes formulieren, dass die Literatur „toujours en avance sur tout"[7], also immer allem – einschließlich der Wissenschaften – voraus ist und damit einen Schatz an Erfahrungen, Erkenntnissen und Erlebnissen birgt, den es wissenschaftlich und lebenswissenschaftlich erst noch zu entdecken und zu heben gilt? Wie aber ließe sich dann Lateinamerika zwischen Afrika, Europa, Asien und Ozeanien bewegungsgeschichtlich so denken, dass sich hieraus im Sinne einer Grundlagenforschung ein neues Verständnis transarealer Relationen ergeben könnte? Die nachfolgenden Fallbeispiele ordnen sich diesem Ziel zu.

Al-Hassan ben Mohammed ben Ahmed al-Wazzan al-Gharnati al-Fassi alias Giovan Leone Affricano alias Leo Africanus

Beschäftigen wir uns zunächst mit der ersten Phase beschleunigter Globalisierung, die sich im Zeichen der iberischen Machtexpansion zwischen dem Ausgang des 15. und der Mitte des 16. Jahrhunderts vollzog. Als müsste eine Bilanz dieser globalgeschichtlich so folgenreichen Phase gezogen werden, erschien im Jahre 1550 in der archipelischen Lagunenstadt Venedig die Kollektion der *Navigationi et Viaggi* des Giovanni Battista Ramusio, wo zusammen mit den *Navigazioni* des ‚gentiluomo veneziano' Alvise da Cadamosto, mit dem Bericht der Weltumsegelung des Vasco da Gama sowie mit weiteren europäischen reiseliterarischen Texten über die Neue Welt erstmals auch ein Werk eines arabischen Autors über Afrika erschien[8]. Ramusios Sammlung, die nicht allein bei den Zeitgenossen, sondern auch bei der Nachwelt noch über mehrere Jahrhunderte eine kaum zu unterschätzende Wirkung entfaltete[9], trennte gerade nicht – wie dies später so ‚natürlich' erschien – die Reisen in die Neue Welt von anderen Reisen nach Asien oder Afrika ab, sondern ließ ein geradezu transtropisches (und vor allem bewegungsgeschichtliches) Panorama entstehen, das den Ausdehnungen der Weltkarte eines Juan de la Cosa wie dem Weltbewusstsein eines Pietro Martire d'Anghiera und damit den ersten Kartographen und Historikern der Neuen Welt wesentlich getreuer entsprach. Um die Mitte des 16. Jahrhunderts waren in dieser aussagekräftigen Sammlung des Venezianers die Tropen als

[6] Vgl. hierzu Markus Messling und Ottmar Ette (Hgg.): *Wort – Macht – Stamm. Rassismus und Determinismus in der Philologie des 19. Jahrhunderts*, München: Wilhelm Fink, 2013.

[7] Roland Barthes: *Comment vivre ensemble. Simulations romanesques de quelques espaces quotidiens*, notes de cours et de séminaires au Collège de France, 1976/1977, texte établi, annoté et présenté par Claude Coste, Paris: Seuil – IMEC, 2002, 167.

[8] Vgl. die zugängliche dritte Auflage der Druckfassung von *La Descrittione dell'Africa*, in: *Navigationi et Viaggi*, hg. von Giovanni Battista Ramusio, terza edizione, primo volume, Venezia: Giunti, 1563, 11–95v.

[9] Zur beeindruckenden Wirkungsgeschichte der zahlreichen Ausgaben und Übersetzungen Ramusios unter besonderer Berücksichtigung der Wirkungsgeschichte des erwähnten arabischen Reisenden vgl. Dietrich Rauchenberger: *Johannes Leo der Afrikaner. Seine Beschreibung des Raumes zwischen Nil und Niger nach dem Urtext*, Wiesbaden: Harrassowitz, 1999, 1 sowie insbes. 152 ff.

planetarischer Bewegungs-Raum der europäischen Ausdehnung transareal kenntlich gemacht.

Über das den Europäern weitestgehend unbekannte Innere des afrikanischen Kontinents gab die von Ramusio 1550 herausgegebene (und bearbeitete) *Beschreibung Afrikas* ausführliche Kunde, ein Werk, das noch bis zu den Zeiten von Mungo Park das eigentliche Standardwerk in Europa über diese Welt darstellen sollte. Ihr Verfasser war kein Anderer als der wohl zwischen Dezember 1494 und August 1495, also kurz nach[10] der 1492 erfolgten Eroberung der Hauptstadt des Nasridenreiches im maurischen Granada geborene al-Hassan ben Mohammed ben Ahmed al-Wazzan al-Gharnati al-Fassi, der unter dem Namen Giovan Leone Affricano oder auch Leo Africanus in die Geschichtsbücher und Enzyklopädien einging. Sein voller arabischer Name enthält nicht nur die erkennbaren Hinweise auf verschiedene Orte, an denen der Granadiner lebte, sondern wird auch ergänzt durch den christlichen Taufnamen, den Papst Leo X. am 6. Januar 1520, also am Jahrestag der Einnahme Granadas durch die Katholischen Könige, dem späteren Verfasser der *Descrittione dell'Africa* verlieh. Kein Wunder also, dass der Mann mit den vielen Namen schon früh als ein Wanderer zwischen den Welten oder als Nomade zwischen den Kulturen bezeichnet wurde[11] und zu den faszinierendsten Gestalten des frühen 16. Jahrhunderts zählt. Zu Recht nahm Ramusio das ihm wohl in Venedig zugänglich gewordene Manuskript des nach dem Namen des kunstsinnigen Medici-Papstes getauften arabischen Reisenden in seine Sammlung auf.

Al-Hassan al-Wazzans Beschreibung der Stadt Kairo, die er aus längeren Aufenthalten kannte, ist gleichzeitig auf einen zumindest doppelten, okzidentalen und orientalen, Leserkreis zugeschnitten. Sie beginnt – wie häufig bei diesem Autor – mit Ausführungen zur sprachlichen Herkunft des Namens und schildert die Pracht ihrer Anlage wie die Fülle der in ihren Mauern versammelten Waren und Luxusgüter mit beredten Worten:

> Von Kairo, das gerüchteweise überall für eine der größten und bewundernswürdigsten Städte in der Welt bezeichnet wird, will ich Gestalt und Einrichtung nacheinander beschreiben und die Unwahrheiten, die man darüber hier und da erzählt, übergehen. [...] Ich behaupte, daß Kairo, der mit Mauern umgebene Teil nämlich, ungefähr 8000 Feuerstellen enthält. In diesem wohnen die Personen der höheren Stände, und hier werden die von allen Seiten herbeigebrachten Kostbarkeiten verkauft. [...] Die Stadt ist mit Handwerkern und Kaufleuten aller Art reichlich versehen. Das gilt besonders von der ganzen Straße, die vom Siegestor zum Tor Zuwaila führt, wo sich die meisten und vornehmsten aufhalten. In derselben Straße sind einige Kollegien, die wegen ihrer Größe und Schönheit, wegen der Bauart und Verzierungen bewundernswert sind, desgleichen sehr viele und große Moscheen. [...] Hernach folgen die Tuchgewölbe, deren jedes unzählige Läden enthält. Im ersten verkauft man ausländische Tuche von ausnehmender Güte, z.B. Baalbekische, das

[10] Allerdings geht al-Wazzans französischer Herausgeber und Übersetzer Alexis Epaulard von einer Geburt möglicherweise um 1489 aus. Vgl. hierzu Dietrich Rauchenberger: *Johannes Leo der Afrikaner*, 11 und 35; sowie Najib Redouane: „Histoire et fiction dans ‚Léon l'Africain' d'Amin Maalouf", in: *Présence francophone* (Sherbrooke, Québec) 53 (1999), 78.

[11] Auf eine lange Tradition zurückgehend findet sich diese Formulierung neuerdings schon im Titel von Natalie Zemon Davis: *Trickster Travels. A Sixteenth-Century Muslim Between Worlds*, New York: Hill and Wang, 2006.

> sind Baumwollstoffe von unglaublicher Feinheit, auch andere, die man nach Mossul benennt (= Musselin). Sie sind bewundernswert fein und fest; daraus lassen alle vornehmen Herren und angesehenen Personen ihre Hemden und die Turbantücher machen. Weiterhin stehen die Gewölbe, wo die besten italienischen Stoffe zu kaufen sind, z.B. Atlas, Damast, Samt, Taft, Brokat. Ferner gibt es die Gewölbe mit Wolltuch, das aus Europa, zum Beispiel aus Venedig, Florenz, Flandern und allen anderen Ländern, kommt.
> Nahe bei dieser Hauptstraße ist ein Gewölbe, wo die persischen Kaufleute logieren. Es sieht aus wie der Palast eines großen Herrn, ist sehr hoch und fest und hat acht Stockwerke; unten sind Zimmer, wo die Kaufleute Besuch empfangen und die Waren en gros vertauschen. Nur die allerreichsten Kaufleute handeln hier, und ihre Waren sind Spezereien, Juwelen, indische Stoffe, z.B. Flor und dergleichen. Auf der anderen Seite der Straße ist der Platz für jene, die mit Parfümerien handeln, z.B. Zibet, Moschus, Ambra und Benzoe. [...] Die Goldschmiede sind Juden und verkaufen viele Kostbarkeiten.[12]

Johannes Leo Africanus alias al-Hassan al-Wazzan hat mit eigenen Augen den Reichtum Kairos gesehen, aber auch den Untergang der Stadt am Nil bei der Eroberung durch die türkischen Truppen von Sultan Selim selbst miterlebt. In seinem Bericht, in seiner Erinnerung ersteht die ganze (hier nur ausschnitthaft wiederzugebende) Fülle einer Welt transarealen Handels wieder auf, deren zum Teil Jahrtausende alte Handelswege sich in Knotenpunkten wie Kairo, Fez oder Konstantinopel kreuzten. Mit großer Systematik und einer beeindruckenden Fülle an Details entwirft der Granadiner Schriftsteller das Weltbewusstsein einer Alten Welt zu einem Zeitpunkt, als die neuen Seewege und Seemächte im Westen längst im Begriff standen, neue Spielregeln und neue Machtpole zu schaffen. Die Welt, die Giovan Leone beschreibt, ist nicht nur wegen der immer erdrückender werdenden türkischen Vormachtstellung im östlichen Mittelmeer eine Welt, die es in dieser Form schon bald nicht mehr geben sollte. Doch Johannes Leo Africanus' literarisches Gemälde Kairos führt uns eindrucksvoll die transareale Vielverbundenheit dieser Welt des Mittelmeers vor Augen.

So wird im Überschneidungsbereich von Orient und Okzident, von Afrika, Asien und Europa ein altweltlicher Raum beschworen, in dem die verschiedenen Völker und Kulturen friedlich nebeneinander und miteinander zu verkehren scheinen. Innerhalb dieser reiseliterarisch entworfenen altweltlichen Diegese wird eine Welt evoziert, von deren Gewalt der mit seiner Familie aus Granada Vertriebene freilich sehr wohl wusste, die er aber nicht nur im transmediterranen Bereich des Spannungsfeldes zwischen Orient und Okzident, sondern auch in jenen weit entfernten Gebieten im Inneren Afrikas mehrfach durchquert hatte. Wie kaum ein anderer arabischer Reisender kannte er jenen Binnenraum des afrikanischen Kontinents, von dem Portugiesen und Spanier wie auch das gesamte christliche Europa nur schemenhafte Vorstellungen besaßen.

Der von Giovanni Battista Ramusio bekannt gemachte Text wurde von al-Wazzan auf Italienisch zwischen 1524 und 1526 verfasst und stand ganz offensichtlich in Verbindung mit der so folgenreichen Expansion Europas im Kontext der ersten Phase beschleunigter Globalisierung. Die erste seiner ausgedehnteren Reisen führte al-Hassan in den Jahren 1507 und 1508 allerdings nach Konstantinopel, nach Mesopotamien, Armenien, Persien

[12] Johannes Leo Africanus: *Beschreibung Afrikas*, Beschreibung von Karl Schubarth-Engelschall, Leipzig: VEB F.A. Brockhaus Verlag, 1984, 218–221.

und in die Tartarei[13]. Seine zweite Reise unternahm er dann gemeinsam mit seinem Onkel um 1510 quer durch die Sahara nach Timbuktu, wohin sein Verwandter vom marokkanischen Sultan in diplomatischer Mission gesandt worden war. Die dritte Reise, wahrscheinlich zwischen 1512 und 1514, brachte ihn zunächst gleichfalls transsaharisch nach Timbuktu, verlief dann aber durch die Haussa-Staaten und das Tschadsee-Gebiet weiter in Richtung Osten bis nach Ägypten. Die vierte und letzte seiner großen Reisen führte al-Hassan al-Wazzan schließlich im Alter von höchstens fünfundzwanzig Jahren abermals in den Norden Afrikas und jenes Gebiet, das wir heute aus eurozentrischer Sicht gerne als den Nahen Osten bezeichnen.

Von Ägypten aus schloss der gläubige Muslim eine Pilgerfahrt nach Mekka an und begab sich danach wieder auf die Heimreise. Doch sollte er Fez nicht mehr erreichen. Vermutlich während eines Abstechers auf die Mittelmeerinsel Djerba wurde er von christlichen Korsaren unter der Führung von Pedro de Bobadilla gefangen und im Jahre 1518 als Sklave nach Italien verschleppt. Dort wurde er Papst Leo X., der für seine die Künste fördernde und verschwenderische Hofhaltung bekannt ist, zum – für die Zeit keineswegs unüblichen – lebendigen Geschenk gemacht. Dies war der Einschnitt, der den Granadiner zum Afrikaner machte und ihn in unmittelbaren Kontakt mit jenem Wissen brachte, das gerade in Italien über die Neue Welt gesammelt und verbreitet worden war.

Sehr rasch rückte der junge Mann aus Granada, der sich nun wieder auf der nördlichen Seite des Mittelmeeres wiederfand, in eine Vermittler- und Übersetzerposition zwischen der abendländischen und der morgenländischen Welt ein. Als in Granada geborener Muslim war al-Hassan al-Wazzan zweifellos in unterschiedlich engem Kontakt mit dem Arabischen und seinen Varianten, mit dem Berberischen, dem Spanischen und den verschiedensten Mischformen zwischen all diesen Sprachen aufgewachsen. Auf seinen ausgedehnten Reisen hatte er eine Vielzahl afrikanischer Sprachen kennengelernt, bevor er in der Engelsburg im päpstlichen Rom im Lateinischen und Italienischen unterrichtet wurde und in diesen ‚abendländischen' Sprachen Bücher und Schriften zu lesen begann. Als polyglotter Gelehrter und Leser war er daher höchst sensibilisiert für alle Formen inter- und translingualer Sprachphänomene, ebenso für asymmetrische Sprachkontakte wie für unterschiedlichste Übersetzungsproblematiken.

In seiner *Descrizione* geht es nicht nur um die geographischen und topographischen Grenzen Afrikas, um dessen Klima und Boden, Vegetation und Anbauprodukte, um die großen Ströme, die für den Kontinent charakteristischen Tiere, um die verschiedenartigen Völker und deren Handelsgüter, sondern auch um differenzierende kulturelle Merkmale, die vor allem in sprachlicher Hinsicht notiert und untersucht werden. So werde in „allen afrikanischen Landschaften, die sich vom Mittelmeer bis zum Atlas-Gebirge erstrecken, [...] ein verdorbenes Arabisch gesprochen", wobei nur „im Reich Marokko sowie in Numidien [...] das Berberische weiter verbreitet" sei[14]. Doch in eben diesen Landschaften in der Nähe des Mittelmeeres waren längst die ersten Symptome einer zuvor dort unbekannten Krankheit aufgetaucht, die man mit guten Gründen als die Leitepidemie der ersten Phase beschleunigter Globalisierung bezeichnen darf: die Syphilis.

[13] Karl Schubarth-Engelschall: „Leo Africanus und seine ‚Beschreibung Afrikas'", in: Johannes Leo Africanus: *Beschreibung Afrikas*, 7–18.

[14] Johannes Leo Africanus: *Beschreibung Afrikas*, 72.

Auch bei Johannes Leo Africanus wird diese pandemisch sich verbreitende Krankheit stets den jeweils Anderen zugeschrieben. Doch treten wir bei ihm aus einer transarealen Sichtweise, wie wir sie durchaus in Ramusios Sammlung *in nuce* finden können, ein in die zeitgenössische Diskussion jener sich weltweit mit großer Geschwindigkeit verbreitenden Seuche, die außerhalb von Frankreich als *morbo gallico*, als französische Krankheit, bezeichnet wurde, auch wenn die Portugiesen sie gerne die kastilische, die Schotten wiederum eher die norwegische Krankheit nannten. Giovan Leone L'Affricano schloss sich seinerseits eher den in der arabischen Welt kursierenden Gerüchten an:

> Die Französische Krankheit ist in der Berberei sehr verbreitet. Nur wenige Einwohner entgehen ihr. Sie verursacht Beulen und Geschwüre. Auf dem Lande und im Atlas-Gebirge leidet fast niemand daran. Auch bei den Arabern, in Numidien, in Libya und im Land der Schwarzen kennt man das Übel nicht. Ja, man bringt die Erkrankten sogar nach Numidien und Nigritien, weil sie durch die dortige Luft gesund werden. Ich selbst habe einige hundert Personen gesehen, die durch die bloße Luftveränderung, ohne ein anderes Mittel, geheilt worden waren. Die Seuche war ursprünglich in Afrika selbst dem Namen nach unbekannt. Sie wurde von den Juden eingeschleppt, die durch König Ferdinand aus Spanien vertrieben worden waren. Viele von ihnen waren krank, und die wollüstigen Mauren steckten sich bei den Jüdinnen an, die nach Afrika gekommen waren, so daß bald keine Familie in der Berberei von dem Übel verschont blieb. Anfangs wurden die von der Französischen Krankheit Befallenen als leprakrank angesehen, von ihrem Heim vertrieben und gezwungen, mit den Aussätzigen zu leben. Aber als die Zahl der Erkrankten täglich stieg und eine große Menge von Menschen befallen war, begannen die Kranken wieder ihr normales Leben zu führen, und die Vertriebenen kehrten wieder nach Hause zurück.
>
> Man hält es für zweifelsfrei, daß die Seuche aus Spanien kam, und nennt sie daher die Spanische Krankheit. In Tunis, wo sie einige Zeit sehr gewütet hat, in Ägypten und Syrien heißt sie, wie in Italien, die Französische Krankheit.[15]

In einem dramatischen Licht werden hier die transmediterranen, das Mittelmeer querenden Dimensionen einer transarealen Relationalität deutlich, wie sie auf der Ebene von Globalisierungsängsten die Reaktionsweisen auch der zweiten, dritten oder vierten Phase beschleunigter Globalisierung bis hin zum Ebola-Virus bestimmen sollten. Die mit derartigen Austauschbeziehungen einhergehenden Schuldzuweisungen sind hierbei stets perspektivisch austauschbar. Zugleich aber zeigen sich vom heutigen Kenntnisstand der Ausbreitung der Syphilis deutlich die Indizien der ersten Phase beschleunigter Globalisierung, die hier das Mittelmeer als einen Raum, von dem die zentralen globalisierenden Expansionen ausgingen, rückwirkend erfassen. Denn während am einen Ende der Welt die vorrückenden Türken bald alle terrestrischen Handelsverbindungen zwischen Asien und Europa zu kontrollieren vermochten, errichteten am anderen Ende der Welt die iberischen Mächte ihre Herrschaft auch und gerade über die Länder der Spezereien. Binnen weniger Jahrzehnte war die Welt eine andere und das Mittelmeer *auch* zu einer transarealen Drehscheibe zwischen Europa, Afrika, Asien und Amerika geworden.

[15] Ebd., 75.

Garcilaso de la Vega – El Inca

In einer der prachtvollsten Moscheen der islamischen Welt, in die mit ganzer Wucht und selbstsicherer Gewalt voller Siegerstolz eine mächtige christliche Kathedrale hineingebaut wurde, erwarb im Jahre 1613 ein gewisser Don Gómez Suárez de Figueroa jene Kapelle, jene *Capilla de las Animas del Purgatorio*, an der viele Besucher der *Mezquita Catedral* von Córdoba achtlos vorübergehen[16]. Als der in den Anden Südamerikas geborene spanische Edelmann im Jahre 1616 verstarb, ließ er sich in dieser Kapelle beisetzen. Und eine Inschrift weist uns noch heute auf diesen Menschen und einen Namen hin, unter dem er bis heute großen Ruhm genießt:

> El Inca Garcilaso de la Vega, varón insigne, digno de perpetua memoria. Ilustre en sangre. Perito en letras. Valiente en armas. Hijo de Garcilaso de la Vega. De las Casas de los duques de Feria e Infantado y de Elisabeth Palla, hermana de Huayna Capac, último emperador de las Indias. Comentó La Florida. Tradujo a León Hebreo y compuso los Comentarios Reales. Vivió en Córdoba con mucha religión. Murió ejemplar. Dotó esta capilla. Enterróse en ella. Vinculó sus bienes al sufragio de las Animas del Purgatorio. [Son Patronos perpetuos los señores Deán y Cabildo de esta Santa Iglesia. Falleció a 22 de abril de 1616. Rueguen a Dios por su ánima.][17]

Der hohe Herr, der hier begraben liegt und der das kunstvolle Gitter am Eingang zu seiner Kapelle mit den Ehrenzeichen seiner inkaischen Abkunft verzieren ließ, ist also kein anderer als der Verfasser jener großen literarischen Werke, die hier ebenso Erwähnung finden wie seine inter- und transkulturelle Übersetzungstätigkeit[18], deren bekanntestes Ergebnis seine Übertragung der *Dialoghi* des Dichters und Arztes Leone Ebreo oder Leo Hebraeus alias Jehuda ben Isaak Abravanel war. Auf enggedrängtem Raum finden wir so an der Grabesstätte des Inca Garcilaso de la Vega die Präsenz inkaischer, islamischer, christlicher und jüdischer Spuren, Verweise auf Peru und Florida, Italien und Spanien, auf den letzten Inca-Herrscher und die Seelen im Fegefeuer, auf die Vertreter der katholischen Kirche und der weltlichen Macht, auf die Insignien von Schwert und Feder. Einer wahrlich unermüdlichen Feder, die stets – und noch ein letztes Mal in dem in Stein gemeißelten Text – darum bemüht war, die Vektoren eines Lebens auszumessen, das wie kaum ein zweites die Alte und die Neue Welt in all ihren unterschiedlichen Traditionssträngen zu denken und in wechselseitige Beziehung zu setzen suchte.

Die stolz in dieser Inschrift am Eingang zur *Capilla de las Animas* aufgelisteten Biographeme mit dem genealogischen Verweis auf den spanischen Vater, den Conquistador

[16] Ich greife hier in gekürzter Form zurück auf das Unterkapitel „Innenansichten von außen" meines Bandes *Viellogische Philologie. Die Literaturen der Welt und das Beispiel einer transarealen peruanischen Literatur*, Berlin: Walter Frey – edition tranvía, 2013.

[17] Zit. n. Remedios Mataix: „Inca Garcilaso de la Vega: apunte biográfico", in: *http://www.cervantesvirtual.com/bib_autor/incagarcilaso/pcuartonivel.jsp?conten=autor*.

[18] Vgl. hierzu Mercedes López-Baralt: *El Inca Garcilaso: traductor de culturas*, Madrid/Frankfurt a.M.: Iberoamericana – Vervuert, 2011; Susana Jakfalvi-Leiva: *Traducción, escritura y violencia colonizadora: un estudio de la obra del Inca Garcilaso*, Syracuse: Maxwell School of Citizenship and Public Affairs, 1984; Margarita Zamora: *Languages, authority, and indigenous history in the Comentarios reales de los Incas*, Cambridge: Cambridge University Press, 1988.

Sebastián Garcilaso de la Vega, sowie die inkaische Mutter, die *ñusta* oder Prinzessin Isabel Chimpu Ocllo, die Nichte des Inca Túpac Yupanqui und Enkelin des Inca Huayna Cápac, setzt jeglichem Versuch entschiedenen Widerstand entgegen, den Inca Garcilaso de la Vega auf eine einzige kulturelle Herkunft zu reduzieren. Dabei soll es in dem hier vorgeschlagenen Denkzusammenhang weniger um die längst kanonisch gewordene Bezeichnung des 1539 in Cuzco Geborenen als „primer mestizo de personalidad y ascendencia universales que parió América“[19] gehen als um die Tatsache, dass noch am Ort der letzten Ruhestätte die Vektoren eines Lebens ausgespannt werden, welches sich innerhalb eines Kräftefeldes zwischen den Religionen, zwischen den Reichen, zwischen den Kulturen und zwischen den Sprachen[20] in einer ständig erneuerten Bewegung befand.

Dieses Kräftefeld führte Garcilaso de la Vega, el Inca, der die ersten beiden Jahrzehnte seines Lebens in seiner Geburtsstadt Cuzco, in der Folge aber nach dem Tod seines Vaters im Jahre 1560 insgesamt sechsundfünfzig Jahre im andalusischen Montilla sowie in Córdoba verbrachte[21], in jenem „Proemio al lector“ vor Augen, das er seinen berühmten und überaus einflussreichen[22] *Comentarios reales* voranstellte. Hier wird sein Stolz auf die doppelte Abkunft ebenso deutlich wie seine kluge Einschätzung der Kräfteverhältnisse, in denen eine Kritik an spanischen Geschichtsschreibern nicht zu weit getrieben werden durfte. Seine Argumentation ist daher eine von Vorsicht und Beharrlichkeit zugleich getragene:

> Aunque ha habido españoles curiosos que han escrito las repúblicas del Nuevo Mundo, como la de México y la del Perú, y la de otros reinos de aquella gentilidad, no ha sido con la relación entera que de ellos se pudiera dar, que lo he notado particularmente en las cosas que del Perú he visto escritas, de las cuales, como natural de la ciudad del Cozco, que fue otra Roma en aquel imperio, tengo más larga y clara noticia que la que hasta ahora los escritores han dado. Verdad es que tocan muchas cosas de las muy grandes que aquella república tuvo: pero escríbenlas tan cortamente, que aun las muy notorias para mí (de la manera que las dicen) las entiendo mal. Por lo cual, forzado del amor natural de patria, me ofrecí al trabajo de escribir estos Comentarios, donde clara y distintamente se verán las cosas que en aquella república había antes de los españoles, así en los ritos de su vana

[19] Luis Alberto Sánchez: „La literatura en el Virreynato“, in: *Historia del Perú*, Bd. VI: *Perú colonial*, Lima: Editorial Mejía Baca, 1980, 353.

[20] Vgl. Sabine Fritz: „Reclamar el derecho a hablar. El poder de la traducción en las crónicas de Guamán Poma de Ayala y del Inca Garcilaso de la Vega“, in: *Traducción y poder. Sobre marginados, infieles, hermeneutas y exiliados*, hg. von Liliana Ruth Feierstein und Vera Elisabeth Gerling, Frankfurt a.M./Madrid: Iberoamericana – Vervuert, 2008, 101–120.

[21] Vgl. hierzu Bernard Lavalle: „El Inca Garcilaso de la Vega“, in: *Historia de la Literatura Hispanoamericana*, hg. von Luis Iñigo Madrigal, Bd. I: *Epoca colonial*, Madrid: Ediciones Cátedra, 1982, 135–143; sowie Sylvia L. Hilton: „Introducción“, in: Garcilaso de la Vega: *La Florida del Inca*, Madrid: Historia 16, 1996, 7–52.

[22] Vgl. Alejandro González Acosta: „Dos visiones de la integración americana: «Comentarios reales» del Inca Garcilaso de la Vega y «Crónica mexicana» de Fernando Alvarado Tezozómoc.“, in: *America Latina. Historia y destino. Homenaje a Leopoldo Zea.* Bd. III, México: Universidad nacional Autónoma de México, 1993, 49–62; oder Amalia Iniesta Cámara: „Inca Garcilaso de la Vega y José Carlos Mariátegui: dos fundadores de la peruanidad“, in: *Revista del Centro de Letras Hispanoamericanas* (Mar del Plata) V, 6–8 (1996), 149–160; Edgar Montiel: „El Inca Garcilaso y la independencia de las Américas“, in: *Cuadernos Americanos* (México) 131 (2010), 113–132.

religión, como en el gobierno que en paz y en guerra sus reyes tuvieron, y todo lo demás que de aquellos indios se puede decir, desde lo más ínfimo del ejercicio de los vasallos, hasta lo más alto de la corona real. Escribimos solamente del imperio de los Incas, sin entrar en otras monarquías, porque no tengo la noticia de ellas que de ésta. En el discurso de la historia protestamos la verdad de ella, y que no diremos cosa grande, que no sea autorizándola con los mismos historiadores españoles que la tocaron en parte o en todo: que mi intención no es contradecirles, sino servirles de comento y glosa, y de intérprete en muchos vocablos indios que como extranjeros en aquella lengua interpretaron fuera de la propiedad de ella, según que largamente se verá en el discurso de la Historia, la cual ofrezco a la piedad del que la leyere, no con pretensión de otro interés más que de servir a la república cristiana, para que se den gracias a Nuestro Señor Jesucristo y a la Virgen María su Madre, por cuyos méritos e intercesión se dignó la Eterna Majestad de sacar del abismo de la idolatría tantas y tan grandes naciones, y reducirlas al gremio de su Iglesia católica romana, Madre y Señora nuestra. Espero que se recibirá con la misma intención que yo le ofrezco, porque es la correspondencia que mi voluntad merece, aunque la obra no la merezca. Otros dos libros se quedan escribiendo de los sucesos que entre los españoles en aquella mi tierra pasaron, hasta el año de 1560 que yo salí de ella: deseamos verlos ya acabados, para hacer de ellos la misma ofrenda que de éstos. Nuestro Señor, etc.[23]

Wenn das „Proemio“ hier in seiner Gesamtheit abgedruckt wurde, dann deshalb, weil in diesen Zeilen in gedrängtester Form eine mobile, sich beständig verändernde Position des Ich und seiner Beziehung zu den dargestellten Gegenständen entfaltet wird – und dies in einer Komplexität, die durch keine Transfergeschichte, durch keine *Histoire croisée* adäquat wiedergegeben werden könnte. Die zahlreichen in den Text eingestreuten Biographeme dieser Ich-*Figur* erlauben es, nicht nur einen von Amerika nach Europa führenden Lebensweg nachzuzeichnen, sondern weit mehr noch die Oszillationen, die eine vielperspektivische Präsentation der Objekte bedingen und ermöglichen.

Dabei gelingt es dem Inca Garcilaso de la Vega, durch die ständige Verbindung zwischen Schreiben und Leben die von ihm entworfene Geschichte aus der Perspektivik einer erlebten und gelebten Geschichte so zu re-präsentieren, dass das eigene Lebenswissen der Ich-Figur in einen intimen Bezug zu abstrakten, von einer direkten, empirischen Kenntnis der Gegenstände also ‚abgezogenen‘ Wissens- und Darstellungsformen tritt. Es geht folglich um wesentlich mehr als um den transarealen, unterschiedlichste kulturelle Areas, verschiedenartigste Kulturen und Sprachen querenden Lebenslauf eines herausragenden Autors. Die *Comentarios reales* sind freilich vom transkulturellen Lebenswissen dieses inszenierten Ich nicht abzulösen, nicht zu abstrahieren.

Zugleich ist dieses Lebenswissen aber auch ein Überlebenswissen, weiß sich der inszenierte Autor doch in einem Machtgefüge in Spanien, das ihm als einem Nachkömmling von adliger spanischer Herkunft zwar seine Tore geöffnet hat, das ihn gleichzeitig aber mit einer unilateralen Weltsicht und einer inquisitorischen Orthodoxie bedroht, deren Einsprachigkeit sehr wohl in die Diskursivität des Vorworts eingeblendet wird. Grundlage dieses Überlebenswissens ist die uneingeschränkte Einschreibung des Ich in einen heilsgeschichtlichen Kontext, insofern die allein seligmachende Religion der römisch-katholischen Kirche so viele große Nationen und deren Mitglieder – und damit

[23] Garcilaso de la Vega, el Inca: *Comentarios reales de los Incas.* 2 Bde., prólogo, edición y cronología Aurelio Miró Quesada, Caracas: Biblioteca Ayacucho, 1985, hier Bd. I, 5 f.

auch das Ich selbst – vor dem Abgrund des Aberglaubens und des Götzendienstes gerettet habe[24].

Das uneingeschränkte Bekenntnis zu dieser christlichen Heilsgeschichte, das sich auch im Kauf der *Capilla de las Animas,* in der zur christlichen Kathedrale umgebauten Moschee von Córdoba, niederschlug, ermöglicht zugleich auch eine Vielzahl von Bewegungen, die sich zwischen Spanien und „aquella mi tierra", zwischen „los españoles" und der indigenen Bevölkerung Perus nicht in einer festen Zwischenstellung manifestiert, sondern in ständigen Bewegungs-Figuren zum Ausdruck kommt. Nicht zufällig verweist bereits der Name der *Capilla de las Animas* auf die Seelen im Fegefeuer und damit auf jenen christlichen Bewegungs-Raum des Purgatoriums, der sich ‚zwischen' den Fixpunkten von Himmel und Hölle situiert. Das Oszillieren zwischen der Welt Spaniens, in der sich das Ich seit langen Jahrzehnten bewegt und in der auch die explizit angesprochene Leserschaft des vorgestellten Textes situiert wird, und jener ‚Neuen Welt', als deren Teil Peru erscheint, ermöglicht es, von einem ‚amor natural de patria' zu sprechen, einer Vaterlandsliebe, in welcher der Gegenstand dieser Liebe aus verschiedenen Perspektiven gleichzeitig erfasst wird: Lässt sich dieser Begriff doch bewegungsgeschichtlich ebenso auf das Vizekönigreich Peru wie auf das prähispanische Reich der Incas, zugleich aber auch auf ein Spanien beziehen, das als das Land des Vaters durch die Eroberung von Tawantinsuyo ein transatlantisches Reich geschaffen hat.

Dieses viellogische und transareale Verständnis der eigenen Geschichte wie der eigenen Geschichten zeigt sich auch bei der Bezeichnung des eigenen Geburtsortes, „la ciudad del Cozco, que fue otra Roma en aquel imperio", womit das prähispanische Cuzco auf Augenhöhe mit der ‚ewigen Stadt' Rom gebracht wird[25]. Das Verfahren einer buchstäblichen Ineinanderblendung beider Städte verweist nicht nur auf deren jeweilige religiöse Bedeutung, sondern stellt den Bezug zwischen dem Reich der Incas und der römischen Antike, folglich zwischen altweltlichem und neuweltlichem Altertum auf Augenhöhe her. Der hiermit verbundene Anspruch auf historische Dignität lässt über den Vergleich und den Transfer hinweg eine Bewegung ständigen Oszillierens entstehen, in der die eigene Herkunft im doppelten Licht des antiken wie des zeitgenössischen Rom in ihrer Andersheit erscheint, ohne doch zugleich zum Anderen zu werden. Cuzco wird als Stadtraum nicht zum Raum des Eigenen *oder* des Anderen, sondern zum *Bewegungs*-Raum eines Eigenen als Anderem und zugleich eines Anderen als Eigenem, wobei sich das Lexem *otra* in seiner Bewegung niemals stillstellen lässt. Es steht weder für eine feste Identität noch für eine fixe Alterität ein.

Die hochgradige Vektorizität dieses Begriffes lässt sich an allen räumlichen Koordinaten nachweisen, die sich auf die *patria*, auf *mi tierra*, auf den Ort der ‚eigenen'

[24] Vgl. David A. Brading: „The Incas and the Renaissance: The Royal Commentaries of Inca Garcilaso de la Vega", in: *Journal of Latin American Studies* (Cambridge) XVIII, 1 (1986), 1–23; Sabine MacCormack: „Religion and Philosophy: Garcilaso de la Vega and some Peruvian readers, 1609–1639", in: *Religion in the Andes: vision and imagination in early colonial Peru.* Princeton: Princeton University Press, 1991, 332–382.

[25] Vgl. Sabine MacCormack: „The Inca and Rome", in: *Inca Garcilaso de la Vega: An american Humanist. A Tribute to José Durand*, hg. von José Anadón, Notre Dame: University of Notre Dame, 1998, 8–31; sowie dies.: *On the wings of time: Rome, the Incas, Spain, and Peru*, Princeton: Princeton University Press, 2007.

Herkunft beziehen: auf Territorialitäten also, die stets in ihrer Vektorizität durchbuchstabiert werden. „Mein Land“ und „Vaterland“ werden so zu Wendungen, die keine festen Orte, sondern Bewegungsräume als Teile einer transatlantischen Landschaft markieren, die man fraglos auch als genuin transareale Landschaft der Theorie bezeichnen darf.

Aus dem ungeheuren globalgeschichtlichen Feld, das die in ihrem ersten Band erstmals 1609 in Lissabon erschienenen *Comentarios reales* eröffnen, sei an dieser Stelle nur noch ein letzter Punkt herausgegriffen. Eine Passage aus dem neunzehnten Kapitel dieses schillernden Werkes verdeutlicht das Bemühen des Inca, sich gleichsam in den beweglichen Knotenpunkt von Informationsflüssen zu setzen, um aus dieser mobilen Position heraus (s)eine eigene Vision Amerikas zu entfalten. Einmal mehr geht es dabei um die Legitimierung des eigenen Wissens wie um die Überlegenheit der eigenen Bewegungs-Position, verdeutlicht der Verfasser der *Comentarios reales* doch hier auf eindrucksvolle Weise, wie er die Informationen für seine Vision (und Version) der Geschichte sammelte:

> En suma, digo que me dieron noticia de todo lo que tuvieron en su república; que si entonces lo escribiera, fuera más copiosa esta historia. Demás de habérmelo dicho los indios, alcancé y vi por mis ojos mucha parte de aquella idolatría, sus fiestas y supersticiones, que aún en mis tiempos, hasta los doce o trece años de mi edad, no se habían acabado del todo. Yo nací ocho años después que los españoles ganaron mi tierra, y como lo he dicho, me crié en ella hasta los veinte años, y así vi muchas cosas de las que hacían los indios en aquella su gentilidad, las cuales contaré, diciendo que las vi. Sin la relación que mis parientes me dieron de las cosas dichas y sin lo que yo vi, he habido otras muchas relaciones de las conquistas y hechos de aquellos reyes; porque luego que propuse escribir esta historia, escribí a los condiscípulos de escuela y gramática, encargándoles que cada uno me ayudase con la relación que pudiese haber de las particulares conquistas que los Incas hicieron de las provincias de sus madres; porque cada provincia tiene sus cuentas y nudos con sus historias, anales y la tradición de ellas; y por esto retiene mejor lo que en ella pasó que lo que pasó en la ajena.[26]

Aus der doppelten Innerhalb- und Außerhalbbefindlichkeit der Ich-Figur gegenüber *los indios* wie gegenüber *los españoles* entfaltet der Autor eine ständige Bewegung der Informationsbeschaffung von allen Seiten. Dabei spielen die mündlichen Berichte der Mitglieder seiner eigenen Familie, die Zugang zum Herrschaftswissen der inkaischen Elite besaß, ebenso eine bedeutsame Rolle wie der geschickte Rückgriff auf die spanische Geschichtsschreibung seiner Zeit; desgleichen sind die mündlichen Erzählungen und in nicht-alphabetischer Schrift (*nudos*) abgefassten Informationen[27] wie die Berichte all jener Mitschüler und Zeitgenossen von Gewicht, die der Inca Garcilaso gleichsam als seine Gewährsmänner anschrieb und vergleichbar mit Korrespondenten aus der Ferne für

[26] El Inca Garcilaso de la Vega: *Comentarios reales*, Bd. I, 45.

[27] Vgl. No, Song: „La oralidad garcilasista en los Comentarios reales de los Incas“, in: *Perspectivas Latinoamericanas* (Nagoya) 3 (2006), 161–172; Juan Antonio Mazzotti: *Coros mestizos del Inca Garcilaso: resonancias andinas,* México: Fondo de Cultura Económica, 1996; Carlos Sempat Assadourian: „Narrative Accounting and Memory According to the Colonial Sources“, in: *Narrative Threads: Accounting and Recounting in Andean Khipu*, hg. von Jeffrey Quilter und Gary Urton, Austin: University of Texas Press, 2002, 119–150; Gary Urton: „Recording Signs in Narrative-Accounting Khipu“, in: *Narrative Threads*, hg. von Jeffrey Quilter und Gary Urton, 171–196.

seine in Spanien niedergeschriebene Geschichte arbeiten ließ. Eine polyperspektivische Geschichtsschreibung beginnt, die nicht länger auf eine einzige abendländische Logik zu reduzieren ist. Die Innensichten der inkaischen Welt sind ohne die Außensichten der jüdischen oder arabischen Tradition im Spannungsfeld spanischer Geschichtsschreibung undenkbar. Ein Denken und Schreiben in verschiedenen Traditionen, in verschiedenen Sprachen, in verschiedenen Logiken zugleich: Nicht umsonst wählte sich Garcilaso de la Vega, el Inca, als letzte Ruhestätte die Kapelle des Purgatoriums, die zwischen Himmel und Hölle den eigentlichen Bewegungs-Raum christlicher Weltdeutung konfiguriert und eine bewegungsgeschichtliche Weltsicht an einem transkulturellen Ort paradigmatisch in Szene setzt.

José Joaquín Fernández de Lizardi

Die anhand zweier sehr unterschiedlicher Beispiele aus der ersten Phase beschleunigter Globalisierung aufgezeigte Komplexität transarealer Beziehungen geht in der zweiten Phase keineswegs verloren, sondern erweitert sich auch und gerade mit Blick auf das in Entstehung begriffene Lateinamerika. Mit seinem im Jahre 1816 in zensierter und daher noch unvollständiger Form erstmals veröffentlichten Roman *El Periquillo Sarniento* legte José Joaquín Fernández de Lizardi einen Erzähltext vor, der bekanntlich Anspruch darauf erheben darf, der erste in Lateinamerika von einem Lateinamerikaner verfasste Roman zu sein. Unabhängig davon, dass dieser Gründungstext des hispanoamerikanischen Romans in Hispanoamerika aufgrund der Gleichzeitigkeit seiner Entstehung und der mexikanischen Nationsbildung immer wieder gerne als „la novela de la independencia mexicana“[28] bezeichnet worden ist, sollten wir unser Augenmerk vor allem darauf richten, dass es sich bei diesem literarhistorisch in der Tradition des spanischen Schelmenromans stehenden Text um eine innerhalb neuer kultureller, sozialer und politischer Kontexte resemantisierte literarische Form handelt, die ihre transatlantische Fundierung zwischen Europa und Amerika von Beginn an ins Rampenlicht rückt. Dies bedeutet aber keineswegs, dass sich dieser große Roman allein auf europäisch-amerikanische Beziehungsgeflechte beschränkte.

Gleichwohl ist der Rückgriff auf die *novela picaresca* gerade mit Blick auf die Beziehungen zwischen Spanien und Neuspanien, zwischen Europa und Amerika von hoher schöpferischer Qualität. In der Tat öffnet sich *El Periquillo Sarniento* in besonderer Weise auf die hier behandelte Frage nach der Transarealität der (amerikanischen) Literaturen der Welt. Denn im Bewusstsein der Jahrzehnte zuvor entbrannten Berliner Debatte um die Neue Welt[29], in die gerade die großen Vertreter der neuspanischen Aufklärung

[28] So etwa Noël Salomon: „La crítica del sistema colonial de la Nueva España en ‚El Periquillo Sarniento‘“, in: *Cuadernos Americanos* (México) XXI, 138 (1965), 179. Vgl. auch Luis Iñigo Madrigal: „José Joaquín Fernández de Lizardi“, in (ders., Hg.): *Historia de la literatura hispanoamericana*, Bd. II: *Del neoclasicismo al modernismo*, Madrid: Cátedra, 1987, 143, wo von der „primera novela propiamente hispanoamericana“ die Rede ist.

[29] Vgl. hierzu Ottmar Ette: „Von Rousseau und Diderot zu Pernety und de Pauw: Die Berliner Debatte um die Neue Welt“, in: *Jean-Jacques Rousseau zwischen Aufklärung und Moderne.* Akten der Rousseau-Konferenz der Leibniz-Sozietät der Wissenschaften zu Berlin am 13. Dezember 2012

wie Francisco Javier Clavijero oder Fray Servando Teresa de Mier y Guerra vehement eingegriffen und Partei gegen Cornelius de Pauw, Guillaume-Thomas Raynal und andere europäische Philosophen ergriffen hatten, entfaltete José Joaquín Fernández de Lizardi mit seiner Pikareske ein transareales Bewegungsmodell, das die bewegungsgeschichtliche Prägnanz seines eigenen aufklärerischen Schreibens vergegenwärtigt.

Aus dieser Perspektive wäre es zweifellos aufschlussreich, die Proliferation paratextueller Elemente (wie verschiedene Vorworte, Widmungen, Leserhinweise, Titelgebungen, eingeschobene Texte usw.) in Lizardis Roman mit jener in Clavijeros *Historia antigua de México* in Verbindung zu bringen. Ist die paratextuelle Ausgestaltung in *El Periquillo Sarniento* auch wesentlich kunstvoller, so lässt sich in beiden Texten der bisweilen geradezu obsessiv wiederkehrende Versuch beobachten, sich innerhalb bestimmter Diskurstraditionen Europas zu situieren und sich zugleich in den amerikanisch-europäischen Disput transatlantisch einzuschalten.

Wurde Clavijero dank der Veröffentlichung seines Buches in Italien und einer sich anschließenden Übersetzung ins Englische zumindest wahrgenommen, so wurde der Aufklärer und Moralist Fernández de Lizardi, der seine Texte in Mexico publizierte und dies auch in seinen Vorworten weitsichtig und bisweilen selbstironisch thematisierte, in Europa im Grunde bis heute lediglich in akademischen Spezialistenkreisen wahrgenommen. Lizardi schrieb in der Zeit einer radikalen Asymmetrie literarischer Beziehungen zwischen den Welten – und er war sich dieser Tatsache höchst ungleicher Verhältnisse im transatlantischen Austausch überaus bewusst. Und dennoch – oder vielleicht gerade deshalb – gelang es ihm, zum wohl ersten von seinem Schreiben lebenden Schriftsteller in der amerikanischen Literaturgeschichte zu werden.

Bereits im Paratext seines *Periquillo Sarniento* wird aus der kolonialen Situation heraus *prospektiv* die Schaffung eines nationalliterarischen Raumes thematisiert, welche über die Emergenz eines eigenen Lesepublikums hinaus innerhalb einer im Übergang zur postkolonialen Situation befindlichen Gesellschaft auch die Entfaltung aller Instrumente und Bestandteile eines national am Zentrum Mexico orientierten Literaturbetriebs erforderlich machte. Vor allem musste, dies durchschaute Lizardi sehr präzise, ein Publikum außerhalb der traditionellen *ciudad letrada* geschaffen werden[30]. Allein auf diese Weise könne es den „talentos americanos“ gelingen, innerhalb des „teatro literario“[31] auf Publikumsinteresse zu stoßen und eine Käuferschicht zu (er)finden. Sein bewusster Umgang und seine Geschicklichkeit in diesen Fragen verhalfen dem neuspanischen Autor dazu, die trotz aller Einschränkungen und Behinderungen vorhandenen Chancen zu nutzen und sich in Neuspanien beziehungsweise in Mexico-Stadt als Berufsschriftsteller

anläßlich seines 300. Geburtstages am 28. Juni 2012 im Rathaus Berlin-Mitte, hg. von Hans-Otto Dill, Berlin: Leibniz-Sozietät der Wissenschaften (*Sitzungsberichte der Leibniz-Sozietät der Wissenschaften* 117), 2013, 111–130.

[30] Vgl. Im Sinne von Angel Rama: *La ciudad letrada*, Hanover: Ediciones del Norte, 1984. Die Vielfalt im Roman verwendeter Sprachen lässt jenseits eines traditionellen Publikums bereits die Umrisse einer Nation erkennen. Das noch zu schaffende ist im Gegensatz zum traditionellen Publikum von einer grundsätzlichen Heterogenität charakterisiert, was im Text selbst thematisiert wird; vgl. José Joaquín Fernández de Lizardi: *El Periquillo Sarniento*, u.a. 3 f. u. 187.

[31] José Joaquín Fernández de Lizardi: *El Periquillo Sarniento*. Prólogo de Jefferson Rea Spell, México: Editorial Porrúa, [11]1970, 2.

durchzusetzen[32]. Wie aber wird dieses Neuspanien in *El Periquillo Sarniento* entworfen und in Szene gesetzt?

Vor dem Hintergrund einer hohen genrespezifischen Verschiedenartigkeit und Heterogenität – in der *novela picaresca* finden sich die literarischen Formen des Essays wie des Traktats, der Hagiographie wie der Autobiographie, der Lyrik wie der (wohl erstmals in Amerika in die Romanform integrierten) Utopie – wird ein spezifisch neuspanischer Bewegungs-Raum entworfen, der weit über das hinausreicht, was wir heute unter Mexico verstehen. Im friktionalen Pendeln zwischen fiktionalen wie diktionalen Schreibformen durchläuft der *pícaro* gattungskonform die Gesamtheit der kolonialspanisch-feudalen Gesellschaft des Vizekönigreichs, die nicht allein in ihrer hierarchischen Schichtung, sondern auch in ihrer ethnischen Heterogenität erscheint. Periquillo hat es mit Indianern und Mestizen, mit Kreolen und mit Schwarzen, mit aus dem Mutterland stammenden *gachupines* oder mit Bewohnern von den Philippinen, aber auch mit Einwanderern nicht-hispanischer Provenienz wie Franzosen, Angelsachsen und selbstverständlich auch mit Chinesen zu tun. Die von Fernández de Lizardi gezeichnete neuspanische Gesellschaft ist jeweils *zugleich* extrem heterogen und abgeschlossen, migratorisch und statisch. Dabei gehen die dynamischen Elemente in dieser (noch) kolonialspanischen Gesellschaft fast ausschließlich von Angehörigen nicht-spanischer handeltreibender Gruppen aus, die sich sowohl im transatlantischen als auch im transpazifischen Austausch engagieren. Im Zentrum dieses Raumes und aller Bewegungen des Protagonisten jedoch steht von Beginn des Romans an ‚México', wobei hierunter nicht ein künftiger nationalstaatlicher Raum, sondern die Hauptstadt des Vizekönigreichs (und Heimatstadt Periquillos) verstanden wird:

> Nací en México, capital de la América Septentrional, en la Nueva España. Ningunos elogios serían bastantes en mi boca para dedicarlos a mi cara patria; pero, por serlo, ningunos más sospechosos.[33]

Die Stadt Mexico wird als Geburtsort Periquillos so zum Ausgangspunkt aller Bewegungen in einem Gebiet, das im Osten große Teile der Inselwelt der Karibik ebenso einschließt wie im Westen die Philippinen. Man könnte mit Blick auf Neuspanien folglich durchaus von einem transarchipelischen Gebilde sprechen, das sich im Kreuzungspunkt ost-westlicher wie nord-südlicher Routen und Verbindungen situiert. Zugleich stehen sich sowohl innerhalb der Hauptstadt selbst als auch zwischen dieser einerseits und den Provinzen andererseits von unterschiedlichen sozialen, ethnischen und kulturellen Gruppen bewohnte Räume unverbunden und fast feindselig gegenüber. Sie werden allein durch die Bewegungen des *pícaro* miteinander in Beziehung gesetzt, wobei es dem pikaresken Protagonisten nur mit wechselndem Erfolg gelingt, sich an den jeweils geltenden unterschiedlichen Lebensnormen mit seinen eigenen Lebensformen auszurichten.

So wird die hochgradig vektorisierte Gattungsvorgabe der *novela picaresca* dazu genutzt, die im kolonialen System miteinander kaum kommunizierenden Bestandteile eines künftigen Nationalstaats in ihrer kulturellen Heterogenität und nicht nur räumlichen

[32] Vgl. hierzu auch Jean Franco: „La heterogeneidad peligrosa: Escritura y control social en vísperas de la independencia mexicana", in: *Hispamérica* (Gaithersburg) XII, 34/35 (1983): 12 ff.

[33] José Joaquín Fernández de Lizardi, *El Periquillo Sarniento*, 12.

Diskontinuität anschaulich zu machen und aufeinander zu beziehen. Die weiten kontinentalen Landgebiete des Vizekönigreichs erscheinen zwar als autonome Räume, wirken aber im Gegensatz zum urbanen Raum der Hauptstadt kaum als Träger von Kultur(en) und damit im eigentlichen Sinne als kulturelle Räume. Eigentliche kulturelle Gegen*modelle* zur Hauptstadt Neuspaniens lassen sich hier nicht ausmachen. Für den Hauptstädter Periquillo Sarniento bilden sie wenig mehr als binnenkoloniale Ergänzungsräume, die vorrangig der Nutzung (und Ausplünderung) durch die Kolonialstadt und Metropole dienen und im Zeichen einer fundamentalen Ungleichheit stehen.

So kommen die weitgespannten Reisen des *pícaro* Bewegungen durch Räume gleich, die es in jeglicher, vor allem aber auch in kultureller Hinsicht an die Hauptstadt anzubinden und in einem zwar spezifisch neuspanischen und zugleich abendländisch-aufklärerischen Sinne zu modernisieren gilt. Die Umrisse eines künftigen zentralisierten Nationalstaates, in dem die semantische Ausweitung des Namens der Hauptstadt für die Homogenisierungstendenz einer sich ankündigenden Modernisierung steht, werden sichtbar.

In dem von einem Motto von Torres Villarroel eingeleiteten umfangreichen Teil des *Periquillo Sarniento*, der dem Aufenthalt des *pícaro* auf den Philippinen gewidmet ist, wird ein wichtiger Teil jener transpazifischen Dimension der Geschichte Mexicos lebendig, ohne den die literarische Darstellung der neuspanischen Welt nicht vollständig gewesen wäre. Seit der Mitte des 16. Jahrhunderts war Neuspanien in eine wichtige geostrategische Rolle hineingewachsen, insofern von der Hauptstadt des Vizekönigreiches aus über die Häfen Veracruz und Acapulco die transatlantischen mit den transpazifischen Verbindungswegen verknüpft werden konnten. Im Jahre 1566 wurde im Rahmen der Expedition von Miguel de Legazpi nach langer Suche eine Route gefunden, die von den Philippinen nach Neu-Spanien zurückführte, so dass ab diesem Zeitpunkt keine Verschiffung von Menschen oder Waren über asiatische Häfen mehr notwendig war, sondern – wie Serge Gruzinski bündig formulierte – Asien in Amerika ankam[34]. Seit der Gründung der künftigen philippinischen Hauptstadt Manila im Jahre 1571 und der Einrichtung eines regelmäßigen Schiffsverkehrs zwischen Acapulco und den Philippinen im Jahre 1573 – eine Route, die über 250 Jahre Bestand hatte – wurde es möglich, *von Neuspanien aus* (und damit gleichsam dem von Juan de la Cosa erträumten ‚Durchgang' folgend) mit China und mit Japan, dem Cipango Marco Polos, in Verbindung und kontinuierlichen Austausch zu treten. Erst mit der Unabhängigkeit des entstehenden Mexicos brach diese Verbindung ab, eine Tatsache, die sich auf eigentümliche Weise bereits im Schiffbruch Periquillos auf der Galeone von Acapulco auf seiner Rückreise zum amerikanischen Kontinent anzukündigen scheint.

In mehreren umfangreichen Kapiteln wird im Roman ausführlich die neuspanische Welt der Philippinen und damit eine transareale Dimension entfaltet, die deutlich macht, auf welch grundlegende Weise – und nicht allein auf der Ebene der Namban-Kunst, welche Acapulco über die Philippinen mit der Kunst Japans transarchipelisch in Verbindung setzte – Neuspanien und die hispanoamerikanische Welt mit Asien in intensivem kommerziellen wie in (trans)kulturellem Austausch stand. Wie segensreich der transpazifische Handel für alle an ihm Beteiligten sein konnte, macht ein vorübergehend zum

[34] Serge Gruzinski: *Les Quatre Parties du monde. Histoire d'une mondialisation*, Paris: Editions de La Martinière, 2006, 131.

Ehrenmann geläuterter Periquillo, der gleich zu Beginn des ersten Kapitels dieses Teiles seine moralische Heilung der Natur der Philippinen und den neuen Lebensumständen zuschreibt[35], zum Auftakt des nachfolgenden zweiten Kapitels deutlich:

> En los ocho años que viví con el coronel, me manejé con honradez, y con la misma correspondí a sus confianzas, y esto me proporcionó algunas razonables ventajas, pues mi jefe, como me amaba y tenía dinero, me franqueaba el que yo le pedía para comprar varias anchetas en el año, que daba por su medio a algunos comerciantes para que me las vendiesen en Acapulco. Ya se sabe que en los efectos de China, y más en aquellos tiempos y a la sombra de las cajas que llaman de permiso, dejaban de utilidad un ciento por ciento, y tal vez más. Con esto es fácil concebir que en cuatro viajes felices que logré hicieran mis comisionados, comenzando con el principalillo de mil pesos, al cabo de los ocho años ya yo contaba míos como cosa de ocho mil, adquiridos con facilidad y conservados con la misma, pues no tenía en qué gastarlos, ni amigos que me los disiparan.[36]

Ohne an dieser Stelle auf die komplexe Bedeutung Asiens für den protonationalen Entwurf Mexicos bei Fernández de Lizardi noch auf die Tatsache eingehen zu können, dass in *El Periquillo Sarniento* die dreihundert Jahre zuvor mit Thomas Morus' *Utopia* in die Karibik projizierte literarische Gattung der Utopie nunmehr in den transpazifischen Raum verlängert und damit eine Denkfiguration der ersten in die zweite Phase beschleunigter Globalisierung transferiert wird, gilt es doch hervorzuheben, wie der amerikanische Raum in diesem Roman erst vektoriell durch all jene Bewegungen entsteht, die ihn nicht nur von Europa und von Afrika, sondern auch von Asien aus durchqueren und im eigentlichen Sinne erst herausbilden. Die transareale Vektorizität dieses literarischen Entwurfs liegt ebenso auf der Hand wie die enormen Gewinnspannen, von denen im obigen Zitat im transpazifischen Handel die Rede ist.

Fraglos dabei bleibt: Aus dem ersten von einem Lateinamerikaner in Lateinamerika verfassten Roman lässt sich weder aus der Diegese noch aus der Konstruktion des noch bestehenden Neuspanien wie des künftigen Mexico die asiatische Welt ausblenden. Gewiss schreibt sich der neuspanische Schelmenroman *El Periquillo Sarniento* gattungsspezifisch in die vorbildgebende spanische Literatur des *Siglo de Oro* und insbesondere in jene literarische Filiation ein, die vom *Lazarillo de Tormes* zum *Guzmán de Alfarache* und darüber hinaus führt[37]; gewiss verweist die Vielzahl intertextueller Bezüge zur französischen Literatur[38] auf jenen geokulturellen Dominantenwechsel, der Frankreich für die

[35] José Joaquín Fernández de Lizardi, *El Periquillo Sarniento*, 343.

[36] Ebd., 351.

[37] Vgl. u.a. John Skirius: „Fernández de Lizardi y Cervantes", in: *Nueva Revista de Filología Hispánica* (México) XXXI, 2 (1982), 257–272; Sonia Marta Mora Escalante: „Le picaresque dans la construction du roman hispano-américain", in: *Etudes littéraires* (Québec) XXVI, 3 (1993/94), 81–95, oder Luis F. González Cruz: „El Quijote y Fernández de Lizardi: revisión de una influencia", in: Cervantes: su obra y su mundo. Actas del I Congreso Internacional sobre Cervantes, hg. von Manuel Criado de Val , Madrid: EDI, 1981, 927–932.

[38] Vgl. u.a. Christoph Strosetzki: „Fénelon et Fernández de Lizardi: De l'absolutisme au libéralisme", in: *Oeuvres et Critiques* (Tübingen) XIV, 2 (1989), 117–130, oder Dieter Janik: „'El Periquillo Sarniento' de J. J. Fernández de Lizardi: una normativa vacilante (sociedad – naturaleza y religión – razón)", in: *Ibero-Amerikanisches Archiv* (Berlin) XIII, 1 (1987), 49–60. Die literarischen Beziehungen dieses Romans zu Raynal wie zur Berliner Debatte um die Neue Welt wären

spanischsprachige Welt Amerikas zum eigentlichen kulturellen und literarischen Zentrum werden ließ; und doch beschränkt sich die in Entstehung begriffene hispanoamerikanische Literatur keineswegs auf ihre transatlantische Dimension. Denn die transpazifische Präsenz ist in José Joaquín Fernández de Lizardis sicherlich einflussreichstem Werk geradezu überwältigend und führt eindrucksvoll vor Augen, wie komplex die transareale Konfiguration in den Amerikas zur Zeit der zweiten Phase beschleunigter Globalisierung bereits ausgeprägt ist.

Patricio Lafcadio Tessima Carlos Hearn

Der am 27. Juli 1850 auf der griechischen Insel Lefkas (Santa Maura) geborene Patricio Lafcadio Tessima Carlos Hearn, der am 26. September 1904 unter seinem später angenommenen japanischen Namen Koizumi Yakumo in Tokio verstarb, darf aus einer transarealen Perspektivik sicherlich als einer der interessantesten und schillerndsten Autoren an der Wende zum 20. Jahrhundert gelten. Zugleich steht sein Schaffen stellvertretend für viele jener Charakteristika ein, welche die dritte Phase beschleunigter Globalisierung prägen. Denn dieser Schriftsteller griechisch-irischer Abstammung, der wie kein anderer zu Beginn des 20. Jahrhunderts das Bild prägte, das man sich im Abendland von dem fernen Archipel Japan machte, verkörpert nicht nur mit seiner Biographie, die ihn vom griechischen Archipel über Irland und England, Cincinnati, New York und New Orleans in die Karibik und schließlich nach Nippon führte, ein transarchipelisches Denken im globalen Maßstab. Vielmehr darf man eine große Zahl seiner Schriften als Ausdrucksformen jenes Traditionsstranges bezeichnen, der in der frühneuzeitlichen Gattung des *Isolario*, des Inselbuches, und in den Text- und Kartenwelten Benedetto Bordones[39] seinen Ausgang nahm, in der dritten Phase beschleunigter Globalisierung unter den neuen verkehrstechnischen Möglichkeiten moderner Dampfschifffahrt aber zu neuen und überraschenden ästhetischen Formgebungen fand.

In seinem in Buchform erstmals 1889 veröffentlichten Erzähltext *Chita: A Memory of Last Island* wird die transareale und transarchipelische Dimension seines Schreibens von Beginn an sehr deutlich, wird dort doch im *incipit* eine Reisebewegung entfaltet, die in ihrem *travelling* die verschlungenen Übergänge vom Kontinentalen zum Inselhaft-Archipelischen konturiert. Die nachfolgende Passage aus Lafcadio Hearns kunstvoll gestaltetem Text akzentuiert diese Übergänge, diese Passagen:

> Wenn Sie von New Orleans aus nach Süden zu den Inseln reisen (Travelling south), dann passieren Sie auf verschiedenen gewundenen Wasserwegen ein seltsames Land auf dem Weg zu einem seltsamen Meer. Sie können, wenn Sie es wünschen, per Logger zum Golf reisen; doch die Reise kann sehr viel schneller und angenehmer auf einem dieser leichten, engen Dampfschiffe vonstatten gehen, die speziell für das Reisen durch die Bayous gebaut wurden [...]. Keuchend, schreiend, kratzend seinen Rumpf über die Sandbarren ziehend, kämpft das kleine Dampfschiff den ganzen Tag über darum, das große Funkeln des blauen offenen Wassers unterhalb der Marschen zu erreichen; und das Schiff mag mit etwas Glück

gewiss eine eigene Untersuchung wert.

[39] Vgl. hierzu das Kapitel „Inseln Wissen Meer: ein Inselbuch beschleunigter Globalisierung", in Ottmar Ette: *TransArea. Eine literarische Globalisierungsgeschichte*, 63–72.

> gegen Sonnenuntergang in den Golf einlaufen. Im Interesse der Passagiere wird die Reise nur bei Tag unternommen [...]. Die Schatten werden länger; und zuletzt schrumpfen die Wälder hinter Ihnen zu dünnen bläulichen Linien; – Land wie Wasser nehmen eine leuchtendere Farbe an; – Bayous öffnen sich auf breite Passagen; – Seen verbinden sich mit den Meeresbuchten; – und dazu die Ausbrüche des Ozean-Windes über Ihnen, – scharf, kühl und voller Licht. Zum ersten Mal beginnt der Dampfer in der Dünung zu schwingen, – im Rhythmus des großen lebendigen Pulses der Tiden. Und wenn Sie an Deck um sich blicken, ohne daß Wälle aus Wäldern ihren Blick brächen, dann wird es Ihnen so vorkommen, als ob das niedere Land einst vom Meer auseinander gerissen und in phantastischen Fetzen über den Golf verstreut worden wäre.
> Bisweilen sehen Sie über der Brache eines vom Wind geschüttelten Röhrdickichts eine Oase hervortreten, – ein schwer bedrängter Höhenzug oder eine Anhöhe mit dem gerundeten Blattwerk immergrüner Eichen: – eine chénière. Und aus der glänzenden Flut entstehen einander artverwandte grüne Kuppen, – hübsche Inselchen, ein jedes mit seiner Strandumgürtung aus blendendem Sand und Muscheln, gelb-weiß, – und alles strahlend voll halbtropischen Blattwerks, mit Myrthen und Zwergpalmen, Orangen und Magnolien. Unter ihren smaragdfarbenen Schatten dämmern sonderbare kleine Dörfer von Zwergpalmenhütten, wo eine dunkelhäutige Bevölkerung von Orientalen lebt, – Malayen-Fischer, welche das Kreolen-Spanisch der Philippinen ebenso sprechen wie ihr eigenes Tagal, und die in Louisiana die katholische Tradition beider Indien fortsetzen.[40]

Der labyrinthische Weg von New Orleans auf verschlungenen Kanälen, Nebenarmen und Bayous des Mississippi hinaus in den Golf quert unterschiedliche Landschaftstypen des Deltas, in denen die aquatischen Übergänge zwischen dem amerikanischen Kontinent und der karibischen Inselwelt in einem verwirrenden Zusammenspiel der Elemente aus der Bewegung des Schiffes vorgeführt werden. Es handelt sich um offene, hochgradig mobile, unverkennbar rhizomatische Strukturierungen, in denen alles mit allem verbunden ist, ohne doch je miteinander zu verschmelzen. Es sind lyrisch verdichtete Sätze, in deren Geflecht sich die Leser ähnlich verlieren könnten wie die Reisenden, welche die Welt zwischen Kontinent und Inseln, zwischen Süßwasser und Salzwasser, zwischen Land und Meer nicht ausreichend kennen, um sich darin sicher und zielbewusst bewegen zu können. Nirgendwo findet sich ein fester Grund, überall sind Übergänge, niemals lässt sich in der Landschaft des Mississippi-Deltas eine klare Linie ausmachen, die das Stabile vom Mobilen klar zu trennen vermag: Alles ist – einschließlich der immanenten Poetik des Schreibenden – in Bewegung.

Das in diesen Wendungen und Windungen bereits anklingende Motiv des Verschlungenseins von Land, Wasser und Himmel, das im weiteren Fortgang des Erzähltextes in ein Verschlungenwerden des Landes durch Himmel und Wasser in einem gewaltigen Tropensturm gipfeln wird, gibt schon den Blick frei auf die offene See der Karibik, deren Schwingungen sich im Lebensrhythmus von Ebbe und Flut unwiderstehlich auf das Schiff übertragen. Und wenn in der Folge vom tragischen Untergang der vorgelagerten Inselwelt rund um die *Ile Dernière* (engl. *Last Island*) mit (fast) allen ihren Bewohnern und Besuchern berichtet wird, so zeigt der Text doch zuvor schon auf der sprachlichen Ebene an, wie in einer transarchipelischen, Asien mit Amerika, die Philippinen mit der Karibik verbindenden Bewegung in der transkulturellen Welt Louisianas nicht allein das

[40] Lafcadio Hearn: „Chita: A Memory of Last Island“, in: *American Writings* (Library of America, No. 190), Des Moines/New York: Library of America, 2009, 77 f., [Übersetzung, O.E.].

Englische und das Französische, sondern auch das Spanische, die Kreolsprachen der Karibik und der Philippinen wie auch das Tagalog der vom letztgenannten Archipel stammenden Bevölkerung sich im Text wechselseitig so miteinander zu verflechten beginnen, wie sich im Delta Wasser und Land aufs Engste miteinander verbinden.

Im Delta der riesigen Flusslandschaft des Mississippi treffen die natürlichen Elemente, die Kulturen, die Sprachen und die Lebensformen unterschiedlichster Areas aufeinander; sie leben in diesem Mikrokosmos ständigen Werdens und Vergehens, Verschlungenseins und Verschlungenwerdens in niemals endender Spannung zusammen. Und sehr zum Ärger seiner aktuellen US-amerikanischen Editoren[41], die den Autor dafür rügen zu können glaubten, eine nicht geringe Zahl an fremdsprachigen Zitaten unübersetzt gelassen zu haben, ließ Lafcadio Hearn seine Leserinnen und Leser an der Vielsprachigkeit dieser ebenso transkulturellen wie transarchipelischen Welt hautnah teilhaben. Hearns Prosa *ist* in ihren „phantastischen Fetzen" die Landschaft, die sie (be-)schreibt, und deren Theorie zugleich: eine Landschaft der Theorie, zweifellos[42].

Die aquatische, von Ebbe und Flut wie starken Meeresströmungen, aber auch von den Winden und Stürmen geprägte Welt zwischen Kontinent und Inselwelt, zwischen Kontinentalität und Insularität hat Lafcadio Hearn in ihren ständig verschwimmenden Grenzen immer wieder meisterhaft vor Augen geführt. Dabei verweisen die Inseln bei ihm stets auf andere Inseln, tauchen hinter, neben oder unter einem bestimmten Eiland immer wieder andere Eilande auf, die sich zu Archipelen gruppieren, um sogleich wieder andere, neue Geflechte zu bilden, in deren Verästelungen im eigenen Archipel ein anderer erscheint und wieder verschwindet. Anglophone Südstaatler und Frankokreolen, aber auch Malayen, Mexikaner und Filipinos erscheinen in einer zirkumkaribischen Welt, die sich gewiss nicht mit Hilfe einer einzigen Sprache – auch nicht mit der Sprache der dritten Phase beschleunigter Globalisierung, dem Englischen allein – darstellen lässt. Die Worte in Lafcadio Hearns Text verweisen auf Orte, die ihrerseits stets auf wieder andere Orte und Worte verweisen. Es ist, als würden Ebbe und Flut ständig neue Menschen, ständig neue Sprachen und Kulturen durch diesen Raum bewegen und pumpen. Es ist der Rhythmus eines Lebens, das als Leben nur im pulsierenden Rhythmus vorgefunden, erfunden und erlebt werden kann. Im Schreiben Lafcadio Hearns, das wie kaum ein anderes zur lauten Lektüre drängt, wird eine transarchipelische Welt voller Leben, voller Bewegung sinnlich allgegenwärtig.

In seinem auf zwei sehr unterschiedliche Reisen in die Karibik zurückgehenden und erstmals 1890 veröffentlichten Reisebericht *Two Years in the French West Indies* hat Lafcadio Hearn diese höchst dynamische, mobile Form des Schreibens aus der Bewegung und in der Bewegung zur Perfektion gebracht. Bei diesem aus einer archipelartig aus kürzeren und längeren Texten bestehenden Sammlung narrativer Texte handelt es sich um einen Reisebericht *sui generis*, der uns von den Erfahrungen und mehr noch den Erlebnissen des Ich-Erzählers in jenem französischen ‚Westindien' berichtet, in dem sich die karibischen und amerikanischen mit den afrikanischen, europäischen und asiatischen Kulturen, Sprachen und Lebensformen auf intime Weise verknüpfen (und nicht *verschmelzen*).

[41] Vgl. die „Note on the Texts" in Lafcadio Hearns *American Writings*, 2009, 827–831.

[42] Zum Begriff der Landschaft der Theorie vgl. Ottmar Ette: *Roland Barthes. Landschaften der Theorie*, Konstanz: Konstanz University Press, 2013.

Dabei gelingt es Hearn, seine komplex verschachtelte und nicht nur polyseme, sondern mehr noch polylogische Schreibweise immer wieder fensterartig auf transarchipelische Dimensionen hin zu öffnen und die von ihm besuchten Inseln der Karibik in ihrer weltweiten Relationalität erstrahlen zu lassen. Vielleicht noch radikaler als in *Chita: A Memory of Last Island* bezieht der Text seine literarische Einheit gerade aus seiner mobilen Vielgestaltigkeit, schließen einzelne Erzähltexte unter ihren jeweiligen Titeln doch ihrerseits wieder eingebettete Erzählungen, Mythen oder Legenden mit ein, so dass sich die Erzählprozesse in *Two Years in the French West Indies* auf unterschiedlichen Ebenen und in verschiedenartigen Textsorten bewegen.

So unternimmt Lafcadio Hearn in diesem polyperspektivischen Reisebericht des Öfteren erfolgreich den Versuch, die geographischen und geologischen mit kulturellen Aspekten auf eine Weise zu verbinden, die uns verstehen lässt, dass wir auf unserem Weg durch die Karibik *zugleich* auf unterschiedlichen Routen durch eine zutiefst transarchipelische Welt unterwegs sind. So heißt es etwa ausgehend von einer Beschreibung und Darstellung der Montagne Pelée, des Vulkanriesen auf der kleinen französischen Insel Martinique:

> Aber ihr Zentrum ist nicht eine enorme pyramidale Masse wie die von „La Montagne“: Es wird lediglich von einer Gruppe von fünf bemerkenswerten Porphyrkegeln gebildet, – den Pitons von Carbet; – während die Pelée, alles beherrschend und den gesamten Norden ausfüllend, einen Anblick bietet und eine Fläche einnimmt, die kaum weniger beeindruckend sind als beim Ätna.
> Bisweilen habe ich mich beim Blick auf La Pelée gefragt, ob die Unternehmung des großen japanischen Malers, der die Hundert Ansichten des Fujiyama schuf, nicht von einem kreolischen Künstler nachgeahmt werden könnte, der ähnlich stolz auf die Berge seines Geburtslandes wäre und keine Angst vor der Hitze der Ebenen oder den Schlangen der Berghänge hätte. Hundert Ansichten der Pelée könnten sicherlich angefertigt werden: Denn die enorme Masse ist für die Bewohner des nördlichen Teiles der Insel allgegenwärtig und kann selbst von den Höhen der südlichsten Mornes aus gesehen werden. Sie ist von nahezu jedem Teil von St. Pierre aus sichtbar, – das sich in eine Falte seiner felsigen Abhänge eingenistet hat. Sie überblickt alle Ketten der Insel und übertrifft die mächtigen Pitons von Carbet um tausend Fuß [...].[43]

In einer für Lafcadio Hearns Schreiben typischen Bewegung fokussiert die Erzählerfigur zunächst ihren Gegenstand, die Montagne Pelée, um deren Zentrum sogleich wieder zu relativieren und zu relationieren, in diesem Falle also mit einem anderen Vulkan auf einer europäischen Insel, mit dem Ätna auf Sizilien, in Beziehung zu setzen. Die sich daran anschließende Bewegung öffnet diese transatlantische und zugleich transarchipelische Relation aber sogleich mit Blick auf die japanische Inselwelt, wo die perfekte Figur des Fujiyama freilich nicht unter geographischen oder geologischen, sondern unter künstlerischen Aspekten in den Text eingeführt wird. Der Verweis auf den hier namentlich nicht genannten großen japanischen Maler Katsushika Hokusai (1760–1849) und dessen berühmte Farbholzschnitt-Serie der Darstellungen des Fujiyama ermöglicht es Hearn, einen möglichen kreolischen Maler ins Spiel zu bringen, der ähnlich wie der japanische Künstler ein polyperspektivisches Werk schaffen könnte, das aus den Bewegungen rund

[43] Lafcadio Hearn: „Two Years in the French West Indies“, in: *American Writings* 2009, 387 [Übersetzung, O.E.].

um die zerfurchte und von Abertausenden von Schlangen ‚verseuchte' Vulkanregion der Montagne Pelée hervorgehen müsste. Eine Region wohlgemerkt, die Lafcadio Hearn selbst unzählige Male ausgehend von der ihn so faszinierenden Stadt St. Pierre, die später erst einem Ausbruch dieses gefährlichen Vulkans zum Opfer fiel, durchwandert hat und die er ausgezeichnet kannte.

Der intermediale Verweis von Hearns Schrift auf Hokusais Kunst schließt auf transmedialer Ebene eine immanente Poetik des eigenen Schreibens mit ein. Denn das von ihm geforderte polyperspektivische, der Serie des großen japanischen Künstlers nachempfundene Werk hat – wie es der Text auch in dieser Passage vorführt – Lafcadio Hearn fraglos selbst geschaffen. Diese implizite immanente Poetik, die hier ausgehend von den transarchipelischen Beziehungen der Montagne Pelée zu Ätna und Fujiyama entfaltet wird, bezieht sich auf die literarischen Skizzen des Schriftstellers griechisch-irischer Herkunft selbst: Er selbst ist es, der im Grunde längst zu jenem namenlosen kreolischen Maler geworden ist, der uns immer wieder neue Ansichten vor Augen führt und aus dieser Polyperspektivität eine Polyrelationalität hervorzaubert, welche eine auf den ersten Blick bisweilen verwirrende, in labyrinthischen Sätzen sich entfaltende Bilderfolge entstehen lässt. Es ist eine Bilderfolge von faszinierender Transarealität.

Denn aus dem Griechen, Iren, Briten und US-Amerikaner wird ein Antillaner und Japaner, dessen viele Namen jenen Ort des namenlosen kreolischen Malers auszufüllen vermögen, weil in jenem scheinbar ‚leer' bleibenden Ort des Namens viele Namen, viele Orte transarchipelisch eingetragen werden können, ja eingetragen werden müssen. Auch eine sogleich noch anzuführende Passage wird belegen: Es ist, als ob in diesem großen Vulkan der Insel Martinique die Vulkane dieser Welt, ja die unterschiedlichsten Regionen dieser Erde zusammenliefen, ohne hier doch ihr ‚Zentrum', ihren Mittelpunkt zu finden. Denn ein solches Zentrum, einen derartigen Mittelpunkt der Erde kann es für den Schriftsteller und Photographen[44] Lafcadio Hearn nicht geben.

Wie *Chita: A Memory of Last Island* beginnt auch *Two Years in the French West Indies* mit den Impressionen einer Schiffsreise an Bord jenes „langen, schmalen, grazilen Dampfschiffs aus Stahl"[45], mit dessen gleichsam photographischem Bild an Pier 49 im Hafen von New York der literarische Reisebericht einsetzt. Wir haben es mit der literarischen Inszenierung einer Annäherung zu tun, in der die Tropenwelt voller Leben erscheint: Alles ist von „eine[m] Sinn von Welt-Leben (*world-life*)"[46] erfüllt. Dabei wird die Sichtweise eines nicht den Tropen entstammenden weißen Mannes von Beginn an eingenommen und markiert, eine Tatsache, die den Erzähler im weiteren Fortgang selbstverständlich nicht daran hindert, uns über lange Seiten hinweg detailreiche und eindringliche Alltagsbilder vom Leben der Wäscherinnen (*blanchisseuses*) oder der Trägerinnen schwerer Lasten (*porteuses*) aus Martinique zu liefern. Lebens-Bilder alltagskultureller Praktiken entstehen, wie wir sie in anderen Texten jenes Zeitraums in dieser Intensität wohl kaum noch einmal finden dürften.

[44] Zur Geschichte dieser teuren Fotoausrüstung vgl. die „Note on the Texts", in: *American Writings*, 828.

[45] Ebd., 159.

[46] „A sense of world-life" ebd., 164.

Es sind gerade die Frauen, die uns ihr Lebenswissen und gleichsam ihre Geheimnisse mitteilen: Wir erfahren, wie lange sie arbeiten, wann sie essen, wie sie sich ihre Mahlzeiten zubereiten, aber auch, was für ein Leben sie sich erträumen – bis hin zu jener Gestalt einer jungen Frau, die auf der Rückreise an Bord kommt, um in New York als Hausangestellte zu arbeiten. Die *porteuses* erzählen uns, welche Lasten sie schon als junge Trägerinnen zu bewältigen gelernt haben, auf welchen Wegen sie die unterschiedlichen Teile der Insel miteinander verbinden, aber auch, welche Lieder sie singen, welchen Gefahren sie ausgesetzt sind, welchen Hoffnungen sie sich hingeben und welchen Träumen sie nachhängen. So entstehen Lebens-Bilder von höchster Eindringlichkeit.

Der Übergang in die Tropen wird aus der Bewegung des Schiffes heraus als *Passage* in eine andere Farben- und Klangwelt, in eine andere materielle Sinnlichkeit wie in eine andere (und spirituelle) Traumlandschaft in den Klängen und Farben der Sprache ästhetisch und aisthetisch erfahrbar gemacht. Der Klang dieser sehr spezifischen Schreibweise, die häufig von Sätzen im *français créole* Martiniques durchbrochen ist, bedient sich des gesamten Registers der Klangfiguren, die in verschiedenen Sprachen eingeblendet werden. Die Lebens-Bilder der mulattischen Wäscherinnen, die in St. Pierre ihre Wäsche ausbreiten, oder der Familien von Coolies, die ihre aus (Ost-) Indien mitgebrachten Normen und Formen des Zusammenlebens erläutern, prägen sich dank ihrer Lebendigkeit bei der Lektüre unmittelbar ein. Wir erfahren manches über die gesellschaftliche Realität der Inseln, vor allem aber über die *gelebte* Gemeinschaft von Eilanden, die ihre je eigenen Formen von Kleidung und Kochkunst, von Konvivenz und Konfliktivität entwickelt haben: Martinique ist zugleich eine Insel-Welt für sich und eine global vernetzte Inselwelt: Diese Eigen-Logik einer Insel-Welt ist als hochverdichtete semantische Kippfigur stets auch eine Inselwelt im transarchipelischen Sinne. Hearns lyrische Prosa führt uns dies immer wieder eindrucksvoll vor Augen. Es zählt sicherlich zu den größten Verdiensten der verschlungenen, bisweilen labyrinthischen Schreibweise von Lafcadio Hearn, diese in der Tat hochkomplexe Bewegungsstruktur in ihrer ganzen Vektorizität, in all ihren Bahnungen und Bewegungen, ästhetisch überzeugend dargestellt zu haben.

In einer Passage, die bisweilen einen Bezug zu den längst klassisch gewordenen französischen Texten des Père Labat wie des Père Dutertre, aber auch zu der Abhandlung der Martinique gewidmeten *Etudes historiques* des – wie Hearn ihn nennt – kreolischen Autors Dr. E. Rufz[47] herstellt, wird die Berg- und Vulkanwelt der französischen Antilleninsel erneut zum Ausgangspunkt einer die Tropen weltweit umspannenden Sichtweise. Dies wird bei der Bergbesteigung, gleichsam in der Aufwärtsbewegung einer seit Petrarca[48] mit der Verstehens- und Erkenntnisbewegung verbundenen Gewinnung an Transparenz[49], deutlich skizziert:

[47] Vgl. hierzu Lafcadio Hearn, *Two Years in the French West Indies*, 420.

[48] Vgl. hierzu die klassische Studie von Joachim Ritter: „Landschaft. Zur Funktion des Ästhetischen in der modernen Gesellschaft“, in: *Subjektivität. Sechs Aufsätze*, Frankfurt a.M.: Suhrkamp, 1989, 141–163.

[49] Vgl. hierzu Jean Starobinski: *Jean-Jacques Rousseau. La transparence et l'obstacle. Suivi de Sept Essais sur Rousseau*, Paris: Gallimard, 1971.

> Mit der Verminderung der Wärme, die von der Anstrengung des Aufstiegs herrührt, fangen Sie an zu bemerken, wie kühl man sich hier fühlt; – Sie könnten geradezu an der bezeugten geographischen Breite zweifeln. Direkt östlich liegt Senegambia: Wir sind sehr wohl südlich von Timbuktu und der Sahara, – auf einer Linie mit Südindien. Der Ozean hat die Winde abgekühlt; auf dieser Höhe wirkt der Luftmangel nördlich; aber unten in den Tälern ist die Vegetation afrikanisch. Die für Lebensmittel geeignetsten Anbauprodukte, die besten Futterpflanzen, die Gartenblumen stammen aus Guinea; – die grazilen Dattelpalmen kommen aus der Region des Atlas: Diese Tamarinden, deren dicke Schirme jegliches andere Pflanzenleben darunter ersticken, sind aus dem Senegal. Allein der Berührung durch die Luft, den dunstigen Farben bei großer Entfernung, den Schatten der Hügel eignet etwas, das nicht auf Afrika verweist: diese sonderbare Faszination, welche der Insel ihren poetischen kreolischen Namen verschaffte, – le Pays des Revenants.[50]

Ohne an dieser Stelle auf die das Gesamtwerk Lafcadio Hearns durchziehende Isotopie der Geister, Gespenster, Wiedergänger und Rückkehrer (*Revenants*) eingehen zu können, ist die Rückkehr des Ich zu einem längeren Aufenthalt auf die Insel Martinique doch deutlich dadurch motiviert, dass sich von hier aus nicht allein eine Insel als eine gesamte, in sich abgeschlossene und zugleich vollständige Welt öffnet, sondern dass diese so eigene Welt zugleich wie in einem lebendigen Netzwerk die unterschiedlichsten Elemente eines weltweiten Beziehungsgeflechts in sich zu bündeln vermag. Martinique ist ein Mikrokosmos, eine *InselInsel*[51], die die Welt auf ihre eigene Weise enthält und gerade dadurch so eigen ist – eine transareal verdichtete Welt, auf der Ebene der Natur wie auf jener des Anbaus, der Kultur.

Die französische Antilleninsel steht am Kreuzungspunkt und im Beziehungsgeflecht zwischen Westindien und Ostindien, zwischen den *Indias occidentales* und den *Indias orientales*, wie dies die Benennungen in der ersten Phase beschleunigter Globalisierung auszudrücken pflegten. Die Insel um die Montagne Pelée ist eine globale Insel: Sie steht in den 1890 in Buchform vorgelegten *Two Years in the French West Indies* – und hier spielt der reiseliterarische Text begrifflich schon im Titel die lange und komplexe Globalisierungsgeschichte aus – für die drei Phasen beschleunigter Globalisierung ein: zwischen den schwarzen Sklaven aus Afrika und den Coolies Asiens, zwischen den Bewohnern Europas und Ozeaniens bürgt sie für Vielverbundenheit und relationale Polylogik.

Kein Zufall also, dass der Reisende von New York, dem Zentrum der ersten außereuropäischen Globalisierungsmacht ausgehend seine Reise in die Karibik auf einem Dampfschiff aus Stahl, auf einem „long, narrow, graceful steel steamer"[52] unternimmt. Man könnte in diesem eleganten Dampfschiff einen gewiss nicht gänzlich unbeteiligten Boten jener *New Steel Navy* erblicken, welche die USA noch im selben Jahrzehnt zur unbestrittenen Führungsmacht auf dem Kontinent kanonieren und die spanische Flotte vor Manila und Santiago de Cuba im Meer versenken sollte.

[50] Lafcadio Hearn, *Two Years in the French West Indies*, 419 [Übersetzung, O.E.].

[51] Vgl. hierzu Ottmar Ette: „Insulare ZwischenWelten der Literatur. Inseln, Archipele und Atolle aus transarealer Perspektive", in: *Inseln und Archipele. Kulturelle Figuren des Insularen zwischen Isolation und Entgrenzung*, hg. von Anna E. Wilkens, Patrick Ramponi und Helge Wendt, Bielefeld: transcript, 2011, 13–56.

[52] Lafcadio Hearn, *Two Years in the French West Indies*, 159.

Das bis heute im Besitz Frankreichs, der Führungsmacht der zweiten Globalisierungsphase befindliche Martinique ist als Antilleninsel Teil jener Zone verdichtetster Globalisierung, die von der ersten Phase dieses Prozesses an die Menschen, Kulturen und Sprachen der europäischen ‚Entdecker', Eroberer und Kolonisatoren, der unterschiedlichen Kulturen zugehörigen indigenen Bevölkerung sowie der hierher deportierten schwarzen Sklaven aus verschiedenen Teilen West- und Zentralafrikas, später aber auch der Kontraktarbeiter aus unterschiedlichen Regionen Asiens beziehungsweise der Coolies aus Indien aufeinandertreffen und mehr noch aufeinanderprallen ließ. In dem von Lafcadio Hearn entworfenen literarischen Landschaftsbild von Martinique fügen sich die so unterschiedlichen Elemente verschiedener Erdteile zu etwas Anderem, zu etwas Neuem, zu einem nicht mit Europa oder Afrika oder Asien zu verwechselnden Ganzen zusammen.

So wird Martinique zur transarealen und transkulturellen Welt einer einzigen kleinen Insel, in der sich die entferntesten Kontinente und Archipele anderer Längen- und Breitengrade zu einer transarchipelischen Inselwelt verdichten und vektoriell neu konfigurieren. Lafcadio Hearns literarischer Reisebericht liefert uns für diese historischen, kulturellen und biopolitischen Vorgänge aus der Wechselbeziehung des Vorgefundenen, des Erfundenen und des Erlebten wie Gelebten das faszinierende Bewegungs- und Denkmodell. In seiner Modell-Insel der *French West Indies* wird die dritte Phase beschleunigter Globalisierung auch viele Jahre später noch buchstäblich lebendig und öffnet sich mit Blick auf die noch aktuelle, aber auslaufende Beschleunigungsphase hin zu der in Edouard Glissants letztem Text beschworenen globalen Insel-Insel von Rapa Nui[53], in der sich alle Polarisierungen einer magnetischen Erde in lyrischer Verdichtung finden und erfinden lassen.

Rodrigo Rey Rosa

Unser erstes Beispiel für die Transarealität der (amerikanischen) Literaturen der Welt während der *vierten* Phase beschleunigter Globalisierung siedelt sich im arabamerikanischen Spannungsfeld von Orient und Okzident, von Mittelmeer und zirkumkaribischen Raum im Westen der arabischen Welt an und beruht wie Lafcadio Hearns Schreiben auf den unterschiedlichsten Reiseprozessen. Die gewiss rätselhafteste Figur des 1999 zuerst in Spanien erschienenen Romans *La orilla africana* ist ein Hirte, der anders als Enkidu im *Gilgamesch-Epos* seine Herden nicht in den weiten Steppen des Zweistromlandes, sondern in den dürren, zerklüfteten Gebieten des südlichen Ufers der Meerenge von Gibraltar, unweit der längst zum Mythos gewordenen Stadt Tanger, hütet. Bereits das *incipit* dieses Textes des 1958 geborenen guatemaltekischen Autors Rodrigo Rey Rosa führt uns in die von irrationalen, animistischen Vorstellungen, von Opferriten und Amuletten geprägte Welt des Hirten Hamsa ein:

[53] Vgl. Edouard Glissant: *La terre magnétique. Les errances de Rapa Nui, l'île de Pâques. En collaboration avec Sylvie Séma*. Paris: Seuil, 2007.

> Hamsa se levantó cuando todavía estaba oscuro y el viento del Este soplaba con fuerza para hacer sonar el follaje de los árboles como mil maracas y silbar entre las peñas del acantillado, al pie del cual se estrellaban violentamente las olas del mar.[54]

Das frühe Aufstehen des jungen Hamsa vor dem Morgengrauen siedelt sich in einer Landschaft an, die zunächst ‚nur' als Klanglandschaft erkennbar wird, die aber von Beginn an geprägt ist von der Gewalt des Windes und der Wellen des Meeres, des Mittelmeeres, an der marokkanischen Küste. Wir befinden uns am afrikanischen Ufer des *Estrecho*, der dank ihrer starken Strömungen nicht ungefährlichen Straße von Gibraltar, wo das ständig von Schiffen durchzogene Meer den natürlichen Grenz- und Bewegungsraum für die sich anschließende und in hoher literarischer Dichte erzählte Handlung bildet. Ein transarealer Bewegungsraum *par excellence*, dessen transmediterrane Vektorizität vom guatemaltekischen Autor sehr bewusst um eine transatlantische Dimension erweitert wurde.

Die Handlung setzt nicht in der quirligen, internationalen Atmosphäre der einst von Karthagern im 5. Jahrhundert vor Christus gegründeten Stadt Tanger, sondern in einer eher unwegsamen Landschaft – die selbstverständlich als Landschaft der Theorie angelegt ist – ein. Ein Lamm aus der Herde des Hirten hat sich am Vorabend verlaufen, und Hamsa macht sich auf die Suche, wobei er sich zunächst einen Weg durch das Unterholz und dann vorbei an den Ruinen des ehemaligen „club náutico español"[55] bahnen muss, bevor er das verängstigte, zitternde Tier am Fuße eines Kliffs entdeckt, „arrinconado entre dos peñas salpicadas intermitentemente por el reventar de las olas"[56]. Es ist das Bild der in die Enge getriebenen Kreatur, die keinen Ausweg mehr findet und sich verzweifelt ins Meer stürzt. Hamsa gelingt es gerade noch rechtzeitig, das Lamm aus dem Wasser zu ziehen und das kraftlose Tier zur Herde an Land zurückzutragen. Die Beziehungen zwischen Mensch und Tier sind von Beginn an von größter Bedeutung[57].

Diese Szenerie, die das erste der insgesamt 55 römisch durchnummerierten Kapitel des Romans eröffnet, führt uns eine Welt vor Augen, die nur auf den ersten Blick eine gleichsam transhistorische Welt der Naturkräfte ist. Das Mittelmeer bildet die gefahrvolle Grenze – und doch ist es Verbindung und Ausblick zugleich. Bei gutem Wetter ist die spanische Gegenküste mit bloßem Auge bestens zu erkennen, nachts blinken ihre Lichter herüber, ständig sind bei Tag große Schiffe sichtbar. Und nachts kommen die Schmuggler wie Hamsas Onkel, der dem jungen Hirten nicht nur die Imitate von Nike-Sportschuhen, von denen sich Hamsa kaum trennen mag, sondern auch die Träume von einem Leben im Reichtum, einem Leben mit großen Autos und schönen Frauen, offeriert: Träume, die selbstverständlich auch auf der afrikanischen Seite der Straße von Gibraltar geträumt werden.

Das Leben in Marokko, in der Stadt Tanger und ihrer zerklüfteten Umgebung, blendet von Beginn an die Geschichte des spanischen, des portugiesischen, des französischen

[54] Rodrigo Rey Rosa: *La orilla africana.* Prefacio de Pere Gimferrer, Barcelona: Editorial Seix Barral, 1999, 17.

[55] Ebd., 18.

[56] Ebd.

[57] Aus den zahlreichen Studien der sog. ‚Animal Studies' sei hier verwiesen auf die für den karibischen Raum wichtige Studie von Leonie Meyer-Krentler: *Die Idee des Menschen in der Karibik. Mensch und Tier in französisch- und spanischsprachigen Erzähltexten des 19. Jahrhunderts*, Berlin: Verlag Walter Frey – edition tranvía, 2013.

oder des britischen Kolonialismus ein, verweist auf die alten Römerstraßen, auf denen die in Nordafrika gefangenen Löwen zu Tausenden in die Arenen des Imperiums abtransportiert wurden, erwähnt die Schiffe, auf denen Tausende von Marokkanern, Tausende von Afrikanern ihr Glück versuchen, um ins Gelobte (und gehasste) Land der europäischen Gegenküste zu gelangen. Es ist ein hochgradig vektorisierter Raum, unter dessen gegenwärtigen Bewegungen noch die früheren Bewegungen sichtbar und spürbar sind: alte Bahnungen, die sich immer wieder Bahn brechen. Die Küstensäume an der Straße von Gibraltar bilden eine Straße der Träume und der Alpträume, der Migrationen und Verfolgungen, des Aufeinanderprallens von Kulturen, die der guatemaltekische Autor virtuos transareal in Szene setzt.

Doch nicht allein über das Mittelländische Meer, sondern auch über die Luft ist das Land an der Meerenge mit der ganzen Welt verbunden. Neben dem Marokkaner Hamsa und der jungen Französin Julie, die bei der begüterten Madame Choiseul in einer idyllischen Umgebung, in der Hamsas Großeltern sich ihren Lebensabend verdienen, wohnt, ist ein kolumbianischer Reisender, der angeblich seinen Pass verloren hat, die dritte zentrale Figur, die nicht nur mit Blick auf eine erhoffte oder ersehnte Liebe, sondern auch hinsichtlich ihrer Herkunft eine Dreieckskonstellation zwischen Nordafrika, Südamerika und Westeuropa komplettiert. Eine Zufallskonstellation, gewiss, aber nicht zufällig transareal an einer der am dichtesten befahrenen Wasserstraßen der Welt angesiedelt.

Das Zusammentreffen dieser drei Figuren ist ebenso transitorisch wie die Hotels und Absteigen, in denen der Kolumbianer, der nicht nur seinen Pass, sondern auch Ziel und Zweck seines Tuns verloren hat, seine Zeit verbringt. Seine Erfahrungen mit den marokkanischen Dirnen, für die er zu Beginn noch genügend Geld besaß, bilden einen wichtigen Bestandteil jener transmediterranen und transarealen Vektorizität, in der sich die Protagonisten begegnen, bevor sie sich wieder aus den Augen verlieren. Denn Tanger ist Transit.

Die Affäre, die Julie mit dem Südamerikaner – in dessen Händen sie erstmals die verletzte Eule erblickt, von der sie fortan fasziniert ist – verbindet, ist nur von kurzer Dauer: kaum länger als der gemeinsame Konsum leichter Drogen in einem der Hotelzimmer des Kolumbianers in Tanger. Als er ihr kurze Zeit später, am Ufer des Meeres, auf die Frage, ob es ihn nicht störe, seine Frau zu betrügen, mit einem Zitat von Chamfort antwortet, seine Frau Laura sei die Klasse von Frau, die man unmöglich nicht betrügen könne[58], ist alles schon wieder zu Ende. Die Bücher, die in den Hotelzimmern des Kolumbianers auf dem Boden herumliegen, scheinen nicht ohne eine diffuse Wirkung auf ihn geblieben zu sein. Denn längst haben sich Fiktionen und Autofiktionen seiner bemächtigt:

> No le gustaba mentir pero a veces la verdad acerca de sí mismo le parecía inaceptable y entonces se lo permitía, siempre con la intención de cambiar las cosas para que sus ficciones llegaran a coincidir con la realidad. Podía no estar casado, como lo estaba de hecho, ni ser un simple turista con el pasaporte extraviado. Se miró en el espejo.[59]

Doch auch der Blick in den Spiegel, der so vielen Romanfiguren vor ihm half, sich ihrer selbst zu vergewissern, bringt keine Klärung, sondern nur Spiegelung. Längst haben sich

[58] Rodrigo Rey Rosa, *La orilla africana*, 108.
[59] Ebd., 100.

die Fiktionen seines Lebens und seines Namens bemächtigt: schlechte Fiktionen allerdings, die er so wenig für sich zu nutzen weiß wie die Zitate, die ihm in den Sinn kommen. Allein der Eule gegenüber, die er vor dem fatalen Zugriff anderer gerettet hat, scheint er treu zu bleiben, kümmert sich liebevoll um sie – auch dann, als man ihn des Vogels wegen aus dem Hotel wirft. Doch schenkt der Flug der Eule nicht ein Zeichen jener Weisheit, die ihm niemals zuteil zu werden scheint?

Die marokkanische Romandiegese mit ihrer nordafrikanisch-südamerikanisch-westeuropäischen Relationalität bildet eine TransArea, in der sich die Wege der Protagonisten, aber auch ihrer Sprachen und Kulturen, ihrer Gewohnheiten, Überzeugungen und Glaubensvorstellungen queren und wieder verlieren. Nichts Menschliches ist hier von Dauer – auch nicht die Kolonialgeschichte, die doch ständig ihre Schatten wirft.

Die drei so unterschiedlichen menschlichen Protagonisten verbindet, als wäre sie ein strukturalistischer *shifter*, die bereits erwähnte große Eule, die als gefangene Kreatur ständig ihren Besitzer wechselt und auf alle eine große Faszinationskraft ausübt, wird ihren Augen in der arabischen Welt doch eine mysteriöse Kraft zugeschrieben. Alle richten aus unterschiedlichen Perspektiven ihr Begehren auf die Eule, die sich letztlich doch noch zu entziehen weiß. Nach dem gescheiterten Versuch Hamsas, mit der Französin Julie zu schlafen, die als Preis für den Beischlaf zunächst die Freilassung der von Hamsa geraubten Eule fordert, wird es logischerweise der Flug der wieder gesundeten Eule in die Freiheit sein, der aus der Bewegung heraus den offenen, mobilen Schlusspunkt des Romans setzt. So öffnet sich im letzten Kapitel der Roman, der vor dem Morgengrauen begann, in der Abenddämmerung und nach dem Untergang der Sonne mit ihrem Flug just über jenes zerklüftete Gebiet, in dem im ersten Kapitel die Handlung eingesetzt hatte:

> Se lanzó al vacío y voló con el viento hacia la luz que moría donde terminaba la tierra y sólo estaba el mar. Remontó el vuelo al pasar sobre el cobertizo del pastor, y, desde lo alto, alcanzó a ver a la mujer que ya se había calzado y andaba de prisa por el filete de hierba que bordeaba el camino asfaltado entre los muros. Se elevó hasta la cumbre del monte y vio, en la distancia, las luces vidriosas que iluminaban las colinas cubiertas por un manto de casas blancas que se perdían entre los pliegues del campo sediento y agrietado. Bajó para volar sobre las copas de los árboles hacia una casona abandonada en medio de un bosque tupido. Entró por una ventana y fue recibida por los gritos de los pájaros que ya anidaban allí. Recorrió la casona volando de cuarto en cuarto por los pasillos hasta que encontró una hendidura conveniente en la pared áspera y oscura de un desván, donde faltaban algunas tejas y las tablas del piso estaban rotas o completamente podridas.[60]

Der Flug des Vogels lässt noch einmal *aus der Bewegung*, mithin von keiner festen Perspektivik aus, jenen Raum entstehen, in dem sich die Protagonisten von *La orilla africana* trafen, fanden und wieder verloren. Die Bewegungen der Tiere setzen Anfangs- und Schlusspunkt des Romans, doch wird die Eule sich wohl kaum ein zweites Mal von Menschen einfangen lassen. Anders als den Protagonisten des Romans, die in ihrer Zerrissenheit letztlich Wesen ohne festen Wohnsitz sind und sich gleichsam im Transitraum ihrer Wege verlieren, gelingt es allein dem Vogel, der Eule, ein Haus zu finden und zum eigenen Wohnsitz zu machen. In den Tier-Mensch-Beziehungen scheint der Mensch zwar

[60] Ebd., 157.

über alles Tierische zu herrschen und zu gebieten; doch es ist das Tier, das mit seinem Leben die Kontinuität des Kreatürlichen gewährleistet.

In der Figur der Eule scheint noch einmal jene Weisheit auf, die sich im Abendland seit der Antike mit ihrem Flug am Mittelmeer verbindet. Mögen auch alle Versuche der Protagonisten gescheitert sein, ein Wissen um die Möglichkeiten des Zusammenlebens zu entwickeln; mag es auch den sich wechselweise zusammensetzenden Paaren nicht geglückt sein, ihre Beziehungen auf Dauer zu stellen; und mögen auch die verschiedenartigen Kulturen keine neuen Wege gefunden haben, um zueinander zu finden: So fügt sich doch am Ende dieses aus kurzen Kapiteln zusammengefügten Romans im Flug der Eule diese Welt zusammen, die doch in ihrer transarealen Fragmentarität eine – wie wenige Jahre zuvor Clifford Geertz formulierte – „Welt in Stücken“[61] zu sein scheint.

Rodrigo Rey Rosa hat mit seinem Roman *La orilla africana* den Versuch nicht aufgegeben, eine noch immer vollständige Welt mit ihren Gegensätzen, ihren Konflikten und Brüchen in einen Erzählrhythmus zu fassen, der in seinen 55 Kurzkapiteln von zumeist ein bis fünf Seiten eine Totalität an Herkünften und Differenzen fraktal zu bündeln versteht. Die Diegese seines transarealen Marokkos, wo der guatemaltekische Autor mehrere Jahre seines Lebens in sicherer Entfernung vor einem im Terror versinkenden Mittelamerika verbrachte, und die transmediterrane, verschiedenen geographischen wie kulturellen Areas zuzurechnende Strukturierung lassen in diesem Text einen Experimentierraum entstehen, in dem die Grenzen eines ZusammenLebensWissens wie in einer Versuchsanordnung erprobt und ausgetestet werden. Wäre Vereinigung das Ziel, so wäre der literarische Laborversuch misslungen.

Nicht umsonst ist die junge Julie eine Studentin der Archäologie und darauf aus, unter den Straßen von heute die Straßen von gestern, unter den Sprachen von heute die Sprachen von gestern, unter den Geschichten von heute die Geschichten von gestern zu finden. Nach all den Jahrhunderten der Plünderungen, der Raubzüge und der kolonialen wie der imperialen Ausbeutung gibt der Roman, der mit der Angst eines verirrten Tieres begann, der Weisheit der Eule und ihres Fluges in die Freiheit das letzte Wort. Ihr scheint zu gelingen, mit Vögeln anderer Größe, anderer Farbe, anderer Herkunft unter einem Dach zusammenzuleben – unweit jener Straße von Gibraltar, die nicht das Ende, sondern die transmediterrane *mise en abyme* des Mittelmeeres ist und sich historisch auf die transatlantischen wie die transpazifischen Beziehungen öffnet. Im Leben und Überleben der Eule blitzt noch immer die Hoffnung auf ein Zusammenleben auf, das sich ebenso an der Meerenge von Gibraltar wie an der Landenge von Zentralamerika verwirklichen lässt.

Mario Vargas Llosa

Dem Ende seines Lebens nahe, blickte Paul Gauguin im Mai des Jahres 1903 in Atuona, Hiva Oa, ein letztes Mal auf die von ihm so sehr geliebte Insellandschaft Ozeaniens, die wie stets in den Strahlen der untergehenden Sonne aufleuchtete. Es ist ein tränenreicher Blick, der von Wehmut und einer Nostalgie erfüllt ist, die im Zeichen des nahenden eigenen Untergangs steht:

[61] Vgl. Clifford Geertz: *Welt in Stücken. Kultur und Politik am Ende des 20. Jahrhunderts*, aus dem Englischen übers. von Herwig Engelmann, Wien: Passagen-Verlag, 1996.

> Y añoró con más nostalgia que nunca la salud perdida. Cómo te hubiera gustado, Koke, poder trepar esos montes, el Temetiu y el Feani, de laderas boscosas y escarpadas, y explorar sus valles profundos, en pos de aldeas perdidas, donde vieras operar a los tatuadores secretos y te invitaran a participar en algún festín de antropofagia rejuvenecedora. Porque tú lo sabías: nada de eso había desaparecido en las intimidades recónditas de los bosques donde no llegaba la autoridad de monseñor Martin, ni la del pastor Vernier, ni la del gendarme Claverie.[62]

In dieser für den gesamten, erstmals im Jahre 2003 und damit rechtzeitig zum hundertsten Todestag des großen französischen Malers erschienenen Roman *El Paraíso en la otra esquina* von Mario Vargas Llosa entsteht in den fast schon erblindeten, und doch noch immer mit all ihrer mentalen Tiefenschärfe sehenden Augen Gauguins, der als Romanfigur im Allgemeinen mit seinem Vornamen Paul oder seinem Maori-Spitznamen Koke benannt wird, eine Insellandschaft als vielfache Verkörperung dessen, was sich der längst von der Syphilis zerfressene Körper des Künstlers immer ersehnt hatte. Denn augenfällig entsteht in seinem Blick eine ebenso anthropomorphe wie anthropophage Landschaft, in deren Bergen und tiefen Tälern sich eine weiblich semantisierte Körperlandschaft ebenso abzeichnet wie jener unbändige Wunsch, zu einer wilden Welt des Menschenfressertums Zutritt zu erhalten, die sich allen von ihm verachteten ‚zivilisierenden' Gestalten der europäischen, der französischen Kolonialherrschaft widersetzt und unbeirrbar behauptet: gegen die Vertreter der katholischen wie der protestantischen Kirche, gegen die Vertreter der Staatsmacht, gegen die Herrschaft aller Lebensnormen und Lebensformen, welche der europäische Kolonialismus über die riesigen Gebiete von Französisch-Polynesien gebracht hatte. In diesem Blick des fast schon Blinden liegt noch immer das Sehnen, die anderen Körper zu besitzen und sich einzuverleiben in einem Akt der Revolte gegen all das, was man in Frankreich als die *mission civilisatrice* der Kolonialmacht bezeichnete. Doch seit den Tagen der südseetrunkenen Ankunft des Briten Cook und des Franzosen Bougainville auf Tahiti hatte sich – wie es Paul Gauguin schien – im Zeichen der europäischen Kolonialismen die helle, lustvolle Welt Ozeaniens zu verdunkeln begonnen.

Doch geschieht es nur wenige Zeilen später just in einer katholischen Mission, wo Kokes Blick eines blinden Begehrens auf eine Gruppe von Mädchen fällt, die sehr wohl zu jenen jungen Frauen zählen könnten, die von Zeit zu Zeit unter großem Gekreische und Gekichere sein Haus der Lüste, seine *Casa del Placer*, heimsuchen, um jene pornographischen Photographien anzusehen, die den Maler über Jahrzehnte hinweg faszinierten. Hier in der Mission sind die Mädchen mit einem anderen Spiel beschäftigt und haben einen Kreis gebildet, von dem sich der Maler unwiderstehlich angezogen fühlt:

> Dispuestas en círculo y vigiladas por una de las monjitas, un grupo de alumnas entre las más pequeñas jugaba, en medio de un alegre vocinglerío. No era la resolana lo que deshacía esos perfiles y esas siluetas embutidas en las túnicas misioneras de las escolares que, aprovechando que la niña „de castigo", en el centro, se acercaba a preguntar algo a una de sus compañeras, cambiaban a la carrera de posiciones en el círculo; era su decadente vista la que le borroneaba la visión de ese juego infantil. ¿Qué preguntaba la niña „de castigo" a las compañeritas del círculo, a las que se iba aproximando, y qué era lo que éstas le respondían al despedirla? Era evidente que se trataba de fórmulas, que unas y otras repetían

[62] Mario Vargas Llosa: *El Paraíso en la otra esquina*, Madrid: Santillana Ediciones, 2008, 502.

de manera mecánica. No jugaban en francés, sino en el amorí marquesano que Koke entendía mal, sobre todo en la boca de los niños. Pero inmediatamente adivinó qué juego era ése, qué preguntaba la niña „de castigo" saltando de una a otra compañerita del círculo y cómo era rechazada siempre con el mismo estribillo:
–¿Es aquí el Paraíso?
–No, señorita, aquí no. Vaya y pregunte en la otra esquina.
Una oleada cálida lo invadió. Por segunda vez en el día, sus ojos se llenaron de lágrimas.
–¿Están jugando al Paraíso, verdad, hermana? –preguntó a la monjita, una mujer pequeñita y menuda, medio perdida en el hábito de grandes pliegues.
–Un lugar donde usted nunca entrará –le repuso la monjita, haciéndole una especie de exorcismo con su pequeño puño–. Váyase, no se acerque a estas niñas, se lo ruego.[63]

Ein letztes Mal in diesem Roman wird sich der französische Maler jenes Kinderspiels bewusst, das er selbst so oft in seiner Kindheit gespielt und im Verlaufe seines Lebens immer wieder gesehen hatte. Es ist ein Paradiesspiel, das buchstäblich um die Suche nach dem Paradies kreist und damit eine letztlich unabschließbare Bewegung initiiert und in Gang hält, die ebenso auf choreographischer wie auf diskursiver Ebene zu Recht im Text als ‚mechanisch' bezeichnet wird. Es ist ein Spiel, bei dem die ‚bestrafte', ja die ‚büßende' Person immer wieder im Kreis herumgeschickt und auf eine andere ‚Ecke' dieses Kreises verwiesen wird, werde sie vielleicht doch dort erfahren, wo das ersehnte Paradies liegen könnte. Es ist ein Spiel, das in seiner kreisrunden Anlage ebenso bezüglich seiner Mechanik wie seiner ständig sich verändernden, gleichsam hin- und herspringenden Bewegungsrichtungen an eben jenes Herzstück einer aufziehbaren Uhr erinnert, das nicht umsonst den Namen *Unruh* erhalten hat. Doch die Lebens-Uhr Gauguins ist fast schon abgelaufen.

Eben dieses wie aufgezogen wirkende Kinderspiel hat dem in Ozeanien, in Europa und in Amerika diegetisch angesiedelten Roman des späteren Literaturnobelpreisträgers seinen Namen gegeben: *El Paraíso en la otra esquina*. So reiht sich dieser umfangreiche Erzähltext geradezu beiläufig ein in jene Serie von Romanen, deren Titel auf ein Kinderspiel zurückgehen und zugleich auf dessen Spielstruktur verweisen. Zu diesen Texten gehört, vergessen wir dies nicht, auch jener experimentelle Roman, der 1963 unter dem Titel *Rayuela* publiziert den Ruhm des argentinischen Schriftstellers Julio Cortázar begründete und auch seinerseits das Thema der Suche mit einem Kinderspiel rund um *Himmel und Hölle* – so die deutsche Übersetzung – verknüpfte. Doch anders als bei diesem ästhetisch so gelungenen literarischen Hüpfspiel, das in erster Linie den strukturellen Plan dieses großartigen Romans prägte, zielt die Titelgebung im Werk von Mario Vargas Llosa deutlich stärker auf die inhaltlichen und thematischen Dimensionen dieses genau vier Jahrzehnte später erschienenen Romans. Das intertextuelle Augenzwinkern war gleichwohl nicht zu übersehen.

Gewiss: Wie in *Rayuela* ist auch in *El Paraíso en la otra esquina* die letztlich vergeblich bleibende Suche nach dem Glück in alle Kapitel eingeschrieben. Wie in Cortázars Text bewegen sich die Protagonisten zwischen verschiedenen Kontinenten, so dass nicht nur die Figuren des Romans, sondern auch seine Leserinnen und Leser ständig zwischen verschiedenen ‚Welten' transatlantisch wie transpazifisch hin- und herzuspringen haben. Zweifellos sind beide großen Romane mit ihren Suchbewegungen auf eine Semantik von

[63] Ebd., 503 f.

Himmel und Hölle bezogen, die alle Figuren erfasst und das Romangeschehen gleichsam mit einer verzweifelten und zugleich verzweifelnden Transzendenz einfärbt. Und doch sind die Unterschiede zwischen Cortázars und Vargas Llosas Romanwelten auch in diesem Falle nicht zu übersehen, weist doch schon auf der strukturellen Ebene der Roman von 2003 eine wesentlich stärker lineare und kontinuierliche Anlage auf als der wesentlich experimentellere Text von *Rayuela*, der sein Lesepublikum vor die Wahl zwischen einer allerdings bewusst unvollständig bleibenden linearen Lektüre der durchnummerierten Kapitel und einer fragmentierten, diskontinuierlichen Lesart stellt, die einem vorgefertigten Plan folgend (oder vielleicht auch planlos) zwischen den einzelnen Kapiteln hüpfend hin- und herspringt. Beide Romane aber treiben die rastlosen Bewegungen eines Kinderspiels voran; und beiden Romanen ist die Suche nach dem verlorenen Paradies ästhetisch aufgegeben. Denn Lateinamerika kann, wie Europa, nicht allein von Lateinamerika her bestimmt und begriffen werden.

Gehüpft wird in Mario Vargas Llosas Roman nicht weniger als bei Cortázar. Denn nur jedes zweite Kapitel ist dem am 7. Juni 1848 in Paris geborenen und am 8. Mai 1903 in Atuona auf Hiva Oa in Französisch-Polynesien verstorbenen Maler Paul Gauguin gewidmet. Die anderen der insgesamt zweiundzwanzig Kapitel beziehen sich auf die am 7. April 1803 in Paris geborene und schon am 14. November 1844 in Bordeaux verstorbene französische Schriftstellerin Flora Tristan, die sich als Politikerin, Sozialrevolutionärin und Frauenrechtlerin einen Namen machte.

So erschien *El Paraíso en la otra esquina* folglich nicht nur vierzig Jahre nach Cortázars Roman *Rayuela* und hundert Jahre nach dem Tod Gauguins, sondern auch zweihundert Jahre nach der Geburt Flora Tristans, die durch den in zwei Bänden 1837 erschienenen Bericht von ihrer Reise nach Peru unter dem Titel *Pérégrinations d'une paria*[64] einen bis heute faszinierenden und weit über das spezifisch Reiseliterarische hinaus ästhetisch überzeugenden Text vorlegte. Mithin ließe sich der Roman von Vargas Llosa sehr wohl als ein zeitlich geschickt platzierter Künstlerroman begreifen, der uns die Geschichte wie die Geschichten zweier herausragender französischer Künstler des 19. Jahrhunderts aus der Perspektive eines der zweifellos herausragenden Romanciers der Gegenwart präsentiert.

Florita und Paul – und Vargas Llosas Roman gibt Stück für Stück preis, dass es sich hierbei um Großmutter und Enkel handelt – sind auf gewiss unterschiedliche, aber familienähnliche, ‚verwandtschaftliche' Weise auf der Suche nach dem Glück und mehr noch: auf der Suche nach *ihrem* Paradies. Einem Paradies, das nicht das Paradies im Himmel ist, sondern ein höchst irdisches Paradies meint, das auf keine Transzendenz vertrösten will. Bereits im *incipit* des ersten, Flora Tristan gewidmeten Kapitels werden die Konturen des von Florita erträumten Paradieses deutlich:

> Abrió los ojos a las cuatro de la madrugada y pensó: „Hoy comienzas a cambiar el mundo, Florita". No la abrumaba la perspectiva de poner en marcha la maquinaria que al cabo de algunos años transformaría a la humanidad, desapareciendo la injusticia.[65]

[64] Vgl. hierzu auch die deutschsprachige Ausgabe von Flora Tristan: *Meine Reise nach Peru. Fahrten einer Paria*, übersetzt von Friedrich Wolfzettel, Frankfurt a.M.: Insel Verlag, 2004.
[65] Mario Vargas Llosa, *El Paraíso en la otra esquina*, 11.

Es ist ein Beginn, nicht am späten Abend eines verlöschenden Lebens wie im letzten, Floritas Enkel Koke auf den Marquesas-Inseln gewidmeten Kapitel des Romans, sondern ein Auftakt voller Lebenskraft in den frühen Morgenstunden, noch bevor die Sonne über Frankreich aufgegangen ist. Das vorzeitige Aufstehen der französischen Frauenrechtlerin deutet an, dass wir es hier mit einer Vorkämpferin, einer Vorläuferin zu tun haben, deren innere Uhr gemessen an der existierenden Norm erheblich ‚vorgeht'. Im Lichte der Ideen von Fourier und Saint-Simon, vor allem jedoch im Lichte ihrer eigenen Ideen darf für Flora Tristan nichts bleiben, wie es ist.

Mit guten Gründen ließe sich betonen und entfalten, dass alles Schreiben in den Literaturen der Welt als ein Schreiben nach dem Paradies (oder dessen strukturellen Äquivalenten) gedeutet und verstanden werden kann[66]. Denn die Vorstellung vom irdischen Paradies enthält schon immer in den Literaturen die Suche nach den Formen und den Normen eines Lebenswissens, das sich als ein ZusammenLebensWissen darstellt, welches sich in zentraler Weise auf die Konvivenz in Frieden und in kultureller Differenz bezieht. Insofern dieses Wissen immer schon ein Wissen ist, bei dem die Vorstellungen vom Paradies stets auch die Bilder von der Vertreibung aus dem Paradies mit sich führen, situiert sich dieses ZusammenLebensWissen – gleichviel, ob wir es in den Wendungen der *Genesis*, des *Gilgamesch-Epos* oder des *Shi Jing* auf- und untersuchen – in grundlegender Weise als ein Wissen vom Paradies *nach* dem Paradies, folglich nach der Vertreibung aus dem Garten Eden.

Doch aus dem Bewusstsein eines Schreibens *nach* dem Paradies entstehen stets die neuen Wege auf der Suche *nach* dem Paradies: den sich in einem Garten verzweigenden Wegen gleich[67], auf denen sich diese Suche leicht als ein Begehren *vor* dem Paradies in zeitlicher wie in räumlicher Hinsicht begreifen kann. Wie aber, wenn es für diese Suche nach dem Paradies auch ein *hinter* dem Paradies gäbe?

In seinem berühmten Essay „Über das Marionettentheater" weiß Heinrich von Kleists Schreiben sehr wohl davon, dass nach der Vertreibung von Adam und Eva aus dem Paradies – und damit nach einer ersten Anwendung von körperlicher Gewalt in der menschheitsgeschichtlichen Fiktion der *Genesis* – die Rückkehr nach Eden verboten ist und für alle Zeiten als undurchführbar erscheinen muss. Im Sinne von Kleist aber darf die Literatur noch nicht alle Hoffnung fahren lassen: „Doch das Paradies ist verriegelt und der Cherub hinter uns; wir müssen die Reise um die Welt machen und sehen, ob es vielleicht von hinten irgendwo wieder offen ist."[68]

Als Kunst ist Literatur eben dieser Versuch. Vielleicht ließen sich so am besten die Paradiese der Frauenrechtlerin Florita und des französischen Malers Koke begreifen: paradoxe Paradiese, in denen nach illustrem Vorbild Hölle und Fegefeuer durchaus ihren Platz haben. Paradiese des Paradoxen, in denen das Glück des eigenen Tuns stets mit der

[66] Vgl. hierzu Ottmar Ette: *Konvivenz. Literatur und Leben nach dem Paradies.* Berlin: Kulturverlag Kadmos, 2012.

[67] Vgl. die 1941 erstmals erschienenen friktionalen Fiktionen des *Jardín de los senderos que se bifurcan* in Jorge Luis Borges: *Ficciones*, Beunos Aires: Emecé Editores, 1956.

[68] Heinrich von Kleist: *Sämtliche Werke und Briefe in vier Bänden*, hg. von Ilse-Marie Barth, Klaus Müller-Salget, Stefan Ormanus und Hinrich C. Seeba, Frankfurt a.M.: Deutscher Klassiker Verlag, 1987 ff., Bd. III, 559.

Unglückseligkeit der eigenen Begrenztheit, ja des eigenen Scheiterns Hand in Hand gehen. Wie aber lassen sich die Bewegungsmuster der Protagonisten im Roman charakterisieren? War etwa ein Paul Gauguin tatsächlich der europäischen, ja speziell der frankozentrischen *civilisation* entkommen?

Tatsächlich nämlich hatte der französische Maler den Raum Frankreichs und seiner Kolonien oder unmittelbaren Einflusssphären niemals wirklich verlassen, sehen wir von einem längeren Aufenthalt in Lima während der Kindheit sowie seinem kurzen und unglücklichen Zwischenspiel mit seiner Ehefrau Mette-Sophie Gad in deren Heimatstadt Kopenhagen einmal ab. Die Choreographien seines Lebens sind recht leicht zu systematisieren und bündeln sich sternförmig in seiner Geburtsstadt Paris. In die Romandiegese werden eingeblendet die Bewegungen von Paris nach Peru und zurück, von Paris in die Bretagne und zurück, von Paris nach Kopenhagen und zurück, von Paris nach Südfrankreich und zurück, von Paris in die französische Karibik und zum Bau des Panamá-Kanals und zurück, von Paris nach Tahiti und zurück – und schließlich von Paris erneut nach Tahiti und von dort auf die Marquesas-Inseln, die ebenfalls zu Französisch-Polynesien und damit zum französischen Kolonialreich zählen. Am Ende dieser unruhigen Bewegungen freilich führt kein Weg mehr nach Paris zurück: Nur der japanische Archipel erscheint noch am Horizont: unerreichbar.

Betrachtet man die Bewegungen Floritas, die in Vargas Llosas Romandiegese eingeschrieben werden, so lassen sich erstaunliche Parallelen erkennen. Zunächst die zahlreichen zumeist kürzeren Reisen in die Umgebung von Paris, danach die lange Reise nach Peru, die Flora Tristan ausführlich in ihren berühmten *Pérégrinations d'une paria* entfaltete, am Ende dann ihre große Vortrags- und Veranstaltungsreise in die französische Provinz und insbesondere in den Süden Frankreichs. Auch für Florita führt am Ende kein Weg mehr in ihre Geburtsstadt Paris zurück.

Bei der Großmutter wie bei ihrem Enkel ergeben die hermeneutischen Bewegungsmuster weder eine geradlinige *Ortho*doxie noch einen geschlossenen Zirkel: Die Lebenskreise beider Figuren schließen sich nicht mehr. Der Tod tritt weit entfernt von jenem Ort ein, der für beide doch von überragender Bedeutung war: Paris – im Sinne Walter Benjamins, aber auch für Flora Tristan und Paul Gauguin zweifellos die Hauptstadt des 19. Jahrhunderts.

Und doch hätte Paris für Flora wie für Paul niemals zum Zentrum ihrer Träume werden können. Denn die französische Hauptstadt konnte für die beiden großen französischen Künstler in ihrem menschheitsgeschichtlichen Denken zu keinem Zeitpunkt zur urbanen Verkörperung ihres Paradieses, ihrer je eigenen Paradiesvorstellungen avancieren. Aus sehr unterschiedlichen Gründen war dieser Bewegungs- und Lebensmittelpunkt Paris für beide ein Mittelpunkt zentrifugaler *und* zentripetaler Bewegungen zugleich: mithin einer Vektorizität, die ruhelos ihre Bewegungsrichtungen ein ums andere Mal umpolt. Die Mechanik beider Leben ähnelt der Mechanik eines Getriebes, dessen kompliziertes Räderwerk von einem Schwingsystem mit Unruh und Spiralfeder angetrieben wird. Selbst wenn Flora wie Paul zu Beginn des Romans auch noch wie *aufgezogen* erscheinen, so läuft ihre Lebensuhr aufgrund des hohen Verschleißes doch unerbittlich ab. Denn beide sind ihrer je eigenen Ökonomie der Verausgabung ausgeliefert: einer Verausgabung, die sie zu ihren höchsten kreativen Leistungen beflügelt, die sie zugleich aber auch in ihren eigenen Untergang manövriert. Anders als Mario Vargas

Llosa gelingt es den beiden Romanfiguren nicht, *Schöpfung* und *Erschöpfung* in einem langfristig fruchtbaren Spannungsverhältnis zu halten. Liegt hier nicht das Geheimnis des Schaffens, ja der Kreativität überhaupt?

Wie kein anderer lateinamerikanischer Schriftsteller hat der Peruaner Mario Vargas Llosa die Diegese seiner Romane und Erzählungen im Verlauf seines langen Schaffens ebenso durchdacht wie konsequent erweitert und nicht nur geographisch ausgeweitet. Von der urbanen Welt der peruanischen Küste in *Los jefes* (1959) oder *La ciudad y los perros* (1963) bei rascher Einbeziehung des peruanischen Amazonastieflandes in *La casa verde* (1965) und des Andenraumes (erneut in *Lituma en los Andes*, 1993) über die Integration Brasiliens in *La guerra del fin del mundo* (1981) sowie der Karibik in *La fiesta del chivo* (2000) bis hin zur Öffnung auf den Raum Ozeaniens in *El paraíso en la otra esquina* (2003) sowie Afrikas in *El sueño del celta* (2010) hat sich das Erzählwerk von Vargas Llosa in einem zutiefst transarealen und damit nicht raumgeschichtlichen, sondern bewegungsgeschichtlichen Sinne mit jenen Horizonten und Dynamiken auseinandergesetzt, ohne die Lateinamerika nicht gedacht und verstanden werden kann.

Lateinamerika zwischen Europa, Afrika, Asien und Ozeanien: In diesen Kraftlinien weisen die literarischen Schöpfungen von Leo Africanus, Garcilaso de la Vega / el Inca, José Joaquín Fernández de Lizardi, Patricio Lafcadio Tessima Carlos Hearn, Rodrigo Rey Rosa und Mario Vargas Llosa ebenso deutlich wie unmissverständlich darauf hin, auf welch fundamentale Weise die Transarealität der Literaturen der Welt gerade für die Literaturen Lateinamerikas von entscheidender Bedeutung ist. Die im vorliegenden Aufsatz versammelten Texte zeigen es in ihrer Vektorizität quer durch die Jahrhunderte in aller Deutlichkeit auf: Allein aus seiner Area heraus ist Lateinamerika, ist die amerikanische Hemisphäre in der Intensität ihrer sehr unterschiedlichen Phasen beschleunigter Globalisierung nicht zu begreifen. Auch auf diesem Gebiet einer multiperspektivischen, nicht von einem einzigen Blickpunkt her zentrierten Wahrnehmung stellen die Literaturen Lateinamerikas eine Schule des Denkens und eine Schule der Theorie dar, die unverzichtbar ist, um die Welt von gestern wie die Welt von morgen transareal – und dies heißt: viellogisch – konzipieren und denken, lesen und leben zu können.

Susanne Klengel

Literarische Beziehungen und Erfahrungswelten zwischen Lateinamerika, Europa und Indien

Bewegungen, Akteure, Repräsentationen Süd-Süd

Globalisierung und das Wissen eines verflochtenen ‚Südens' – Vorbemerkungen

In der Auseinandersetzung mit der politischen, ökonomischen und kulturellen Globalisierung fällt seit geraumer Zeit zunehmend Licht auf die sogenannten ‚Süd-Süd-Beziehungen aufstrebender Staaten', wie z.B. des BRICS-Verbundes (Brasilien, Russland, Indien, China, Südafrika) oder des IBSA-Dialog-Forums (Indien, Brasilien, Südafrika). Doch trotz der wachsenden ökonomischen und politischen Relevanz dieser Staaten, die auch durch neue Krisen nicht mehr in Abrede gestellt werden kann, bleiben diese Süd-Süd-Beziehungen in der kulturellen Wahrnehmung der Globalisierung noch immer erstaunlich abstrakt. Während in den Sozial- und Kulturwissenschaften Nord-Nord- (bzw. Ost-West-)Beziehungen sowie die stark durch Kolonialismus und Dependenz gekennzeichneten Nord-Süd-Beziehungen als komplexe Verflechtungsgeschichten historisch, politisch und kulturgeschichtlich bereits stark ausgeleuchtet sind, entziehen sich großräumige *kulturelle* Süd-Süd-Verflechtungen noch weitgehend dem Bewusstsein – trotz einer zunehmenden theoretischen Diskussion über den Globalen Süden und einer anspruchsvollen „Southern Theory" oder „Theory from the South".[1] Dies gilt sowohl für die Wahrnehmung im ‚Norden' als auch im ‚Süden' selbst. Ein zentrales Desiderat gesellschaftlichen Wissens zur Globalisierung besteht daher in einer genaueren Kenntnis dieser historischen und aktuellen Dynamiken und damit auch eines ‚Verständigungswissens', das sich innerhalb des Südens konstituiert hat.

Der Begriff ‚Süd-Süd-Beziehungen' verweist in diesem Zusammenhang nicht auf rein ‚*inter*-kulturelle' Begegnungen, bei denen man von spezifischen ‚Kulturen' als Entitäten ausgehen könnte; er meint vielmehr prozesshafte und vielschichtige Vorgänge in kulturell heterogenen Räumen, die schließlich als komplexe Verflechtungsgeschichte/n erzählt werden müssen. Solche Narrationen können dazu beitragen, bestehende und vermeintlich universelle Erkenntnis- und Handlungsmuster zu hinterfragen und zu überprüfen. Die epistemologischen Verstehensbedingungen und historischen Voraussetzungen, auf die sich diese Begegnungen gründen, sowie die Reichweite solcher Erkenntnisstrukturen müssen dabei bedacht und einbezogen werden, was eine komplexe Herausforderung darstellt. Es ist daher sinnvoll, solchen Fragestellungen anhand einer am *konkreten*

[1] Siehe z.B. neben vielen anderen einschlägigen Werken: Jean Comaroff und John L. Comaroff: *Theory From The South: Or, How Euro-America is Evolving Toward Africa (The Radical Imagination)*, Boulder/London: Paradigm Publishers, 2011; Raewyn Connell: *Southern Theory. The Global Dynamics of Knowledge in Social Science*, Sydney/Cambridge: Allen & Unwin/Polity Press, 2007.

Gegenstand orientierten Forschung nachzugehen, um auf angemessene Weise die wechselseitig meist kaum bekannten Kontexte zu rekonstruieren. Dies bedeutet bisweilen auch, so meine These, dass eine auf diskursive Strukturen (Texte) zentrierte Arbeit nicht ausreicht, sondern dass auch intersubjektive Erfahrungswelten einbezogen werden müssen. Historische und aktuelle Begegnungen, Dialoge, Alteritätserfahrungen sind als erlebte Tatsachen und Ereignisse ernst zu nehmen, es gilt, ihrer Wirkung und ihrem Nachhall nachzuspüren und ihre unterschwelligen, emotionalen wie physischen Spuren nachzuzeichnen.[2] Vor diesem Hintergrund ist der Forschungsansatz textzentriert, aber auch auf die Lebensläufe und Erfahrungswelten der Akteure bezogen. Nur auf diese Weise kann die Kenntnis verschiedener Formen eines ‚Verständigungswissens Süd-Süd' zur Herausbildung eines neuen, an der Materialität der kulturellen Beziehungen ausgerichteten *Orientierungswissens* in den Kultur- und Gesellschaftswissenschaften beitragen. Dieses ist nicht zuletzt erforderlich, um Handlungsoptionen auf globaler Ebene unter Einbeziehung verschiedener Geltungsansprüche und Hintergründe genauer reflektieren und bewerten zu können.

Vor dem Hintergrund solcher Desiderata möchte der folgende Artikel am Beispiel der kulturellen Beziehungen zwischen Indien und Lateinamerika, die auch im Bereich der Area Studies bisher nur punktuell untersucht wurden, einen Beitrag zur Erforschung der historischen und zeitgenössischen *kulturellen* Beziehungen des Globalen Südens leisten. Um noch einmal die Relevanz der konkreten Erfahrungswelten für die Untersuchung zu unterstreichen, sei einleitend die bekannte mexikanische Schriftstellerin und gelehrte Reisende Margo Glantz zitiert, die sich in ihren Indien-Reisebeschreibungen auch intensiv mit *El mono gramático* von Octavio Paz, der in seinem Werk den Besuch eines Tempels in Galta erinnert, auseinandersetzt. Für Glantz *verbirgt* Paz' Werk aufgrund des dominierenden sprachphilosophischen und poetologischen Anliegens zunächst seine eigentliche Realitätshaltigkeit. Doch die poetische Spurensuche des Autors nach dem Weg zum Tempel von Galta, die sich zu einer reichen Reflexion über Sprache, Poesie, Kunst, Religion und Geschichte entfaltet, wäre, so Glantz, nicht ohne die *reale* Reise- und *in situ*-Erfahrung in der Ruinenstadt im indischen Rajastan möglich gewesen:

> [...] hay también *un recorrido concreto*, el de *la experiencia real de una larga y memorable estancia en la India*, a cuya memoria Paz le ha dedicado un lugar especial; nos conduce por la vereda rumbo a Galta, cuyo nombre llevaría también al vacío y sin embargo dibuja algunas colinas reales, achatadas por siglos de ventiscas y dominadas por llanos amarillentos, producto de largos meses de sequía. *Como si Paz verificara*, en ese arduo trayecto para encontrar las palabras, borrarlas y volverlas a escribir, *un verdadero paisaje erosionado por la historia y por el clima, un paisaje premonitorio, el de su propio país.*[3]

[2] Siehe hierzu auch unsere Einleitung „A New Poetics and Politics of Thinking Latin America / India. SUR/SOUTH and a Different Orientalism", in: *SUR/SOUTH: Poetics and Politics of Thinking Latin America / India*, hg. von Susanne Klengel und Alexandra Ortiz Wallner, Madrid/Frankfurt a.M.: Iberoamericana / Vervuert 2016, 7–26.

[3] Margo Glantz: *Coronada de moscas*, fotografías de Alina López Cámara, México: Sexto Piso, 2012, 117/118 [Hervorhebung, S.K.].

Rabindranath Tagores reales und imaginäres Argentinien: Victoria Ocampo vs. William Henry Hudson

Angesichts der Erfordernis, die konkreten Erfahrungswelten mitzudenken, soll im Folgenden eine Geschichte rekonstruiert werden, in der sich reale und imaginäre Schauplätze in Argentinien und Guayana, London und Indien überlagern und verknüpfen: Gerade die Räume jenseits – aber nicht notwendigerweise abseits – der eher bekannten transatlantischen Beziehungen bedürfen eines Blicks, der sich den transarealen Strukturen der kulturellen Beziehungen ebenso zuwendet wie den Eigenheiten der in diesen Räumen tätigen Akteure und Objekte, die es zu rekonstruieren gilt, wenn man die Gesamtdynamik besser verstehen will.

Zwei Anekdoten über den interkulturellen Dialog zwischen Victoria Ocampo und ihrem berühmten Gast, dem indischen Dichter, Nobelpreisträger und Gelehrten Rabindranath Tagore, der sich Ende 1924 zwei Monate lang in ihrem Hause aufhielt, mögen diese transarealen kulturellen Beziehungsdynamiken illustrieren. Die Begegnung der beiden Persönlichkeiten in Buenos Aires wird bis heute oft als ein eher extravagantes interkulturelles Ereignis voller exotischer Anekdoten beschrieben. Erst bei einem genaueren Blick wird erkennbar, dass dieses Treffen zwischen Vertretern aus zwei nicht nur geographisch fernen Welten wie Indien und Lateinamerika wertvolle Informationen über kulturelle Vorstellungswelten und Dynamiken und deren Zirkulation in einer Welt liefern, die bereits in den 1920er Jahren bemerkenswert kosmopolitisch und globalisiert war.[4] In ihrer Tagore-Hommage anlässlich des 100. Geburtstags des indischen Nationaldichters (1961) erzählt Victoria Ocampo, ähnlich wie vorher schon in ihren Memoiren, von einem symptomatischen Missverständnis:

> [...] Tagore, que se había quejado del frío a comienzos de su estadía, se quejó, en diciembre, del calor. Pedí entonces a mis amigos Martínez de Hoz que me permitieran ir a pasar unas días con él a Chapadmalal. [...] El lugar es excepcionalmente hermoso, a unos veinte kilómetros del Atlántico, con un parque magnífico. Los Martínez de Hoz han sido educados, de padres a hijos, en Inglaterra. Su casa de la estancia está amueblada a la inglesa (pero no a la inglesa mueblería, sino con muebles antiguas, auténticos). Además fué [*sic*] obra de un arquitecto inglés, y naturalmente, huele a “british”. Esto desilusionó a Tagore que esperaba una vivienda criolla. Me hizo esta observación: ‚Vijaya [d. i. Victorias Name auf Bengalisch], this house is full of unmeaning things‘. Su impresión, justa desde el punto de vista de un extranjero que espera encontrar en una estancia algo esencialmente criollo, era

[4] Da erst in den letzten zehn bis fünfzehn Jahren eine Geschichtsschreibung entstanden ist, die sich den globalen Verflechtungen anhand von zunehmend konkreten Studien widmet, ist eine einschlägige und detailreiche Pionierstudie aus dem Jahre 1988 zu Tagore und Ocampo lange Zeit kaum beachtet worden. Die Untersuchung *In Your Blossoming Flower-Garden. Rabindranath Tagore and Victoria Ocampo* der bengalischen Dichterin und Tagore-Forscherin Ketaki Kushari Dyson wurde in Indien veröffentlicht (Delhi: Sahitya Akademi) und vermutlich aufgrund dieses für die argentinische wie internationale Victoria Ocampo-Forschung allzu ‚peripheren‘ Veröffentlichungsortes übersehen oder nur bruchstückhaft zur Kenntnis genommen. Siehe hierzu auch meine Anmerkungen in Susanne Klengel: „Victoria Ocampo und Tagore. Zur Problemlage transkultureller Biografik“, in: *Anekdote – Biographie – Kanon. Zur Geschichtsschreibung in den schönen Künsten*, hg. von Melanie Unseld und Christian von Zimmermann, Köln/Weimar/Wien: Böhlau, 2013, 365–382, hier insbesondere 378–382.

> sin embargo injusta. ¿Qué muebles auténticamente argentinos podemos jactarnos de tener, salvo esos muebles de caoba y ébano, llamados coloniales, tan simpáticamente feos, que llegan a ser graciosos y románticos en los cartones de Figari?[5]

Auch wenn dieses Zitat aufgrund des etwas anmaßenden Untertons, mit dem Ocampo die argentinischen Möbel herabwürdigt, zwiespältig anmutet, macht die Anekdote die Desillusionierung auf beiden Seiten deutlich. Der Eindruck wird durch eine zweite Anekdote bestätigt, die sich ebenfalls im Landsitz von Chapadmalal zutrug: Ocampo, die mit dem indischen Dichter ihre Leidenschaft für die moderne französische Poesie, vor allem für Baudelaire, teilen möchte, trägt ihm das orientalistische Gedicht *L'invitation au voyage* (1861) vor. Doch offenbar unterbrach Tagore sie abrupt und sagte: „Vijaya, I don't like your furniture poet".[6]

In beiden Anekdoten zeigt sich Tagore reserviert und enttäuscht, weil er den Eindruck gewonnen hat, dass die Argentinier Europa sowohl in ihren Lebensformen als auch in ihrem poetischen Geschmack nachahmten und sogar den europäischen Orientalismus reproduzierten. Victoria Ocampo hingegen muss sich damit abfinden, dass Tagore sich weder für das zeitgenössische, moderne und heterogene Argentinien interessiert noch für ihren feinen Sinn für die französische Poesie.

Doch gerade wegen all dieser Missverständnisse, von denen eine Vielzahl überliefert ist, muss die Beziehung und Freundschaft zwischen Ocampo und Tagore als außerordentlich interessant und fruchtbar betrachtet werden. Sie offenbart nicht nur die verschiedenen Perspektiven der beiden Intellektuellen, sondern zeugt auch von einem *gemeinsamen* Wissen, das aus dem Bewusstsein über vergleichbare Lebensumstände resultiert, d.h. die Tatsache, dass beide in ‚peripheren' Ländern des Südens leben, die vom europäischen Kolonialismus bzw. kulturellen Neokolonialismus beeinflusst sind. Vor diesem Hintergrund sind die wechselseitigen Reaktionen und Missverständnisse genauer einzuordnen.

Tagore hatte allerdings das Bild eines prämodernen Argentiniens im Kopf, das stark von seinen Lektüren des anglo-argentinischen Autors William Henry Hudson (1841–1922) beeinflusst war, der aufgrund seiner transkulturellen Biographie eine Sonderposition in der argentinischen und in der englischen Literaturgeschichte einnimmt. Hudsons Werke zählten schon lange vor der Lateinamerikareise zu Tagores Lieblingslektüren, die er während seines Argentinienaufenthaltes fortsetzte. Hudson jedoch beschreibt und beschwört in seinen Büchern ein Argentinien, das in jenen Jahren 1924/25 bereits „far away and long ago" war – so lautet der Titel der Autobiographie, die der Autor hochbetagt im Jahre 1917, das heißt 43 Jahre nach seiner Übersiedelung nach London, veröffentlicht hat. Zu nennen sind auch seine melancholischen Beschreibungen südlicher Lande in dem Abenteuerroman *The Purple Land That England Lost. Travels and Adventures in the*

[5] Victoria Ocampo: *Tagore en las barrancas de San Isidro*, Buenos Aires: Ediciones Fundación Sur, 1983 [1961], 73/74.

[6] Zitiert in Dyson, *Flower-Garden*, 156–158. Zur besseren Kontextualisierung der Anekdote seien hier die einschlägigen Verse des Gedichts erinnert: „[...] Des meubles luisants, / Polis par les ans, / Décoreraient notre chambre; / Les plus rares fleurs / Mêlant leurs odeurs / Aux vagues senteurs de l'ambre, / Les riches plafonds, / Les miroirs profonds, / La splendeur orientale [...]", Baudelaire: *L'invitation au voyage* [1861].

Banda Oriental, South America (1885/1904), *Idle Days in Patagonia* (1893) und in weiteren naturkundlichen Schriften wie z.B. *The Naturalist in La Plata* (1892). Hudsons suggestive Sprache, mit der er die Natur und Landschaft seiner argentinischen Vergangenheit beschreibt, wurde schon früh von Jorge Luis Borges und Ezequiel Martínez Estrada hervorgehoben. Für Victoria Ocampo aber ist Tagores Leidenschaft für Hudson, den dieser bei einem Aufenthalt in London im Jahre 1912 persönlich kennen gelernt hatte, eher ein Ärgernis:

> Es evidente que cuando Tagore buscaba fisionomía propia a este país, no encontraba asidero. La Argentina descrita por Hudson en *Allá lejos y hace tiempo* ya no existía en 1924. Y él solo conocía nuestra tierra a través del admirable testimonio de aquel inglés, enamorado nuestro. Pero ese inglés, venerado por Tagore, se refería a un pasado borrado con tanta más rapidez cuanto que somos lo que se llama una nación joven en pleno crecimiento y evolución (y hasta revolución).[7]

Hudson, anglo-amerikanischer Abstammung, hatte seine Kindheit und Jugend im ländlichen Argentinien verbracht und fühlte sich schon in jungen Jahren von der Literatur und der Naturforschung angezogen. Er übersiedelte nach dem Tod seines Vaters 1874 nach London. Dort verfolgte er ein vielfältiges schriftstellerisches und naturkundliches Œuvre, für das er allerdings erst ab der Jahrhundertwende eine zunehmend breite Anerkennung erfuhr. Im Jahre 1904 erschien schließlich der Erfolgsroman *Green Mansions. A Romance of the Tropical Forest*, auf den im Folgenden näher eingegangen wird. Hudson galt gegen Ende seines Lebens als hochanerkannter englischer Schriftsteller und Naturforscher, während er in der argentinischen Literaturgeschichte lange Zeit eine marginale Position einnahm und erst in jüngster Zeit umfassend für die argentinische Literaturgeschichte reklamiert wird.[8]

Wie Joseph Conrad, John Galsworthy und andere war auch Tagore ein aufmerksamer Leser des Naturforschers wie Schriftstellers Hudson. Sein Sohn berichtet über die große Bedeutung der persönlichen Begegnung Tagores mit Hudson:

> Of all contemporary English writers Father had the most tender regard for W.H. Hudson. Years ago when my sister and I could hardly understand English, Father used to read to us from Hudson's books of travel. His favourite books were *The Naturalist in La Plata* and *Green Mansions*. Rothenstein shared his love for Hudson, and it was not difficult to arrange a meeting. [...] Father's admiration for this unusual writer increased considerably after he came into personal contact with him.[9]

[7] Ocampo, *Tagore*, 74.

[8] Vgl. hierzu z.B. die Aufsatzsammlung von Leila Gómez und Sara Castro-Kláren (Hgg.): *Entre Borges y Conrad. Estética y territorio en William Henry Hudson*, Madrid/Frankfurt a.M.: Iberoamericana / Vervuert, 2012 und die jüngst publizierte Biographie Hudsons von Jason Wilson: *Living in the Sound of the Wind. A Personal Quest for W. H. Hudson, Naturalist and Writer from the River Plate*, London: Little, Brown Book Group, 2015.

[9] In: Rabindranath Tagore: *On the Edges of Time* [1981], zitiert in Dyson, *Flower-Garden*, 321. William Rothenstein, englischer Künstler, interessierte sich stark für indische Kunst und war gut mit Tagore befreundet.

Verschiedene Bücher Hudsons befanden sich also offenbar in Tagores Privatbibliothek in Shantiniketan (Bengalen), die heute von der Visva-Bharati University verwaltet wird[10], darunter wohl auch der Roman *Green Mansions*, dessen Reiz für den Leser Tagore im Folgenden untersucht werden soll.

Schauplatz Guayana: Green Mansions

Mit dem tropischen Schauplatz von *Green Mansions* wird ein weiterer Ort in das Spiel transarealer Perspektiven und Koordinaten realer und imaginärer Orte in den Beziehungen Tagores zu Lateinamerika eingeführt. Dieser geographisch konkrete und zugleich imaginäre Ort liegt im amazonischen Urwald von Guayana und bildet die Szenerie einer romantischen Liebesgeschichte: Abel, ein Abkömmling der venezolanischen Oberschicht von Caracas, erzählt rückblickend von seinem Leben bei einem indigenen Stamm in den Wäldern Guayanas, wohin er aus Furcht um sein Leben geflüchtet war, nachdem er an einem politischen Umsturzversuch teilgenommen hatte. Eigentliches Thema des Romans ist jedoch seine Liebe zu Rima, einem Geschöpf des Waldes, halb Frau, halb Vogelwesen, die in einer lieblichen, unbekannten Sprache singt und mit deren Geschichte sich ein Geheimnis verknüpft. Rima ist eine Waise, die von Nuflo, ihrem nicht leiblichen Großvater, im Wald großgezogen wurde. Nach und nach verwandelte sich Rima dort in eine Halbgöttin, der die Tiere des Waldes und die Strömungen der Flüsse gehorchen. Indes sprechen ihr die eingeborenen Völker unheilvolle Kräfte zu und fürchten sie; umgekehrt verabscheut Rima die indianischen Völker wegen ihrer Jagdsitten und ihres Fleischkonsums, welcher die Tiere bedroht. Martínez Estrada charakterisiert Rima im Jahre 1951 als „personaje absolutamente nuevo, sin predecesores, en la literatura [...] Hudson ha sabido dotarla de una levedad y gracia aéreas sin reducirla a condición espectral. Integrando el paisaje forestal en que vive, aparece y desaparece de escena de modo tan extraño que se diría un duende [...]“[11]

Rima besitzt vage Erinnerungen an ihre verstorbene Mutter und an ihre frühe Kindheit, die sie in einer kleinen Siedlung im Wald verbracht hatte; als sie Abel kennenlernt, drängt sie darauf, mehr über ihre Herkunft zu erfahren, die der Großvater ihr bislang vorenthalten hatte. Zu dritt brechen sie zu einer Reise ans andere Ende des Waldes auf, wo Nuflo Rimas Mutter kurz vor der Niederkunft begegnet war. Offenbar war sie die einzige Überlebende eines Stammes, der Opfer einer geheimnisvollen Katastrophe geworden war. Doch an dem fernen Ort angekommen, erweist sich die Wahrheit über die familiäre Herkunft Rimas als unerreichbar; letztlich ist nur Abels Liebe ihre Zukunft und Rettung. Doch die Rückreise endet in einer Katastrophe: Die Wohnstatt des Großvaters ist durch einen Brand zerstört, Rima und Nuflo werden von Indios, die in ihrer Abwesenheit das magische Terrain betreten und verletzt hatten, getötet. Abel bleibt alleine zurück, am Rande des Wahnsinns, doch gelingt ihm die Rettung und er erreicht mit Rimas Asche im Gepäck die Küste. Er erzählt die Geschichte, deren Lektüre gerade absolviert wurde.

[10] Siehe den Hinweis von Dyson, *Flower-Garden*, 319/320.

[11] Ezequiel Martínez Estrada: *El mundo maravilloso de Guillermo Enrique Hudson*, Buenos Aires: Beatriz Viterbo, 2000 [1951], 242.

Der Urwald-Roman ist die Erzählung eines neuen Eldorado, die in einer großen Tragödie und Desillusionierung endet, wie andere literarische Paradiesverheißungen auch. Denkt man allerdings an Joseph Conrad, ein transnationaler Schriftsteller wie Hudson, zu dessen Freunden und Lesern er zählt, dann zeigen sich allerdings deutliche Unterschiede: Conrads Urwald-Roman *Heart of Darkness* (erstmals 1899 in einer Zeitschrift, 1902 als Buch veröffentlicht) hatte das Scheitern jeglicher Utopie auf apokalyptische Weise in Szene gesetzt, um die konkreten Kautschukgräuel in der belgischen Kolonie Kongo anzuklagen. Hudsons romantischer Roman dagegen entbehrt trotz der gleichfalls dramatischen Begebenheiten einer genaueren historischen Rückbindung, er wird im Gegenteil vom historischen Kontext auf problematische Weise gelöst, wie Degiovanni zu Recht unterstreicht.[12] Rima und Abel sind romantische Figuren, umgeben von indigenen Völkern, welche auf höchst ambivalente Weise repräsentiert werden: Sie verkörpern für den Erzähler ein naturhaft wildes, tierähnliches Dasein, doch würdigt Abel auch ihre Ehrlichkeit, Gastfreundschaft und ihren Altruismus. Tatsächlich erscheinen die Darstellungen geradezu schizophren:

> It is hard for me to speak a good word for the Guayana savages; but I must now say this of them, that they not only did me no harm when I was at their mercy during this long journey, but they gave me shelter in their villages, and fed me when I was hungry, and helped me on my way when I could make no return. You must not, however, run away with the idea that there is any sweetness in their disposition, and humane or benevolent instincts such as are found among civilized nations: far from it.[13]

Dieses biologistische, ja rassistische Imaginäre verursacht Unbehagen, wie die kritischen Hudson-Lektüren aus postkolonialer Perspektive immer wieder zeigen.[14] Doch führen diese Argumente nicht zu einer Erklärung, warum der Roman Rabindranath Tagore so stark beeindruckte. Möglicherweise handelt es sich um einen historisch anders gelagerten Aspekt, der zu der starken Affinität Tagores zu der südamerikanischen Liebesgeschichte im Urwald beigetragen hat.

Auf der Suche nach einer vegetarischen Utopie?

In dem Roman existiert überraschend explizit eine Argumentationslinie zum Thema des Vegetarismus, der ein Leitmotiv in Kontrast zum fleischfressenden Dasein von Menschen und Tieren bildet. Rima lebt strikt vegetarisch wie ihre Mutter, einst letzte Überlebende eines geheimnisvollen Volks, das gleichfalls vegetarisch gelebt zu haben scheint. Leidenschaftlich verteidigt Rima die Tiere des Waldes, in den die indigenen Jäger nicht einzudringen wagen. Rimas Wald ist ein irdisches Paradies voller Frieden und Harmonie.

[12] Fernando Degiovanni: „*Mansiones verdes*: colonialismo, naturaleza y sujeto", in: Gómez/Castro-Kláren, *Entre Borges y Conrad,* op. cit., 225–241, hier 238.

[13] William Henry Hudson: *Green Mansions. A Romance of the Tropical Forest*, New York: Bantam Books / Alfred A. Knopf, 1946, 16.

[14] Vgl. z. B. Degiovanni, „*Mansiones Verdes*", op. cit. und Ricardo D. Salvatore: „Epílogo. El legado de Hudson en clave poscolonial", in: Gómez/Castro-Kláren, *Entre Borges y Conrad*, op. cit., 335–350, hier 346/347.

Beharrlich verlangt Rima, dass auch ihr Großvater und Abel auf Fleisch verzichten, und sie verzeiht Nuflo ebenso wenig wie seinen Hunden den heimlichen Fleischgenuss.

Genau dieses Motiv des Vegetarismus scheint mir an diesem Roman interessant – insbesondere angesichts der umgebenden Naturlandschaft, die im Allgemeinen eher mit dem Motiv der Verschlingung, Einverleibung, Anthropophagie verknüpft wird.[15] Der im Roman inszenierte Diskurs des Vegetarismus appelliert dagegen an eine Vorstellungswelt, die nicht nur in einem moralischen Sinne von einer rousseauistisch friedfertigen, wohltuenden, reinen Natur im Kontrast zur kontaminierenden und gewalttätigen Zivilisation geprägt ist, sondern auch im heutigen Sinne als ‚ökologisch nachhaltig' interpretiert werden kann. Wenn im Roman Fleisch verzehrt wird, kommen stets schlechte Gerüche auf, das Gefühl von Ekel, es kommt zu Rivalitäten, Grausamkeiten, Kriegen, zu Mord und Totschlag – kurz, zum Bruch und der Zerstörung des Naturparadieses.

Die Bedeutung des Artenschutzes im Denken des Schriftstellers und Naturforschers Hudson hat Tagore möglicherweise beeindruckt; auch in seinem eigenen Werk spielen das Thema der Natur und das friedliche Zusammenleben eine wichtige Rolle.[16] Im Hinduismus verbindet sich die vegetarische Ernährung bekanntlich mit der Vorstellung von Reinheit, die auch ein Kennzeichen der Hudson'schen Figur Rima ist. Ob Tagore selbst vegetarisch gelebt hat, ist nicht bekannt, doch weist eine briefliche Aussage darauf hin, dass er das vegetarische Leben für wünschenswert gehalten haben könnte.[17]

Hudson, so scheint es, hat in seinem Roman den Traum einer ‚vegetarischen Utopie' vorgeschlagen und durchgespielt, die letztlich an der ‚indigenen Barbarei' scheitert, aber auch daran, dass das von Rima verhängte Tabu, Fleisch zu verzehren, mehrfach von ihren eigenen Angehörigen gebrochen wird.

Es gibt indes auch ein Moment der Irritation bei Hudsons Repräsentation des Vegetarismus, welches auf eine möglicherweise unterschwellig ironische Haltung des Autors gegenüber einem vielleicht heuchlerischen Vegetarismus schließen lässt: Nuflos Hunde tragen so sprechende Namen wie ‚Goloso' (der Gefräßige) oder ‚Susio' (der Schmutzige); ihr angeblich vegetarischer Lebensstil erscheint von Beginn an komisch und wird rasch als unglaubwürdig konterkariert.

Hudsons in diesem Sinne eigenwilliger Umgang mit dem Thema des Vegetarismus in seinen verschiedenen Schattierungen hat einen konkreten historischen Hintergrund, der nicht in Lateinamerika, sondern im viktorianischen England zu suchen ist. Dort war der

[15] Hier denke ich weniger an konkrete anthropologische Kontexte, sondern an die okzidentale Kulturgeschichte und insbesondere die brasilianische Kultur- und Geistesgeschichte, in der die Denkfigur der Einverleibung in Form der kulturellen Anthropophagie (Oswald de Andrade, 1928) eine geradezu konstitutive Rolle in der Entstehung der brasilianischen Moderne spielt. Angespielt wird dabei auf die westliche Kulturgeschichte, in der das waldige Territorium Brasiliens bekanntlich seit dem 16. Jahrhundert mit der stereotypen Vorstellung von seinen kannibalischen Einwohnern verknüpft ist. Erst jüngst hat der Anthropologe Eduardo Viveiros de Castro, auch unter Hinweis auf Oswald de Andrade, das Thema der Anthropophagie erneut unter konzeptionellen Gesichtspunkten aufgegriffen (vgl. Eduardo Viveiros de Castro: *Métaphysiques cannibales. Lignes d'anthropologie post-structurale*, Paris: Presses Universitaires de France, 2009.

[16] Zu diesen möglichen Bezügen siehe Dyson, *Flower-Garden*, 319.

[17] Vgl. den Brief vom 22. März [1894], in: Rabindranath Tagore: *Selected Letters*, hg. von Krishna Dutta und Andrew Robinson, Cambridge: Cambridge University Press, 1997, 37/38.

Vegetarismus seit der Mitte des 19. Jahrhunderts als eine zwar minoritäre, jedoch durchaus vernehmliche soziale Bewegung an die Öffentlichkeit getreten, wie jüngere Studien nachgewiesen haben.[18] Dass das Thema dann auch in der Literatur des Viktorianismus aufgegriffen wurde, ist nicht verwunderlich, im Gegenteil. Nach Gregory diente die literarische Repräsentation des Vegetarismus im ‚karnivoren' Britischen Empire einer vielfältigen Inszenierung viktorianischer Exzentrik:

> In nineteenth-century Britain consumption of meat signified status, roast beef remained powerfully associated with national identity, and a mixed diet was considered essential for a healthy existence. Yet Britain was the birthplace of the modern Western vegetarian existence. [...] Yet Victorian fascination with ‚eccentricity' also reveals itself through the treatment of vegetarians [z.B. in der Romanliteratur, S.K.].[19]

In Hudsons Roman erläutert Nuflo dem misstrauischen Abel, der ihn bei der heimlichen Fleischzubereitung überrascht, die im Wald herrschenden Ernährungsregeln:

> [...] the more robust stomach which he [God, S.K.] gave to man cries out for meat. Do you understand? [...] [Rima] does not come here, and therefore cannot see that I eat meat. In all that wood where she flourishes and sings, where she is in her house and garden, and mistress of the creatures, even of the small butterfly with painted wings, there, sir, I hunt no animal. Nor will my dogs chase any animal there. [...] For in that wood there is one law, the law that Rima imposes, and outside of it a different law.[20]

Hudson gelingt es, in suggestiver Weise ein ökologisches Paradies auf der Grundlage des Vegetarismus zu inszenieren und als Alternative zur Welt der indigenen ‚Barbarei' ebenso wie zur Welt der (westlichen) ‚Zivilisation', aus der Abel geflohen ist, abzugrenzen. Die vegetarische Natur bietet sich also als eine ‚dritte Option' an. An dieser Stelle sei erwähnt, dass die Bewegung des britischen Vegetarismus im 19. Jahrhundert tatsächlich stark vom Hinduismus beeinflusst wurde, wie Tristram Stuart in seiner eindrucksvollen Studie nachweist.[21]

Vor dem Hintergrund des von Rima erlassenen vegetarischen Gebots entwickelt sich die romantische Aura der Erzählung. Hudson weiß Poesie und Wissenschaft in einem literarisch-poetischen, doch wissenschaftlich exakten und damit kühnen Stil zu verbinden. Sein Stil machte vielleicht auf ähnliche Weise Eindruck wie die Schreibweise des französischen Naturforschers und Entomologen Jean-Henri Fabre auf Victor Hugo oder Marcel Proust. Vermutlich haben Hudsons Texte dank dieser Eigenschaften ihre ästhetische Aktualität behalten. Seine literarisierten Repräsentationen des sozialen Lebens der

[18] Vgl. James Gregory: *Of Victorians and Vegetarians: The Vegetarian Movement in Nineteenth-century Britain*, London: Tauris Academic Studies, 2007; Tristram Stuart: *The Bloodless Revolution. A Cultural History of Vegetarianism from 1600 to Modern Times*, New York/London: Norton & Company, 2006.

[19] James Gregory: „Vegetable Fictions in the ‚Kingdom of Roast Beef': Representing the Vegetarian in Victorian Literature", in: *Consuming Culture in the Long Nineteenth Century. Narratives of Consumption, 1700-1900*, hg. von Tamara S. Wagner und Narin Hassan, Langham: Lexington Books, 2007, 17–34, hier 17/18.

[20] Hudson, *Green Mansions*, 111.

[21] Stuart, *Bloodless Revolution*, op. cit.

Vögel im Wald wie in der Stadt (z.B. in seinem Buch *Birds in London*, 1898) oder der Bäume und Pflanzen als Akteure der lebendigen Natur ebenso wie der fiktiven Figur Rima mit ihrer singenden Sprache eines unbekannten Vogels muten ungewöhnlich anschaulich und fassbar an. Der Naturforscher gibt sich als leidenschaftlicher Ornithologe und Dendrologe zu erkennen, doch ist er auch Schriftsteller und beherrscht den poetischen Diskurs. Umgekehrt ist der Poet ein präzise beobachtender und forschender Ornithologe und Dendrologe. Diese Synergien trugen wohl auch dazu bei, dass Hudsons Science Fiction Roman *A Crystal Age* (1887) zum Beispiel als wichtige Vorwegnahme eines ‚modernen ökologischen Mystizismus' gelesen wird.[22]

Hudson war zwar niemals in Venezuela oder Guayana, doch kannte er die Bücher einschlägiger Naturforscher, z.B. das Werk von Henry Walter Bates *The Naturalist on the River Amazons* (1863). Daher besaß er Kenntnis der amazonischen Flora und Fauna und wusste von Legenden wie der des Waldgeistes ‚Curupira'. Umgekehrt reiht sich sein Buch deutlich in die lange Tradition romantischer Romane ein, die die Flucht aus der Zivilisation in die rettende Natur utopisch-exotischer Orte thematisieren. Es scheint, als habe hier ein bestimmter Roman Hudson besonders inspiriert, so besagt der 1946 veröffentlichte und häufig zitierte Artikel von Carlos Baker (1946)[23]: In dem Roman *The Missionary. An Indian Tale* (1811) der irischen Autorin Sidney Owenson (d.i. Lady Morgan) geht es um die Geschichte einer hinduistischen Priesterin und eines portugiesischen Missionars, die sich trotz aller kultureller und religiöser Hindernisse ineinander verlieben. Der Ort der romantischen Handlung ist das Hochtal von Kaschmir, ein mythischer, paradiesischer Ort in der indischen Vorstellungswelt. Die Literaturkritik schwankt zwischen Bestätigung und Zurückhaltung angesichts der von Baker aufgestellten These.[24] Doch bestehen in der Tat Ähnlichkeiten in der literarischen Präsentation der Handlung, der Protagonisten und Schauplätze, die einen Vergleich zwischen dem in Kaschmir angesiedelten Text und der Guayana-Erzählung nahelegen. Das mögliche Interesse für die indische Liebesgeschichte Owensons ist vielleicht auch deshalb naheliegend, weil Indien – ‚the Jewel in the Crown' des Britischen Kolonialreichs – in der Alltags- und Vorstellungswelt des Viktorianismus in der zweiten Hälfte des 19. Jahrhunderts überaus präsent war. Als Beispiel mögen hier die großen Londoner Ausstellungen dienen, in denen Indien stets ein prominenter Platz zukam. Dies war bereits in der Londoner Weltausstellung 1851 der Fall, die im spektakulären Kristallpalast stattfand; und ebenso in der *Colonial and Indian Exhibition* des Jahres 1886, die W. H. Hudson besucht haben könnte. Indien und indisches Design waren *en vogue* in der Hauptstadt des Empires, jedoch handelte es sich überwiegend um ein romantisches, nostalgisches und idyllisches Bild, das sich weiter verbreitete und etablierte:

> [...] at the Colonial and Indian Exhibition of 1886 in London, India was portrayed as a timeless, unchanging, ancient land, dotted with jungles, natives, and village bazaars, at once

[22] John Clute und Peter Nicholls (Hgg.): *The Encyclopedia of Science Fiction*, New York, St. Martin's Press, 1993, 593.

[23] Carlos Baker: „The Source-Book for Hudson's *Green Mansions*", PMLA LXI (1946), 252–257.

[24] Vgl. Celia Manzoni: „El viaje hacia los sobrenatural: el escenario fluvial y la selva como espacio de lo maravilloso en *Mansiones verdes*", in: Gómez/Castro-Klåren, *Entre Borges y Conrad*, op. cit., 265–288, hier 280.

> geographically and temporally removed from the hectic pace of industrial life. This latter exhibit presented India as belonging to an idyllic preindustrial past, a projection that depended in part on the contemporary environment of Victorian disillusionment with industrialization in Britain.[25]

Etwa zum selben Zeitpunkt erschien auch die erste Ausgabe von Hudson's Roman *The Purple Land That England Lost. Travels and Adventures in the Banda Oriental, South America*, „una obra que alude explicitamente al intento fallido de Inglaterra de conquistar el Río de la Plata en 1806–1807", wie der argentinische Historiker Ricardo Salvatore anmerkt.[26] Dieses Werk enthält eine höchst ambivalente Aussage: Es verteidigt den englischen Kolonialismus nicht, vielmehr wechselt der englische Protagonist Richard Lamb nach und nach auf die Seite der ‚criollos' und entsagt seiner britischen Herkunftsidentität. Doch ebenso wenig ist der Roman ein Plädoyer für die Moderne. Vielmehr betrachtet er das ‚purpurne Land' als Paradies, das es gegen den schädlichen Einfluss der Moderne zu schützen gilt. Geschrieben im Herzen des Britischen Imperiums (das im 19. Jahrhundert aus der La Plata-Region eine ‚informelle Kolonie' machen wollte[27]), benutzt Hudson dieselben Register des Pittoresken und der Nostalgie nach den fernen Ländern wie die Künder eines prä-modernen, konfliktfreien Indien. Erstaunlicherweise scheint Tagore, der sich für die nationale Bewegung und die Modernisierung Indiens engagierte, diese Parallelen nicht gesehen zu haben, als er in den Werken Hudsons das wahre Argentinien zu finden glaubte.

Rima im Hyde-Park: Amazonisches Vogelwesen mit indischem Design?

Abschließend sei eine weitere Verflechtungsgeschichte angedeutet: Zum Gedenken an den Naturforscher Hudson, der sich auch nachdrücklich um den Natur- und Vogelschutz verdient gemacht hatte, wurde postum ein Memorial im Hyde Park errichtet. Der beauftragte Bildhauer Jacob Epstein, ein Modernist und Avantgardist, entschied sich für eine Skulptur, die Rima, das feenhafte Vogel-Wesen aus *Green Mansions* darstellt. Dieses Kunstwerk löste bei seiner Enthüllung einen öffentlichen Skandal im London der 20er Jahre aus, nicht nur aufgrund von Rimas natürlicher Blöße, sondern auch aufgrund der modernistischen und gleichzeitig fremdartigen Ästhetik, die nicht klar zuzuordnen war. Epstein war seit Anfang des 20. Jahrhunderts von der Kunst Indiens beeinflusst wie auch andere Künstler seiner Generation (z.B. sein Freund und Kollege William Rothenstein, der auch mit Tagore befreundet war und eine Reise nach Indien unternommen hatte). Der Kultur- und Kunsthistoriker Rupert Richard Arrowsmith hat am Beispiel der englischen Kunstgeschichte um 1900 eindrucksvoll gezeigt, wie komplex sich die künstlerischen

[25] Saloni Mathur: *India by Desing. Colonial History and Cultural Display*, Berkeley: University of California Press, 2007, 10/11.

[26] Salvatore, „Epílogo", in: Gómez/Castro-Kláren, op. cit., 341.

[27] Vgl. hierzu ausführlich Javier Uriarte: „Los espacios de la sangre: imperio informal, guerra y nomadismo en *The Purple Land*", in: Gómez/Castro-Kláren, op. cit., 129–155.

Austauschbeziehungen zwischen der okzidentalen und der orientalischen Kunst zu Beginn des 20. Jahrhunderts gestalteten.[28] Bei den Skulpturen Epsteins sieht Arrowsmith z.B. eine häufige und deutliche stilistische Anlehnung an die Figuren der *yaksas*, weiblichen Naturgeistern, die man sowohl im Buddhismus, Hinduismus und Jainismus findet. Arrowsmith bezieht sich zunächst vor allem auf die ungewöhnliche überkreuzte Beinhaltung, die man in der westlichen Kunst nicht findet und die Epstein von den indischen Darstellungen entlehnt habe. Zwar fehlt diese bei dem Rima-Relief, welches nur den Torso darstellt; doch Rima hebt ihre Arme ins Astwerk eines Baumes, wie man es gleichfalls auffällig oft bei den *yaksa*-Darstellungen beobachten kann.[29] Bei einem zweiten Blick ist die Rima-Skulptur also durchaus im Kontext einer von Indien beeinflussten britischen Moderne einzuordnen. Inwieweit dies jedoch ein Zufall ist, oder ob tatsächlich eine entsprechende Lektüre und Interpretation von *Green Mansions* durch Epstein vorausgegangen war, ist in diesem Kontext nicht feststellbar.

Jacob Epsteins Memorial für W. H. Hudson (Rima), Hyde Park, London, 1925.

Photo: Geoff Archer

Die vorangegangenen Darstellungen verdeutlichen die Komplexität der kulturellen Beziehungen im transarealen Raum des Globalen Südens zwischen Imagination und realer Erfahrung *in situ* sowie im intersubjektiven Austausch. Um diese transarealen

[28] Rupert Richard Arrowsmith: *Modernism and the Museum. Asian, African and Pacific Art and the London Avant Garde*, Oxford: Oxford University Press, 2011.

[29] Arrowsmith, *Modernism*, 37–41 und besonders zu der erhobenen Armhaltung, die eine Verbindung zu den Bäumen herstellt, 46/47.

Beziehungen historisch und gegenwärtig fassen zu können, ist eine konkrete Rückbindung der Untersuchung von zirkulierenden Texten, Bildern und Vorstellungswelten an reale Kontexte und Erfahrungen erforderlich. Der oft vorhandene europäische Bezugspunkt – zweifellos verlaufen viele der kulturellen Süd-Süd-Beziehungen *auch* über Europa – rückt dann, bei Betrachtung der konkreten Austauschprozesse, in ein anderes Licht, er wird Teil eines Netzes mit verschiedenen Knotenpunkten. Eine solche Pluralisierung der Blickwinkel und Dynamiken bezieht notwendig, wie die Ausführungen gezeigt haben, die konkreten Erfahrungen ein. „¿Y yo qué hago en Galta, qué puedo decir de Galta?" fragt sich Margo Glantz bei ihrer eigenen Spurensuche nach den Fundamenten von *El mono gramático* im konkreten Raum, um wenig später auf die Realität ihres eigenen Wegs, ihrer eigenen Spurensuche zu verweisen: „Galta, sí, Galta. Camino polvoriento, repleto de guijarros y de plantas calcinadas, gente andrajosa caminando [...]"; und schließlich erfolgt die Erkenntnis: „[...] y Galta se transforma de inmediato en un paradigma."[30]

[30] Glantz, *Coronada*, 115/116, 120.

Peter W. Schulze

„A justa razão aqui delira"

Zur *re-escritura* Brasiliens in Paulo Leminskis *Catatau*

> Quando formos embora, o câncer de Brasília engolirá tudo ou o núcleo de ordem da geometria dessas jaulas prevalecerá aqui?
>
> Verzuymt Brasilien [...]
>
> Paulo Leminski
> *Catatau / um romance-ideia*

Mit *Catatau* hat Paulo Leminski 1975 (bzw. 1983 in modifizierter Fassung) ein im Untertitel als „romance-ideia" bezeichnetes Werk vorgelegt, einen „Idee-Roman" über die niederländische Kolonialisierung Brasiliens Mitte des 17. Jahrhunderts. In dem Werk geht es indes weniger um die faktische Kolonialgeschichte des Landes – die eher im Modus eines Möglichkeitssinns steht – als vielmehr um die epistemischen Dimensionen des kolonialen Diskurses über Brasilien. Dementsprechend basiert *Catatau* substantiell auf intertextuellen Bezügen, insbesondere zu europäischen Autoren, deren Prätexte einer ‚re-escritura' unterzogen werden, einem resignifizierenden Wieder- und Zurück-Schreiben, im Sinne einer „escritura *sobre* outra escritura"[1], wie es Silviano Santiago (ohne Bezug auf Leminski) formuliert hat. In der hier vorgeschlagenen Lesart dient *Catatau* nicht nur als Objekt einer literaturwissenschaftlichen Untersuchung bzw. als bloßer Gegenstand des Denkens. Leminskis „romance-ideia" wird auch als „Subjekt einer Kulturanalyse"[2] begriffen und ernst genommen als „Instrument des Denkens"[3], das in Form einer „fractured enunciation" bzw. als „border thinking" eurozentrische Diskurse

[1] Silviano Santiago: „O entre-lugar do discurso latino-americano", in: *Uma literatura nos trópicos. Ensaios sobre dependência cultural*, São Paulo: Editora Perspectiva, 1978, 11–28, hier 23. „Schreiben *über* anderes Schreiben". [Hervorhebung im Original] Sämtliche Übersetzungen stammen, wenn nicht anders gekennzeichnet, vom Verfasser dieses Beitrags.
[2] Mieke Bal: *Kulturanalyse*, Frankfurt a.M.: Suhrkamp, 2002, 18.
[3] Hingegen konstatiert Veena Das noch in den frühen 1990er Jahren, dass außereuropäische Kulturen „nur als Gegenstände des Denkens – niemals als Instrumente des Denkens" Legitimität erlangten. Veena Das: „Der anthropologische Diskurs über Indien. Die Vernunft und ihr Anderes", in: *Kultur, soziale Praxis, Text. Die Krise der ethnographischen Repräsentation*, hg. von Eberhard Berg und Martin Fuchs, Frankfurt a.M.: Suhrkamp, 1993, 402–425, hier 410.

und Geschichtsbilder, die zu vermeintlich universellen „global designs" (v)erklärt wurden, unterläuft.[4]

Doch zunächst ein paar Worte zu dem Autor von *Catatau*. Der aus Curitiba stammende Paulo Leminski (1944–1989) gehört zu den schillerndsten Figuren der brasilianischen Literatur, wobei sein vielschichtiges Œuvre im deutschen Sprachraum aufgrund fehlender Übersetzungen weitgehend unbekannt sein dürfte. Leminski wirkte als Dichter und Romancier, aber auch als Essayist, Übersetzer und Autor von Biografien sowie als Judoka, Musiker und Moderator eines experimentellen Fernsehprogramms. Das literarische Werk Leminskis ist in einem doppelten Spannungsfeld angesiedelt: einerseits zwischen der gelehrten Literatur eines Poeta doctus und der Verwendung von Umgangssprache, einschließlich von Zoten und Kalauern; andererseits zwischen einer neobarocken Sprachfülle und der Reduzierung der Schriftsprache auf ihre Materialität im Sinne der Konkreten Poesie. In *Catatau*, Leminskis Magnum Opus, sind diese unterschiedlichen formalästhetischen Dimensionen in besonders komplexer Form angelegt und dienen vor allem auch der Reflexion über „os Brasis", wie Darcy Ribeiro das heterogene Brasilien im Plural bezeichnet hat.[5] Der „romance-ideia" zählt zu den wenigen Werken, denen es gelingt, im Reflexionsmodus literarischer Ästhetik Brasilien in seiner Vielfalt und mit seinen Widersprüchen ‚zu denken'. Unter diesem Gesichtspunkt ließe sich *Catatau* einreihen in eine Tradition von Meisterwerken der brasilianischen Literatur, zu denen insbesondere *Os Sertões: campanha de Canudos* (1902) von Euclides da Cunha und Mário de Andrades *Macunaíma, o herói sem nenhum caráter* (1928) zählen.

Brasilianische Kolonialgeschichte als „tabula da fábula rasa"

Die Handlung von *Catatau* ist schnell beschrieben: René Descartes wartet unter einem Baum des botanischen Gartens von Vrijburg in Niederländisch-Brasilien auf Krzysztof Arciszewski, der schließlich – nach knapp zweihundert Seiten am Ende des Buches – betrunken aus der Ferne herantaumelt.[6] Während die *histoire* sich auf das bloße Warten beschränkt, ist der *discours* hingegen von geradezu exzessiver Opulenz, wie noch näher auszuführen sein wird. Eine Formulierung, die dem unaufhörlich mäandernden Bewusstseinsstrom des Protagonisten René Descartes entspringt, kann in übertragenem Sinne auch als Charakterisierung der Handlung von *Catatau* gelten: „faço tabula da fábula rasa"[7]. Unverkennbar ist der Anklang an die Wendung „faço tabula rasa da fábula" („ich mache Tabula rasa mit der Fabel"), gleichsam als Metakommentar zur radikalen Reduzierung der Handlung. Typisch für das Werk Leminskis, handelt es sich hierbei um ein

[4] Walter D. Mignolo: *Local Histories/Global Designs. Coloniality, Subaltern Knowledges, and Border Thinking*, Princeton: Princeton University Press, 2000, X und 12.

[5] Darcy Ribeiro: *O povo brasileiro. A formação e o sentido do Brasil*, São Paulo: Companhia das Letras, 1995, 269–444.

[6] Die beiden fiktionalisierten Figuren sind bekanntlich historische Persönlichkeiten. Während Arciszewski ab 1637 als Vize-Gouverneur und Admiral von Niederländisch-Brasilien tätig war, hat René Descartes Europa indes zeitlebens nie verlassen.

[7] Paulo Leminski: *Catatau*, São Paulo: Iluminuras, 2011, 93.

Verfahren der Resignifizierung, das in *Catatau* in Bezug auf Redewendungen, Sprichwörter und Zitate vielfach zur Anwendung kommt. Der fragliche Satz ist ein Wortspiel, das den Ausdruck ‚tabula rasa' mit dem Begriff ‚Fabel' kreuzt. Aus dieser Permutation der Wörter folgt, dass der Protagonist Descartes die „fábula rasa", was soviel heißt wie ‚flache Erzählung', zu einer ‚tabula' macht, wobei dieses lateinische Wort Bedeutungen wie Rechen- oder Schreibtafel, Gesetztafel, Gemälde, Landkarte, Urkunde, Register, Verzeichnis, Protokoll und Rechnungsbuch umfasst. Die zunächst scheinbar bloß kalauerhafte Wendung „faço tabula da fábula rasa" ist somit in mehrfacher Hinsicht äußerst hintergründig. So wird die Erzählung ironisch als ‚flach' ausgewiesen, während sie de facto hochkomplex und stark überdeterminiert ist – wobei diese eigentümliche Untiefe (im doppelten Wortsinn) für *Catatau* charakteristisch ist: Einerseits wird Sprache wiederholt auf die Materialität von Schriftzeichen reduziert, also auf rein visuelle und klangliche Dimensionen, die gleichsam in einem Oberflächenrauschen jenseits semantischer Sinnhaftigkeit aufgehen, um dann andererseits wieder in einen regelrechten Malstrom des Sinns hinabzuführen durch die Häufung von stark polysemen Wörtern, Neologismen, Onomatopoesie, mehrsprachigen Passagen sowie komplexen Schachtelwörtern, die in sinngenerierenden und sinndestruierenden Montageformen ein schier undurchdringliches Netz an Bedeutungen bilden.

Der partikulare Sprachgebrauch in *Catatau* ist nicht bloß formalästhetischer Natur. Vielmehr lässt sich darin eine Darstellungsstrategie erkennen, deren Bedeutung sich vor dem Hintergrund der Kolonialgeschichte Brasiliens erschließt. Wie bereits angerissen, ist die Handlung von *Catatau* in Nieuw Holland bzw. Niederländisch-Brasilien angesiedelt, einer kurzlebigen niederländischen Kolonie, die den portugiesischen Kolonisatoren zwischen 1630 bis 1654 abgetrotzt wurde. In Leminskis Buch befindet sich Descartes im botanisch-zoologischen Garten von Johann Moritz, Fürst von Nassau-Siegen; dieser war von 1636 bis 1644 General-Gouverneur für die Besitzungen der Niederländischen Westindischen Handelskompanie in Nieuw Holland, wo er u.a. Mauritsstad [*sic*], das heutige Recife, gründete, Befestigungen errichten ließ, europäische Einwanderer anzog – nicht zuletzt durch die garantierte Religionsfreiheit – und den Zuckerrohranbau beförderte. Johann Moritz brachte eine ganze Armada an Wissenschaftlern und Künstlern in die niederländische Kolonie – darunter den Kartografen, Botaniker und Astronom Georg Marggraf, den Arzt Willem Piso, den Maler und Architekten Pieter Post sowie die Maler Albert Eckhout und Frans Pos. Diese fertigten zahlreiche Aufzeichnungen an und stellten Informationen zusammen, u.a. zu Geographie und Klima, zu Flora und Fauna sowie zur indigenen Bevölkerung der Kolonie. Eine Wissensgenerierung und Erschließung des Landes mithin, die im Dienste der niederländischen Kolonialmacht stand. Vor diesem Hintergrund erlangt die Wendung „faço tabula da fábula rasa" eine kritische Stoßkraft, die für *Catatau* kennzeichnend ist. Das hintergründige Wortgefüge erscheint als ironischer Kommentar zu jenen Praktiken der Exploration des Landes, deren Zweck nicht zuletzt darin bestand, die Kolonialisierung zu befördern – durch Kulturtechniken wie Aufzeichnen und Vermessen, Kartographieren und Kategorisieren, die allesamt begrifflich in dem lateinischen Wort ‚tabula' angelegt sind. Anders als in den Text- und Bildproduktionen der angeführten Gelehrten und Künstler manifestieren sich die Erscheinungsformen Brasiliens bei Leminski keineswegs in leicht ausdeutbaren Darstellungen. *Catatau* konfrontiert die Leser/innen mit textuellen Untiefen zwischen semantischer

Opazität und extremer Vieldeutigkeit, wobei letztere vor allem auf der Verknüpfung stark polysemer Begriffe beruht sowie auf der Appropriation zahlreicher Prätexte, insbesondere solcher, die Bezüge zur Kolonialisierung Brasiliens aufweisen. Bei den eigentümlichen Transformationen der ‚tabula' in eine „fábula rasa" handelt es sich mithin vielfach um gezielte Resignifizierungen des kolonialen Diskurses über Brasilien sowie der epistemischen Strukturen, die in entsprechenden Repräsentationsformen angelegt sind.

Catatau *als rhizomatisches Textgefüge*

Während im kolonialen Diskurs, auf den sich *Catatau* in vielfältiger Form kritisch bezieht, eine „hegemonic epistemology with emphasis on denotation and truth"[8] vorherrscht, kennzeichnet sich Leminskis „romance-ideia" hingegen durch eine komplexe Orchestrierung von „subaltern epistemologies with emphasis on performance and transformation"[9]. Eine Reihe von Prätexten in *Catatau* – etwa die *Historia Naturalis Brasiliae* (1648), auf die noch näher einzugehen ist – entstanden im Rahmen der kolonialistischen Expansion und widmen sich der deskriptiven und taxonomischen Erfassung Brasiliens. Der „romance-ideia" unterläuft eine derartige Funktionalität von Sprache, die auf konventionalisierten Begriffen und einer linear-diskursiven Argumentationsfolge basiert, indem er eine extreme Poetizität und Performativität von Sprache in Anschlag bringt. Aus diesem speziellen Sprachgebrauch resultieren eine grundlegende Indetermination und interpretative Offenheit, die für *Catatau* charakteristisch sind und bereits programmatisch in dem Buchtitel zum Ausdruck kommen.

Das Wort „catatau", vermutlich onomatopoetischen Ursprungs, besticht zunächst durch seine Klanglichkeit, seine lautmalerische Musikalität. Wohlgemerkt rücken die klanglichen – und visuellen – Dimensionen der Sprache bei Leminski oftmals als solche in den Vordergrund, besonders deutlich in Buchstaben- bzw. Lautgebilden jenseits konventionalisierter semantischer Zuordenbarkeit. Verdeutlichen lässt sich dies beispielhaft an dem folgenden Passus gegen Ende des Romans: „O mundo de Xxstychsky. O mundo de Xxxxxxx. O mundo de Xxxxxxx. O mundo de Xxxxxxx. Xxxxxxx. Xxxxxxx. Xxxxxxx. O mundo, Xxxxxxx."[10] Bei dem ersten Satz, „Die Welt von Xxstychsky.", handelt es sich um eine Art verzerrtes Echo auf eine Reihe direkt vorangehender Kurzsätze beginnend mit „O mundo de Axstychsky [...]". In „Axstychsky" ist noch – vor allem in der Phonetik des Portugiesischen – das Wort Arciszewski erkennbar, also der Name derjenigen Figur, auf die der Protagonist Descartes bislang vergeblich wartet, wobei es sich bei Arciszewski, wie erwähnt, um eine historische Person handelt, die ab 1637 als Vize-Gouverneur und Admiral von Niederländisch-Brasilien tätig war. Vor diesem Hintergrund erscheint „O mundo de Xxstychsky" gleichsam als Chiffre für die Kolonie Nieuw Holland bzw. pars pro toto für Brasilien, wobei diese „Welt" ebenso wie deren Verwalter Arciszewski in dem Bewusstseinsstrom des Protagonisten verbal nicht fassbar sind. Und dies trotz – oder vielleicht gerade aufgrund – des hochkomplexen und stark überdeterminierten sprachlichen Instrumentariums, das dem fiktiven Descartes zur Verfügung

[8] Mignolo, *Local Histories*, 26.
[9] Ebd.
[10] Leminski, *Catatau*, 199.

steht. Der partikulare Sprachgebrauch und die darauf basierende Denkweise des Protagonisten scheinen sich komplexitätsreduzierenden Klassifizierungen zum Zweck der Erkenntnisgewinnung zu versperren, insbesondere der Cartesianischen Methode (wie noch näher auszuführen sein wird). Ebenso wie die extrem heterogene Sprache unterliegen auch die darin repräsentierten Erscheinungsformen Brasiliens einer ständigen Transformation, was eine Vielzahl an Lesarten begünstigt, oftmals aber auch Sinnzuschreibungen erschwert. Bezeichnenderweise handelt es sich bei „Xxxxxxx" u.a. um eine mehrfache Iteration des Multiplikationszeichens sowie des Zeichens für eine Variable bzw. für etwas Unbekanntes. Ferner ist das ‚x' im Portugiesischen lautlich besonders vielfältig; so weist der Buchstabe ein breites Spektrum an unterschiedlichen phonetischen Attributen auf, nämlich (/ʃ/) aber auch (/z/) sowie (/ks/) und (/s/). In dem Wort bzw. in der Lautfolge „Xxxxxxx", zumal in der mehrfachen Wiederholung, wird die Sprache semantisch opak, entbehrt zunehmend ihrer Sinnhaftigkeit, verdrängt durch die Sinnlichkeit und Materialität von Sprache, deren partikularer Gebrauch primär nach rhythmischen, sowohl klanglich als auch graphisch-visuellen Parametern zu funktionieren scheint. So entsteht eine gewisse Nähe zur Konkreten Poesie und zum Lautgedicht, im Sinne des Begriffs „verbivocovisual", ein Schachtelwort, das Haroldo de Campos aus *Finnegans Wake* von James Joyce entlehnt hat, um damit die „poesia concreta" als primär klanglich-visuelles Phänomen zu charakterisieren.[11] Typisch für den metareflexiven Modus in *Catatau*, wird die Entsignifizierung des Signifikanten in „Xxxxxxx" durch einen ironischen Kommentar vorweggenommen; so heißt es wenige Zeilen vor dem fraglichen Passus: „Ondediabo [*sic*] terei deixado meu significado?"[12]

Doch zurück zu der angeführten Poetizität und Peformativität des Buchtitels und zu dem paratextuellen Gefüge, in das dieser eingelassen ist.[13] Die für Leminskis Literatur charakteristische „Spürbarkeit der Zeichen"[14] manifestiert sich bereits in dem lautmalerisch wirkenden Buchtitel *Catatau*. Die Poetizität der Sprache schlägt sich allerdings nicht bloß in der auffälligen Klanglichkeit des Wortes nieder, sondern auch in einer extremen semantischen Bedeutungsfülle, die gleichsam zum Entgleiten bzw. zum unaufhörlichen Changieren des Sinns führt, womit der Titel ein zentrales Charakteristikum des

[11] Als Dichter ist Leminski u.a. auch mit Konkreter Poesie hervorgetreten, wobei *Catatau* bezeichnenderweise den *concretistas* Augusto de Campos, Décio Pignatari und Haroldo de Campos gewidmet ist, die sowohl produktionsästhetisch als auch theoretisch zu den Protagonisten dieser Literaturströmung zählen. Vgl. hierzu Augusto de Campos, Décio Pignatari und Haroldo de Campos: *Teoria da poesia concreta. Textos críticos e manifestos 1950–1960*, São Paulo: Livraria duas Cidades, 1975.

[12] Leminski, *Catatau*, 199. „Wozumteufel [*sic*] werde ich meine Bedeutung gelassen/losgelassen/hinterlassen haben?"

[13] Die folgenden Ausführungen beziehen sich auf die Textfassung der zweiten Ausgabe (Porto Alegre: Sulina 1989), die kurz nach dem Tod Leminskis erschien, jedoch von dem Autor selbst gestaltet und autorisiert wurde. In der Erstausgabe, 1975 im Eigenverlag publiziert, existieren weitaus weniger Paratexte; so finden sich dort weder eine Gattungsbezeichnung noch erklärende Fußnoten oder Nachworte, die Leminski in der zweiten Ausgabe hinzugefügt hat und auf die ich hier noch näher eingehen werde.

[14] Roman Jakobson: „Linguistik und Poetik", in: *Poetik. Ausgewählte Aufsätze 1921–1971*, hg. von Elmar Holenstein und Tarcisius Schelbert, Frankfurt a.M.: Suhrkamp, 1979, 83–121, hier 93.

Haupttextes geradezu programmatisch zum Ausdruck bringt. Wohlgemerkt zählt „catatau“ zu den polysemsten Wörtern des Portugiesischen, worauf der Autor in einem rezeptionslenkenden Paratext explizit hinweist.[15] „Catatau“ bezeichnet zugleich etwas sehr Kleines und sehr Großes, kann u.a. Prügel, Strafe oder Penis, Spielkarte oder alter Degen bedeuten, und kommt in unterschiedlichsten Wendungen vor, etwa „hässlich wie ein catatau“.[16] Ausschlaggebend ist hierbei vor allem, dass es sich um spezifisch regionale und kolloquiale, mithin partikulare Ausdrücke handelt und nicht etwa um standardisierte, in gängigen Wörterbüchern erfasste allgemeingültige Bedeutungen. Umgangssprache und regionalspezifische Ausdrücke machen einen signifikanten Teil des Vokabulars von *Catatau* aus – häufig in Verbindung mit bzw. im Kontrast zu betont bildungssprachlichen Ausdrücken und Wörtern verschiedener Sprachen. Bezeichnenderweise dient „catatau“ auch als Ausdruck für „discurso prolongado“, was so viel heißt wie „lange Rede“, und „zurra“, wiederum ein polysemes und ebenfalls onomatopoetisches Wort, das Bedeutungen wie „Lärm“, „Stimmengewirr“, „Surren“ und „Summen“, aber auch „Witzelei“ und „Durcheinander“ umfasst. Die Bedeutungen „discurso prolongado“ und „zurra“ – gerade auch in wechselseitigem Bezug zueinander – charakterisieren Leminskis *Catatau* treffend, kennzeichnen sie doch einerseits den ununterbrochenen Bewusstseinsstrom des Protagonisten und andererseits das „Stimmengewirr“, das in seinen Äußerungen durchklingt, von den schier unzähligen intertextuellen Bezügen bis hin zum „Surren“ und „Summen“ der Zeichen, wie etwa in dem angeführten Beispiel der Entsignifizierung des Signifikanten durch Iterationen des Buchstaben „x“.

Während der Buchtitel *Catatau* eine Vielzahl an höchst unterschiedlichen Bedeutungen aufweist, folgt auf dem Titelblatt eine Genremarkierung, die das Werk scheinbar definitorisch zuordnet bzw. eingrenzt. In einer neuen Zeile wird der Titel ergänzt durch die bereits erwähnte Attribuierung „um romance-ideia“, „ein Idee-Roman“. Diese partikulare Gattungs- und Genrezuschreibung unterstreicht nicht nur die Konzepthaftigkeit des Werks. Darüber hinaus impliziert die Wortbildung „romance-ideia“ innerhalb der Gattung des Romans das Paradoxon einer ‚singulären Genrebezeichnung‘ bzw. eines ‚generischen Einzelwerks‘, während sich Genres per definitionem auf eine größere Anzahl an Werken mit bestimmten Merkmalen beziehen. Somit ordnet Leminski *Catatau* zwar gattungs- und genrebegrifflich zu, stellt aber zugleich die generische Klassifizierbarkeit des Textes in Frage bzw. markiert ihn als Hybridform des Romans (was strengge-

[15] In einem Nachwort der zweiten Ausgabe führt Leminski exemplarisch einige der Wortbedeutungen von „catatau“ an und verweist darauf, dass das polyseme Wort des Buchtitels auch für die „multiplicidade de leituras“, für die zahlreichen möglichen Lesarten von *Catatau* stehe. Vgl. Paulo Leminski: „Descordenadas artesianas. Um livro e sua história, 23 anos depois“, in: *Catatau: um romance-ideia*, São Paulo: Iluminuras, 2011, 211–213, hier 212.

[16] Als Buchtitel enthält „catatau“ auch eine anekdotische, die Werkgenese betreffende Bedeutung: Leminski hat seinem Biographen Toninho Vaz zufolge in seiner Heimatstadt Curitiba über Jahre einen Stapel an Notizen seines Buchprojekts mit sich herumgetragen – neben Blättern auch beschriebene Servietten, Bierdeckel etc. –, was seine Bekannten stets mit demselben ironischen Spruch kommentiert haben sollen: „Lá vem o Leminski com aquele catatau embaixo do braço!“ – „Da kommt der Leminski mit diesem catatau unterm Arm!“ Vgl. Toninho Vaz: *Paulo Leminski: O bandido que sabia latim*, Rio de Janeiro: Record, 2001, 109.

nommen eine Tautologie darstellt, da der Roman unterschiedlichste Gattungen und Textsorten beinhalten kann). Charakteristisch für die metareflexiven Dimensionen von *Catatau*, trägt bereits der partikulare Begriff „romance-ideia" der Unhintergehbarkeit von Genre Rechnung, unterläuft aber zugleich seine klassifikatorische Funktion durch Betonung dessen, was Derrida als „the law of the law of genre" bezeichnet hat (und dem Ordnungsmuster Genre grundsätzlich inhärent sei): „a principle of contamination, a law of impurity, a parasitical economy"[17]. In *Catatau* manifestiert sich das „Prinzip der Kontaminierung" nicht nur in der expliziten Genremarkierung, sondern auch in der Appropriation diverser Textsorten und Gattungen – darunter Bestiarium und philosophisches Traktat –, sowie in der Verwendung unterschiedlichster Sprachregister, die meist in ihrer Heterogenität bestehen bleiben und weniger nach diskursiven als nach rhythmischen und klanglichen Gestaltungformen angeordnet zu sein scheinen. Dementsprechend ließe sich *Catatau* von seiner hybriden Sprachform mit Leminski als „porosa" bezeichnen, im Sinne einer porös gewordenen Prosa. Leminski verwendet den Begriff „porosa" bzw. „poesia porosa" in einem titellosen poetologischen Gedicht mit lakonischem Duktus.[18] In der Entwicklung von der ersten bis zur letzten Verszeile vollzieht sich gleichsam die Verbindung von Prosa und Poesie, beginnend mit „sim / eu quis a prosa" („ja / ich wollte die Prosa") bis hin zu „uma poesia porosa", „einer porösen Poesie", mit Anklang des Adjektivs an das Wort Prosa, das sich im Portugiesischen nur durch den Vokal „o" von „porös" unterscheidet. *Catatau* ließe sich ferner als ‚poerosa' bezeichnen, ein Schachtelwort aus den Begriffen ‚poesia' und ‚prosa', oder in der umgekehrten Variante als „proesia", eine Wortschöpfung des Singer-Songwriters Caetano Veloso zur Charakterisierung von Haroldo de Campos' experimentellem ‚Roman' *Galáxias*[19], der neben *Ulysses* und *Finnegans Wake* von James Joyce – in deren Tradition er steht – stilistisch prägend für *Catatau* war. Werke mithin, die sich ebenfalls mit dem Begriff „romance-ideia" klassifizieren ließen, wollte man erneut „the law of the law of genre" in Anschlag bringen. Zum Ausdruck käme dies nun in Form einer Klassifizierung von Genre-Hybriden basierend auf der Hybridisierung einer Genre-Klassifizierung, dem fraglichen „Idee-Roman".

Bereits das Titelblatt von *Catatau* offeriert den Leser/innen eine Art „lecture relationelle"[20], also eine vergleichende Lektüre bzw. eine relationale Lesart, indem es das Werk durch spezifische paratextuelle Markierungen öffnet und in unterschiedliche Kontexte stellt. Das, was sich in dem paratextuellen Gefüge des „romance-ideia" mit

[17] Jacques Derrida: „The Law of Genre", in: *Acts of Literature*, hg. Derek Attridge, New York/London: Routledge, 1992, 221–252, hier 227.

[18] Paulo Leminski: „sim" [Anfangszeile], in: *Toda Poesia*, São Paulo: Companhia das Letras, 2013, 80. Dieses Gedicht ist der letzte, titellose Text aus *Polonaises*, ein 1980 im Eigenverlag erschienener Band, der 1983 in Paulo Leminskis Gedichtsammlung *Caprichos & relaxos* (São Paulo: Brasiliense) aufgenommen wurde.

[19] Das Zitat von Caetano Veloso, in dem er den Begriff „proesia" für *Galáxias* prägt, findet sich auf dem Klappentext (vordere Einschlagklappe) der zweiten Auflage dieses Werkes. Vgl. Haroldo de Campos: *Galáxias*, 2. Aufl., São Paulo: Editora 34; 2004.

[20] Gérard Genette: *Palimpsestes. La littérature au second degré*, Paris: Éditions du Seuil, 1982, 556.

Gérard Genette als „régime ludique“[21] bezeichnen ließe, resultiert nicht zuletzt aus der Performativität des Textes und der speziellen Adressierung der Leserschaft. Auf die Gattungsbezeichnung folgt ein autoreferentielles Zitat, das dem Basistext von *Catatau* entstammt: „‚*...usque consumatio doloris legendi!*‘ (p. 167)“.[22] Gehen die Leser/innen der Seitenangabe des Zitats nach, so sind sie sogleich mit einem hermetisch erscheinenden Text konfrontiert, offenbar der Bewusstseinsstrom eines Ich-Erzählers, der neben Portugiesisch auch lateinische Passagen sowie komplexe mehrsprachige Mischformen und Neologismen umfasst. Was sich zunächst wie eine Art intratextueller Kurzschluss ausnimmt, erweist sich in der Rückkopplung des Haupttextes auf der Titelseite als signifikante Sinn-Verschiebung. Der in montageartiger Beziehung zu dem Buchtitel stehende Halbsatz kommentiert in der fragmentarischen Form auf der Titelseite offenbar ironisch den Leseprozess bzw. die Relation der Leserschaft zu dem Text *Catatau*, bedeutet die Phrase doch so viel wie „schmerzhafte Lektüre bis zum Ende“. Weit mehr als eine rein formalästhetische Selbstbezüglichkeit, erweist sich das Zitat als eine gezielte Form der Ent- und Rekontextualisierung: Der Bezug des Satzes verschiebt sich vom Bewusstseinsstrom des Protagonisten und wird zu einer Art Losung für die Leser/innen, die den hochkomplexen Text in seiner Vielschichtigkeit wohl nur durch eine – zumindest passagenweise – mühevolle Lektüre erschließen können.

Die Charakterisierung der Lektüre von *Catatau* als „*doloris legendi*“ wird auf der übernächsten (ebenfalls unpaginierten) Seite durch einen weiteren Paratext ironisch untermauert, der wiederum einen resignifizierenden intertextuellen Bezug herstellt. Es handelt sich hierbei um eine Form der Architextualität bzw. um eine Systemreferenz zur rhetorischen Figur Captatio benevolentiae, die seit der Antike in der Literatur und auf dem Theater genutzt wurde, um die Rezipient/innen zu adressieren und sie auf das Werk einzustimmen. Bei Leminski hingegen ist der Begriff Captatio benevolentiae in Form eines „REPUGNATIO BENEVOLENTIAE“ ins Gegenteil verkehrt. Anstatt der rhetorischen Figur zum ‚Erheischen des Wohlwollens‘ der Leser/innen bringt der Autor deren Negation demonstrativ zum Ausdruck. Dementsprechend vermerkt er aus der Ich-Perspektive, keine „Lichtungen/Schneisen für die Intelligenz dieses catataus“ bereitzustellen.[23] Der invertierte, ad absurdum geführte Captatio benevolentiae hat somit, wie es scheint, einen geradezu programmatischen Charakter. In offenem Widerspruch hierzu hat Leminski in der zweiten, modifizierten und erweiterten Ausgabe von *Catatau* zahlreiche rezeptionslenkende Paratexte mit erklärender Funktion hinzugefügt, offenbar um das Verständnis bestimmter Dimensionen des Werks zu erleichtern. Im Duktus einer wissenschaftlich kommentierten Edition erläutern Fußnoten bestimmte fremdsprachliche Begriffe aus dem Tupi sowie aus dem Niederländischen des 17. Jahrhunderts und bieten Hintergrundinformationen zu einigen historischen Persönlichkeiten und Ereignissen. Allerdings lassen die Anmerkungen jegliche Systematik vermissen; nicht nur weil zwischen einer Fußnote und der nächsten zahlreiche obskure Wörter und Verweise ungeklärt bleiben, sondern vor allem auch weil die insgesamt 14 Fußnoten lediglich im ersten Viertel des Buches vorkommen. Das Ausbleiben weiterer Interpretationshilfen führt dann

[21] Ebd., 557.

[22] Leminski, *Catatau*, unpaginiert.

[23] Ebd., unpaginiert. „Me nego a ministrar clareiras para a inteligência deste catatau [...]“.

wohl selbst den versierteren Leser/innen ihre hermeneutischen Beschränkungen umso stärker vor Augen.

Bemerkenswert sind zwei Fußnoten, die sich von den restlichen Anmerkungen durch ihren poetologischen Charakter deutlich abheben. Zum einen findet sich zu Beginn des Haupttextes ein Hinweis des Autors, dass er absonderliche Schreibweisen für die Tupinambá aus Chroniken über Brasilien des 16. Jahrhunderts in seinen Text „inkorporiere", die durch ihre „orthographische Phantasie als Index der Fremdheit" fungierten.[24] Damit ist ein zentrales ästhetisches Verfahren von *Catatau* explizit benannt, nämlich der intertextuelle Bezug auf den kolonialen Diskurs über Brasilien und seine spezifischen Repräsentationsformen, die in dem „romance-ideia" nicht bloß semantisch aufgehen, sondern als formsprachliche Differenzen bestehen bleiben. In der zweiten Fußnote mit poetologischer Dimension wird die Figur Occam als „das textuelle Monstrum" bezeichnet, gefolgt von einem Verweis mit Seitenangabe auf dessen „verbales Portrait".[25] Folgt man dieser Seitangabe, so stößt man auf ein Nachwort (auf das ein weiteres Nachwort folgt). Darin wird Occam als „rein semiotische, abstrakte Figur" bezeichnet sowie als „Prinzip der Ungewissheit und des Irrtums, das ‚malin génie' der berühmten Theorie von René Descartes."[26] Zugleich erscheint der Name in Form einer Folge von Transformationen: „Occam (Ogum, Oxum, Egum, Ogan)". Hierbei handelt es sich – was unkommentiert bleibt – um eine metamorphische Namensverschiebung, die neben dem scholastischen Philosophen William of Ockham auch vier Orixás umfasst, göttliche Entitäten der afrobrasilianischen Religion Candomblé mit höchst unterschiedlichen Attributen. Dies macht bereits deutlich, dass Ockhams Rasiermesser, ein heuristisches Prinzip der Sparsamkeit aus der Scholastik, bei dem „textuellen Monstrum" invertiert ist. Ebenfalls bemerkenswert erscheint die Platzierung des Verweises. Da sich der Bezug auf das erste Nachwort bereits in der Fußnote auf der sechsten Seite des Haupttextes findet, handelt es sich hierbei – sofern die Rezipient/innen der impliziten Leseaufforderung folgen[27] – eher um eine Art ‚nachgelagertes Vorwort'. Denn während das Nachwort per definitionem erst im Anschluss an den Haupttext wahrgenommen werden sollte, legt die Fußnote eine umgekehrte Rezeptionsabfolge nahe, wobei die Kenntnisnahme des nachgelagerten Kommentars eine durch den Autor interpretativ instruierte Lektüre des Haupttextes zur Folge hat.

Catatau liegt ein performatives Textverständnis zugrunde, welches die Linearität der Schrift, wie sie für das Medium Buch charakteristisch ist, wiederholt aufbricht, was in

[24] Ebd., 15, Fn. 2. „Incorporei a fantasia ortográfica, como índice de estranheza."

[25] Ebd., 20, Fn. 6. „o monstro textual"; „retrato verbal".

[26] Paulo Leminski: „Descordenadas artesianas. Um livro e sua história, 23 anos depois", in: *Catatau: um romance-ideia*, São Paulo: Iluminuras, 2011, 211–213, hier 212. „personagem puramente semiótico, abstrato"; „um princípio de incerteza e erro, o ‚malin génie' da célebre teoria de René Descartes."

[27] Vermutlichen sind die meisten Leser/innen geneigt, die Erklärung Occams im Nachwort direkt zur Kenntnis zu nehmen. Dies wohl nicht zuletzt, weil im Textabschnitt mit der fraglichen Fußnote der Ich-Erzähler sein Unverständnis gegenüber seinen eigenen Gedanken zum Ausdruck bringt und dafür Occam verantwortlich macht. Occam wiederum bleibt in dem mäandernden Bewusstseinsstrom des Erzählers eine unfassbare und höchst irritierende Figur, während der Autor in Aussicht stellt, im Nachwort eine Charakterisierung des „textuellen Monstrums" zu liefern.

der komplexen paratextuellen Struktur des Werks besonders augenfällig ist. Der „romance-ideia“ entspricht damit gleichsam dem rhizomatischen „Prinzip der Konnexion und der Heterogenität“[28] – und zwar in einer dezidiert postkolonialen Ausgestaltung. So widersetzt sich Leminskis rhizomatisches Textgefüge mit seinem komplexen Verweisgeflecht „kolonisatorischen Rationalismen“[29]. Diese Rationalismen kommen in *Catatau* exemplarisch – aber keineswegs ausschließlich – im Cartesianischen Denken zum Ausdruck bzw. in seiner Instrumentalisierung im kolonialen Diskurs über Brasilien, der einer vielfältigen *re-escritura* unterzogen wird.

Catatau *als „escritura sobre outra escritura“*

Die für *Catatau* charakteristische *re-escritura* im Kontext brasilianischer Kolonialgeschichte lässt sich in ihrer Eigenart durch ein Konzept des Literaturwissenschaftlers und Romanciers Silviano Santiago erfassen, das dieser in dem wegweisenden Aufsatz *O entre-lugar do discurso latino-americano* (1971) formuliert hat. Santiago zufolge versuchten die Kolonisatoren in Lateinamerika Mehrsprachigkeit und religiösen Pluralismus zu verhindern, um ihre Macht zu konsolidieren: „Nach der Algebra der Eroberer ist die Einheit das einzige Maß, das zählt.“[30] Die vermeintlichen Manifestationen von *unidade* (Einheit) und *pureza* (Reinheit) seien jedoch zunehmend kontaminiert worden durch „neue Erwerbungen, durch kleine Metamorphosen, durch sonderbare Verfälschungen, welche die Integrität des Heiligen Buches und des Wörterbuchs und der Grammatik aus Europa transformierten“.[31] Dabei habe das „elemento híbrido“ in dem „Zwischen-Raum des latein-amerikanischen Diskurses“[32] zentrale Bedeutung erlangt. Zum Ausdruck komme dieses „hybride Element“ insbesondere in einer „escritura *sobre* outra escritura“[33], also in einem „Schreiben *über* anderes Schreiben“. Dieses spezifische intertextuelle Schreiben tendiere häufig zum Pastiche, zur Parodie und zur Abschweifung. In *Catatau* ist die „escritura *sobre* outra escritura“ in vielfacher Form angelegt, einschließlich in einer Art *re-escritura* zweiten Grades. Dies wird näher auszuführen sein anhand von intertextuellen Bezügen auf den Geschichten nacherzählenden Papagei in *Macunaíma, o herói*

[28] Gilles Deleuze und Félix Guattari: *Rhizom*, Berlin: Merve, 1977, 11.

[29] Glauber Rocha: „Eztetyka do Sonho“, in: *Revolução do Cinema Novo*, São Paulo: Cosac Naify, 2004, 248–251, hier 250. „racionalismos colonizadores“.

[30] Santiago, „O entre-lugar do discurso latino-americano“, 16. „Na álgebra do conquistador, a unidade é a única medida que conta.“

[31] Ebd., 18. „novas aquisições, por miúdas metamorfoses, por estranhas corrupções, que transformam a integridade do Livro Santo e do Dicionário e da Gramática europeus“.

[32] Sowohl der bereits im Aufsatztitel genannte „entre-lugar“ (Zwischen-Raum) als auch die Verwendung des Begriffs „elemento híbrido“ („hybrides Element“) nehmen begrifflich zentrale Aspekte postkolonialer Theorie vorweg, wie sie später vor allem von Homi K. Bhabha formuliert werden. Zur Bedeutung brasilianischer Kultur- und Theorieproduktionen für den postkolonialen Diskurs vgl. Peter W. Schulze: *Strategien ‚kultureller Kannibalisierung‘. Postkoloniale Repräsentationen vom brasilianischen Modernismo zum Cinema Novo*, Bielefeld: transcript, 2015.

[33] Ebd., 23. [Hervorhebung im Original]

sem nenhum caráter, wobei Mário de Andrade sich in seinem Roman wiederum auf zahlreiche Prätexte bezieht, insbesondere einen von dem deutschen Ethnologen Theodor Koch-Grünberg niedergeschriebenen indigenen Legendenzyklus.

Bereits der Haupttext von *Catatau* beginnt mit einer *re-escritura*: „ergo sum, aliás, Ego sum Renatus Cartesius [...]".[34] Offenbar handelt es sich hierbei um einen intertextuellen Bezug auf das bekannte Diktum „*ego cogito, ergo sum*", das die Grundlage der Cartesianischen Metaphysik bildet und dem Autor zufolge die „erste und sicherste [Erkenntnis ist], auf die jeder regelgeleitet Philosophierende stößt"[35]. Schon vor der lateinischen Fassung aus der *Principia philosophiae* (1644) hatte Descartes seinen philosophischen Grundsatz „*je pense, donc je suis*"[36] im *Discours de la méthode* (1637) formuliert, seiner *Abhandlung über die Methode des richtigen Vernunftgebrauchs und der wissenschaftlichen Wahrheitsforschung*. Im vierten Teil zum Thema „Fundamente der Metaphysik" gelangt der Begründer des modernen Rationalismus aus dem Zweifel heraus zu einer als unumstößlich begriffenen Gewissheit. Aus der kritischen Reflexion über Trugbilder im Schlaf wie im Wachzustand sei ihm aufgefallen, so Descartes, „daß, während ich auf diese Weise zu denken versuchte, alles sei falsch, doch notwendig ich, der es dachte, etwas sei. Und indem ich erkannte, daß diese Wahrheit: ‚ich denke, also bin ich' so fest und sicher ist, [...] so entschied ich, daß ich sie ohne Bedenken als ersten Grundsatz der Philosophie, die ich suchte, ansetzen könne."[37] Auf dieser Erkenntnis aufbauend, gelangt Descartes zu einer Schlussfolgerung, die zentrale Axiome seiner Philosophie und Weltsicht enthält:

> Daraus erkannte ich, daß *ich eine Substanz bin*, deren ganzes Wesen oder deren Natur nur darin besteht, *zu denken und die zum Sein keines Ortes bedarf, noch von irgendeinem materiellen Ding abhängt*, so daß dieses Ich, d.h. die Seele, durch die ich das bin, was ich bin, *völlig verschieden ist vom Körper*, ja daß sie sogar leichter zu erkennen ist als er, und daß sie, selbst wenn er nicht wäre, doch nicht aufhörte, alles das zu sein, was sie ist.[38]

Descartes postuliert mithin ein von Körper und Außenwelt unabhängiges reines Denken, welches für das Ich konstitutiv sei. Das uneingeschränkte Primat der Vernunft geht mit einer kategorischen Verwerfung der Sinne und der Einbildungskraft als Mittel der Erkenntnis einher.[39]

[34] Leminski, *Catatau*, 15.

[35] René Descartes: *Principia philosophiae – Die Prinzipien der Philosophie.* Lateinisch–Deutsch, übers. und hg. von Christian Wohlers, Hamburg: Felix Meiner Verlag, 2005, 14/15. „Ac proinde haec cognitio, *ego cogito, ergo sum*, est omnium prima & certissima, quae cuilibet ordine philosophanti occurrat" / „Und deshalb ist die Erkenntnis, *ich denke, also bin ich*, die überhaupt erste und sicherste, auf die jeder regelgeleitet Philosophierende stößt." [Hervorhebung im Original]

[36] René Descartes: *Discours de la méthode pour bien conduire sa raison, et chercher la verité dans les sciences / Von der Methode des richtigen Vernunftgebrauchs und der wissenschaftlichen Forschung*, in: *Philosophische Schriften in einem Band*, mit einer Einführung von Rainer Specht und „Descartes' Wahrheitsbegriff" von Ernst Cassirer, Hamburg: Felix Meiner, 1996, 1–129, hier 52. [Hervorhebung im Original]

[37] Ebd., 53.

[38] Ebd., 55. [Eigene Hervorhebung]

[39] Ebd., 65.

In *Catatau* ist Descartes' Grundsatz um das „ego cogito", um das entscheidende „ich denke", verkürzt. Das Postulat eines Subjekts, dessen Sein und Erkenntnisfähigkeit sich aus dem Denken heraus konstituiert, ist reduziert auf das „ergo sum", das „also bin ich", mit dem der Basistext des „romance-ideia" beginnt. Folglich verweist das Wort „ergo", das eigentlich Schlussfolgerungen einleitet, nicht auf ein denkendes Subjekt, sondern auf eine Leerstelle, die auch in der Vakatseite neben dem rechtsseitig beginnenden Haupttext von *Catatau* zum Ausdruck kommt. Anstatt der Cartesianischen Selbstermächtigung des Subjekts durch sein Denken konstatiert der fiktive „Renatus Cartesius" verloren zu sein „in diesem Labyrinth der ergötzlichen Täuschungen".[40] In dem Anfangssatz ist das ausbleibende „cogito" ersetzt durch das Verb „vejo", „ich sehe", das dreimal wiederholt wird und sich auf unterschiedliche Elemente einer Küstenlandschaft bezieht, ergänzt durch den ebenso lakonischen wie suggestiven Satz „Vejo mais.", „Ich sehe mehr." Die Dominanz der Sinneswahrnehmung bei gleichzeitigem Verlust der Gewissheit des erkenntnisbringenden Denkens manifestiert sich auch im Blick des Protagonisten durch das optische Instrument „lentes de luneta", ein Fernrohr mit variablen Linsen. Das medial verstärkte Sehen schlägt sich unmittelbar pseudomimetisch bzw. optisch akzentuiert im Schriftbild nieder, wenn auf „lentes de luneta" der Satz in Majuskeln weitergeht, gleichsam als typografische Entsprechung der Vergrößerung durch das Fernglas: „Do parque do príncipe, a lentes de luneta, CONTEMPLO A CONSIDERAR O CAIS, O MAR, AS NUVENS, OS ENIGMAS E OS PRODÍGIOS DE BRASÍLIA."[41] Der medialisierte Blick führt indes kaum zu ontologischen Gewissheiten oder wenigstens zu einer Taxonomie des Sichtbaren, denn nicht nur Kai, Meer und Wolken erscheinen vergrößert, sondern auch „DIE RÄTSEL UND DIE WUNDER VON BRASÍLIA", die ebenso zunehmen und sich dem Protagonisten auch im weiteren Verlauf des „romance-ideia" nicht erschließen. Die Vernunft erscheint im „Labyrinth der ergötzlichen Täuschungen" Brasiliens kaum, wie von Descartes postuliert, als „Universalinstrument, das bei allen Gelegenheiten zu Diensten steht"[42]. Deutlich wird dies in der Wendung „CONTEMPLO A CONSIDERAR". Die weitgehend synonymen Wörter „contemplar" und „considerar" haben beide die Bedeutung von „reflektieren", „nachdenken", „erwägen", aber auch von „betrachten", „anschauen". In der Formulierung kommt somit eine begrifflich doppelt gefasste, unhintergehbar erscheinende wechselseitige Vermischung von Wahrnehmen und Denken zum Ausdruck. Konträr zu Descartes' Postulat ist das Denken des Protagonisten also gerade nicht von Körper und Umgebung unabhängig, sondern erscheint als substantiell durch die Sinneswelt geprägt. Während es sich bei den Blicken durch das Fernrohr um eine medialisierte visuelle Wahrnehmung aus der Distanz handelt, tritt der Protagonist auch unweigerlich in unmittelbaren Kontakt zu der ‚Neuen Welt'. Er ist einem allgegenwärtigen „Dampf" ausgesetzt, der offenbar auch seinen Bewusstseinsstrom affiziert und in einer verstärkten Poetizität von Sprache zum Ausdruck kommt, die für den Duktus vieler Passagen des „romance-ideia" charakteristisch ist: „O vapor umedece o bolor, abafa o mofo,

[40] Leminski, *Catatau*, 15. „ergo sum, aliás, Ego sum Renatus Cartesius, cá perdido, aqui presente, neste labirinto de enganos deleitáveis, – vejo o mar vejo a baía e vejo as naus."

[41] Leminski, *Catatau*, 15. „Aus dem Park des Prinzen, mit Linsen eines Fernrohrs, ERWÄGE / REFLEKTIERE / BETRACHTE ICH ZU ERWÄGEN / REFLEKTIEREN / BETRACHTEN DEN KAI, DAS MEER, DIE WOLKEN, DIE RÄTSEL UND DIE WUNDER VON BRASÍLIA."

[42] Descartes, *Discours*, 93.

asfixia e fermenta fragmentos de fragrâncias. Cheiro um palmo à frente do nariz, mim, imenso e imerso, bom."[43] Diese immersive Sinneswahrnehmung, die eine olfaktorische Selbstwahrnehmung in Verbindung mit Fremdgerüchen einschließt, scheint noch dadurch verstärkt zu werden, dass der Protagonist „ervas de negros" raucht bzw. der „tabaqueação de toupinambaoults" frönt[44], also fremdkulturelle Praktiken adaptiert, denen wohl eine bewusstseinsverändernde Wirkung innewohnt.[45] Pfeife und Fernrohr erscheinen mithin als Insignien eines von der Sinneswelt affizierten Philosophen, der in seinem Bewusstseinsstrom gleichsam die Körperlichkeit des Denkens zum Ausdruck bringt, als Abgesang auf die abstrakt gefasste, vermeintlich universelle Vernunft des „ego cogito, ergo sum", die sich im Hinblick auf die Erscheinungsformen Brasiliens als inadäquat erweist.

Die optische Vorrichtung „lentes de luneta" mit ihren variablen Linsen erscheint im partikularen Mediengebrauch des zunehmend verbal delirierenden Descartes als eine Art Erkenntnis- und Entkenntis-Instrument, das Wahrnehmung und Reflexion vermischt und folglich nicht mehr der strengrationalen Methodik und Denkweise des Cartesianismus entspricht. So offenbart das optische Gerät „OS ENIGMAS E OS PRODÍGIOS DE BRASÍLIA", also „DIE RÄTSEL UND DIE WUNDER VON BRASÍLIA", ohne diese in faktisches Wissen zu verwandeln und dadurch als solche aufzuheben. Wohlgemerkt verwendet der Protagonist Descartes das Wort „BRASÍLIA" im Sinne von Brasilien – wobei im Verlauf von *Catatau* „Brasília" vielfach wiederholt und weit häufiger gebraucht wird als der übliche portugiesische Begriff „Brasil". Auch wenn das lateinische Wort „brasilia" dem Landesnamen „Brasil" bzw. „Brasilien" zugrunde liegt[46] und der Protagonist des „romance-ideia" zahlreiche lateinische Wörter, ja ganze Passagen in Latein artikuliert, so handelt es sich bei „Brasília" aufgrund des Akzents indes nicht um den lateinischen Begriff für Brasilien. Vielmehr bezeichnet „Brasília" die heutige Hauptstadt Brasiliens, die 1960 von dem damaligen Präsidenten Juscelino Kubitschek eingeweiht wurde – und bereits vier Jahre später als Regierungssitz einer 21-jährigen Militärdiktatur diente, während die Handlung von *Catatau* in der kurzlebigen niederländischen Kolonie Mitte des 17. Jahrhunderts angesiedelt ist. Somit etabliert der „romance-ideia" statt dem gängigen Verständnis von Geschichte als lineare Abfolge eine andere Denkweise, die – auch vom Metapherngebrauch – mit der Perspektive korrespondiert, welche der Soziologe Octávio Ianni in Bezug auf das moderne Brasilien einnimmt: „Eine Geschichte vermischt in einem Kaleidoskop der Präterita, der abweichenden ‚Zyklen' von Zeiten und

[43] Ebd., 15. „Der Dampf befeuchtet den Schimmel, dämpft den Muff, erstickt und fermentiert Fragmente von Fragranzen. Ich rieche eine Handbreite vor der Nase, mich, immens und immersiv, gut."

[44] Ebd., 17. „Kräuter der Schwarzen"; „Raucherei der Toupinambaoults".

[45] Dies mag Haroldo de Campos dazu veranlasst haben, die treffende Formulierung „Leminskíada barrocodélica" für Leminskis Schreibstil zu prägen, wobei „barrocodélica" eine barocke Sprache mit psychedelischem Einschlag suggeriert. Vgl. Haroldo de Campos: „Uma leminskíada barrocodélica", in: *Metalinguagem e outras metas*, São Paulo: Perspectiva, 1992, 213–220.

[46] Die Landesbezeichnung geht wohl zurück auf den lateinischen Begriff „brasilia" für „Farbe der Glut" bzw. „rot" und diente den Europäern als Bezeichnung für „pau-brasil", also das rötliche „Brasilholz", das im 16. Jahrhundert als erste bedeutende Handelsware der Kolonie von den Portugiesen und Franzosen exportiert wurde. Eine weitere, weniger geläufige Hypothese besagt, dass der Name Brasilien auf die keltischen Wörter „Hy Bressail" und „O'Brazil" zurückgeht und „glückliche Insel" bedeutet. Vgl. zur Etymologie von „Brasilien": Lilia M. Schwarcz und Heloisa M. Starling: *Brasil: Uma biografia*, São Paulo: Companhia das Letras, 2015, 32 f.

Orten, als ob die Gegenwart ein archäologisches Depositorium der Epochen und Regionen wäre.“[47] Im Modus literarischer Fiktion und vom Zeitregime gleichsam doppelt entgrenzt, thematisiert der „romance-ideia“ zugleich die Vergangenheit Brasiliens im Prisma des Präsens und die Gegenwart im „Kaleidoskop der Präterita“. In allegorischer Lesart, die der Begriff Brasília nahelegt, ließe sich etwa der zweite Satz des Haupttextes, ein Zitat Ovids gefiltert durch den Bewusstseinsstrom des Protagonisten Descartes, als gegenwartsbezogen interpretieren: „Isso de ‚barbarus – non intellegor ulli‘ dos exercícios de exílio de Ovídio é comigo.“[48] Der Protagonist identifiziert sich mit den „Übungen des Exils“ von Ovid im Sinne eines verkürzt wiedergegebenen Zitats, das aus *Tristia* stammt: „barbarus hic ego sum, qui non intellegor ulli[49]“, was so viel heißt wie „Ein Barbar bin ich hier, weil ich von niemandem verstanden werde.“ Dieser Satz erscheint im Kontext von *Catatau* zum einen als Kulturrelativismus, der den universalistischen Anspruch des Cartesianischen Denkens unterläuft und damit der eingangs formulierten Lesart des aufgebrochenen „ego cogito, ergo sum“ entspricht. Zum anderen ließe sich darin auch ein chiffrierter Verweis auf eine Art inneres Exil des Autors erkennen, wobei Leminski dezidiert einer linken Gegenkultur angehörte, die sich der Ideologie des Militärregimes widersetzte. Die kritische Revision der brasilianischen Geschichte – und Gegenwart – in *Catatau* ist auch im Lichte der damaligen Kulturpolitik des Militärregimes zu sehen, das nachdrücklich Werke förderte, welche die brasilianische Vergangenheit glorifizieren; beispielsweise in Historienfilmen wie dem Blockbuster *Independência ou morte* (1972) von Carlos Coimbra.

Die Koexistenz abweichender Zeiten und Orte kommt in *Catatau* nicht bloß in der Engführung der Hauptstadt Brasília mit dem Kolonialgebiet Niederländisch-Brasilien zum Ausdruck. Bei der doppelten Fokussierung Brasiliens sowohl im „Kaleidoskop der Präterita“ als auch im Prisma des Präsens handelt es sich vielmehr um ein strukturelles Merkmal des „romance-ideia“. Deutlich ist dies in den höchst unterschiedlichen sprachlichen Registern des Werks. So fließen einerseits zahlreiche Wörter und Sätze aus dem Latein in den Text ein, aber auch aus dem Tupi, sowie aus dem Niederländischen, Deutschen, Französischen, Polnischen etc., und dies teils in archaischen Formen – gleichsam als Sprachen, die in Mauritsstad, dem heutigen Recife, von den Einwanderern im 17. Jahrhundert gesprochen wurden. Zugleich ist der Text gespickt mit Begriffen, die erst in der zweiten Hälfte des 20. Jahrhunderts aufgekommen sind, insbesondere solchen aus der brasilianischen Umgangssprache, allem voran Redewendungen, Wortspiele und Zoten, aber auch Elemente zahlreicher Fremdsprachen, von Slang bis zu hochsprachlichen Ausdrücken. Charakteristisch für die metareflexiven Dimensionen von *Catatau*, wird das entsprechende ästhetische Verfahren auch ironisch benannt und zugleich als solches vorgeführt: „Da obra dos outros como Objet Trouvé: finders – goaikeepers, Jaspers – lousy whispers!“[50] Gleiches gilt für die vielfältigen Schachtelwörter, die in eben dieser

[47] Octávio Ianni: *A idéia de Brasil moderno*, São Paulo: Brasiliense, 1992, 37. „Uma história na qual a modernidade está mesclada no caleidoscópio dos pretéritos, dos ‚ciclos‘ desencontrados de tempos e lugares, como se o presente fosse um depósito arqueológico de épocas e regiões.“

[48] Leminski, *Catatau*, 15.

[49] Ovid: *Briefe aus der Verbannung / Tristia. Epistulae ex Ponto*, Lateinisch – Deutsch, hg. von Niklas Holzberg, übers. von Wilhelm Willige, Berlin: De Gruyter, 2011, 272 [V, 10, 36].

[50] Leminski, *Catatau*, 203. „Aus dem Werk der anderen als Objet Trouvé: finders – goaikeepers,

Form definiert sind als „Dionissonâncias metamorferozes!“[51] – mithin als dionysische Dissonanzen wilder Metaphern-Metamorphosen, wie sich das hintergründige Wortgefüge aufschlüsseln ließe.

Das „Kaleidoskop der Präterita“ manifestiert sich jedoch nicht nur im allgemeinen Rekurs auf unterschiedlichste sprachliche Register. *Catatau* erscheint auch als ein bunter Reigen von Prätexten, die kaleidoskopisch zueinander in Bezug gestellt werden. Neben Zitaten der Schriften Descartes' fließen unzählige weitere Prätexte in das Werk ein, insbesondere auch solche, die sich – zu unterschiedlichen Epochen – auf Brasilien beziehen oder für die brasilianische Geistesgeschichte von Bedeutung sind. Exemplarisch angeführt sei der mehrfache intertextuelle Bezug auf den bereits erwähnten Georg Marggraf. Im Dienste von Johannes Moritz war Marggraf maßgeblich beteiligt an der Gestaltung des zoologisch-botanischen Gartens in Vrijburg, also dem faktisch existierten Ort, an dem sich der Protagonist René Descartes in *Catatau* aufhält. Bezeichnenderweise hat Marggraf zusammen mit Willem Piso die *Historia naturalis Brasiliae* verfasst. Das im Jahr 1648 von Johannes de Laet herausgegebene Werk, entstanden im Kontext kolonialer Expeditionen im Auftrag von Johannes Moritz, galt lange Zeit als das bedeutsamste Zeugnis der Landeskunde Brasiliens. Ein Passus Marggrafs aus der *Historia naturalis Brasiliae* ist dem Haupttext von *Catatau* direkt als erstes von vier Mottos vorangestellt. Während Marggraf die aus europäischer Sicht fremdartig erscheinende Natur Brasiliens taxonomisch erschließt und verständlich macht, bildet der bei Leminski zitierte Passus eine signifikante Ausnahme. Der Text beschreibt „um pinto totalemente monstruoso“, „ein völlig monströses Küken“: eine Art Mischung aus Gans und Huhn mit Federn und Fell, also ein geradezu fantastisch anmutendes Geschöpf, das eher einem Bestiarium als einer Historia naturalis zu entsprechen scheint.[52] Gleichsam in Resonanz auf Marggrafs Beschreibung der Ausnahmeerscheinung eines „monströsen“ Zwitterwesens, setzt sich für den Protagonisten die Fauna Brasiliens insgesamt aus „animais anormais“[53] zusammen. Im Gegensatz zu der *Historia naturalis Brasiliae*, in der die exotische Natur Brasiliens durch systematische Beschreibung und Klassifizierung verstehbar wird, erscheinen dem fiktiven Descartes die betrachteten Spezies – darunter Ameisenbär, Tapir, Boa und Capybara – wie Fabelwesen, die sich jeglicher Interpretation zu versperren scheinen. Während sich die seitenlangen Schilderungen der „anormalen Tiere“ fast wie ein Bestiarium ausnimmt, sind indes keine allegorischen Dimensionen erkennbar, die moralische bzw. heilsgeschichtliche Deutungen nahelegen oder die „singulären Exzesse“[54] der brasilianischen Natur anderswie mit Sinn versehen würden. Auch durch die „strengrationale

Jaspers – lousy whispers!“

[51] Ebd.

[52] In der Originalquelle ist im „Liber Quintus qui agit de Avibus“ (Buch V, Kapitel XV, Seite 129) unter dem Eintrag „PULLUS gallinaceus monstrosus“ das monströs anmutende Mischwesen auch abgebildet. Vgl. Willem Piso und Georg Marggraf: *Historia naturalis Brasiliae in qua non tantum plantae et animalia, sed et indigenarum morbi, ingenia et mores describuntur et iconibus supra quingentas illustrantur*, Lugdun, Batavorum: Franciscum Hackium / Amstelodami: Lud. Elzevirium 1648, 129. *http://ia600503.us.archive.org/9/items/mobot31753000818648/mobot31753000818648.pdf* [20.5.2014].

[53] Leminski, *Catatau*, 15.

[54] Ebd., 17. „Singulares excessos“.

Methodik"[55] Descartes' lässt sich den seltsamen Erscheinungsformen Brasiliens offenbar nicht erkenntnisbringend beikommen. In Anbetracht der als verstörend erfahrenen Eindrücke erscheint dem Protagonist das Sehen als unfassbare „Fabel"[56] und seine optischen Geräte werden ihm zu „aparatos para meus disparates", „Apparate für meine Unsinnigkeiten".[57]

Neben den zahlreichen Verweisen auf historische Sachtexte wären aber auch intertextuelle Bezüge zu nennen, sowohl zu neueren als auch zu fiktionalen Werken. Besonders signifikant sind Referenzen auf den bereits erwähnten modernistischen Roman *Macunaíma, o herói sem nenhum caráter* von Mário de Andrade, eine maßgebliche literarische Reflexion über Brasilien. So finden sich in *Catatau* z.B. wiederholt Verweise auf den Papagei, der bei Mário de Andrade die Geschichte Macunaímas dem Erzähler des Buches mitteilt: „All das erzählte er [der Papagei] dem Mann und dann öffnete er seine Flügel in Richtung Lissabon. Und der Mann bin ich, meine Leute, und ich bin geblieben, um euch die Geschichte zu erzählen."[58] In *Macunaíma* offenbart sich, vermittelt über den Papagei, eine neuartige Schreibweise, eine gleichsam gesungene „unreine Rede"[59], die sich über konventionelle Sprachnormen hinwegsetzt. Die „fala impura" des Romans umfasst regionalsprachliche Ausdrücke und Sprechweisen aus ganz Brasilien, volkstümliche Redensarten und Sinnsprüche, Eigennamen aus dem Wortschatz des Tupi-Guarani, Afrikanismen und – vor allem parodistisch verwendete – Phrasen aus „Kultursprachen" wie dem Französischen und dem Latein, wobei all diese Elemente organisch verbunden sind. In stark rhythmisierter Schreibweise und mit großer Klangfülle verschmelzen indigene Mythen mit Szenen modernen Großstadtlebens und der Darstellung afro-brasilianischer Kultpraktiken. Gezielt sind unterschiedliche Stilformen und Darstellungsweisen eingesetzt, von der epischen Legende über die Chronik bis hin zum Pastiche. Diese vielfältigen Darstellungsweisen korrespondieren mit der Konstruktion der Hauptfigur, die sich jeglicher Festschreibung entzieht. Statt des Prinzips der nationalen Einheit verkörpert Macunaíma Vielheit und Verwandlung, wobei dies nicht nur in der Ambivalenz der Figur angelegt ist, sondern auch in einer ausgeprägten sprachlichen Vielfältigkeit zum Ausdruck kommt. Eine Sprache indes, die – als von dem Papagei übermittelte sehr neue „sanfte Rede"[60] – dem Erzähler dazu dient, eine kohärente, wenngleich ironisch-kritische Narration Brasiliens hervorzubringen. In *Catatau* finden sich mehrere intertextuelle Bezüge auf den Papagei in *Macunaíma* und seine Funktion als eine Art intermediale Schaltstelle zwischen mündlicher und schriftlicher Literatur. So äußert der fiktive Descartes (in völlig unterschiedlichen Kontexten und weit auseinanderliegenden Passagen): „Ein Papagei hat

[55] Ernst Cassirer: „Descartes' Wahrheitsbegriff", in: René Descartes: *Philosophische Schriften in einem Band*, mit einer Einführung von Rainer Specht und „Descartes' Wahrheitsbegriff" von Ernst Cassirer, Hamburg: Felix Meiner, 1996, XLI–LXV, hier XLV.

[56] Leminski, *Catatau*, 19. „Ver é uma fábula – é para não ver que estou vendo."

[57] Ebd., 18.

[58] Mário de Andrade: *Macunaíma, o herói sem nenhum caráter*, hg. von Telê Porto Ancona Lopez, Rio de Janeiro: LTC/São Paulo: Secretaria da Cultura, Ciência e Tecnologia, 1978, 148. „Tudo ele contou pro homem e depois abriu asa rumo de Lisboa. E o homem sou eu, minha gente, e eu fiquei pra vos contar a história."

[59] Ebd. „cantando na fala impura".

[60] Ebd., 147, „fala mansa, muito nova, muito!"

mir meine Gedanken genommen nervt/schärft Wörter auf Polnisch, Arciszewski imitierend (Cartepanie! Cartepanie!).“ Ferner wirft er die Frage auf: „Wer würde eigentlich mit Papageien sprechen?“ Um schließlich zu konstatieren: „Der Vogel Brasiliens ist der Papagei denn er wiederholt Wörter; der Vogel Brasiliens ist der Papagei obwohl Paraguayer erscheint er jugoslawisch, boguslav bubulcus!“[61] Der letztgenannte Name ist, für *Catatau* typisch, wie der gesamte Satz durch abgründig-grotesken Humor geprägt: „boguslav“ ist ein serbokroatischer Männername und bedeutet „Gottlob“; während das lateinische Wort „bubulcus“ dem Kontext nach wohl den „Kuhreiher“ meint („bubulcus ibis“), gleichsam als „falscher Papagei“, für sich stehend aber „Kuhtreiber“ bzw. „Ochsenknecht“ bedeutet. Sind in *Catatau* Oralität und Umgangssprache ähnlich bedeutsam wie bei Mário de Andrade, so entsteht indes aus den Äußerungen des Papageis in den Worten des Ich-Erzählers keine über einzelne Sätze hinausgehende Narration (wohl aber ein intertextuelles Narrativ). Und selbst wenn aus den Worten des transkulturellen Papageis eine Narration im Sinne von *Macunaíma* zustande käme, so wäre sie den Implikationen der drei Sätze entsprechend nicht in der Nationalsprache Brasiliens abgefasst, sondern stattdessen wohl auf Polnisch, auf Guaraní und Spanisch (Paraguay) sowie auf Slowenisch, Serbo-Kroatisch und Mazedonisch (Yugoslawien). Der intertextuelle Bezug auf Mário de Andrade dient mithin nicht zuletzt der kritischen Reflexion auf die Konstruktion nationaler Identität im Kanon der brasilianischen Nationalliteratur, die zwar hybride Sprachformen aufweist aber weitgehend monolingual geblieben ist. Denn trotz der Existenz (zunächst) verschiedener Bevölkerungsgruppen mit jeweils unterschiedlichem kulturellen und sprachlichen Hintergrund hat sich in Brasilien keine vielsprachige Literaturtradition entwickelt, zumindest keine Traditionslinie – und sei es eine Bruchlinie – die in den Kanon der Nationalliteratur eingegangen wäre. Leminski hat sich zwar ebenfalls dem Portugiesischen als Literatursprache verschrieben, nutzt aber eine extrem polyglotte, partikulare Sprachform, bei der zahlreiche Fremdsprachen als gezielte Brüche im Text figurieren – und nicht etwa in einer harmonischen „fala mansa“ aufgehen. Während sich in *Macunaíma* so etwas wie ein spezifisch brasilianisches Idiom erkennen lässt (wie in der umfangreichen Sekundärliteratur zu dem Klassiker immer wieder betont wird) und die eher sporadischen fremdsprachlichen Begriffe gleichsam Kontrapunkte in der brasilianischen Sprachmelodie bilden, führt die Sprache in *Catatau* an die Grenzen der Intelligibilität.

Anders als der organische Ausdruck sprachlicher Heterogenität in der „fala impura“ bei Mário de Andrade, handelt es sich bei dem „romance-ideia“ um eine Sprache der Differenz, eine Differenz auch zu der eigenen Sprache, die in Form einer fortwährenden Kontrastmontage unterschiedlichster Sprachregister einer ständigen Transformation unterzogen wird und sich damit einer Übereinstimmung mit sich selbst entzieht. Diese partikulare Sprache korrespondiert wiederum mit dem Denken der Differenz und dem zerrissenen Bewusstseinsstrom des Protagonisten in *Catatau*, was auch in dem kaleidoskopischen Zeitregime des „romance-ideia“ und in dem rhizomatischen paratextuellen Gefüge zum Ausdruck kommt. Ein Denken mithin, dass keiner logischen Linie folgt,

[61] Leminski, *Catatau*, 17, 67, 96. „um papagaio pegou meu pensamento amola palavras em polaco, imitando Articzewski [*sic*] (Cartepanie! Cartepanie!).“; „Quem lá vem falando com papagaios?“; „A ave do Brasil é o papagaio porque repete palavras; a ave do Brasil é o papagaio que embora paraguaio parece iugoslavo, boguslav bubulcus!“

sondern ständig neue Formen annimmt und sich dabei immer wieder auf andere Texte bezieht. Dementsprechend lässt sich der fiktive Descartes wohl eher als Diskursbündel denn als eigentliche, kohärente Figur begreifen. Im Sinne des eingangs umrissenen Begriffs „catatau" und seinen Bedeutungsdimensionen von „discurso prolongado" und „zurra" äußern sich in dem Bewusstseinsstrom des Protagonisten unzählige Diskurse, die sich – als „Lärm", „Stimmengewirr", „Surren" und „Summen", aber auch „Witzelei" und „Durcheinander" – in ein vernunftbestimmtes Denken einschreiben, das vermeintlich als „Universalinstrument [...] bei allen Gelegenheiten zu Diensten steht"[62]. Damit ist weniger die Interpretierbarkeit der Erscheinungsformen Brasiliens und seiner Geschichte zur Disposition gestellt als vielmehr ein bestimmtes Denkmodel, das in *Catatau* insbesondere anhand des Cartesianismus veranschaulicht wird – sich aber nicht darauf reduzieren lässt (wie hier exemplarisch anhand eines intertextuellen Bezugs auf Georg Marggraf herausgestellt wurde). Angesichts der Außenwelt versagt bei dem Protagonisten die Vernunft: „Este mundo é o lugar do desvario, a justa razão aqui delira."[63] Ganz im Gegensatz zur Cartesianischen Methode mit ihren vier aufeinander aufbauenden Grundregeln des Denkens[64], und insbesondere konträr zu der analytischen Zerlegung komplexer Probleme in einfache, verbindet der Protagonist in seinem Bewusstseinsstrom häufig Begriffe zu vieldeutigen Schachtelwörtern, auch zu solchen, in denen Subjekt und Untersuchungsgegenstand verschmelzen – etwa in der Exklamation „Brasíliocartésiomaquias!"[65], einer Verbindung von Brasília bzw. Brasilien, cartesianisch und Schminkmaterial. Ein Begriff mithin, der das Unvermögen des fiktiven Descartes symptomatisch zum Ausdruck bringt, die Erscheinungsformen Brasiliens zu dechiffrieren und mit Sinn zu versehen. Das Scheitern des Cartesianischen Denkens scheint auch mit der Stasis und dem Handlungsstillstand des Protagonisten in Verbindung zu stehen. Da die Philosophie Descartes' explizit als „praktisch" konzipiert ist und zu Kenntnissen führen soll, „die von großem Nutzen für das Leben sind" und „uns so zu Herren und Eigentümern der Natur machen"[66], hieße dies im simplifizierenden Umkehrschluss, dass durch das Scheitern dieses Denkens auch die entsprechende Ermächtigung der Umwelt ausbliebe. In *Catatau* jedenfalls erscheint der fiktive Descartes gleichsam als postkolonial gewendete Figur: Mit Pfeife und Fernrohr unter einem Baum ausharrend – von dem ihm ein Faultier den Mund mit Kot füllt – geht der Protagonist solipsistischen, sich verselbständigenden Gedanken nach bzw. wird als Diskursbündel von diesen in Form einer vielfältigen *re-escritura* gedacht; damit wirkt er wie ein Gegenbild zu dem Kolonisator, der mit Schwert und Kreuz die ‚Neue Welt' einnimmt. Jedenfalls werden in dem Bewusstseinsstrom des fiktiven Descartes die „kolonisatorischen Rationalismen"[67] durch eine Sprache und ein Denken der Differenz aufgehoben – was auch die meisten Leser/innen vor eine beträchtliche hermeneutische Herausforderung stellen dürfte.

[62] Descartes, *Discours*, 93.
[63] Leminski, *Catatau*, 19. „Diese Welt ist der Ort des Wahnsinns, die wahre Vernunft deliriert hier."
[64] Descartes, *Discours*, 30–33. Die Grundregeln des Denkens bestehen laut Descartes darin, (1) von unbezweifelbaren Einsichten auszugehen, (2) Probleme analytisch zu zerlegen, (3) von den einfachsten zu den schwierigen Dingen fortzuschreiten und (4) in der Überprüfung auf Vollständigkeit.
[65] Leminski, *Catatau*, 195.
[66] Descartes, *Discours*, 101.
[67] Rocha, „Eztetyka do Sonho", 250.

Katja Carrillo Zeiter

Über den Tellerrand hinaus

Beziehungen zwischen Argentinien und Europa in populärkulturellen Zeitschriften zu Beginn des 20. Jahrhunderts

Einleitung

„Hacer la América" – dieser Ausspruch fasst zusammen, was Amerika zur Jahrhundertwende für die ‚Masse' an europäischen Auswanderern bedeutete, die in erster Linie aus wirtschaftlichen Gründen, aber nicht nur, ihre Heimat verließen, sich auf Schiffe begaben und den Atlantik überquerten: In Amerika schien das Glück zu warten. Auch wenn der Ausspruch darauf hinzudeuten scheint, dass der gesamte Kontinent gemeint war, so lag die Hoffnung für viele doch vorrangig im Norden. Ein Ziel, das sie aber nicht immer erreichten; stattdessen landeten sie im Süden. Andere hingegen hatten von Anfang an den Süden im Auge, wenn sie alles zurückließen, was ihnen bekannt war.

Auf der anderen Seite des Atlantiks – in Argentinien vor allem, aber auch in Chile – hatte man wiederum seit der Mitte des 19. Jahrhunderts nach Europa geblickt und dort aktiv für die Einwanderung in die beiden Länder geworben, angetrieben von dem Wunsch, die zum Teil noch ‚unbewohnten' Gegenden zu kolonisieren und mit den neuen Einwohnern zugleich Wissen und Zivilisation nach Amerika zu bringen. ‚Unbewohnt' waren diese Gegenden jedoch keinesfalls, vielmehr lebten dort verschiedene indigene Völker mit unterschiedlichen sozio-politischen Organisationsformen. Sie wehrten sich bereits seit der Kolonialzeit mit mehr oder weniger Erfolg gegen die Einnahme ihrer Gebiete durch andere Mächte, was zur Folge hatte, dass diese Territorien im 19. Jahrhundert der Kontrolle seitens der neu entstandenen Staaten entzogen waren.[1] Aufgrund dieser Situation fühlten sich sowohl Argentinien als auch Chile zumindest an den Grenzen zu den ‚Indianergebieten' bedroht und reagierten darauf in der zweiten Hälfte des 19. Jahrhunderts mit militärischen Aktionen, um diese Gebiete zu Staatsterritorien zu machen.[2] Die auf diese Weise eroberten Gebiete, die im Verständnis der beiden südamerikanischen Staaten seit den Unabhängigkeitskriegen ‚eigene' Territorien waren, boten nun genug Raum für die Einwanderung. Auf einem anderen Blatt steht, ob die Einwanderer diese Gebiete am Ende wirklich als für sie neuen Lebensraum begriffen.

Argentinien nahm mit Abstand die meisten europäischen Einwanderer auf und erlebte daher seit Mitte des 19. Jahrhunderts einen enormen Bevölkerungsanstieg, der einer Explosion gleichkam. Dies lässt sich am Beispiel der Bevölkerungszahlen von Buenos Aires nachzeichnen: 1895 zählte die Stadt 660 000 Einwohner und schon 1914 lebten über 1,5 Millionen Menschen dort. Für ganz Argentinien gilt, dass zwischen 1870 und

[1] Sandra Carreras und Barbara Potthast: *Eine kleine Geschichte Argentiniens*, Berlin 2010, 95–102.

[2] In Argentinien ist diese Militäraktion unter dem Namen „Conquista del desierto" bekannt, in Chile wurde eine ähnliche Aktion als „Pacificación de la Araucanía" bezeichnet.

1914 fast 6 Millionen Einwanderer in das Land kamen, und die Bevölkerung von 4 Millionen im Jahre 1895 auf 7,9 Millionen 1914 anstieg.[3] Die Beziehungen zwischen Europa und Lateinamerika finden also ihren erneuten, konkreten Niederschlag in der Umwandlung der argentinischen Gesellschaft zu Beginn des 20. Jahrhunderts. Der Blick nach Europa, der sich im kulturellen Bereich beispielsweise in der Übernahme von literarischen Modellen manifestierte, konkretisierte sich im politischen Bereich in der Anwerbung und Niederlassung von europäischen Einwanderern.[4]

Ohne an dieser Stelle ins Detail gehen zu können, kann man sagen, dass im Falle Argentiniens die Integration der Einwanderer in die Gesellschaft relativ schnell und gut gelang. Dazu trugen z.B. die verschiedenen Bildungsprogramme bei, die seit Ende des 19. Jahrhunderts von allen Regierungen umgesetzt wurden, und die dazu führten, dass die sogenannte zweite Generation der Einwanderer zumindest eine primäre Schulbildung erhielt.[5]

Die erfolgreiche Umsetzung der Bildungsprogramme sorgte darüber hinaus dafür, dass es um die Jahrhundertwende in Argentinien ein breites Lesepublikum gab. Eine Voraussetzung für die Schaffung jener Produkte, die Gegenstand dieses Aufsatzes sind: die populären Roman- und Theaterzeitschriften, die ab ca. 1910 den Buchmarkt am Río de la Plata überfluteten. Hierbei handelte es sich zunächst um den Abdruck von Theaterstücken, die in den sogenannten Stundentheaterhäusern von Buenos Aires aber auch Montevideo aufgeführt wurden. Diese Theaterhäuser waren sehr beliebt und es gab sie in großer Zahl, was die Popularität dieser Theaterform, der *sainete* oder die *comedia asainetada*, belegt. Dabei handelte es sich in der Regel um Einakter, deren Aufführung selten eine Stunde überschritt. Dies führte dazu, dass ein Theater im Laufe eines Abends mehrere Stücke aufführte und die Zuschauer entweder Eintrittskarten für nur eine Vorstellung oder gleich für mehrere erwerben konnten, was den Profit enorm steigerte. Eine weitere Einnahmequelle bot der Abdruck der Stücke: Anfangs – bis Ende des 19. Jahrhunderts – den Programmheften ähnlich, bekamen sie im Laufe der Zeit eine professionellere Gestaltung und fanden damit auch neue Vertriebswege. Um 1910 wurden die nun an Kiosken erhältlichen Hefte für 10 bis 20 Centavos angeboten, umfassten in der Regel etwa 36 Seiten und erschienen wöchentlich.[6]

Kurze Zeit später tauchten Zeitschriften auf, in denen Kurzromane abgedruckt wurden und die ebenfalls in der Regel wöchentlich erschienen. Sie waren jedoch mit 20 Centavos etwas teurer. Die vielleicht berühmteste dieser Zeitschriften war die *Novela semanal*,

[3] Carreras/Potthast, a.a.O., 106/107. Carreras und Potthast verweisen darauf, dass lediglich die Hälfte bis zwei Drittel der Einwanderer dauerhaft in Argentinien blieb.

[4] Beatriz Sarlo weist darauf hin, dass die Umwandlung der argentinischen Gesellschaft durch europäische Einwanderer um 1910, also zu den Hundertjahrfeiern der Unabhängigkeit, nicht von allen politischen Lagern als eine positive Entwicklung betrachtet wurde. Vergleiche hierzu Beatriz Sarlo: *Una modernidad periférica*: *Buenos Aires 1920 y 1930*, Buenos Aires 1999, 17.

[5] Domingo Faustino Sarmiento gilt als Lehrer der Nation, da er nach seinem Regierungsantritt 1868 augenblicklich damit begann, in allen Provinzen öffentliche Schulen zu unterstützen. Außerdem holte er Lehrerinnen aus den USA und gründete Akademien (vgl. Carreras/Potthast, a.a.O., 90).

[6] Einen Überblick über diese Entwicklung bietet Thomas Bremer: „Immigrantentheater und Theaterzeitschriften in Argentinien 1890–1920", in: *Von Liebe, Mord und Alltag. Die Sammlung argentinischer Theater- und Romanzeitschriften des Ibero-Amerikanischen Instituts*, hg. von Peter Altekrüger und Katja Carrillo Zeiter, Berlin: IAI, 2014, 27–39.

deren erste Epoche zwischen 1917 und 1937 auf dem Markt war. Sie war die langlebigste Zeitschrift dieser Art, denn die meisten der Theater- und Romanzeitschriften überlebten nicht das erste Jahr ihres Erscheinens, zu groß war die Konkurrenz auf dem Markt. Eine zweite Epoche der *Novela semanal* wurde in den 1950er Jahren verlegt.

Wie Beatriz Sarlo in ihrer Untersuchung zur *Novela semanal* hervorhebt, führte der einfache Zugang zu diesen Zeitschriften durch ihren Verkauf an Kiosken dazu, dass sie vor allem von den mittleren und unteren Gesellschaftsschichten gekauft und gelesen wurden.[7] Um an die Hefte zu kommen, mussten die neuen Leser und Leserinnen nicht die heiligen Hallen einer Buchhandlung betreten, auch konnten sie sich, was die Autorenwahl betraf, voll und ganz auf die Herausgeber der Zeitschriften verlassen. Dass die Herausgeber ihrerseits eine genaue Vorstellung von ihren Zielgruppen hatten, lässt sich anhand der Werbetexte zu den einzelnen Zeitschriften erkennen. Aber auch die Texte selbst verweisen auf diese Zielgruppe, haben sie doch oftmals deren Alltag und Sehnsüchte zum Thema.

In der erwähnten Untersuchung, *El imperio de los sentimientos*, geht Sarlo außerdem der Frage nach den Lesern dieser Hefte nach, indem sie von einer reziproken Beziehung zwischen Leser und Lesestoff ausgeht. Sarlo untersucht dies in erster Linie in Bezug auf jene Texte, die am ehesten dem zugerechnet werden können, was allgemein als Trivialliteratur bezeichnet wird, also Liebesromane, die einen Großteil der gedruckten Geschichten sowohl der Theater- als auch der Romanzeitschriften ausmachten.[8] In Bezug auf die Frage nach der Konstituierung des Lesepublikums ist jedoch besonders interessant zu sehen, dass in beiden Zeitschriftenformen neben Texten von heute unbekannten Autoren, die als Auftragsschreiber bezeichnet werden können, sich Texte von Autoren finden, die bereits damals und auch heute noch dem Literaturkanon angehören. Neben den vorwiegend trivialen Geschichten, die sich in den Zeitschriften finden, kann man auch auf solche stoßen, die einen ernsthafteren Stoff behandeln. Darüber hinaus, und damit schließt sich der Kreis zum Thema des vorliegenden Bandes, gibt es eine Vielzahl von Übersetzungen aus der Weltliteratur – vor allem der europäischen. Zudem sind Europa und die Migration Themen der abgedruckten Geschichten. Damit reflektieren die Zeitschriften wiederum ihr Lesepublikum und dessen Alltag, in dem die Immigration aus Europa die Normalität darstellte und häufig Teil der eigenen Biographie war. Somit las das Publikum, was es selbst lebte. Wie die Immigration aus Europa thematisiert und dargestellt wird und wie groß dabei die Bandbreite der Texte ist, möchte ich anhand von zwei Theaterstücken, einem Kurzroman und einer Literaturzeitschrift nachzeichnen.

Europa als Ort und Thema der Handlung taucht hingegen gerade zur Zeit des Ersten Weltkriegs als unabhängiges Sujet in den Texten auf, manchmal nebenbei, manchmal explizit. Es ist nicht unbedingt ein zivilisiertes, beispielgebendes Europa, das hier gezeichnet wird. Für beide Themenbereiche fällt auf, dass es um den Blick Argentiniens nach Europa geht, wobei dort aber, so vermittelt die Darstellung, nicht das Glück zu finden ist.

[7] Beatriz Sarlo: *El imperio de los sentimientos. Narraciones de circulación periódica en la Argentina (1917–1927)*, Buenos Aires 2000, 34–36.
[8] Sarlo, a.a.O.

Die Immigranten

Die wahrscheinlich bekannteste linguistische ‚Immigrationsmarkierung' im Argentinischen ist das Cocoliche. Vereinfacht gesagt, eine Art Mischsprache zwischen Italienisch und Spanisch, die von den italienischen Einwanderern gesprochen wurde. Einer der wohl prominentesten argentinischen Theaterleiter und Schauspieler aus der hier untersuchten Periode, José Podestá, erzählt in seinen Memoiren, wie es zum Cocoliche kam:

> Una noche que mi hermano Jerónimo estaba de buen humor, empezó a bromear con Antonio Cocoliche, peon [*sic*] calabrés de la comapañía, muy bozal, durante la fiesta campestre de "Juan Moreira", canchando con él y haciéndolo hablar. Aquéllo resultó una escena nueva, fué muy entretenido y llamó la atención del público y aún de los artistas.[9]

Celestino Petray, ein Schauspieler der Theaterkompagnie Podestá, imitierte kurz darauf in einer Aufführung von 1890 die Sprache dieses Antonio Cocoliche. Dies kam beim Publikum so gut an, dass von da an die Figur des italienischen Einwanderers zum festen Bestandteil vieler Theateraufführungen wurde.[10]

Zwanzig Jahre später hatte sich das Cocoliche derart durchgesetzt, dass immer dann, wenn in einem Theaterstück ein italienischer Einwanderer auftrat, auf das Cocoliche zurückgegriffen wurde. Da die Theaterstücke den Alltag der unteren Schichten thematisieren, ist der Auftritt einer Cocoliche sprechenden Figur die natürliche Konsequenz; manche Stücke waren sogar gänzlich in dieser Sprache verfasst.

Selbst Theaterkritiken wurden gelegentlich in Cocoliche verfasst: „El Apuntador. (Estudio pesolóyico e humanetario del apundadore) Siñores: Con la cuandidá del rispetto dobido a la quende que trabaja honradamente per ganarse el sustendo deareo, voy a hablare hoy di un modcsto [...]."[11] Der unkommentierte und nicht übersetzte Abdruck einer Theaterkritik in Cocoliche in *Bambalinas*, einer der auflagenstärksten Theaterzeitschriften, macht deutlich, dass diese Sprache den Lesern vertraut war. Die italienischen Einwanderer und ihre Sprache sind alltäglich im Buenos Aires des beginnenden 20. Jahrhunderts. Zudem gibt die große Zahl an ‚Cocoliche-Stücken' einen Hinweis auf die Zusammensetzung des Theater- und Lesepublikums, das in der Lage ist, dem Cocoliche auf der Bühne und in den Texten zu folgen. Folglich können wir davon ausgehen, dass die Figuren auf der Bühne den Menschen im Zuschauerraum vertraut waren.

Angesichts der Vielfalt[12] der Herkunftsländer verwundert es nicht, dass auch andere Immigranten in den Theaterstücken und den Kurzromanen mit ihren jeweiligen ‚Markierungen' vorkommen. Als Beispiel werde ich mich auf die deutsche Immigration in einem Theaterstück beschränken. Es handelt sich um *El profesor Muller* von Ricardo Hicken, das am 29.8.1919 Premiere hatte und am 22.4.1920 in der Zeitschrift *La escena* abgedruckt wurde. Das Theaterstück erzählt ein Liebesverwirrspiel, in dem ein aus Deutschland nach Argentinien zurückgekehrter Professor eine zentrale Rolle spielt und zum Opfer seiner eigenen Strenge wird. Immer wieder werden im Verlauf des Stücks, das aus drei kurzen Akten besteht, die kulturellen – hier vor allem die emotionalen – Unterschiede

[9] José J. Podestá: *Medio siglo de farándula. Memorias de José J. Podestá*, La Plata 1930, 62.
[10] Podestá, ebd.
[11] o. A.: *Bambalinas*, Nr. 22, 31.8.1918, o. S.
[12] Carreras/Potthast geben im erwähnten Werk Zahlen dazu an, siehe a.a.O., 106.

zwischen den Argentiniern und dem Deutschen thematisiert. Dabei taucht am Rande die Frage auf, ob es sich bei Professor Müller wirklich um einen Deutschen handelt, denn anscheinend ist er in Argentinien geboren und lediglich in Deutschland bei seinem Patenonkel aufgewachsen. Nach dem Tod seines Bruders kehrt der Professor[13] nach Argentinien zurück, um, wie er selbst sagt, Ordnung in die Familie zu bringen. Ordnung und Disziplin scheinen dabei die hervorstechenden Charaktereigenschaften dieser Figur zu sein: So sagt der Professor beispielsweise zum zukünftigen Verlobten seiner Nichte, Alberto, in seinem durch einen starken deutschen Akzent geprägten Spanisch:

> Muller. – Amigo Alberto. Disciplina es todo en la vida y no es rigor para ninguno, si lo hace por el bien propio. Si Vd. come todos los días a la misma hora, es disciplina para el estómago y él se lo agradece. Si Vd. hace trabajar su cerebro todos los días a la misma hora, es disciplina y él le responderá como un reloj. En cambio si Vd. no trabaja sino cuando le viene la inspiración, ella vendrá cada vez más tarde y con menos frecuencia, porque también es consecuencia del método y en ese dulce abandono, Vd. cada vez hará menos y su cantidad intelectual irá anulándose paula y sucesivamente.[14]

Während Professor Müller geradezu stolz auf diese Charaktereigenschaften ist, reagieren die ‚Argentinier' zunächst genervt darauf und beschließen dann, ihm eine Lektion zu erteilen. Das Ziel ist, ihn in Bezug auf seine vorrangigen Charaktereigenschaften bloßzustellen:

> Alberto. – Imaginate ahora si nosotros, que lo conocemos y sabemos hasta qué punto se preocupa de mantener su línea, su conducta intachable y severa, llegáramos a presentarlo frente a Calderón, frente a Ema y aun del mismo ministro, en condición que pusiera en peligro su fama de hombre serio.
> Rene. – Al tío ese, ni Dios lo desvía.
> Alberto. – Quien sabe! Piensa que un solo granito de arena destruye la uniformidad del cronómetro más perfecto.[15]

Die gesamte Konzeption des Stücks folgt den Vorgaben des Genres des *sainete criollo*, jener dramatischen Kurzform, die um die Jahrhundertwende am Río de la Plata beliebt war und den erwähnten Stundentheaterhäusern volle Säle garantierte: Es gibt einen Grundkonflikt, meist handelt es sich dabei um ein Verwirrspiel in Liebesdingen, das im ersten Akt eingeführt wird und im zweiten Akt zum Höhepunkt gelangt. Im dritten Akt löst sich meist alles in Wohlgefallen auf – der Konflikt ist gelöst und alle Figuren sind glücklich. Wichtig dabei ist, dass der Grundkonflikt so gestaltet wurde, dass er das Stück in dramatischer Hinsicht nicht zu stark dominiert und eine humoristische Lösung gewährleistet.

Hicken nutzt in *El profesor Muller* den vermeintlichen Gegensatz zwischen deutschen und argentinischen Charaktereigenschaften sowohl für den Aufbau des Grundkonflikts als auch für dessen humoristische Lösung. Wobei deutlich wird, dass der Deutsche den Kürzeren zieht. Es ist sein, man möchte fast sagen verzweifelter, Versuch, seine Ordnung

[13] Im Titel taucht zwar Muller auf, aber im Text selbst wird auch die Schreibweise Müller verwendet, daher wird hier auf die deutsche Orthographie des Namens zurückgegriffen.
[14] Ricardo Hicken: *El profesor Muller*, Buenos Aires 1920, 7 (*La escena* 95).
[15] Ebd.,19.

durchzusetzen, der von vornherein zum Scheitern verurteilt ist. Er ist der Fremde, den die anderen nicht verstehen, und wenn sie ihn verstehen, dann ablehnen. So zum Beispiel, als Müller zu spät beim Ball eintrifft, auf dem er den Minister treffen soll, und natürlich nicht einfach in den Saal geht, in dem gerade jemand ein kleines Hauskonzert auf dem Klavier gibt:

> Rene. – Por qué no va a saludar a Calderón
> Muller. – Oh! … no es correcto que interrumpa el concierto nada más que para hacer un saludo.
> Rene. – Si no lo va a interrumpir, con no entrar a gritos ya está.
> Muller. – Oh, no, no es correcto. En Alemania cuando alguien ejecuta alguna música en serio, nadie entra en el salón.
> Rene. – (Aparte). Ya estamos en Alemania.[16]

Dabei ist das Nicht-Verstehen durchaus wörtlich gemeint, denn Teil der Komik des Stücks sind die vielen sprachlichen und kulturellen Missverständnisse, sie treiben die Aktion voran. Müllers Distanz nicht nur zur argentinischen Gesellschaft, sondern auch zum Spanischen zeigt sich unter anderem in seiner Eigenart, deutsche Sprichwörter wortwörtlich ins Spanische zu übersetzen: „Muller. – René. Pasemos la esponja encima de esto.“[17]

In Bezug auf Einwanderergeschichten als manifesten Zeugnissen der europäisch-lateinamerikanischen Beziehungen fällt in *El profesor Muller* die deutliche Markierung des Fremden auf, die so in anderen Theaterstücken, in denen ebenfalls Immigranten auftreten, nicht vorkommt. Vor allem im Vergleich zur italienischen Immigration, die in den meisten Fällen lediglich durch die linguistische Markierung in Erscheinung tritt, ist der Deutsche hier kein Bestandteil der argentinischen Gesellschaft, das Deutsche im Sinne von bestimmten Charaktereigenschaften oder Verhaltensweisen hingegen schon. Denn die Komik des Stücks funktioniert dank der in ihm dargestellten deutschen Stereotypen, die in diesem Falle zu einer Karikatur werden. Dennoch behalten sie ihren Wiedererkennungswert und lösen beim Publikum Lachen aus. Interessant ist, dass der Autor, Ricardo Hicken, einen familiären Bezug zur deutschen Einwanderung hatte, auch wenn er bereits in Argentinien geboren wurde. Charakteristisch für das Theaterstück ist die Gleichzeitigkeit des inneren und äußeren Blicks auf den Deutschen. Innen, weil seine Eigenarten beschrieben werden, außen, weil er in Opposition zur argentinischen Gesellschaft steht. Eine Opposition, die von der Figur des Professor Müller durchaus wahrgenommen wird, allerdings positiv gewendet wird, indem er von Beginn an zu verstehen gibt, dass er die an ihn herangetragene Verantwortung für die Familie seines verstorbenen Bruders äußerst ernst nimmt. Am Ende trägt jedoch die argentinische Seite den Sieg davon und Müllers Gegenwehr gegen die argentinische Unbeschwertheit fällt relativ schwach aus.

Als kurzes Gegenbeispiel möchte ich das Stück *Así es la vida* von Arnaldo Malfatti und Nicolás de las Llanderas, 1934 uraufgeführt und einige Jahre später sogar verfilmt, erwähnen. In diesem Stück, das die Geschichte einer Familie aus der gehobenen Mittelschicht von Buenos Aires erzählt,[18] taucht Europa auf zwei verschiedene Weisen auf.

[16] Ebd., 19.
[17] Ebd., 21.
[18] Zwar liegen zwischen den beiden ausgewählten Stücken nur 14 Jahre, doch kann man am Aufbau von *Así es la vida* erkennen, dass es im Populärtheater zu einer Professionalisierung gekommen ist.

Einmal in Form des italienischen und des spanischen Immigranten, deren sogenannter Migrationshintergrund jedoch nur durch die Sprache erkennbar wird, der in den Regieanweisungen besonders hervorgehoben wird:

> *(Cuando [los padres y los hijos] van a entrar en la sala, aparecen en puerta de calle Liberti y Barreiro. El primero es italiano, el segundo, gallego. Ambos son jóvenes y visten modesta pero correctamente).*
> LIBERTI.– *(Con pronunciación muy italiana).* Buona tardi.
> BARREIRO.– *(Con mucho acento gallego).* ¡Salud a la sagrada familia![19]

Beide Figuren werden jedoch als so vollkommen in die argentinische Gesellschaft integriert gezeichnet, dass an ihrem Beispiel zugleich der ökonomische Aufstieg der Einwanderer thematisiert wird. Liberti, zum Beispiel, ist der Geschäftspartner des Familienvaters, und die zwischen beiden stattfindenden kurzen Gespräche über finanzielle Dinge haben einen rein illustrativen Charakter, geben also das Ambiente wieder.[20] Barreiro wiederum kehrt im zweiten Akt für einen Besuch aus Patagonien zurück, wo er ein erfolgreicher Geschäftsmann ist:

> ADELA.– ¿Y qué trae de la Patagonia?
> BARREIRO.– Vengo para planear un negocio que nos va a hacer ricos a todos y me vuelvo para mis pagos.
> ELOISA.– Por lo que veo, también andan por allá con la fiebre que ha traído la guerra.[21]

Der zweite sozusagen europäische Aspekt in *Así es la vida* betrifft den Ersten Weltkrieg. Die erzählte Familiengeschichte umfasst die Jahre von 1905 bis 1934, wobei jedem der drei Akte ein bestimmtes Jahr zugeordnet wird, so erzählt der zweite Akt Ereignisse aus dem Jahr 1916. Der Krieg ist hier der Auslöser für die Ereignisse, nicht in Form seiner Darstellung – das Stück bleibt in seiner distanzierten Haltung gegenüber dem weit entfernten Europa –, sondern als Möglichkeit für einen ökonomischen Aufstieg einzelner Familienmitglieder. Die mittlere Tochter beschließt mit ihrem Mann und dem Kind nach Frankreich zu gehen, um ein Geschäft aufzubauen und Pferde an die Alliierten zu verkaufen, was angesichts des Krieges hohe Gewinne versprach.[22] Ein weiterer Hinweis auf den Ersten Weltkrieg sind die Sirenen, die der Familienvater im zweiten Akt zu hören meint und die auf Nachrichten von der Front hindeuten sollen. Beide Beispiele zeigen, dass in *Así es la vida* der Erste Weltkrieg lediglich auftaucht, um die Ereignisse zeitlich einzuordnen. Im zweiten Teil des Aufsatzes werde ich auf Beispiele eingehen, die den Krieg explizit thematisieren.

So umfasst das Stück zwar auch drei Akte, doch die 50 Druckseiten bei gleichem Format deuten auf die längere Dauer hin. Darüber hinaus konzentriert sich die Handlung nicht mehr auf einen Grundkonflikt, vielmehr wird eine Familiengeschichte erzählt.

[19] Arnaldo Malfatti und Nicolás de las Llanderas: *Así es la vida*, Buenos Aires 1952, 16/17 (*Argentores. Revista teatral* 285).

[20] Ebd., 28.

[21] Ebd., 32.

[22] Ebd., 29.

Abschließend soll ein weiteres Beispiel für die Präsenz von Immigrationsgeschichten in den Theater- und Romanzeitschriften vorgestellt werden. Es handelt sich um den Kurzroman *Mujeres del Sud. Novela realista de la vida errante y brutal* von Héctor Pedro Blomberg, der im September 1923 in der Zeitschrift *Los realistas. Novelas de amor y de combate* erschien.[23] Diese Zeitschrift hat einen deutlich sozialengagierten Impetus, der in der Beschreibung des Publikationsprojekts formuliert wird:

> Hasta ahora hicimos realismo en algunas publicaciones que no merecen llamarse así. Hicimos realismo porque tenemos la convicción de que la literatura para el pueblo debe ser sincera, valiente, debe contener la nota agría [*sic*] de la verdad dicha sin limitaciones y el sollozo sordo de la miseria y del dolor. [...] Por otra parte, para evitar la inicua explotación que venimos sufriendo, publicamos LOS REALISTAS. NOVELAS DE AMOR Y COMBATE donde los escritores que hicieron sano realismo, enfrentarán a los que viven de la literatura falsa, romántica y hueca. [...] Nuestro lema es, continuar haciendo la revolución en los espíritus.[24]

Herausgeber der Zeitschrift waren Leónidas Barletta und Nicolás Olivari, zwei Angehörige der Schriftstellergruppe Boedo. Deren Mitglieder vertraten eine dem Realismus verpflichtete Literatur und werden in der Literaturgeschichtsschreibung oftmals der anderen bekannten Schriftstellergruppe der Epoche, La Florida, gegenübergestellt. Zu La Florida gehörten unter anderem Jorge Luis Borges und Leopoldo Marechal.[25]

Das oben zitierte Programm zeigt zugleich, dass die populärkulturellen Publikationen nicht nur dazu dienten, Unterhaltungsliteratur zu verbreiten. Vielmehr versuchten engagierte Intellektuelle diesen neuen Öffentlichkeitsraum zur Verbreitung ihrer Vorstellungen einer besseren Gesellschaft zu nutzen.[26] Eine Literatur, die dem „sollozo gordo de la miseria y del dolor" die Stimme gibt, beschreibt z.B. auch, und das ist das Thema des ausgewählten Heftes, die Armut und den Schmerz der Immigranten. *Mujeres del Sud* erzählt die im Jahr 1915 angesiedelte Geschichte von Marta Khon, einer türkischen Jüdin, die seit 1908 jedes Jahr zur Schafschur in den Süden, also Patagonien, fährt, um dort mit Prostitution ihren Lebensunterhalt zu verdienen. Ihre Geschichte ist dabei kein Einzelfall, denn in Río Gallegos treffen sich nicht nur Schafscherer aus allen Nationen, sondern auch Prostituierte unterschiedlichster Herkunft: Französinnen, Italienerinnen, Engländerinnen und natürlich auch Spanierinnen.[27] Alle existieren hier nebeneinander und das beinahe friedlich:

[23] Héctor Pedro Blomberg: *Mujeres del Sud. Novela realista de la vida errante y brutal*, Buenos Aires 1923 (*Los realistas. Novelas de amor y de combate* 3).

[24] Leónidas Barletta und Nicolás Olivari: „Con Gálvez o con Martínez Zuviría", in: Blomberg, a.a.O., o. S.

[25] Zur Geschichte von Boedo siehe Leonardo Candiano und Lucas Peralta: *Boedo: orígenes de una literatura militante. Historia del primer movimiento cultural de la izquierda argentina*, Buenos Aires 2007.

[26] Zu den verschiedenen Publikationsprojekten der Epoche und den Theater- und Romanzeitschriften siehe Katja Carrillo Zeiter: „Erziehen und unterhalten: Verlagsprojekte in der Hochzeit der massenhaften Buchproduktion", in: *Von Liebe, Mord und Totschlag*, a.a.O., 41–52.

[27] Das Thema der Prostitution finden sich immer wieder in den Romanzeitschriften und verweist so auf eine Realität, die auch Carreras/Potthast in der erwähnten *Kleinen Geschichte Argentiniens* beschreiben (siehe a.a.O., 125/126).

> – ¡Donnerwetter!
> Koenig juraba en todos los idiomas de la civilización.
> En aquel tiempo, la guerra ensangrentaba la humanidad. Pero el viento de odio que soplaba de los lejanos campos de batalla moría en las agrias y heroicas riberas de la Patagonia.[28]

Patagonien ist im Text ein Ort der unbegrenzten Möglichkeiten, sowohl in positiver als auch negativer Hinsicht, ähnlich dem US-amerikanischen Wilden Westen: „Iban al Sud. ¡El Sud! No sabían, no, que el Sud, la Patagonia, era dominio de las almas brutales y fuertes."[29] *Mujeres del Sud* ist keine Jubelgeschichte zur europäischen Immigration nach Argentinien, ganz im Gegenteil: Wenn wir den Aussagen der Herausgeber glauben, zeigt *Mujeres del Sud* die andere Seite der europäischen Immigration, die Seite der gescheiterten Integration – ohne Aussicht auf Besserung, wie aus den letzten Sätzen des Textes hervorgeht: „Antes de abandonar la cubierta miró las casas, las calles de la ciudad austral, de la cual ella y la malagueña llevaban un puñado de billetes sudados y sucios".[30]

Der Erste Weltkrieg

Die oftmals schwierige Situation der europäischen Einwanderer führte auch zu einer hohen Zahl an Rückkehrern nach Europa, über die man jedoch wenig weiß. Allerdings war diese Zahl ab 1914, verstärkt ab 1916, durch die Entwicklungen des Ersten Weltkrieges rückläufig.

Der Erste Weltkrieg, „die größte Katastrophe der Menschheitsgeschichte" – wie der Titel einer 2014 gezeigten Ausstellung des Ibero-Amerikanischen Instituts und der Freien Universität Berlin es formulierte –, war in allen argentinischen Medien präsent. Die genannte Ausstellung zeigte Berichte über den Frontverlauf, das Leben der Soldaten etc., die in zahlreichen Magazinen und Zeitungen erschienen waren. Europa war nun nicht mehr der Hort der Zivilisation, sondern Argentinien wurde dazu, wie das Zitat aus *Mujeres del Sud* illustriert. Darin erstirbt der Wind des Hasses an den Ufern Patagoniens. Solche nahezu beiläufigen Äußerungen sind, wie auch bei *Así es la vida* gezeigt wurde, immer wieder in die Geschichten eingestreut, die während des Ersten Weltkriegs abgedruckt wurden. Es ist gerade diese Nebensächlichkeit, die die Präsenz des Ersten Weltkriegs in und dessen Bedeutung für Argentinien zum Ausdruck bringt.

Manchmal wird die Erwähnung des Weltkriegs jedoch auch zu einer ideologisch-politischen Positionierung der Herausgeber, wie im Falle der Publikation eines Textes der österreichischen Autorin Elsa Jerusalem[31] in der Zeitschrift *El cuento ilustrado*, deren erster Jahrgang übrigens von Horacio Quiroga herausgegeben wurde:

> La autora de 'Puerto deseado' escribe en alemán porque ésta es su lengua materna, aunque ella no sea precisamente alemana. Esta observación tiene en los actuales momentos una poderosa razón de ser, que no escapará a nadie. Nos sería, en efecto, muy poco agradable

[28] Blomberg, a.a.O., 24.
[29] Ebd., 7.
[30] Ebd., 33.
[31] In manchen Publikationen taucht die Namensvariante Else auf. Elsa scheint die hispanisierte Form zu sein.

> una gratuita imputación de parcialidad como la que podría motivar el origen de la autora, cuando precisamente hay en esta casa muy escasas simpatías para el centro de Europa.[32]

Dieser Kommentar zeigt, dass die Publikation einer österreichischen Autorin während des Weltkrieges zumindest einer Erklärung bedurfte, aus der klar wurde, wessen Seite man vertrat. Eine so eindeutige Positionierung stand fast im Widerspruch zur offiziellen Haltung der argentinischen Regierung unter Hipólito Yrigoyen, die auch dann noch an ihrer Neutralität festhielt, als 1917 zwei argentinische Schiffe von der deutschen Kriegsmarine versenkt wurden.[33]

Dass die argentinische Öffentlichkeit auf die eine oder andere Weise den Ereignissen im weit entfernten Europa ihre Aufmerksamkeit schenkte, beweisen jene Titel, die Krieg – manchmal konkret den Ersten Weltkrieg, manchmal das Phänomen an sich – zum Thema haben. Die bereits erwähnte Massenproduktion, die auf eine starke Nachfrage reagierte, ist ein Indikator für die Aktualität der von den Publikationen aufgegriffenen Themen. Zugleich lässt sich an ihnen eine Trennung zwischen Gelehrten- und Populärkultur nicht mehr aufrechterhalten.

Gerade eine Zeitschrift mit dem sprechenden Titel *La novela para todos* veranschaulicht das Verhältnis zwischen Verlegern und Lesern, in dem schwer zu entscheiden ist, was zuerst da war: das Interesse der Leser an gewissen Themen oder das Angebot der Verleger. Unter den 52 Heften, die Bestandteil der Sammlung argentinischer Theater- und Romanzeitschriften des Ibero-Amerikanischen Instituts sind, finden sich Titel wie *Un amor de music-hall* von Elias Schkolnik und *En la legión* von Máximo Sáenz.[34] Bei ersterem handelt es sich um einen Liebesroman, Thema des zweiten Werkes ist der Erste Weltkrieg.

Wie der Titel bereits andeutet, erzählt der Text am Beispiel von südamerikanischen Soldaten, die als Teil der französischen Fremdenlegion an den Kämpfen teilnehmen, vom Krieg auf dem europäischen Kontinent. Auf nur 17 zweispaltig gedruckten Seiten zeichnet Máximo Sáenz den Wandel von der anfänglichen Begeisterung eines argentinischen und eines uruguayischen Soldaten über ihre Teilnahme am Krieg bis zu ihrer letzten Konsequenz, dem Tod, nach. Der Text beginnt mit der Ankündigung, dass die beiden Soldaten nach Monaten der Grundausbildung nun endlich ihren Marschbefehl erhalten haben: „Nos miramos sonriendo, satisfechos ambos de dejar por fin esta vida incolora de aprendices para entrar de lleno a nuestra etapa final."[35] In relativ knapper Form, fast schon einem Frontbericht gleichend, wird vom Stellungskrieg in Verdun erzählt. Zeiten des Kampfes wechseln sich mit Phasen des Wartens ab, in denen die beiden Südamerikaner ihren Freundeskreis um andere südamerikanische Soldaten erweitern, so dass am Ende eine Vierergruppe entsteht. Beinahe wie eine Karikatur wirkt die Methode, mit der „Cibils, el Oriental" andere Südamerikaner in der Fremdenlegion zu identifizieren sucht: „Cibils, cuyo olfato es singular, se desespera por descubrir sudamericanos. –Tiene que

[32] Horacio Quiroga: „Elsa Jerusalem", in: Elsa Jerusalem: *¡Puerto deseado!*, Buenos Aires 1918, o. S. (*El cuento ilustrado* 1. Nr. 2).

[33] Carreras/Potthast, a.a.O., 160/161.

[34] Elias Schkolnik: *Un amor de music-hall*, Buenos Aires 1918 (*La novela para todos* 42); Máximo Sáenz: *En la legión*, Buenos Aires 1918 (*La novela para todos* 45).

[35] Sáenz, a.a.O., 1.

haber... tiene que haber... Ahora anda en eso. Husmea, va, viene, acecha, se detiene junto a los grupos, silba tangos...“[36]

Diese Beschreibung einer Kameraderie der sich in der Fremde befindenden Südamerikaner, die sich den Franzosen aus unterschiedlichen Gründen angeschlossen haben, steht eindeutig im Zentrum des Textes. Wobei die Gründe nicht unbedingt idealistischer Natur sind. Carvalho, ein Brasilianer und von den Vieren am längsten in der Fremdenlegion, möchte mit seiner Kriegsteilnahme eine Schuld sühnen, die er durch den aus Liebe zu ihm begangenen Selbstmord einer Französin auf sich lud. Fuentes, ein Chilene, möchte zwei Chilenen rächen, die sich mit ihm auf einem Frachtschiff befanden, das Guano nach Europa brachte. Es geriet unter deutschen Beschuss und forderte das Leben seiner beiden Kameraden. Der Ich-Erzähler, ein Argentinier, ist schließlich wegen „dos ojos negros desdeñosos“[37] an die Front gegangen. Kurz bevor sie dorthin geschickt werden, gesteht der Argentinier: „Salimos de allí pensativos: un poco confusos también, ya que nosotros hemos partido impulsados por razones heterogéneas, lejanas en verdad al viril concepto de la guerra [...]“[38] An dieser Stelle zeigt sich der Unterschied zwischen den europäischen und den südamerikanischen Legionären. Nach dem Marschbefehl hatten russische und spanische Legionäre flammende Reden für die Ideale gehalten, die es im Krieg zu verteidigen gelte:

> Después un español, ex cura, ex presidiario, comentó la obra de los ejércitos. Dijo cosas archisabidas, usadas ya mil veces en todos los idiomas para enaltecer la misión de los que combatimos al lado de Francia, pero puso tal ardor en su discurso, tal fuego en sus ojos llameantes que la verdad tomó en sus labios apariencia nueva y caldeó nuestra fibra latina con un entusiasmo evangélico de cruzados.[39]

Am Ende zückt Cibils, der Uruguayer, als Begründung für seine Teilnahme am Krieg einen beinahe ur-lateinamerikanischen Text heraus: *Ariel* von Enrique Rodó:

> Yo, muchachos, estoy en tierra de Francia con un objetivo determinado, preciso, claro. Yo he leído a Rodó, saben ustedes, y fué Rodó quien hizo penetrar en mi mente la sed de ideal cuya satisfacción busco ahora.[40]

Das Leben sei eine Leihgabe, so Cibils weiter, und die beste Art es zu leben sei, wenn man für die Freiheit stürbe. Überspitzt könnte man sagen, dass die Freiheit, die es in Frankreich zu verteidigen galt, in Lateinamerika ihre wahre Realisierung in Form des Textes von Rodó erfuhr. Der Text *En la legión* hingegen gleitet in den Kitsch bzw. in das Melodram ab, als Cibils auf dem Schlachtfeld stirbt, weil ihm sein *Ariel* aus der Tasche gefallen war, und er ihn mitten im Gewehrfeuer zurückholen will.

En la legión wird die Perspektive der Südamerikaner konsequent beibehalten, so dass der Leser über die eigentlichen Kriegsparteien nicht viel erfährt. Ein solches Vorgehen verweist auf die Kenntnisse der Leser über die Geschehnisse in Europa, zugleich bezeugt es auf der anderen Seite das Interesse der Leser dieser populärkulturellen Erzeugnisse,

[36] Ebd., 3.
[37] Ebd., 5.
[38] Ebd., 7.
[39] Ebd.
[40] Ebd.

das auf das ‚Eigene', nämlich Argentinien, fokussiert ist. Erst von hier aus wird der Blick auf das Dort, auf Europa, gerichtet. Ein Interesse, dem sich die Autoren mit ihren Texten anpassten.

Abschließend möchte ich noch einen Sonderfall erwähnen, der formal einen Grenzfall darstellt, aber inhaltlich zum zweiten Themenkomplex, der Darstellung des Ersten Weltkriegs, passt. Es handelt sich dabei um das Heft 122 aus dem Jahr 1926 der Zeitschrift *Los pensadores*. Der formale Unterschied besteht darin, dass *Los pensadores* zwar als Romanzeitschrift beginnt und in den Heften ihrer ersten Jahrgänge wie andere Romanzeitschriften jeweils einen Kurzroman publiziert, allerdings folgt die Auswahl der Texte einem eindeutig erzieherischen Prinzip. Die Zeitschrift wird im Verlag Claridad von Antonio Zamora, einem aus Spanien eingewanderten Sozialisten, herausgegeben. Das Projekt ist der Idee verpflichtet, dass gebildete Bürger schwerer politisch zu manipulieren seien und dass ‚gute' Literatur Teil dieser Bildung sei.[41] Eine solche Idee entspricht natürlich nicht dem, was Sarlo als „Reich der Gefühle" bezeichnet, sie zeigt aber, wie groß die Bandbreite der Theater- und Romanzeitschriften war. In der Werbung für die eigene Reihe griffen die Herausgeber von *Los pensadores* die Literatur aus dem Reich der Gefühle an:

> La obra [richtig müsste es heißen: las obras] cuyo titulo [*sic*] nos reservamos se encuentan [*sic*] en muy pocas librerias [*sic*] y las que las tienen la [*sic*] venden a tres pesos.
> Muy especialmente recomendamos su lectura y particularmente a las mujeres que tienen por costumbre leer los "cuentuchos" que se publican en esas novelas semanales que abundan tanto COMO POCO VALEN.[42]

Mit dem Heft 101 ändert sich die Gestaltung der Zeitschrift *Los pensadores* dergestalt, dass wir es nun mit einer Kulturzeitschrift zu tun haben. Dennoch spielte weiterhin die Literatur, oder – wie Graciela Montaldo in ihrem Aufsatz festhält – die drei Komponenten Literatur, Schriftsteller und Publikum die Hauptrolle.[43] Das Heft, das in unserem Zusammenhang interessiert, ist gleichzeitig das letzte Heft der Zeitschrift, danach ändert das Publikationsprojekt seinen Namen und die Zeitschrift heißt ab Heft 123 *Claridad*.

Los pensadores endet mit einem Paukenschlag, sowohl thematisch als auch formal: Das ganze Heft ist dem Thema ‚Krieg' gewidmet. Auslöser für diese thematische Einschränkung waren die damaligen Aufrüstungspläne der argentinischen Regierung, die auf eine Bedrohung von außen verwiesen. Die in dieser Ausgabe von *Los pensadores* versammelten Artikel eint der kämpferisch-pazifistische Ton, wobei ich eine Argumentation hervorheben möchte, die sowohl schriftlich als auch visuell – durch entsprechende Bebilderungen – zum Ausdruck gebracht wird. Es geht dabei um den Zwei-Fronten-Krieg Deutschlands während des Ersten Weltkriegs:

[41] Graciela Montaldo: „La literatura como pedagogía, el escritor como modelo. Cooperativa Editorial Claridad: proyecto cultural y empresa comercial", in: *Cuadernos hispanoamericanos* 445 (1987), 41–64.

[42] O. A.: *Los pensadores* 1 (1922), o. S.

[43] Montaldo, a.a.O., 44.

> Si nos armamos, demostramos recelo y feo ánimo; demostramos por ahora miedo y como vamos a gastar 180 millones, seremos los mejor armados, gallearemos con cañones, acorazados y tanques; infundiremos miedo y nos odiarán; crearemos fama de estado militarista y bravucón y nos pasará lo que en todos los tiempos ha pasado a los estados militaristas y bravucones: nuestros vecinos formarán una coalición y se nos echarán encima: como le pasó a Alemania.[44]

Dieses abschreckende Beispiel wurde offenbar aus der Befürchtung heraus angeführt, dass Argentinien plane, zeitgleich einen Krieg gegen Brasilien und Chile zu führen, denn nur so seien die Aufrüstungspläne zu erklären. Europa, und konkret Deutschland, ist hier das abschreckende Beispiel, dem auf keinen Fall zu folgen sei, da man das Resultat bereits kenne. Für diejenigen, die es in den sechs Jahren seit Kriegsende vergessen haben sollten, fügen die Herausgeber die Bilder hinzu.

Abschließende Bemerkungen

Die Theater- und Romanzeitschriften, die ab 1910 vor allem in Buenos Aires erschienen und ein Massenpublikum ansprachen, sind ein Fenster in eine Gesellschaft, die gravierende Veränderungen durchlebte. Aus der beschaulichen Stadt Buenos Aires, die am Ende des 19. Jahrhunderts ihre veränderte Rolle im neuen Staat Argentinien zu finden begann, wurde eine Metropole, die selbstbewusst auftritt.

Es war und konnte nicht meine Absicht sein, einen umfassenden Einblick in die Theater- und Romanzeitschriften Argentiniens aus dem frühen 20. Jahrhundert zu geben. Allein die Sammlung im IAI umfasst ca. 160 Zeitschriften mit ca. 6500 Heften. So war meine Auswahl sowohl sehr reduziert als auch subjektiv. Subjektiv in Bezug auf die genauer vorgestellten Texte, aber nicht auf das Thema Immigration oder die Auseinandersetzung mit dem Ersten Weltkrieg.

Es ist auffällig aber nicht verwunderlich, dass in fast allen Texten – sowohl Theaterstücken als auch Kurzromanen – Immigranten präsent sind. Die manchmal stereotype Darstellung dient in den Theaterstücken in erster Linie dazu, Komik zu erzeugen. Wobei die Komik aus dem Wiedererkennen auf Seiten der Zuschauer resultiert. *El profesor Muller* ist dafür ein Beispiel, wenn besagter Professor von einer peinlichen Situation in die nächste stolpert und sich dies vor allem seinem zwanghaften – hier als typisch deutschen Drang dargestellten – Wunsch nach Disziplin und Ehrlichkeit verdankt.

Weitaus häufiger beschränkt sich jedoch die Darstellung des Immigranten darauf, ihn als solchen zu markieren ohne ihn zu diffamieren. Somit bilden die Theaterstücke, aber auch viele Kurztexte, die Vielfalt der damaligen argentinischen Gesellschaft ab. Dass diese Gesellschaft nicht nur ‚lustig' war, zeigen jene Texte, in denen die von Armut gekennzeichnete Situation vieler Immigranten das Thema ist. In ihnen wird deutlich, dass die europäische Immigration nach Argentinien in weiten Teilen eine heute sogenannte Armutsmigration war, getrieben von dem Wunsch in Argentinien ‚sein Amerika zu machen'.

[44] Julio Fingerit: „Contra la guerra", in: *Los pensadores* 122 (1926), o. S.

Europa ist zumindest durch und in der Folge des Ersten Weltkrieges nicht mehr der Sehnsuchtsort für Argentinier. Das letzte Bild des Kurzromans *En la legión* ist daher zwangsläufig eines der Rückkehr nach Lateinamerika: „Vuelvo. La tierra de Francia se esfuma a lo lejos: ya no es más que una sombra en el horizonte."[45] Die Omnipräsenz dieses Ereignisses zeigt sich auch in der Beiläufigkeit, mit der der Erste Weltkrieg in vielen zeitgenössischen Texten aufgegriffen wird, die dann auf die Bühnen gelangten.

Damit kein verzerrtes oder unvollständiges Bild von den Theater- und Romanzeitschriften entsteht, möchte ich abschließend erwähnen, dass man die Beziehungen Europa-Lateinamerika auch z.B. anhand von Übersetzungen literarischer Texte nachzeichnen könnte. Insbesondere für die Romanzeitschriften wurden auch Texte anderssprachiger Autoren übersetzt, wobei deren Auswahl überwiegend den literarischen Moden entsprach. Die ideologisch orientierten Romanzeitschriften jedoch lassen auch in der Auswahl der übersetzten Autoren ihren linksorientierten Charakter erkennen. So liegen besonders viele Texte von Maxim Gorki, Fjodor Dostojewski, Lew Tolstoi oder Knut Hamsun[46] vor. Betrachtet man die populärkulturellen Druckerzeugnisse, so wird deutlich, dass es in Argentinien zum einen ein großes Interesse an Nachrichten aus und über Europa gab.[47] Zum anderen zeugen die unzähligen Auflagen von Übersetzungen russischer, französischer oder britischenr Autoren auch von einem Buchweltmarkt, der zwar europäisch geprägt ist, zu dem aber Argentinien ebenfalls gehört. Mir ging es hier jedoch um die Darstellung des Europäischen in der argentinischen Gesellschaft und die Auseinandersetzung mit Europa in den Theater- und Romanzeitschriften, ausgehend von dem ‚Hier', das Argentinien war.

[45] Sáenz, a.a.O, 17.

[46] Knut Hamsun wurde aufgrund seiner ‚realistischen' Darstellung des Lebens der unteren Gesellschaftsschichten als Vertreter einer linken Position gelesen. Eine Lektüre seiner Texte hinsichtlich ihres faschistischen Gedankengutes gab es zu dieser Zeit noch nicht.

[47] Die Privatbibliothek des deutschen Anthropologen Robert Lehmann-Nitsche, die sich teilweise im Ibero-Amerikanischen Institut befindet, umfasst eine Vielzahl an Heftchen, deren einziges Thema die Ereignisse in Europa sind. Die Bandbreite reicht von Nachrichten über den Ersten Weltkrieg bis zu Biographien berühmter europäischer Verbrecher. Lehmann-Nitsche lebte von 1897 bis 1930 in La Plata.

Sascha Seiler

Die Maske des Verschwindens

Europäisches Exil im Werk Roberto Bolaños

Der in Chile geborene Schriftsteller Roberto Bolaño verbrachte einen Großteil seines Lebens im Exil. Als er mit seiner Familie Ende der 60er Jahre aus ökonomischen Gründen nach Mexiko auswanderte, war dies zunächst noch ein freiwilliges Verlassen des Heimatlandes. Doch kehrte der 17-jährige Bolaño 1973 in sein Heimatland zurück, um die von ihm bewunderte Allende-Regierung zu unterstützen. Hier wurde er von Augusto Pinochets Militärputsch überrascht und landete als Aufständischer im Gefängnis. Nach einer abenteuerlichen Flucht, die er nach eigener Auskunft nur einem alten Schulfreund, der als Gefängniswächter arbeitete, zu verdanken hatte[1], fand er sich urplötzlich als politischer Exilant in Mexiko wieder. 1976 wanderte er, seiner Mutter folgend, nach Spanien aus und verbrachte den Rest seines Lebens bis zu seinem Tod im Jahr 2003 im europäischen Exil.

Im Werk Roberto Bolaños taucht wiederholt ein stark autobiographisch geprägter Figurentypus auf: ein nach Europa exilierter Lateinamerikaner, der gerade in den wiederholten Konfrontationen mit den europäischen Protagonisten meist eine mysteriöse, bedrohliche Aura besitzt. Diese Figur repräsentiert das Spannungsverhältnis zwischen dem Exilanten, der fremd auf europäischem Boden ist, und den Auswirkungen jener Fremdheit. Vermittelt wird dies durch die auf den jeweiligen europäischen Ich-Erzähler unheimlich wirkende körperliche Präsenz des Lateinamerikaners, welche dieser nicht zu deuten imstande ist. Der lateinamerikanische Exilant wird daher für die europäischen Protagonisten zu einer bedrohlichen Erscheinung; jedoch ist diese Bedrohung, wie so oft in Bolaños Texten, schwer rational zu erklären, weil sein Handeln nicht verstanden werden kann, und er so in einem perzeptiven Zwischenraum verharrt. Und genau dieser Zwischenraum ist es, der für den Autor jene Figur, die in der Folge in Anlehnung an *Los*

[1] So schreibt Bolaño in einem autobiographischen Essay:

> Im November wurde ich bei einer Straßenkontrolle zwischen Los Ángeles und Concepción verhaftet. Ich verbrachte acht Tage im Gefängnis in Concepción, ohne dass ich jemanden benachrichtigen konnte und wartete darauf, von den Militärs verhört zu werden. [...] Eines Morgens kommt während der Nachzählung ein Typ auf mich zu und fragt, ob ich Bolaño sei. [...] ich bin Arriagada, sagte er, Arriagada aus dem Knabengymnasium von Los Ángeles. Arriagada!, rief ich, und gab ihm einen Schubs, der ihn zwei Meter zurückwarf. [...] Arriagada holte mich dann raus.
>
> Ich verließ Chile im Januar 1974 und bin nie wieder zurückgekehrt.

(Roberto Bolaño: „Eine Autobiografie", übersetzt von Georg Sütterlin, in: *Du* 819 (9/2011), 22–24, hier 23/24.)

detectives salvajes als ‚verlorener Lateinamerikaner' bezeichnet werden soll[2], eine Verkörperung der Exilerfahrung darstellt.

Die Figur des ‚verlorenen Lateinamerikaners', jenes „detective latinoamericano perdido en un laberinto de cristal y barro"[3], hat zahlreiche Transformationen im Werk Bolaños durchschritten. Am Anfang seines literarischen Schaffens taucht sie in Gestalt des von einem unheilbaren Schluckauf befallenen Schriftstellers César Vallejo im Roman *La senda de los elefantes* (1984, später, 1999, mit dem Titel *Monsieur Pain* neu veröffentlicht) auf. Auch im Roman *El Tercer Reich* (1989) spielt sie als zwielichtiger, namenloser Tretbootvermieter, der lediglich als ‚Der Verbrannte' bezeichnet wird, eine zentrale Rolle. Seit dem Roman *La pista de hielo* (1993) taucht die Figur dann immer wieder in Gestalt eines mysteriösen ‚Campingplatzwächters' auf, der seinen unheimlichsten Auftritt im Bericht der an der spanischen Costa Brava Urlaub machenden schottischen Studentin Mary Watson im Mittelteil von *Los detectives salvajes* hat.

Doch was ist das genau für eine Figur, dieser in Europa gestrandete, verlorene Lateinamerikaner? Setzt man sie zunächst in den Kontext des politischen Geschehens in Lateinamerika der 70er Jahre und der Machtübernahme der gewalttätigen Militärdiktaturen in Argentinien und Chile, so lässt sich beobachten, dass die Figur des *desaparecido*, des im Zuge dieser Diktaturen verschleppten, gefolterten, schließlich im offiziellen Wortlaut ‚Verschwundenen'[4] in Lateinamerika durch Roberto Bolaño eine zusätzliche, nicht mehr ausschließlich auf bestimmte historische Bezüge beschränkte Dimension erhält. Zwar ist das Wissen um die politischen Ereignisse der Figur implizit, jedoch vereint sich in ihr jene konkret fassbare politische Ebene mit einer als Allegorie zu verstehenden kollektiven Geschichte des lateinamerikanischen Kontinents. Der Verschwundene verweist damit nicht mehr ausschließlich auf eine regionale, historische Figur, sondern kann und soll auch als Metapher für das rücksichtslose politisch motivierte Morden verstanden werden. Er wird Teil einer komplexeren, umfassenden Allegorie, die das Schicksal des lateinamerikanischen Exilanten beschreiben soll, eine Erscheinung also, die durchaus im globalen Kontext – nicht zuletzt auch aufgrund der in Bolaños Werk stets präsenten Topoi des Exils und der Globalität repressiver Staatssysteme – rezipiert werden muss. Es handelt sich um Menschen, die in den Wirren der südamerikanischen Geschichte des späten 20. Jahrhunderts, die geprägt war von Diktatur, Folter und Repression, im wahrsten Sinne des Wortes, der Welt abhandengekommen sind – jene anfangs erwähnten Lateinamerikaner, verloren in Lateinamerika, oder, auf ihrem späteren Lebensweg, verloren in Europa. Die oben kurz skizzierte Biographie des chilenischen Autors zeichnet dabei einen für diese Figuren charakteristischen geographischen Weg vor: Der raschen Auswanderung in ein anderes, sicheres lateinamerikanisches Land folgt das Exil in Europa, meist in Form einer Auswanderung nach Spanien.

[2] Vgl. den Namen des ersten Teils von *Los detectives salvajes*, „Mexicanos perdidos en México". (Roberto Bolaño, *Los detectives salvajes*, Barcelona 1998, 11)
[3] Roberto Bolaño: „Un paseo por la literatura", in: *Tres*, New York: New Directions Books, 2011, 116.
[4] Vgl. Marguerite Feitlowitz: *A Lexicon of Terror. Argentina and the legacies of torture. Revised and Updated with a New Epilogue.* New York: Oxford Universtity Press, 2011, IX.

In seinem hierauf Bezug nehmenden Essay *Los perdidos* bezeichnet Bolaño den exilierten Lateinamerikaner als bekannt für seine Klagen sowie seine Krokodilstränen, und stellt fest, man habe die schlimmsten Politiker, Kapitalisten und Schriftsteller der Welt zu bieten, jedoch die besten Selbstmörder. Schließlich sei „Latinoamérica [...] lo más parecido que hay a la colonia penitenciaria de Kafka."[5] Oder, wie er im Manifest des *infrarrealismo* schrieb, jener obskuren mexikanischen literarischen Bewegung, welcher er Mitte der 70er Jahre gemeinsam mit seinem Freund Mario Santiago vorstand und der er in *Los detectives salvajes* ein Denkmal setzte: „Soñabamos con utopía y despertamos gritando."[6] Der verlorene Lateinamerikaner scheint somit eine verzweifelte Figur zu sein, die an ihrem politischen Aktivismus nicht nur scheitert, „perdidos en la miseria de tu sueño utópico"[7], vielmehr wird ihr der Kampf für die Freiheit meist auch zum Verhängnis. Viele dieser idealistischen, politisch aktiven jungen Menschen – in der Rhetorik der Militärdiktatur als *jóvenes sospechosos* bezeichnet – sind es, die in den 70er Jahren zu *desaparecidos* wurden. Denjenigen, die sich, wie Bolaño selbst, einer Gefangenschaft entziehen konnten, blieb meist nur der Weg ins Exil: „maniacos depresivos en la inabarcable sala del Infierno"[8], wie es in *Un paseo por la literatura* heißt. Das Besondere an dieser Figur, die Merkmale, die sie in den Augen der Europäer zu einer unheimlichen, mysteriösen Erscheinung werden lässt, ist der Umstand, dass sie ihre Verzweiflung zu kanalisieren imstande ist und das Grauen, das sich hinter ihrer Maske verbirgt, den Beobachtern nur in kurzen, scheinbar alltäglichen Momenten offenbart. Dies hat zur Folge, dass die Europäer jenes immer wieder kurz durchblitzende Moment des Grauens nicht mit dem bisher wahrgenommenen Wesen ihres Gegenübers in Einklang bringen können. Ergebnis ist ein Bruch in Bezug auf die Wahrnehmung der Figuren, den der europäische Ich-Erzähler nicht in der Lage ist, zu deuten und der in ihm schließlich ein unbestimmtes Gefühl der Angst evoziert. Doch genau in diesem Moment, in dem die Maske fällt, um jenen Bruch sichtbar zu machen und die Angst im Beobachter evoziert wird, liegt nicht nur die Anziehungskraft der literarischen Figur des verlorenen Lateinamerikaners, sondern auch der Grund, warum Bolaños Texte zuweilen mysteriös und undurchdringlich wirken.

Das europäische Exil wird im späten 20. Jahrhundert zum elementaren Bestandteil lateinamerikanischer Realität[9], und in Bolaños Werk wird es stets auch als eine Form des Verschwindens angesehen. Nicht umsonst bezeichnet eine der Hauptfiguren von *2666*, der zunächst nach Spanien exilierte chilenische Universitätsprofessor Amalfitano, den Zeitunterschied bei einem transatlantischen Flug für einen Lateinamerikaner als „máscara de la desaparición"[10], als Maske des Verschwindens. Der chilenische Literaturprofessor Amalfitano, eine weitere Figur in Bolaños langer Reihe verlorener Lateinamerikaner, der zunächst ins spanische Exil ging, doch dann aufgrund einer Affäre mit einem Studenten

[5] Roberto Bolaño: Los perdidos, in: *Entre paréntesis*, Barcelona: Anagrama, 2004, 94–98, hier 96.
[6] Roberto Bolaño: Manifesto Infrarrealista, 1976.
[7] Bolaño, *Un paseo por la literatura*, 116.
[8] Ebd.
[9] Nicht umsonst trägt die erste in Deutschland erschienene Zusammenstellung seiner übersetzten Essays den Titel *Exil im Niemandsland: Fragmente einer Autobiographie.* (Vgl. Roberto Bolaño: *Exil im Niemandsland*, hg. von Heinrich von Berenberg, aus dem Spanischen von Kirsten Brandt und Heinrich v. Berenberg, 2. Aufl., Berlin: Berenberg, 2008)
[10] Roberto Bolaño: *2666*. Barcelona: Anagrama, 2004, 243.

nach Mexiko flüchtete, sieht das Exil als natürliche geographische Bewegung eines Lateinamerikaners an, wenn er sagt: „„En realidad [...] ahora lo veo como un movimiento natural, algo que, a su manera, contribuye a abolir el destino o lo que comúnmente se considera el destino."[11]

Amalfitanos Sichtweise auf das Exil deckt sich mit Bolaños eigener Erfahrung. Im bisher nur wenig rezipierten Essay *Un paseo por la literatura*, der als Schlüsseltext bezüglich seiner Auseinandersetzung mit der Problematik des Exils bezeichnet werden kann, erzählt der Autor in *Teil 26* von einem Traum:

> Soné que tenía quince anos y que iba a la casa de Nicanor Parra a despedirme. Lo encontraba de pie, apoyado en una pared negra. Adonde vas, Bolaño?, decía. Lejos del Hemisferio Sur, le contestaba.[12]

Der Traum Bolaños, der Chile tatsächlich im Alter von 15 Jahren verlassen hat, um sein lebenslanges Leben im Exil zu beginnen, und für den der Lyriker Nicanor Parra eines seiner größten Vorbilder darstellt, findet im nächsten Segment seine Fortsetzung:

> Soñe que tenía quince anos y que, en efecto, me marchaba del Hemisferio Sur. Al meter en mi mochila el único libro que tenía (*Trilce* de Vallejo), éste se quemaba. Eran las siete de la tarde y yo arrojaba mi mochila chamuscada por la ventana.[13]

Im 53. Segment wird der Traum ein letztes Mal aufgegriffen:

> Soñe que volvía a los caminos, pero esta vez ya no tenía quince anos sino más de cuarenta. Sólo poseía un libro, que llevaba en mi pequena mochila. De pronto, mientras iba caminando, el libro comenzaba a arder. Amanecía y casi no pasaban coches. Mientras arrojaba la mochila chamuscada en una acequia sentí que la espalda me escocía como si tuviera alas.[14]

Die Literatur, so kann man diese kurzen Ausschnitte wohl deuten, ist von Beginn an die einzige Stütze des Jungen, der sein Heimatland nach und nach verliert – eine Art inneres Exil, an dem er festzuhalten versucht, das jedoch droht, sich ebenso aufzulösen wie die Erinnerung an die tatsächliche, geographische Heimat. Noch im Alter von über vierzig Jahren, in dem er den vorliegenden Text verfasst hat, fürchtet er um den endgültigen Verlust jenes Zufluchtsortes, der ihn endgültig heimatlos machen würde. Als der Verlust sich im Traum jedoch vollzogen hat, scheint gleichzeitig eine tonnenschwere Last von ihm zu fallen, so dass ihm sogar Flügel wachsen. Ergebnis ist ein dialektisches Verhältnis zur Literatur, die einerseits jenes innere Exil darstellt, das ihn über den Verlust der geographischen Heimat hinwegtröstet und ihm Zeit seines Lebens Halt gab. Andererseits trägt die Literatur auch die Bürde der Erinnerung in sich. Seinem Abschied von Nicanor Parra wohnt die Angst vor dem Verlust inne, doch trägt er kein Buch von diesem, sondern eines von César Vallejo mit sich, das beim Verlassen der südlichen Hemisphäre seinen Rucksack in dem Moment verbrennt, als er es dort deponieren möchte. Doch auch im Alter

[11] Ebd., 157.
[12] Bolaño, *Un paseo por la literatura*, 142.
[13] Ebd.
[14] Ebd., 168.

von über vierzig Jahren sieht er sich wieder auf dem Weg, und ein weiteres Mal beginnt das – diesmal unbekannte – Buch zu brennen, als er es mit sich führen will. Vielleicht möchte Bolaño mit diesen Träumen darauf hinweisen, dass der Exilant nicht nur sein Land, sondern auch nach und nach die Bindung zu seiner eigenen Kultur zurücklassen muss. Dieser Verlust ist eine Bürde, doch gleichzeitig kann er, so ist der dritte Traum zu deuten, auch zur Befreiung werden; aus dem chilenischen Autor wird ein Autor im Exil, ein verlorener Lateinamerikaner, dem jedoch in dieser Rolle ein globaler Blick auf die Problematik seines heimatlichen Kontinents geschenkt wird. Interessanterweise taucht der in den 30er Jahren in Paris lebende Schriftsteller César Vallejo im Roman *Monsieur Pain* als frühe Inkarnation des verlorenen (und in dessen Falle auch verstoßenen) Lateinamerikaners auf.

Im posthum veröffentlichten Roman *Los sinsabores del verdadero policía* berichtet der bereits aus *2666* bekannte Amalfitano über seine politisch bedingte Odyssee, zunächst quer durch den südamerikanischen Kontinent, die ihn schließlich nach Europa führt. Er beschreibt dabei die seiner Meinung nach dominanten Merkmale des lateinamerikanischen Dauerexils, jenes Zustandes des stetigen Sich-Verkleinerns bis hin zum fast völligen Verschwinden:

> yo que fui profesor de literatura en la Universidad de Chile, yo que traduje a John Donne y piezas de Ben Jonson y a Spenser y a Henry Howard, [...] yo que predije la caída de Allende y que sin embargo no tomé ninguna medida al respecto, yo que fui detenido y llevado a interrogar con los ojos vendados y que soporté la tortura cuando otros más fuertes se derrumbaron, yo que escuché los gritos de tres estudiantes del Conservatorio mientras eran torturadas y violadas y asesinadas, yo que me pasé varios meses en el campo de concentración Tejas Verdes, yo que salí con vida y que me reuní con mi mujer en Buenos Aires [...] yo que vi a mi hija sonreír en Argentina y gatear en Colombia y dar sus primeros pasos en Canadá, de universidad en universidad, saliendo de los países por cuestiones políticas y entrando por imperativos docentes, con los restos de mi biblioteca a cuestas, con los pocos vestidos de mi mujer, cada vez más delicada de salud, con los poquísimos juguetes de mi hija [...] yo que participé en la Revolución Sandinista, yo que dejé a mi mujer y a mi hija y entré en Nicaragua con una columna guerrillera, yo que traje a mi mujer y a mi hija a Managua y cuando me preguntaron en qué combates había participado les dije que en ninguno, que siempre estuve en la retaguardia, pero que vi heridos y agonizantes y muchos muertos [...] yo que llegué a Paris sin trabajo y con unos pocos ahorros, yo que trabajé pegando carteles y limpiando suelos de oficinas mientras mi hija dormía en nuestra chambre de bonne en la rue des Eaux, yo que bregué hasta que me salió un trabajo en un instituto, yo que conseguí trabajo en una universidad alemana [...] yo que escribí en el semanario Tanto Peor que sacaban en París anarquistas franceses e izquierdistas latinoamericanos y que descubrí lo agradable que era estar en la disidencia en un país civilizado [...] yo que participé en conferencias y coloquios por toda Europa, tomando aviones como si fuera un alto ejecutivo [...] yo que finalmente recalé en la Universidad de Barcelona [...] donde descubrí mi homosexualidad.

Es ist ein atemloser Monolog, den Amalfitano hier vor seinem imaginierten Leser führt; ein Monolog, der zahllose Stationen listet, an denen ihm irrwitzige, gleichzeitig aber nicht als unrealistisch erscheinende Dinge zugestossen sind. Exil wird auch zu einem Sammeln und Archivieren an Erfahrung, vor allem aber wird es zu einer Art inneren Topographie, die sich über die reale Topographie jener lateinamerikanischen Globalität legt, welche nicht nur durch die konkreten geographischen Begebenheiten, sondern auch durch eine weitreichendere Geographie des Exils determiniert ist.

So erscheint gerade das Motiv des Verschwindens als zentral für die exilierten Lateinamerikaner im Werk Bolaños, denn auch in mehreren seiner Essays setzt er den Begriff des Exils in den Kontext des Verschwindens. So heißt es in *Exilios*: „Exiliarse no es desaparecer sino empequeñarse, ir reduciéndose lentamente o de manera vertiginosa hasta alcanzar la altura verdadera, la altura real del ser."[15] Exil sei also nicht unbedingt als ein völliges Verschwinden, sondern lediglich als temporärer Prozess, als ein stetiger Akt der Verkleinerung, zu sehen, an dem der Exilierte jedoch gleichzeitig wächst. Exil bedingt in der Folge für diesen sowohl Abwesenheit (von einem Ort) als auch Anwesenheit (an einem anderen). Doch gerade diese Uneindeutigkeit ihrer inneren Topographie ist es, welche dazu führt, dass die Figuren in Bolaños Werken einem dauerhaften, indes niemals abgeschlossenen Prozess des Verschwindens ausgesetzt sind und als Folge dazu verdammt sind, dauerhaft in einem Zwischenstadium zwischen Absenz und Präsenz zu verharren.

Der Exilant, jener nicht vollständig Verschwundene, ist demnach seiner Heimat fern, aus dieser verschollen, und doch bleibt er in seiner neuen europäischen Heimat fremd und somit, metaphorisch gesprochen, ebenfalls abwesend. Er wird zum Gespenst, das sich zwischen Anwesenheit und Abwesenheit hin und her bewegt, ohne einen Ort zu finden, an dem es bleiben kann. Diese Problematik ist es, jene Fremdheit des aus seiner Heimat Verschollenen, die dem Exilanten eine vollständige Anwesenheit im Exil auf immer unmöglich macht und ihn zwingt, im Zustand des Gespensts zu verharren. Dieses Gespenst findet seine Verkörperung in der leitmotivisch in Bolaños Werk immer wieder auftauchenden, autobiographisch gefärbten, hochkomplexen Figur des in Europa verlorenen Lateinamerikaners. Ein Werk indes, das sowieso nur als eine einzige, fragmentarisierte Erzählung angesehen werden sollte.

Hochkomplex erscheint die Figur des verlorenen Lateinamerikaners vor allem deswegen, weil ihr, wenn sie in Bolaños Texten in Erscheinung tritt, meist die Stimme verweigert wird. Sie wird ausschließlich aus der Perspektive eines europäischen Ich-Erzählers wahrgenommen – sei es der getriebene Franzose Pain, der César Vallejo in Paris beobachtet, der Tagebuch-schreibende Deutsche Udo Berger in *El Tercer Reich* oder die vielzähligen europäischen Stimmen in verleiht. Und doch ist es keineswegs ein rein eurozentrischer Blick, der diese Figur einschränkt – immerhin ist der Autor der Bücher Chilene – jedoch ist es ein Blick, der Fremdheit und ein sich aus dieser Fremdheit entwickelndes Grauen impliziert, das auf den ersten Blick oft irrational wirkt, doch sich stets von den beobachtenden Figuren auf den Leser überträgt, ohne dass dieser sich zunächst über den Grund seines Schauderns bewusst ist. Unvermittelt wird nämlich in die Erscheinung des verlorenen Lateinamerikaners vom europäischen Erzähler eine abstrakte Inkarnation des Bösen hineingelesen; ein unsichtbaren Zwischentönen und scheinbar belanglosen Ereignissen innewohnendes ‚Böses', das in seiner scheinbaren Absenz erst seine unheimliche, implizite Anwesenheit offenbart.

Dass gerade diese spezielle Ästhetik des Bösen in Bolaños Texten schwer in Worte zu fassen ist, unterstreicht ein Kommentar des österreichischen Schriftstellers Clemens J. Setz, der in einer Email an Stefan Zweifel schreibt:

[15] Bolaño, *Exilios*, 49.

Es ist immer eigenartig bei ihm, er hat irgendeine simple Szene, was weiß ich, zwei Intellektuelle treffen sich in einem Haus und gehen an einer Bücherwand entlang oder schauen aus dem Fenster in den Hof hinaus oder unterhalten sich über irgendeinen Dichter und die Preise, die er bekommen hat – und als Leser hat man Todesangst. Keine Ahnung, wie er diesen Effekt erzeugt.[16]

Der hilflos-ängstliche Blick eines europäischen Erzählers auf einen mysteriösen exilierten Lateinamerikaner spielt bereits in Bolaños zweitem veröffentlichten Roman, *Monsieur Pain*, eine entscheidende Rolle. Erzählt wird aus der Perspektive der französischen Titelfigur, eines Akupunkturisten und Mystikers, der von einer undurchschaubaren Femme fatale beauftragt wird, zu versuchen, den in Paris an einem unheilbaren Schluckauf erkrankten peruanischen Dichter César Vallejo mit seiner speziellen Methode zu heilen. Der lateinamerikanische Lyriker und seine seltsame, der Schulmedizin unbekannte Krankheit verursachen bei Pierre Pain zunächst ein Gefühl der Fremdheit, das jedoch recht bald einem mysteriösen Zustand der Beklemmung weicht und schließlich zu einer unerklärlichen existentiellen Angst mutiert – nicht zuletzt auch, weil er von mehreren spanischen, möglicherweise auch lateinamerikanischen Männern (er ist sich aufgrund seiner Unkenntnis der spanischen Sprache und ihrer Akzente nicht sicher) beobachtet und später vielleicht auch verfolgt wird. Die mutmaßlichen Lateinamerikaner trachten – scheinbar in zunehmend an Kafka gemahnenden Episoden – ausschließlich danach, dem Wunderheiler aus niemals explizierten Gründen den Zugang zu dem stets mysteriös bleibenden lateinamerikanischen Dichter zu verwehren. Vallejo und sein angsterregender Schluckauf beginnen Pain in seinen Träumen heimzusuchen, die im Laufe der zunehmend surrealer werdenden Handlung nicht mehr von der Realität zu unterscheiden sind. Irgendwann findet sich Pain nach einem unfreiwilligen Bordellbesuch in einer riesigen, verlassenen Lagerhalle wieder, aus der es kein Entrinnen zu geben scheint, gejagt vom Schatten des mysteriösen Lateinamerikaners und seines ohrenbetäubenden Schluckaufs:

Adiviné en la oscuridad una presencia temblorosa. Me supe observado. [...] Quienquiera que fuese estaba detenido a unos diez metros de la bañera, fuera de mi campo visual. Aunque no lo viera sabía que estaba allí. Oía su hipo. Con toda claridad. Espamódico, molesto.[17]

Am Ende des Romans wird Pierre Pain von seiner Auftraggeberin darüber informiert, dass Vallejo an seiner unerklärlichen Krankheit gestorben sei. Als Figur bleiben sowohl er als auch seine zwielichtigen Bewacher, die Pain wiederholt den Zugang zu dem Kranken verweigern, mysteriös und nicht dechiffrierbar. Auch der Roman als Ganzes wirkt fragmentarisch und nicht auskomponiert, Roberto Bolaño selbst bezeichnete den Roman als nicht entzifferbar.[18]

Der verlorene Lateinamerikaner wird bereits in diesem frühen Werk als mysteriöse Gestalt eingeführt, beobachtet mit dem Blick des Europäers, dem verwehrt bleibt, das Mysterium um den seltsamen Fremden zu lösen. Aus dieser Unsicherheit heraus erwächst eine Bedrohung, die den Protagonisten nach und nach heimzusuchen beginnt und die

[16] Stefan Zweifel: „Vor Tränen blind in Blanes“, in: *Du* 819 (9/2011), 14–21, hier 15.
[17] Roberto Bolaño: *Monsieur Pain*. Barcelona: Anagrama 1999, 104.
[18] Vgl. Roberto Bolaño, Manzoni (ed.), 2002, «Bolaño por Bolaño», 33–35.

gleichzeitig den Leser im Unklaren lässt, ob die vom lateinamerikanischen Exilanten ausgehende Gefahr real oder eine aus jener Unsicherheit des Beobachters erwachsende Wahnvorstellung ist. Genau dieser Zwischenraum in der Perzeption des Lateinamerikaners in Europa sollte ein wiederkehrendes Motiv in Bolaños Werk werden, wie auch sein 1989 entstandener, jedoch erst posthum veröffentlichter Roman *El Tercer Reich* beweist.

Auch in *El Tercer Reich* steht ein exilierter Lateinamerikaner im Mittelpunkt. Vordergründig geht es in dem erst 2008 veröffentlichten Roman um den psychischen Zerfall des deutschen Wargames-Spielers Udo Berger, der seinen Urlaub gemeinsam mit seiner Freundin an der spanischen Costa Brava verbringt. Geschuldet ist die fortschreitende Auflösung seiner psychischen Stabilität jedoch einer auf beängstigende Weise immer intensiver werdenden Konfrontation mit seiner namenlosen Nemesis, einem mysteriösen Vermieter von Tretbooten, der aufgrund eines dermatologischen Defekts von Berger und den anderen Protagonisten des Romans stets nur ‚El Quemado' – der ‚Verbrannte' – genannt wird und dessen wahren Namen niemand kennt.

Bereits in diesem frühen Werk erschafft Bolaño eine teils fiktionale Welt, in der sich das Böse stets durch eine unsichtbare Anwesenheit manifestiert. Ebenso wie die zahlreichen neofaschistischen Literaturmagazine in *La literatura nazi en América*[19] und *Estrella Distante*, steht in *El Tercer Reich* ein – in diesem Fall tatsächlich existierendes – kulturelles Medium im Mittelpunkt, nämlich das den Zweiten Weltkrieg simulierende Brettspiel namens *The Rise and Decline of the Third Reich*[20]. Bolaño, der in den 80er Jahren selbst ein begeisterter *wargames*-Spieler war, konstruiert ein Szenario, in dem fanatische Spieler auf ihren Brettern die Geschichte um den Verlauf des Zweiten Weltkriegs und die Entwicklung Nazideutschlands neu ‚schreiben'. Udo Berger lässt sich als deutscher *wargames*-Meister auf ein Spiel mit dem brettspieltechnisch unbedarften (mutmaßlich) lateinamerikanischen Tretbootvermieter ‚Quemado' ein, und überträgt dieses Duell, das er am Ende verlieren wird, in sich stetig steigernden Wahnvorstellungen nach und nach in die Realität. Die unbenannte, unheimliche Gefahr, die der Tretbootvermieter – teils aufgrund der Bedrohlichkeit seines entstellten Gesichts, teils auch aufgrund seiner provokanten Schweigsamkeit und dem Rätsel um seine Identität – verbreitet, vermengt sich in

[19] Eine kommentierte bibliographische Auflistung dieser fiktiven Zeitschriften sowie eine ebenfalls ausufernde Bibliographie der fiktiven Werke findet sich im als ‚Monsterepilog' bezeichneten Anhang des Romans.

[20] An dieser Stelle ist es wichtig, darauf hinzuweisen, dass das im Mittelpunkt stehende Spiel *The Rise and Decline of the Third Reich* tatsächlich existiert. In Bolaños Archiv finden sich „Dutzende Kriegsspiele: *Austerlitz*, *France 1944*, *Nato* und natürlich *The Rise and Decline of the Third Reich*" (Zweifel, 43). Letzteres diente als Vorbild für *El Tercer Reich*. Und auch Bolaño selbst war in den 80er Jahren ein engagierter, fast schon fanatischer Rollenspieler: „Seine Züge notierte er [Bolaño] in karierte Hefte, wie ein braver Schüler des Bösen. Dazwischen die losen Seiten, die seine Gegner ihm zusandten. Per Post. Europaweit." (Ebd., 43) Auch Bolaño selbst äußert sich in seinem wohl 1986 verfassten Brief an Soledad: „Ich gehöre zu den guten War-Game-Spielern in Katalonien. [...] Ich würde gerne mit meiner ganzen Kriegsspielesammlung losziehen und mich in der Militärakademie der Sandinisten einschreiben." (Bolaño, „Eine Autobiographie", 24)

dessen Wahrnehmung immer mehr mit der Bedrohung durch seinen *spielenden* Antagonisten ‚Quemado', der Bergers eigenes ‚Drittes Reich' zu vernichten droht.

Die mysteriöse Figur kann als erste Verkörperung von Bolaños ‚verlorenem Südamerikaner' gedeutet werden, der in späteren Werken des Autors immer wieder an zentraler Stelle auftaucht. Niemals wird eindeutig geklärt, aus welchem lateinamerikanischen Land der ‚Quemado' stammt (und ob er überhaupt Lateinamerikaner ist); verfügt der Ich-Erzähler Berger doch weder über besondere Kenntnis der Geographie und jüngsten Geschichte Südamerikas, noch ist er sonderlich an dieser interessiert. Auch der spanischen Sprache ist Berger nicht mächtig, so dass er die wenigen Gespräche der ortsansässigen Spanier mit und vor allem über den ‚Quemado' nicht entschlüsseln kann. Ein Hinweis auf die Herkunft der geheimnisvollen Gestalt findet sich jedoch in einem scheinbar nebensächlichen Kneipengespräch, aus dem man lesen kann, dass der ‚Quemado' Chilene ist. In einer Unterhaltung über Fußball bemerkt dieser nebenbei, er habe in jungen Jahren die deutsche Nationalmannschaft mit den Spielern Tilkowski und Seeler leibhaftig spielen gesehen. Tilkowski hütete zwischen 1956 und 1967 das deutsche Tor; in dieser Zeit trat die deutsche Nationalmannschaft außer in Chile in keinem anderen spanischsprachigen lateinamerikanischen Land an. Beim Aufeinandertreffen am 6. Juni 1962 im Rahmen der Weltmeisterschaft stand Wolfgang Fahrian im Tor, doch am 26. März 1961 fand in Santiago bereits ein Spiel statt, bei dem sowohl Tilkowski als auch Seeler auf dem Platz standen. Anhand dieses sehr versteckten Hinweises, dem Berger jedoch nicht nachgeht, kann die Herkunft des ‚Quemado' entschlüsselt werden, was für die Deutung des Romans von entscheidender Bedeutung ist: Durch die Zuschreibung der chilenischen Staatsangehörigkeit wird dem ‚Quemado' eine Identität verliehen, die dem Ich-Erzähler verborgen bleibt. Dies bewirkt zweierlei: Zum einen bleibt der ‚Quemado' für Berger aufgrund des in seinen Augen fehlenden Nachweises seiner Identität eine bedrohliche Erscheinung, die er nicht zu dechiffrieren in der Lage ist. Zum anderen aber erhält der Leser eine entscheidende Information, die das Rätsel nicht nur um die Identität des Fremden, sondern in der Folge auch um seine Motivation lösen kann. Zumindest ist nicht auszuschließen, dass es sich beim Verbrannten um einen Exilanten handelt, der seine dermatologischen Verletzungen einer möglichen Folter zu verdanken hat.

Mit Jörg Dünne kann man die in *El Tercer Reich* dargestellte Welt in zwei autonome, dennoch parallel existierende Räume aufteilen: Den touristischen Außenraum des Strandes, der gleichsam ein Raum der Globalisierung ist, in dem sich Exilant und Tourist begegnen können, sowie ihren jeweils individuellen Innenraum, einerseits Bergers Hotelzimmer, wo das Spiel stattfindet, andererseits die aus Tretbooten selbst gebaute Festung, in welcher der ‚Quemado' haust.[21] Die Tretbootfestung ist das Exil des verlorenen Lateinamerikaners, gleichzeitig stellt sie die physische Manifestation seines inneren Exils dar, die für Berger allerdings zum Ort des Mysteriums wird, in dem seiner Ansicht nach das Geheimnis um den ‚Quemado' geklärt werden könnte.

[21] Vgl. Jörg Dünne und Christian Hansen: „Welt, Literatur und Kriegsspiel. Roberto Bolaños Das dritte Reich", in: *VerlagMachtWeltliteratur. Lateinamerikanisch-deutsche Kulturtransfers zwischen internationalem Literaturbetrieb und Übersetzungspolitik*, hg. von Gesine Müller, Berlin: Verlag Walter Frey, 2014, 264/265.

Dieses möchte er auch unbedingt lüften, wird jedoch gleichzeitig vom ‚Quemado' als *spielendem Antagonisten* immer wieder auf die fiktionale Ebene des Brettspiels gezwungen, welche die reale Auseinandersetzung überlagert und somit erschwert. Zweimal jedoch nähert sich Berger der mysteriösen Tretbootfestung und versucht, in diese einzudringen, wird aber jedes Mal von einem Ereignis ferngehalten, von dem der Leser sich nicht sicher sein kann, ob es real oder von Berger imaginiert ist: Beim ersten Mal belauscht Berger aus dem Inneren der Festung ein Gespräch des ‚Quemado' mit einem zweiten Mann über Strategien von *Rise and Decline of the Third Reich*, obwohl ihm dies an jenem Ferienort ziemlich unmöglich vorkommt – nicht nur, weil der ‚Quemado' ein Einzelgänger ist, sondern auch, weil er in dem Gesprächspartner den eigentlich sterbenskranken und bettlägerigen Ehemann seiner Zimmerwirtin Frau Else wiederzuerkennen glaubt. Beim zweiten Versuch in die Festung einzudringen, hatte Berger zuvor von seinem Hotelzimmer aus ein Licht in der Festung erblickt, während er mit dem ‚Quemado' spielte. Beide Szenen, die eine Nähe zu Kafkas *Schloss* – der Held, dem es unmöglich ist, in den für ihn verschlossenen Raum einzudringen – aufweisen, deuten auf den Versuch Bergers hin, metaphorisch gesprochen in das innere Exil des ‚Quemado' vorzudringen, zum Zweck, dessen Identität zu decodieren, ihn letztlich lesen zu können, mit dem Ziel, der Figur jenes Element des Unheimlichen zu nehmen, das sie umgibt und damit die eigene Angst vor dem Fremden zu besiegen. Als es Berger schließlich nach einem kurzen physischen Kampf mit dem Lateinamerikaner doch noch gelingt, in die Festung einzudringen, erblickt er zu seiner Enttäuschung außer den ‚bescheidenen Besitztümern' des ‚Quemado' nichts. Selbst die brennende Lampe hatte dieser, der den verzweifelten Berger auslachend vor der Festung erwartet, lediglich vergessen zu löschen.

Man kann den mysteriösen Antagonisten als Schnittstelle zwischen dem in Form vom Brettspiel symbolisierten Faschismus des Dritten Reichs und der chilenischen Militärdiktatur ansehen, welcher er möglicherweise auch seinen Defekt verdankt; als einer, der, wie der Autor Bolaño auch, das Verschwinden im Exil dem Schicksal als *desaparecido*, als vom repressiven Staat Verschleppter und Ermordeter, vorzieht. Symbolisch nimmt nun der exilierte ‚Quemado' Rache an seinen Peinigern in Gestalt von Berger, den er aufgrund seiner Herkunft und seiner Besessenheit als Verkörperung des institutionalisierten Faschismus ansieht. Der ‚Quemado' schreibt die Geschichte des Dritten Reichs selbstständig um bzw. inszeniert eine Fortsetzung dieses Narrativs auf dem fiktiven Tableau von *The Rise and Decline of the Third Reich* und besiegt am Ende den internationalen Meister dieser spielerischen Fortschreibung des Faschismus.

Dass die Rolle des ‚Quemado' sich jedoch auch nicht in der des Antagonisten Udo Bergers erschöpft, der aufgrund seiner unerwarteten Überlegenheit als *Wargamer* dessen psychischen Zusammenbruch bedingt, lässt sich möglicherweise auch daraus ableiten, dass Bolaño mit dem Gedanken spielte, die Erzählperspektive zu ändern und den Ich-Erzähler und Tagebuchautor Berger damit seiner Stimme zu berauben. Einen im überlieferten Manuskript über mehrere Kapitel handschriftlich unternommenen Versuch, in eine auktoriale Erzählperspektive zu wechseln, wäre gleichbedeutend mit einer Aufwertung der Figur des ‚Quemado', der nicht mehr nur als Antagonist des Ich-Erzählers, sondern als einer von zwei gegeneinander spielenden Antagonisten hätte erscheinen können. Tatsächlich aber hätte die Figur mit diesem Perspektivenwechsel ihre mysteriöse Aura eingebüßt, die sich erst aus dem verunsicherten Blick des europäischen Erzählers ergibt.

Dass jene zwielichtige Figur des nach Europa exilierten Lateinamerikaners eine durchaus zentrale Stellung in Bolaños Werk einnimmt, zeigt nicht zuletzt das erneute Auftauchen des ‚Quemado' im 1993 erschienenen, bislang nicht ins Deutsche übertragenen Roman *La pista de hielo*. Auch dieser spielt an der Costa Brava, nahe Bolaños damaligem Wohnort Blanes, und handelt von einer illegalen Eislaufbahn, die von einem korrupten Bürgermeister in einem verlassenen Gebäude aufgebaut wurde. Erzählt wird der Roman aus der Sicht von drei Figuren: Einem Mexikaner, einem Chilenen sowie einem Spanier, die jeweils eine andere Perspektive auf die Ereignisse werfen, die sich um einen mysteriösen Mord drehen. In *La pista de hielo* taucht nicht nur die Figur des ‚Quemado' in ähnlicher Rolle am Rande auf, vielmehr gehen Aspekte ihrer ursprünglichen Konzipierung in eine andere Variante des exilierten Chilenen ein, die nicht weniger mysteriös ist: den Campingplatzwächter, der hier unter dem Namen Remo Morán seinen ersten Auftritt feiert. Diese in verschiedenen Kontexten im Werk Bolaños immer wieder auftauchende Figur trägt stark autobiographische Züge – auch der Autor hat eine Zeit als Campingplatzwächter nahe Blanes gearbeitet – und ist die wohl prägnanteste Verkörperung des verlorenen Südamerikaners, der aufgrund seiner mysteriösen, undurchschaubaren Aura die europäischen Protagonisten verstört.

Anhand dieser Figur kann auch verdeutlicht werden, dass auch *La pista de hielo* lediglich als Vorstudie zu den späteren Romanen Bolaños angesehen werden kann, nicht zuletzt, weil der europäische Blick auf den mysteriösen Exilanten hier noch durch die Einbeziehung von dessen eigener Perspektive relativiert wird. Anders als der ‚Quemado' mag der Campingplatzwächter – der letztlich eine passive, ausschließlich beobachtende, aber gerade aufgrund dessen für die anderen Protagonisten unlesbare Figur ist – in den Augen des spanischen Provinzpolitikers, der im Mittelpunkt der Handlung steht, zwar eine seltsame Erscheinung sein, doch bekommt er vom Autor in diesem multiperspektivischen Roman eine eigene Stimme zugeteilt. So ist er in der Lage, wiederholt von seinen Erfahrungen mit der chilenischen Diktatur zu berichten, etwa, als er dem unbekannt bleibenden Chronisten erzählt, wo er seinen ersten Toten gesehen habe:

> La primera, en Chile, en Concepción, la capital del sur. Estaba asomado al ventanuco del gimnasio en el que permanecíamos recluidos unos cien presos; era de noche, una noche de luna llena en noviembre del año 73, y en el patio vi a un gordo encerrado en un círculo de detectives. Todos lo golpeaban sirviéndose para tal efecto de manos, pies y barras de caucho. [...] Se lo llevaron arrastrándolo por los pies.[22]

Die eigene Erzählperspektive wird der Figur des Campingplatzwächters bei seinem Auftritt in der wohl mysteriösesten Passage des sechs Jahre später erschienenen Romans *Los detectives salvajes* genommen. In ihrem Bericht im umfangreichen, zahlreiche Augenzeugenberichte sammelnden Mittelteil, erzählt die englische Studentin Mary Watson von einer Reise durch Europa. Zunächst schließt sie sich einer herumreisenden Hippie-Kommune um einen hünenhaften Deutschen namens Hans an. Dieser ist mit Frau und Kind sowie mehreren europäischen Travellern in seinem Bus unterwegs; um die Reise zu finanzieren, hält man an beliebigen Orten an und fragt nach Arbeit, bis man genug Geld für die Weiterreise zusammengespart hat. An der Costa Brava entscheidet sich die Gruppe

[22] Roberto Bolaño: *La pista de hielo*. Barcelona: Anagrama, 2009, 117.

zu einem Aufenthalt auf einem Campingplatz, an dem ein junger, ausgemergelter lateinamerikanischer Nachtwächter arbeitet. Dieser verbringt viel Zeit mit der Reisegruppe, doch der des Spanischen mächtige, immer herrischer wirkende Hans gerät in stetig heftiger werdende Streitgespräche mit ihm, von denen Mary jedoch nichts versteht und nur aufgrund der immer aggressiveren Gesten und der lauten Stimmen abgeschreckt wird. Bereits das erste von Mary beobachtete Gespräch weist auf eine tiefer gehende Problematik hin, die von ihr aufgrund der Sprachbarriere nicht als solche erkannt wird:

> Hans hablaba en español y parecía cada vez más exitado. Durante un rato los estuve mirando. En determinado momento me pareció que Hans se ponía a llorar. El vigilante, por el contrario, parecía sereno, al menos no movía los brazos ni hacía gestos desmesurados.[23]

Dem Leser, der auf die Erzählstimme der des Spanischen unkundigen Mary angewiesen ist, bleibt der gesamte Inhalt auch der folgenden Gespräche verwehrt. Auch die angebliche Übersetzung einiger Gesprächsinhalte durch Hans kommt nur aus dessen Perspektive bei Mary an: „Después Hans y el vigilante volvieron a enzarzarse en una discusión. Hablaban en español, pero de vez en cuando Hans me traducía al alemán y añadía comentarios sobre la percepción del mundo que tenía el vigilante."[24]

Der namenlos bleibende Campingplatzwächter sei eine zwielichtige Figur, der nicht zu trauen sei, wiederholt Hans immer wieder: „[...] antes de partir me dijo que tuviera un cuidado especial. Ese tipo es mal bicho, dijo. El vigilante? En qué sentido? En todos los sentidos, dijo."[25] Dennoch beginnt Mary eine Affäre mit ihm, doch bleibt er auch ihr aufgrund seiner mysteriösen Aura fremd. In einer jener scheinbar belanglosen Szenen, die typisch für Bolaños Prosa sind, begegnen der Reisegruppe beim Baden in einem See drei Männer. Erst machen sie auf die Gruppe einen bedrohlichen Eindruck, doch als der Campingplatzwächter ein Gespräch mit ihnen beginnt, scheint sich die Stimmung zu wandeln. Mary, die kein Wort des in Spanisch geführten Gesprächs versteht, bemerkt nur einen langsam einsetzenden Wandel im Verhalten der zunächst feindseligen Männer, die sich schließlich verschämt zurückziehen. Sie wirkt beunruhigt, denn irgendetwas hat der Lateinamerikaner sicherlich zu ihnen gesagt, aber was könnte das gewesen sein?

Eines Abends geht Hans auf den Lateinamerikaner los, doch bleibt dieser ungerührt sitzen, bis der Hüne Zentimeter vor ihm steht; dann zieht er ein Messer, das er Hans unter die Kehle hält. Er nennt ihn wiederholt einen Nazi und zieht sich dann zurück: „Le dijo nazi, le dijo que querías hacerme, nazi?"[26]

Noch seltsamer wird es, als einer der Mitreisenden namens Hugh Mary von einem Abend mit dem Campingplatzwächter berichtet, an dem dieser während eines Spaziergangs plötzlich scheinbar ohne Grund ausgerastet und tobend zu einem Fluss gerannt sei, weil er angeblich eine Stimme hörte, die ihn auf der anderen Seite gerufen habe: „Hugh le decía que no había nadie, que lo único que se oía, y además muy débilmente, era el ruido del agua, el vigilante seguía insistiendo en que una persona estaba abajo, al otro lado del río, esperándolo."[27] Als Hugh ihn einholt, stürzt sich der Wächter auf ihn und

[23] Roberto Bolaño: *Los detectives salvajes*. Barcelona: Anagrama, 1998, 248.
[24] Ebd., 249.
[25] Ebd., 252.
[26] Ebd., 257.
[27] Ebd., 258.

beginnt ihn zu würgen, bis Hugh fast ohnmächtig wird. Als er schließlich von ihm ablässt, fängt der Lateinamerikaner hemmungslos zu weinen an. Nach ihrer Abreise schreibt Mary dem Campingplatzwächter noch mehrere Briefe, bekommt aber nie eine Antwort.

Der Konflikt des ‚Quemado', die Konfrontation mit einer ihm möglicherweise faschistoid erscheinenden Figur, welche in ihm Erinnerungen an die chilenische Militärdiktatur hervorruft, scheint sich beim Campingplatzwächter zu wiederholen. Die Puzzlestücke kommen für den Leser, der den Bericht aus der Perspektive Marys erzählt bekommt, jedoch nicht recht zusammen: Die wiederholte Äußerung, der autoritäre Deutsche Hans sei ein Nazi, das beruhigende Gespräch mit den zwielichtigen Passanten, der nicht vorhandene Fluss, die Tränen. Die Vermutung liegt nahe, diese Konfrontation und Ereignisse evozieren beim Campingplatzwächter die schmerzvolle Erinnerung an die verlorene Heimat, welche die Melancholie und jene von Bolaño teils spöttisch, teils sentimental heraufbeschworenen ‚Krokodilstränen' zur Folge hat.

Der Leser von *Los detectives salvajes* merkt indes recht schnell, dass es sich bei dem namenlos bleibenden Campingplatzwächter um Arturo Belano, eine der beiden Hauptfiguren des Buches, handelt; so wie der Bolaño-affine Leser weiß, dass Belano stets als Alter Ego des Autors dient, der in jener Zeit, in der die Episode spielt, als Campingplatzwächter an der Costa Brava gearbeitet hat. Und doch gelingt es dem Autor, die Bedrohlichkeit, welche die Figur wegen ihrer Fremdheit auf die europäische Reisegruppe ausübt, aufgrund des subjektiven Blicks der Erzählstimme und der unausgesprochenen Geheimnisse erst zu evozieren – auch wenn man letztlich weiß, mit wem man es zu tun hat. Mary versteht die in ihren Augen seltsam wirkenden Handlungsweisen des Lateinamerikaners nicht, weil es ihr nicht gelingt, sie zu dechiffrieren; sie versteht weder seine Gespräche mit Hans noch die mit den bedrohlichen Passanten, und aufgrund dieses Wissensvakuums entwickelt die Figur des Campingplatzwächters plötzlich auch für den Leser eine bedrohliche Aura. Sein Mysterium wird durch den ebenso unlesbaren Akt der Gewaltanwendung – das Würgen Hughs – und den darauffolgenden, genauso unlesbaren Zusammenbruch noch gesteigert. Die Figur wirkt, ähnlich wie Vallejo und der ‚Quemado', einerseits bedrohlich, andererseits ist sie gebrochen, sie macht einen isolierten und letztlich verlorenen Eindruck – ein verlorener Lateinamerikaner, der den unverständigen Blicken der Europäer begegnet und somit die Verkörperung einer kollektiven Exilerfahrung darstellt.

Warum ist nun der europäische Blick auf den verlorenen Lateinamerikaner so entscheidend für das Werk Roberto Bolaños? Obwohl ein bedeutender Teil seiner Romane auf dem lateinamerikanischen Kontinent spielen, schrieb und publizierte der Autor sein gesamtes prosaisches Werk im spanischen Exil. Es ist nicht schwer, Analogien der oben dargestellten Figuren zum europäischen Leben Bolaños in den späten 70er und frühen 80er Jahren zu finden; in seinen Essays und Interviews kehrt er immer wieder auf die Geschichten über seine vagabundierenden Jahre, etwa als Campingplatzwächter, zurück. Interessant wird die Figur aber vor allem dann, wenn der Autor ihr die eigene Perspektive verweigert und ihr somit nur die Rolle des Beobachters zuweist. In der Folge verzweifeln die europäischen Erzählstimmen beim Versuch, dieser Figur habhaft zu werden, sie adäquat zu beschreiben oder gar zu deuten. Sowohl Udo Berger, als auch Pierre Pain und Mary Watson sehen in der Fremdheit jener lateinamerikanischen Charaktere, mit denen sie konfrontiert werden, einerseits eine Bedrohung, andererseits spüren sie aber auch deutlich die Anziehungskraft des Unheimlichen, des Mysteriums, das von der Figur ausgeht. Durch die Vagheit, mit der diese aufgrund der – verschiedenartig motivierten – Unfähigkeit der beobachtenden Subjekte, sie zu deuten, gezeichnet wird, wird sie, wie Mary in einer Situation treffend bemerkt, zu einem Gespenst, zu einem Wesen, das zwar auf eine gewisse Art anwesend, aber gleichzeitig auch abwesend ist. Dieser Zustand zwischen Präsenz und Absenz kann folgerichtig als Metapher für das Leben im Exil gedeutet werden: Der lateinamerikanische Exilant in Europa ist in den Augen des unwissenden (in den besagten Fällen auch mit einem großen Maß an Naivität ausgestatteten) Beobachter ein Gespenst, das aufgrund seiner Fremdheit, seiner scheinbaren Unlesbarkeit, für sie zu einer möglichen Bedrohung wird. Der Leser bekommt dieses wachsende Gefühl der Angst vor dem Unbekannten, nicht Dechiffrierbaren, gerade aufgrund der lediglich beobachtenden, naiven Perspektive der Erzähler vermittelt, die den lateinamerikanischen Exilanten nur in seiner Fremdheit, als Bruch in der Narration eines europäischen Alltags, deutet. In dieser Diskrepanz zwischen dem Wahrgenommenen und dem tatsächlich Wahrnehmbaren liegt jedoch die Auseinandersetzung des Autors mit seiner eigenen Geschichte, denn gerade weil er den Exilanten seiner Perspektive beraubt, unterstreicht er anhand der dargestellten Figuren deren Gefühl der Fremdheit im Exil. Ihr Verhalten ist gleichsam bedingt durch ein zusätzliches inneres Exil, mit dem sie das Gefühl der Fremdheit bekämpfen, sich aber gleichzeitig von einer ihnen mutmaßlich feindlich gegenüberstehenden Umwelt abgrenzen wollen.

Es ist eine historisch bedingte Entwurzelung, die aus den Lateinamerikanern aus Bolaños Generation ewige Exilanten gemacht hat, die stets ein Gefühl der Fremdheit heimsucht. Aus diesem Grund, so der Autor in seinem Essay *Literatura y exilio*, kenne ein Lateinamerikaner, zumal ein Schriftsteller, ohnehin irgendwann keine politischen oder geographischen Grenzen mehr, sondern nur noch „las fronteras de los sueños, las fronteras temblorosas del amor y del desamor, las fronteras del valor y el miedo, las fronteras doradas de la ética.“[28]

Am Ende von *Un paseo por la literatura* träumt der Erzähler, er habe einen hemmungslos weinenden, dreijährigen George Perec getroffen. Er nimmt diesen auf, umarmt ihn, tröstet ihn, kauft ihm Süßigkeiten und Malsachen, nimmt ihn mit auf einen New Yorker Spielplatz. Er sagt zu sich selbst: Wenn ich schon zu nichts nutze, dann doch dafür, auf dich aufzupassen, niemand wird dich verletzen, niemand wird dich töten. Die Anekdote endet mit den Worten: „Es fing dann an zu regnen und wir gingen ruhig nach Hause. Aber, wo war eigentlich unser Zuhause?“[29]

[28] Roberto Bolaño: „Literatura y exilio“, in: *Entre paréntesis*. hg. von ders., Barcelona: Anagrama, 2004, 40–46, hier 43.

[29] Vgl. Bolaño, *Un paseo por la literatura*, 172.

Michi Strausfeld

Der Bestseller

Geheimnis, Phänomen und Notwendigkeit – Hispanoamerikanische Beispiele

Bestseller gab es zu allen Zeiten und in allen Ländern, auch wenn sie in frühen Zeiten nicht als solche bezeichnet wurden. Ich erinnere hier an den Erfolg und die Verbreitung der zahllosen Ritterromane, deren Faszination auf die Leser und Hörer in den Zeiten von Cervantes so gewaltig war, dass er sie im *Don Quijote* alle verbrennen ließ, weil sie schlecht seien und die Schuld an der geistigen Verwirrung des armen Ritters trügen. Die einzige Ausnahme bildete *Tirant lo Blanc* (dt. *Der Roman vom Weißen Ritter Tirant lo Blanc*) von Joanot Martorell – angeblich der beste Roman des 15. Jahrhunderts –, über den Mario Vargas Llosa einen lobenden Essay schrieb.[1] Von Cervantes bis heute fand das Buch seine begeisterten Leser, ganz offensichtlich handelt es sich um einen unverwüstlichen Klassiker.

Seit Cervantes gab es also schon eine Polemik zwischen dem Erfolg eines Buches oder eines Autors und seiner literarischen Bedeutung – die Welle der Ritterromane geriet zu Recht in Vergessenheit, Cervantes' *Don Quijote* hingegen wurde in viele europäische Sprachen übersetzt, ist der Begründer des modernen europäischen Romans, wird noch heute gelesen und geliebt, und ist zudem vermutlich der erste internationale Bestseller.

Alle erinnern wir uns an zahllose Bestseller aus verschiedenen Sprachen, die zu Klassikern oder Kinderbüchern mutierten, seien es Perlen aus dem 18. Jahrhundert (Goethes *Die Leiden des jungen Werther*; Swifts *Gullivers Reisen*, Defoes *Robinson Crusoe*) oder die zahllosen Meisterwerke aus dem 19. (Victor Hugo, Honoré de Balzac, Jules Verne, Alexandre Dumas, Charles Dickens, Fjodor Dostojewsky, Leo Tolstoi). Einige ‚Wellen' gerieten in Vergessenheit, so die ‚romantischen Romane' à la *Pamela* von Samuel Richardson, während die historischen Romane à la Walter Scott zu Kinderbuchklassikern wurden, das Genre bis heute fortbesteht und stetig neue Triumphe feiert. Eugène Sues *Geheimnisse von Paris* ist Lektüre für Liebhaber, vor allem aber für Historiker geworden, da der Autor das Leben seiner Zeit so präzise aufzeichnete. *Onkel Toms Hütte* von Harriet Becher Stowe ist nicht nur Schulbuch, sondern ein aufrüttelndes Fresko der damaligen Verhältnisse in den USA.

Auch die erste Hälfte des 20. Jahrhunderts kennt große internationale Erfolge: Hermann Hesses *Siddharta*, Stefan Zweigs *Sternstunden der Menschheit*, Erich Maria Remarques *Im Westen nichts Neues*, Antoine de Saint-Exupérys *Der kleine Prinz*, Margaret Mitchells *Vom Winde verweht*, Anne Franks *Tagebuch* – die Liste ließe sich

[1] Joanot Martorell: *Der Roman vom Weißen Ritter Tirant lo Blanc*, übers. von Fritz Vogelgsang, 3 Bde., Frankfurt a.M. 2007. Bd. III enthält den Essay von Mario Vargas Llosa „Fehdebrief zur Verfechtung der Ehre von Tirant lo Blanc".

problemlos verlängern. Auffallend ist die Tatsache, dass sich kaum Titel in spanischer Sprache in den so beliebten Rankings oder im Kanon (à la Harold Bloom) finden lassen.

Die zweite Hälfte des 20. Jahrhunderts brachte eine Fülle von Bestsellern hervor. Man begann nun zu unterscheiden zwischen den ‚literarischen' und den ‚kommerziellen' Titeln, d.h. die alte Polemik zwischen Qualität und nur vorübergehendem Ruhm wurde verstärkt und oft verbissen geführt. *Die Blechtrommel*, *Doktor Schiwago*, *Der Leopard*, *Das Parfüm*, *Der Name der Rose*, *Der Liebhaber*, *Der Herr der Ringe*: darüber herrscht weitgehende Einigkeit, das ist Literatur. Wie aber steht es um Mario Puzos *Der Pate*, John le Carrés *Der Spion der aus der Kälte kam*, Richard Bachs *Die Möwe Jonathan*, Noah Gordons *Der Medicus*, Ken Follett oder Stephen King? Oder um Paulo Coelhos *Der Alchemist*? Manche Autoren sind schon fast vergessen, andere werden immer mehr geschätzt. Offensichtlich gibt es keine verlässlichen Regeln.

Endlich tauchen auf den Listen auch ein paar spanische Namen auf, es handelt sich also um ein relativ neues Phänomen im internationalen Literaturbetrieb. Alles begann, wenn man will, mit der Publikation von Gabriel García Márquez' *Hundert Jahre Einsamkeit* im Jahre 1967. 1982 folgte Isabel Allende mit *Das Geisterhaus*, 2001 Carlos Ruiz Zafón mit *Der Schatten des Windes*.

Ich möchte im Folgenden versuchen, die Erfolgsgeschichte dieser drei Romane ein wenig aufzuzeigen. Außer Frage steht, dass *Hundert Jahre Einsamkeit* ein literarischer Weltbestseller ist, ein Longseller, ein Megaseller, ein Klassiker, Schulbuch – der von der strengsten Kritik genauso geliebt wurde wie ihn Millionen Leser sogleich nach Erscheinen in ganz Lateinamerika verschlungen haben. In der Literatur des Kontinents gibt es eine klare Zäsur: die Romane vor und nach Gabriel García Márquez.

Der Journalist Xavi Ayén hat in seiner umfangreichen Studie *Aquellos años del boom. García Márquez, Vargas Llosa y el grupo de amigos que lo cambiaron todo*[2] die Geschichte der Entstehung, der Publikation, der internationalen Verbreitung und Rezeption des Romans detailliert aufgezeichnet. Da er als erster Zugang zum Archiv der Literaturagentin Carmen Balcells hatte, konnte er präzise Informationen dazu liefern, die bislang wie ein Staatsgeheimnis gehütet wurden.

Wir erfahren zum Beispiel Details über den Vertrag, den der Autor am 10. September 1966 direkt mit dem Verlag Sudamericana in Buenos Aires geschlossen hatte. Literarischer Direktor war Paco Porrúa (1922–2014), der zuvor schon Cortázar entdeckt und 1963 *Rayuela* publiziert hatte. Verleger war der exilierte Katalane und Gründer des Verlags López Llausas. Vereinbart waren ein Vorschuss von 500 US Dollar sowie 10 % Royalties, eine Publikationsfrist von 18 Monaten, gewährt wurde auch eine exklusive Option auf zwei weitere Titel. Den Vertrag unterschrieben der Autor und López Llausas, d.h. die Agentur Balcells war an dieser Vereinbarung nicht beteiligt. Die Erstauflage – mit dem Schiff im Urwald als Cover, weil der geplante Umschlag von Vicente Rojo nicht rechtzeitig fertig geworden war – erschien Ende Mai und betrug 7940 Exemplare.

Schon einen Monat später wurden weitere 10 053 Exemplare abgerechnet, und so ging es kontinuierlich weiter – zur Freude des Verlags und des Autors, der von diesem

[2] Xavi Ayén: *Aquellos años del boom. García Márquez, Vargas Llosa y el grupo de amigos que lo cambiaron todo*, Barcelona: RBA, 2014.

Erfolg selbst überrascht war, ja von ihm regelrecht überrollt wurde. Carmen Balcells wachte aus der Ferne, und schon 1972 erneuerte sie alle Verträge mit Sudamericana: Die Royalties stiegen auf 15 %, das war die erste und wichtigste Verbesserung. Aber es gab noch weitere: Der Markt Spanien wurde ausgeklammert und Taschenbuchverträge mit anderen Häusern abgeschlossen, desgleichen gab es erstmals eine zeitliche Befristung. Zuvor galt das weltweit übliche Copyright: Ein geschlossener Vertrag zwischen Autor und Verlag bleibt bis zu 50 oder 70 Jahre nach dem Tod des Verfassers bestehen. Das bedeutete eine Revolution im spanisch-lateinamerikanischen Verlagswesen. Auch kontrollierte die Agentur einige ‚Unregelmäßigkeiten' in den Abrechnungen von Sudamericana, die dann zügig behoben wurden. Desgleichen sorgte Carmen Balcells von Anfang an für die Übersetzungen. Im April 1967 kaufte Seuil den Roman für Frankreich, noch vor dem Erscheinen; im Oktober 1967 folgte Feltrinelli in Italien. Selbst Harper & Row entschied sich schon im November 1967 für den Erwerb des Romans (sonst reagieren die USA beim Einkauf fremdsprachiger Literatur deutlich langsamer). In Deutschland hingegen lehnten verschiedene Verlage den Roman ab, bis Kiepenheuer & Witsch sich 1968 für Autor und Buch engagierte (die Rezeption in Deutschland verlief langsam und mühevoll). 1969 schloss die Agentur Verträge in weiteren 16 Ländern: Der weltweite Siegeszug des Romans konnte beginnen. Und Carmen Balcells war fortan ‚La mama grande'.

Bis November 1974 verkauften sich in Lateinamerika 838 561 Exemplare, dazu kamen weitere 100 000 in Spanien, d.h. etwa acht Jahre nach der Erstpublikation wurde die Millionengrenze überschritten.

1996 gab es mehr als 100 Auflagen und mehr als zwei Millionen verkaufter Exemplare allein in Buenos Aires und den Ländern des Cono Sur. 2014, nach dem Tod des Autors, lauteten die Zahlen für die weltweit verkauften Exemplare des Romans: mehr als 30 Millionen oder gar 50 Millionen[3].

García Márquez behauptete stets, allein die Mund-zu-Mund-Reklame habe ihn berühmt gemacht. Das stimmt nicht ganz, denn die ersten begeisterten Leser waren Carlos Fuentes, Julio Cortázar, Álvaro Mutis und Vargas Llosa, die die Kunde von diesem Meisterwerk verbreiteten. Tomás Eloy Martínez, damals Chefredakteur der Zeitschrift *Primera Plana* in Buenos Aires, publizierte eine große Reportage, der Literaturkritiker Luis Harss würdigte Autor und Werk in seinem Interviewband *Los nuestros*. Die zahllosen Rezensenten spendeten übereinstimmend höchstes Lob. Das war vielleicht die Besonderheit: kaum jemand – außer Borges – konnte sich dem Sog dieser Geschichte, der Verführung dieser Prosa entziehen. In jedem Fall ist die Rezeptionsgeschichte von *Hundert Jahre Einsamkeit* einzigartig verlaufen, stellte ein Phänomen dar, das seitdem zahllose Male analysiert und interpretiert wurde; die Sekundärliteratur über García Márquez füllt meterweise Regale. Dennoch bleibt das ‚Märchen' dieses Erfolges letztlich geheimnisvoll und unergründlich – und es ist wunderschön.

Fünfzehn Jahre später, im Herbst 1982, erschien in Barcelona Isabel Allendes erster Roman, *Das Geisterhaus*. Der Boom der lateinamerikanischen Literatur hatte sich welt-

[3] So stand es in diversen Zeitungen, so findet man es im Netz, aber die Angaben sind widersprüchlich, ich konnte sie nicht verifizieren: vielleicht 30 Millionen Exemplare in spanischer Sprache, 50 Millionen weltweit? Das könnte zutreffen, über das genaue Wissen verfügt nur die Agentur Balcells.

weit verbreitet, aber es war ein Phänomen der männlichen Autoren geblieben. Der großartige Roman der Mexikanerin Elena Garro *Erinnerungen an die Zukunft* (1963) oder die ebenfalls wunderbaren Bücher von Rosario Castellanos *Die neun Wächter* (1957) oder *Das dunkle Lächeln der Catalina Díaz* (1962) erzielten sogenannte Achtungserfolge, drangen aber kaum über die mexikanischen Landesgrenzen in andere spanischsprachige Territorien. Die Verfasser von Lyrik oder Kurzgeschichten (z.B. Silvina Ocampo in Argentinien oder Maria Luisa Bombal in Chile) standen ohnehin im verlegerischen Abseits.

Da wurde plötzlich ein Buch einer jungen und unbekannten Chilenin publiziert, die im Exil in Venezuela lebte, aber den bekannten Namen Allende trug (die Autorin ist Nichte des ermordeten sozialistischen Staatspräsidenten Salvador Allende). Der Verleger Mario Lacruz von Plaza & Janés sagte auf dem Cocktailempfang der Buchpräsentation damals, so wird berichtet, jetzt sei endlich und erstmals eine Autorin in den illustren Kreis des Booms gelangt, habe die Festung der Männer erobert.[4]

Auch hierzu gibt es eine geheime und wahre Geschichte: wie Isabel Allende den Roman an ihrem Küchentisch schrieb, der zunächst nur ein langer Brief an ihren Großvater sein sollte, den sie nicht besuchen konnte und der im Sterben lag; wie der argentinische Autor Tomás Eloy Martínez – damals auch im Exil in Venezuela – ihr den Rat gab, sich an Carmen Balcells zu wenden; wie das Päckchen in Barcelona ankam und Carmen den Verlag für sie fand.

Kolportiert wurde auch, und Jahre später von der Autorin bestätigt, dass *Das Geisterhaus* im ‚Doppelpack', damals eine gängige Praxis in der Agentur, verkauft wurde: Der Verlag erwarb ein heiß begehrtes Werk und musste sich verpflichten, ein anderes Buch, meist von einem unbekannten oder schwer verkäuflichen Autor, gleichzeitig zu erwerben.

Und so begann die Erfolgsgeschichte vom *Geisterhaus*. In Spanien gab es ein zwiespältiges Echo: die Leser waren begeistert, aber die Kritik verhielt sich verhalten, abwartend oder negativ. Der Roman sei nur ein Abklatsch des magischen Realismus à la García Márquez, keine eigenständige und originelle Leistung, die Autorin lediglich eine Epigonin. Wieder gab es eine Familiensaga, wieder übernatürliche Begebenheiten, wo blieb das Neue? Aber diese Stimmen konnten nicht verhindern, dass die Leserinnen das Buch bald zu einem Verkaufshit machten – und so darf man festhalten, dass sich *Das Geisterhaus* gegen seine Kritiker durchgesetzt hat. Schon bald gab es eine Polemik zwischen den Gegnern und einzelnen Befürwortern des Romans, die sich heftig befehdeten. Die Fans behaupteten, sie sei ein erzählerisches Naturtalent, habe Komik und Witz, behandle endlich Themen, die die Frauen angingen. Ihre Protagonistinnen seien starke Persönlichkeiten, bildeten ein Gegengewicht zur Macho-Welt, seien glaubwürdig.

Ich möchte dies jetzt nicht weiter ausführen, obwohl es ein spannendes Thema ist, denn mich interessiert hier die Rezeption in Deutschland. Erlauben Sie mir daher, ein wenig aus dem Nähkästchen zu plaudern. Ich war bei der Präsentation des Romans in Barcelona anwesend, sprach mit der damals sehr schüchternen Autorin, die dem Verlag Alfaguara eine kleine Erzählung zur Prüfung für die Kinder- und Jugendbuchreihe gegeben hatte. Als ich das Manuskript mit einiger Verspätung erhielt (der Verlag war in Madrid, ich lebte in Barcelona, war aber für diese Reihe verantwortlich), wollte ich es

[4] Sergio Vila-Sanjuán: *Código best seller. Las lecturas apasionantes que han marcado nuestra vida*, Madrid: Planeta, 2011.

sogleich erwerben und publizieren – aber die Autorin hatte keine feste Adresse hinterlassen, nur eine Telefonnummer. Und die blieb immer stumm. Alle Versuche, sie ausfindig zu machen, waren vergeblich. Daher wollte ich wissen, ob Isabel Allende identisch sei mit der Verfasserin jenes Manuskriptes von vor drei bis vier Jahren. Sie hatte es längst vergessen, aber in der Tat: sie war die Autorin. So konnte *La gorda de porcelana* als Bilderbuch erscheinen, illustriert von Fernando Krahn. Unser Gespräch war herzlich, ich bekam ein gewidmetes Exemplar des *Geisterhauses*, und ganz deutlich erinnere ich mich an die Lektüre, die ich am gleichen Abend begann: Ich legte den Roman erst aus der Hand, als ich ihn bis zur letzten Seite gelesen hatte.

Drei Tage später lag mein Gutachten auf dem Schreibtisch von Siegfried Unseld. Ich hatte damals eine Art freie Wahl für einen Titel eines jungen Autors pro Jahr – ansonsten publizierte Suhrkamp vor allem die großen Autoren, heute Klassiker, und das war ein gewaltiges Programm, jedes Jahr erschienen etwa zehn bis zwölf Bücher. So folgte Isabel Allende auf Osvaldo Soriano und Reinaldo Arenas als ‚junge Stimme' und Suhrkamp erwarb die Rechte mit einer überaus bescheidenen Vorauszahlung.

Als die exzellente Übersetzung von Anneliese Botond ein Jahr später auf dem Tisch von Joachim Unseld lag, frisch ernannter Juniorchef des Verlags, war er fasziniert vom Roman und setzte sich bei den Buchhändlern sehr dafür ein, dieses Buch zu unterstützen. Im Branchenmagazin *BuchMarkt* (3/1984) nannte er seinen ‚besonderen Lesetipp': „Ohne viel Worte zu machen: ich bin begeistert, in jeder Hinsicht begeistert von diesem großartigen Roman und seinem erzählerischen Reichtum. Ich wünsche dem Buch viele faszinierte Leser und denke mir, daß Sie sich schon nach den ersten Seiten von diesem aufregenden Buch packen lassen – wie es mir geschah".

Und so erging es hunderttausenden von Lesern. Siegfried Unseld hatte einen solchen Erfolg noch mit keinem Titel erlebt. Als die Autorin im Herbst zur Buchmesse nach Frankfurt kam, waren bereits 500 000 Exemplare verkauft worden und sie wurde gefeiert wie ein Popstar. Jede Lesung war ausverkauft, stets gab es lange Schlangen für Autogramme. Der Verleger fasste das ‚Phänomen' in seiner Verlagschronik zusammen:

> Am 12. März erscheint Isabel Allendes Roman *Das Geisterhaus*, aus dem Spanischen übersetzt von Anneliese Botond. Es ist das erste Buch dieser Autorin, der Nichte des chilenischen Präsidenten Allende, die nach dem Putsch vom 11. September 1973 Chile verließ und mit ihrer Familie als Journalistin in Venezuela lebte. *La casa de los espíritus* erschien 1982 in Spanien, danach in rascher Folge in allen europäischen und vielen außereuropäischen Sprachen. Doch nirgendwo war der Erfolg so groß wie in Deutschland: ‚Eine endlose Geschichte von Schmerz, Blut und Liebe' (SZ), ‚Epische Souveränität' (FR), ‚Hier ist eine Frau mit großer Erzählkunst in die Autoren-Elite-Lateinamerikas eingedrungen: ein Stück große Literatur' (Stern). Das Buch ist viele Monate die Nummer 1 der Bestseller-Liste des Spiegel. Dieser ‚Glücksfall für die Literatur' ist in Deutschland mit 2,1 Mill. Exemplaren verbreitet.[5]

Vor allem waren *Das Geisterhaus* und die weiteren Bücher der Autorin ein Glücksfall für den Verlag, denn ab 1984 erschien zuverlässig alle zwei Jahre ein neues Werk, stand auf den Bestsellerlisten, spülte viel Geld in die Kasse. Im aus Anlass des 90. Geburtstags

[5] *Die Geschichte des Suhrkamp Verlages 1950–2000*, Frankfurt a.M.: Suhrkamp Verlag, 2000, 162/163.

erschienenen Band *Siegfried Unseld. Sein Leben in Bildern und Texten* ist die *Spiegel*-Bestsellerliste vom 27. September 1995 abgebildet. Auf Platz 1 steht Isabel Allende mit dem Roman *Fortunas Tochter*. Darunter liest man: „Diese Bestsellerliste und die folgende knappe Analyse machen deutlich, daß es schon immer unumgänglich für den Suhrkamp wie den Insel Verlag war, über zumindest einen Bestseller pro Jahr zu verfügen“[6]. Wohl wahr.

Es gibt eine lateinamerikanische Literatur vor und nach García Márquez, das steht außer Frage. Und es gibt ebenfalls eine lateinamerikanische Literatur vor und nach Isabel Allende. Aus Anlass des 70. Geburtstags der Autorin habe ich darüber einen Artikel publiziert.[7] Für schreibende Frauen aus Lateinamerika hat sich jedenfalls seit dem ‚Phänomen‘ Isabel Allende vieles zum Besseren gewendet. Verleger suchen nun Autorinnen, sie gelten als besser verkäuflich. Als erste profitierte die Mexikanerin Ángeles Mastretta von der neuen Situation, die Leserinnen – und sie kaufen mehr Bücher als Männer, lesen deutlich mehr – suchen weibliche Themen, weibliche Sichtweisen, und dies nicht als Herz-/Schmerzgeschichten, sondern sie verlangen Literatur. Heute herrscht Parität: Verlegt wird, wer gut schreibt, auch wenn manche Autoren inzwischen behaupten, die Frauen hätten noch immer einen Bonus, hätten es leichter, sich im härter werdenden Literaturbetrieb durchzusetzen. Darüber könnte man lange streiten und viele Untersuchungen anstellen – vielleicht ist es eine müßige Angelegenheit.

Bevor ich mich dem dritten der großen Latino-Bestseller zuwende, Carlos Ruiz Zafón, sei mir zuvor noch ein Abstecher gestattet. Es geht um Javier Marías und seinen Roman *Mein Herz so weiß*.

1992 in Spanien vom Verlag Anagrama publiziert, wurde der Roman zu einem Phänomen, und zwar in Deutschland nach der Fernsehsendung *Das literarische Quartett*. Piper, der bisherige Verleger von Javier Marias, hatte den Roman wegen des schlechten Verkaufs früherer Bücher abgelehnt. Dann bot Jorge Herralde, der Verleger von Anagrama, das bereits von Elke Wehr hervorragend übersetzte Buch verschiedenen deutschen Häusern an. Jeder konnte es lesen, und schließlich kaufte Klett-Cotta den Roman nach einigem Zögern preiswert ein und publizierte ihn 1996.

Nach der Fernsehsendung, in der alle vier Teilnehmer das Buch in höchsten Tönen gelobt hatten, schnellten die Verkäufe in die Höhe: 268 300 Exemplare Hardcover in einem Jahr, für ein so komplexes Buch eine schier unvorstellbare Ziffer – sowohl für den Autor als auch für alle Kenner des Literaturbetriebs. Später folgte das dtv-Taschenbuch, das Heyne-Taschenbuch, die Buchclubausgabe. Summa summarum ergab das mehr als eine Million verkaufte Exemplare[8]. In Spanien verkaufte sich das Buch bei Anagrama mit ca. 400 000 Exemplaren, bevor der Autor den Verlag wechselte. Seitdem ist *Mein Herz so weiß* bei Alfaguara im Hardcover und Random House im Taschenbuch ein Longseller mit regelmäßigem, gutem Absatz. Nach dem immensen Erfolg in Deutschland – es gab eine Fülle an positiven Rezensionen – wurde das Werk von Javier Marías in viele weitere

[6] *Siegfried Unseld. Sein Leben in Bildern und Texten*, hg. von Raimund Fellinger und Matthias Reiner, Berlin: Suhrkamp Verlag, 2014, 106.

[7] Michi Strausfeld: „Lateinamerikanische Literatur vor und nach Isabel Allende. Hommage zum 70. Geburtstag“, in*:* *Universitas* 8/2012 (Heidelberg): 70–86.

[8] Zahlen der Agentur Casanovas/Lynch.

Sprachen übersetzt, jetzt nicht mehr in den Klein-, sondern in den Großverlagen (in Italien und Frankreich publizieren es Einaudi bzw. Gallimard).

Eine solche Macht, um ein anspruchsvolles Buch durchzusetzen, hatte die Kritik nur selten. Selbst Reich-Ranicki sagte in einem Gespräch mit Javier Marias ein Jahr später[9], so etwas habe auch er noch nie erlebt – obwohl er mehreren Autoren in den 90er Jahre zu großen Verkäufen und internationalem Ruhm verhalf, wie z.B. Cees Nooteboom. In Frankreich hatte Bernard Pivot mit seiner Sendung *Apostrophes* eine ebenso große Macht, um schwierigen Werken zum Erfolg zu verhelfen. Diese Zeiten sind vorbei, davon kann man heute nur träumen.

Den dritten und bislang letzten Megaseller in spanischer Sprache erzielte Carlos Ruiz Zafón 2001 mit *Der Schatten des Windes*. Auch diesmal ist ,la petite histoire' aufschlussreich: Der Autor, der in Los Angeles lebte, war im spanischen Literaturbetrieb unbekannt, obwohl er sehr erfolgreich vier Jugendbücher publiziert hatte. Er reichte das Manuskript dieses Romans für den *Fernando Lara*-Preis des Planeta-Verlags 2000 ein, zugleich schickte er es an die Agentin Antonia Kerrigan. Die Jury des Preises entschied sich für Angeles Caso, eine bekannte TV-Journalistin, Carlos Ruiz Zafón wurde nur „finalista", was bei diesem kleinen Preis keine Publikation implizierte.

Und nun wird es spannend: Ein Mitglied der Jury, der spanische Bestsellerautor Terenci Moix, dessen Stimme vom Verleger Fernando Lara immer gehört wurde, setzte sich für den Roman des unbekannten Autors ein, und so kam es zur Publikation.[10] Der Roman erschien am 21. Juni 2001, was in Spanien ein denkbar schlechter Moment ist: Kurz vor der Sommerpause beachten weder Kritik noch Buchhandel die letzten Novitäten, die als unwichtige Nachzügler gelten. Alle starken Titel des Frühjahrs sind dann erschienen, die nächsten folgen im Herbst.

Der Schatten des Windes wurde als Softcover publiziert, den Vertrag hatte Antonia Kerrigan für eine bescheidene Vorauszahlung geschlossen, und eigentlich passierte nichts – nur der Kritiker Sergi Doria publizierte am 16. Juni für die Barcelona-Ausgabe von *ABC* eine kleine Rezension; die Tageszeitung *La Vanguardia* folgte wenig später mit einer ganzseitigen und begeisterten Besprechung (29. Juni 2001): „Das Barcelona eines großen Fabulierkünstlers: *Der Schatten des Windes* ist ein glänzendes literarisches Geheimnis". Der Kritiker bescheinigte dem Buch eine große Zukunft. Dazu gab es ein kleines Interview mit dem Autor: „Meine Welt ist gotisch und düster". Sergi Doria, selber Barcelonese, konnte für die nationale Ausgabe von *ABC* nochmals eine ganze Seite mit Interview unterbringen (28. Juli 2001). Er sprach von der Faszination dieser Geschichte: „Geheimnisse von Barcelona". Ansonsten passierte nichts in der spanischen Presse, die ohnehin keine bedeutende Rolle mehr spielt für die Verbreitung eines Buches. Es gab auch keine nennenswerten Verkäufe, und so sollte das Buch schon im September als Taschenbuch publiziert werden. Die Agentin erbat Aufschub bis Weihnachten.

Und nun, langsam aber kontinuierlich, wurde das Buch von Mund-zu-Mund empfohlen (wie es García Márquez von einem guten Roman verlangt), einige Kritiker (wiederum Sergio Vila-Sanjuán in *La Vanguardia* und Sergi Doria in *ABC*) empfahlen es als ,bestes Buch des Jahres' für Weihnachten, die FNAC in Barcelona stellte den Roman sogar ins

[9] Sergio Vila-Sanjuán: *Pasando página. Autores y editores en la Espana democrática*, Barcelona: Ed. Destino, 2003, 347.

[10] Sergio Vila-Sanjuán, *Pasando página*, a.a.O., 448.

Schaufenster. Aber es gab keine Werbekampagne, der Verlag blieb weiterhin untätig. Bis Ende des Jahres wurden 8670 Exemplare verkauft, keine ganz geringe Zahl.

Vier Auflagen später wachte der Verlag endlich auf und schien zu merken, dass er ein Erfolgsbuch publiziert hatte. Aus dem weichen Umschlag wurde ein fester, jeden Monat gab es nun Nachauflagen, immer mehr Rezensionen erschienen, der Autor wurde aus Los Angeles nach Barcelona eingeladen, um endlich die in Spanien übliche ‚Präsentation' nachzuholen, die man zuvor für überflüssig erachtet hatte. Die Medien berichteten nun von einer ‚sensationellen Erfolgsstory'.

2002 wurden weitere 64 222 Exemplare verkauft. Aber der ganz große Sprung erfolgte erst 2003, und dies ist Joschka Fischer zu verdanken, der in der Sendung *Lesen, Lesen* von Elke Heidenreich gesagt hatte: „Anderthalb Tage – Sie werden die Nacht durchlesen. Sie können es nicht weglegen, bevor Sie nicht am Ende sind". In diesem Jahr wurden in Spanien 293 050 Exemplare verkauft, 2004 waren es dann 581 401, die Millionengrenze war überschritten – und bis heute wurden daraus ca. 4 Millionen verkaufte Exemplare.[11]

Wieder spielte Deutschland also eine entscheidende Rolle für den Erfolg eines spanischen Autors. Deshalb möchte ich wieder die ‚kleine Vorgeschichte' erzählen: Ende Juni war ich ein paar Tage in Barcelona, sammelte weitere Materialien für meinen fast beendeten Band über Barcelona,[12] als Sergio Vila-Sanjuán mir bei einem Interview den Roman von Carlos Ruiz Zafón empfahl, bald erschiene eine Rezension in *La Vanguardia*. Ich las sie, obwohl mich der Vergleich mit Arturo Pérez Reverte nicht beeindruckte, eher war das Gegenteil der Fall. Dennoch fragte ich in einer befreundeten Buchhandlung nach dem Roman (man hatte ihn dort noch nicht weiter beachtet), las die ersten Seiten und kaufte ein Exemplar. Vielleicht fände sich ja noch ein interessantes Zitat für das Barcelona-Buch. Ich las und las und las, bis ich die 575 Seiten (inzwischen zurück in Paris) am gleichen Wochenende beendet hatte. Montag telefonierte ich mehrmals vergeblich mit dem Verlag, keiner konnte Auskunft erteilen, wer für die Rechte des Romans zuständig war, bis eine befreundete Agentin mir einen Tipp gab: Antonia Kerrigan. Am 4. Juli schrieb ich ein langes Gutachten und plädierte dringlich für den sofortigen Einkauf. Siegfried Unseld stimmte zu, da die Vorauszahlung gering war, glaubte aber nicht an einen Erfolg. Zufällig war ich in Frankfurt, als der Vertrag bei ihm zur Unterschrift lag und er sagte mir nur: „Da hast Du Dein kleines Buch!" Leider hat er den Erfolg nicht mehr erlebt, als der Roman 2003 im Insel Verlag in der schönen Übersetzung von Peter Schwaar erschien.

Deutschland war das erste Land, das den Roman einkaufte, publizierte auch die erste Übersetzung. Den Autor lernte ich im Herbst 2002 kennen, als der Verlag Planeta ihn zu seiner ‚Präsentation' eingeladen hatte. Wenige Monate später erinnert sich Günter Berg, damaliger Verlagsleiter, an seine erste Begegnung:

> Vorgestellt hatte mir diesen auf den ersten Blick schüchtern wirkenden Autor Michi Strausfeld bei Gelegenheit eines gemeinsamen Madrid-Besuchs. Zafón malte mit einem dicken schwarzen Edding überall kleine feuerspeiende Drachen hin, hatte daran großen Spaß. Und als ich ihn fragte, was er denn so treibe, wenn er nicht schriebe, da erzählte er

[11] Zahlen der Agentur Antonia Kerrigan.

[12] *Barcelona. Ein literarischer Reiseführer*, hg. von Michi Strausfeld, Frankfurt a.M.: Insel Verlag, 2006.

mir von seinen Erfahrungen als Drehbuchschreiber in Hollywood. Das sei eine sonderbare Tätigkeit: Morgens käme einer, der vage eine bestimmte Szene beschreiben würde, an der man dann den ganzen Tag arbeiten durfte. Abends gab man dann die ausgeführten Dialoge ab. ‚Für welchen Film?‘, fragte ich. ‚Ich habe keine Ahnung! Ich schreibe nur Szenen. Ich weiß nicht für welchen Film.‘ Es war ein lustiges Kennenlernen. Wenige Wochen später kam Carlos Ruiz Zafón zu uns nach Frankfurt, um aus seinem Manuskript, das schon ein paar Kollegen im Verlag gelesen hatten, vorzutragen. Das ganze Haus war angetan. Das war der Anfang einer großen Erfolgsgeschichte. Später dann, das Buch war bereits ein paar Wochen im Handel, bekam Joschka Fischer Wind von dem herrlichen Roman über Bücher und die labyrinthische Literaturstadt Barcelona. Er machte den *Schatten des Windes* ganz zu seiner Sache in der Büchersendung von Elke Heidenreich. So ging es weiter und weiter: ein seltener Erfolg für ein herausragendes erstes Buch.[13]

Der Verlag hatte ein Leseexemplar gedruckt, aber ein Werbebudget stand nicht zur Verfügung. Die Herbstvorschau zeigte den Umschlag als Titelbild. Den Rest brauche ich nicht mehr zu erzählen: Die Erfolgsgeschichte von Carlos Ruiz Zafón verlief märchenhaft, in Deutschland, später in Italien, in Frankreich, sogar in den USA, wo Stephen King in seiner Kolumne *The Pop of King* ein großes Lob spendete: „Be warned, you have to be a romantic at heart to appreciate this stuff, but if you are, this is one gorgeous read“.[14]

Inzwischen gibt es sechs deutsche Ausgaben des Romans (vier bei Suhrkamp/Insel; zwei bei Fischer) und mehr als 3 Millionen verkaufte Exemplare. Schon 2007 warb Planeta mit einer Bauchbinde: „Mehr als 8 Millionen Exemplare weltweit“. Inzwischen sind es rund zwölf Millionen, denn die Verkaufszahlen der 42 Übersetzungen sind teilweise herausragend (Deutschland steht hier an erster Stelle). Die grassierende Lesesucht heißt „Zafonmania“.

Natürlich ist seitdem alles anders geworden: der zweite Roman, *Das Spiel des Engels* und der dritte, *Der Gefangene des Himmels*, wurden selbstverständlich in allen Ländern mit großen Werbekampagnen lanciert, der Autor ist längst ein Superstar, lebt weiterhin in Los Angeles und arbeitet zur Zeit konzentriert an seinem vierten Roman, mit dem er die Tetralogie des „Friedhofs der vergessenen Bücher“ beenden will.[15] Danach möchte er sich vor allem mit Musik beschäftigen, schon kann man seine Klavierkompositionen über die Personen seiner Romane im Netz herunterladen.

Millionen Leser auf der ganzen Welt warten auf dieses Buch. Erst dann wird man die Komplexität dieser Saga, den kunstvollen Aufbau, die herausragenden Dialoge, die Cliffhanger und die scheinbare Einfachheit korrekt und konkret analysieren – und bewundern – können. Erfolgsautoren haben es schwer in der Kritik, aber diese Tetralogie wird auch harte Skeptiker beeindrucken, das ist meine feste Überzeugung.

Diese drei (oder vier) Erfolgsgeschichten sind ein Beispiel dafür, wie wenig man einen literarischen Bestseller planen kann. Der Zufall, das Glück, eine besondere Konstellation sind entscheidend wichtig, nicht aber unbedingt eine Marketing-Kampagne, um ein erstes Buch durchzusetzen. Diese kann helfen, Aufmerksamkeit zu wecken inmitten des Meeres

[13] Email vom 20.10.2014 von G. Berg an Michi Strausfeld.

[14] *Entertainment Weekly*, 21.5.2004

[15] Bd. IV *El laberinto de los espíritus* erscheint im November 2016 in Barcelona. Die deutsche Übersetzung von Peter Schwaar erscheint im März 2017 unter dem Titel *Das Labyrinth der Lichter*.

von Novitäten, garantiert aber keinen Erfolg, ist darüber hinaus auch ein finanzielles Risiko. Auch das gibt es zum Glück immer mal wieder: Leser empfehlen ein Buch, und diese Mund-zu-Mund Propaganda ist noch immer der wichtigste Anreiz, ein Buch zu kaufen. Ist ein Autor jedoch mit einem Hit etabliert, ändert sich alles. Die Vorauszahlungen sind dann nicht mehr vierstellig, sondern sechs- oder siebenstellig, die Royalties schnellen in die Höhe, und jedes neue Buch wird mit einem großen Werbeaufwand lanciert – da greifen die Verlage zu allen nur vorstellbaren Marketingstrategien, entwickeln desgleichen jeweils neue, auf das Buch und den Schriftsteller zugeschnittene Ideen.

Ja, Bestseller sind immer wieder eine Überraschung, ein Geheimnis, ein Phänomen – und mehr als notwendig für die Ökonomie der Verlage, heute mehr als früher. Jedes literarische Haus braucht solche Titel, sucht sie verzweifelt, denn die Polarisierung schreitet voran. Wie in der Gesellschaft bröckelt der mittlere Block, die zuvor üblichen Verkäufe vieler guter Romane (zwischen 10- und 20 000 Exemplaren) sind drastisch gesunken. Stattdessen häufen sich die Kleinstverkäufe anspruchsvoller literarischer Titel (1000-2000 Exemplare).

Auf den Buchmessen stecken die internationalen Verlagsmenschen daher intensiv die Köpfe zusammen: Was gesehen, was gehört, was gefunden? Es ist wie die Suche Zarathustras: Wir alle sind in der Mittagssonne mit der Laterne auf dem Platz unterwegs.

Kora Baumbach

Wahrnehmung von Gewalt

(Erzwungenes) Verschwinden bei Marcelo Figueras und Uwe Timm

Einleitung

„[J]edes Verbrechen" habe, so räsoniert der Erzähler in Patricio Prons Romans *El espíritu de mis padres sigue subiendo en la lluvia*, neben einer „individuelle[n], private[n] Seite" immer „auch eine öffentliche, gesellschaftliche Seite", und genau diese sei es auch, die „uns alle" berühre. Um Verletzungen dieser öffentlichen Seite zu ahnden, sei es erforderlich, Gerechtigkeit „im Namen eines Kollektivs" zu verlangen, „dessen Normen durch das individuelle Verbrechen in Frage gestellt wurden". Man müsse sich bemühen, solchen Verletzungen „Einhalt zu gebieten, mit einer Gewalt, die zumindest theoretisch nicht von einem Individuum oder einer sozialen Klasse, sondern von dem verletzten, aber noch ungebrochenen Kollektiv ausgeht."[1]

Was geschieht aber, wenn einige der Prämissen, die der Erzähler für die Sühne von Verbrechen aufstellt, nicht erfüllt werden können? Was passiert, wenn den einzelnen Verbrechen keine einzelnen Täter zugeordnet werden können, weil ganze Teile der Gesellschaft zu Opfern werden, während andere Teile dieser Gesellschaft die Täter stellen, da jene Verbrechen im Kontext staatsterroristischer Gewaltakte gegen die eigene Bevölkerung begangen werden; wenn damit ursprünglich geteilte Normen nicht mehr länger allgemeine Gültigkeit besitzen? Was folgt, wenn – und das kompliziert diese Tatsache darüber hinaus – die Opfer nicht mehr auffindbar sind, wodurch die Anklage und die juristische Ahndung des Verbrechens schwer bis unmöglich wird?[2] Was bedeutet es für eine Gesellschaft, wenn die Täter ebenso wie die Opfer als soziale Gruppe und nicht mehr als Individuen fungieren? All diese Fragen kulminieren in derjenigen nach den Folgen, die es zeitigt, wenn das Kollektiv, dem eigentlich die Intervention obliegt, gespalten ist und ein Teil davon nicht allein verletzt, sondern in einem Maße verletzt wurde, dass dieser Teil seiner selbst zutiefst traumatisiert und damit gebrochen ist.

[1] Patricio Pron: *Der Geist meiner Väter steigt im Regen auf*, übers. von Christian Hansen, Reinbek b.H. 2013, 129.

[2] Vgl. zur Problematik, das erzwungene Verschwinden juristisch zu formulieren und als Verbrechen gegen die Menschlichkeit ahnden zu können Nina Elsemann: *Umkämpfte Erinnerungen. Die Bedeutung lateinamerikanischer Erfahrungen für die spanische Geschichtspolitik nach Franco*, Frankfurt a.M. 2014, 82–88; vgl. auch Wolfgang Kaleck: *Kampf gegen die Straflosigkeit. Argentiniens Militärs vor Gericht*, Berlin 2010, der auf die gesellschaftlichen Auswirkungen und die Strafverfolgung in Argentinien eingeht und in einem internationalen Kontext beleuchtet; außerdem zur Genese der juristischen Kodifizierung Wolfgang S. Heinz: *Das internationale Übereinkommen zum Schutz aller Personen vor dem Verschwindenlassen*, Berlin 2008 (elektronische Fassung).

Diese Fragen sind es, die die argentinische Gesellschaft seit Jahrzehnten umtreiben und die auch in die Literatur längst Einzug gehalten haben.[3] Diese Fragen sind es auch, die zumindest Marcelo Figueras' Roman *Kamtschatka* grundieren, dessen Erzähler sich am erzwungenen Verschwinden der Eltern abarbeitet. Uwe Timms Roman *Der Schlangenbaum* thematisiert ebenso das Verschwinden in einer südamerikanischen Militärdiktatur und muss mithin gleichfalls die Frage nach der Funktion einer solchen Konstruktion dulden.

Der Roman *Kamtschatka* von Marcelo Figueras, 2003[4] erschienen, behandelt die letzten Wochen, die der zehnjährige Erzähler gemeinsam mit seinem Bruder und den Eltern verbringt. Noch am selben Tag, als die Kanzlei des Vaters kurz nach dem Militärputsch in Argentinien durchsucht und dessen Kompagnon verschleppt wird, entscheiden sich beide Eltern, mit den Kindern zusammen in den Untergrund zu gehen. Diese letzte gemeinsame Zeit, bevor auch die Eltern ins Visier des Militärs geraten und zur Sicherheit der Kinder diese bei den Großeltern lassen, ist Erinnerungs- und Erzählgegenstand des Romans. Dabei verquickt der Erzähler zwei Zeitebenen: Die damaligen Ereignisse, über die der gerade Zehnjährige berichtet, werden immer wieder von erklärenden oder ergänzenden Einsprengseln des inzwischen erwachsenen Erzählers unterbrochen. Figueras verbindet damit die Zeit des Terrors der argentinischen Diktatur mit der der Gegenwart, in der sich der Erzähler der schwierigen Aufgabe gegenübersieht, die Verletzungen und Traumata der Vergangenheit zu be- und verarbeiten.

Damit sind bereits wesentliche Momente benannt, mit denen sich auch der Protagonist des Timm'schen Romans, der beinahe 20 Jahre früher, erstmals 1986, erschien, konfrontiert sieht: Wagner, ein deutscher Ingenieur und Spezialist für Hoch- und Tiefbau, nimmt den Auftrag seiner Firma an, den ins Stocken geratenen Bau einer Papierfabrik im südamerikanischen Urwald wieder in Gang zu bringen. Der familiären und ehelichen

[3] So befasst sich Karolin Viseneber in ihrer Untersuchung zu den *Poetiken des Verschwindens* gerade auch mit der sozialen und politischen Spaltung des Landes und deren Auswirkungen auf die Erinnerungspolitik: „Argentinien wird häufig als geteiltes Land wahrgenommen – heute ebenso wie zwischen 1976 und 1983, als die Militärdiktatur viele Opfer forderte und nicht zuletzt zu einem Kampf gegen die eigene linksgerichtete Jugend aufrief. Während dieser Zeit, die von der Militärführung als *Proceso de Reorganización Nacional* oder *guerra sucia* [...] bezeichnet wurde, sind nach Schätzungen verschiedener Menschenrechtsorganisationen 30 000 Menschen entführt, gefoltert und getötet worden. [...] Die damit zusammenhängende Politik der Erinnerung ergibt sich aus dieser Positionierung innerhalb eines geteilten Gedächtnisses." (Karolin Viseneber: *Poetiken des Verschwindens. Zeitgenössische argentinische Romane über die Militärdiktatur 1976–1983*, Würzburg: Königshausen & Neumann, 2014 [Epistemata. Würzburger wissenschaftliche Schriften, Reihe Literaturwissenschaft 798], 25 [Kursivierung im Original]). Die spezifischen Ausschlussmechanismen, die nicht allein während der Diktatur funktionierten, sondern ihre Schatten über das „geteilte Gedächtnis" bis in die Gegenwart werfen, sind laut Viseneber in ihren Ausprägungen und Konsequenzen seit geraumer Zeit Thema der argentinischen Gegenwartsliteratur (vgl. ebd., Kapitel 2 und 3).

[4] Voran ging dem Roman das Drehbuch von Marcelo Figueras zum 2002 herausgekommenen, gleichnamigen Kinofilm *Kamtschatka*, der 2003 den Publikumspreis auf der Berlinale erhielt und als bester ausländischer Film für den Oscar nominiert wurde. Für diesen Hinweis danke ich Heike Spickermann.

Stagnation entfliehend, sieht er sich bald einer völlig unterschätzten, politisch gefährlichen sowie wirtschaftlich und gesellschaftlich verwirrenden Situation im Land gegenüber, verstrickt sich persönlich und sucht am Ende nicht allein seine verschwundene Geliebte, sondern auch sich selbst. Wagner kämpft also ebenso mit Erinnerungen, mit einer lebensbedrohenden militärischen Diktatur, politischer Willkür und Schutzlosigkeit, mit dem Verschwinden von Personen und mit die eigene Identität traumatisch bedrohenden Geschehnissen, die es zu verarbeiten gilt.

„Ganz unten angekommen". Wagner als „tragische Gestalt"

Uwe Timm geht es in seinem Roman, wie oft in der Forschung dargestellt wurde[5], anhand der Konfrontation mit dem Anderen, in diesem Falle Lateinamerika, um die Infragestellung westlicher Überzeugungen, die im Kontext seiner poetologischen Äußerungen der 1980er Jahre zu lesen sind. Die bleibende Aktualität des Buches allerdings, die Hielscher benennt, wenn er Timm „besondere Hellsichtigkeit"[6] attestiert, liegt in der Schilderung von Gewalterfahrung.

Durch eine ganze Reihe von Ereignissen zunehmend verunsichert,[7] ist es das Verschwinden[8] seiner Spanischlehrerin und Geliebten Luisa, das Wagner dazu bringt, in die

[5] Vgl. bspw. Michael Schneider: „Homo Faber im Regenwald. Uwe Timms Roman ‚Der Schlangenbaum'", in: *Der schöne Überfluß. Texte zu Leben und Werk Uwe Timms*, hg. von Helge Malchow, Köln: Kiepenheuer & Witsch, 2005, 159–163; Egon Schwarz: „Der Schlangenbaum. Uwe Timms ‚postkolonialer Bildungsroman'", in: ebd., 34–43; Klaus Meyer-Minnemann: „Die fremde Logik und die Ordnung der Dinge. Uwe Timms *Der Schlangenbaum*", in: *Die Archäologie der Wünsche. Studien zum Werk von Uwe Timm*, hg. von Manfred Durzak und Hartmut Steinecke, in Zusammenarbeit mit Keith Bullivant, Köln: Kiepenheuer & Witsch, 1995, 119–142; Mechthild Borries: „Frauenbilder in Uwe Timms Romanen. Beobachtungen einer weiblichen Leserin", in: ebd., 291–310; Colin Riordan: „‚Der Weg in die Zukunft': Uwe Timm and the Problem of Political Ecology", in: *Uwe Timm*, ed. by David Basker, Cardiff: University of Wales Press, 1999, 66–81; Berna Ercan und Axel Schaffler: „Von A-pokalypse bis Z-erfall. Der Schlangenbaum – Uwe Timms politischer Roman", in: *„(Un-) Erfüllte Wirklichkeit". Neue Studien zu Uwe Timms Werk*, hg. von Frank Finlay und Ingo Cornils, Würzburg: Königshausen & Neumann, 2006, 113–139.

[6] Martin Hielscher: *Uwe Timm*, München: DTV, 2007 (dtv portrait), 119 f.

[7] Die Verhaftung und das anschließende Verschwinden der bolivianischen Arbeiter, an dem Wagner nicht ganz unschuldig ist (Uwe Timm: *Der Schlangenbaum*, 2. Aufl., München: DTV, 2001, 199 f. [im Folgenden zitiert als „S"]) bereitet ihm ein schlechtes Gewissen, was sich auch nicht durch Bredows Versicherung ändert, die Arbeiter würden „abgeschoben", sicher nicht verhaftet, denn das „würde doch nur Geld kosten" und sei außerdem kaum möglich, da „die Gefängnisse seit dem Putsch übervoll" wären (S, 205). Bredow als der Vertreter der Firma, die Wagner entsandt hat, ist für die Kontakte zu allen wichtigen Staats- und Militärstellen des Landes zuständig. Auch das Einritzen einer Schlange in die Karosserie seines Autos (S, 120 und wieder 150) versetzen ihn in Erstaunen ob ihrer Akribie, der Schnelligkeit, wie sich herumgesprochen hat, dass er eine Schlange überfahren hat und der Tatsache, dass der Täter informiert ist, wo sein Wagen jeweils geparkt ist.

[8] An dieser Stelle nutze ich bewusst den Begriff des Verschwindens, da der Roman das Schicksal Luisas nicht eindeutig macht, sondern auch andere Lesarten zulässt, so dass nicht mit völliger

Hauptstadt aufzubrechen, um nach ihr zu suchen. So argumentiert denn auch Paul Michael Lützeler, dass Uwe Timm „das Verschwinden der Menschen in der Diktatur zum Hauptthema seines Romans gewählt“[9] habe. Kann man in der Frage der Akzentuierung auch anderer Meinung sein, so kann man Lützeler jedoch dahingehend zustimmen, dass das Verschwinden Luisas wesentliches Moment des Textes ist. Denn mit dem Verschwinden seiner Geliebten begibt Wagner sich auf die Suche nach ihr, die als Ergebnis zwar nicht das erhoffte Auffinden einer Spur, wohl aber Wagners Politisierung zeitigt.

Nachdem Wagner und Luisa ausgegangen und auf Oberst Kramer getroffen waren, dessen Gegenwart Luisa in sichtbare Angst versetzt (S, 160), und die Nacht gemeinsam verbracht hatten, trifft er sie bei seinem nächsten Besuch nicht in ihrer Wohnung an (S, 203), auch nicht am darauffolgenden Tag. „Nichts hatte sich verändert.“ So scheint es auf den ersten Blick, die flüchtig ausgespülten Gläser ihres gemeinsamen Abends stehen noch „[n]eben der gußeisernen Spüle“. Merkwürdigerweise jedoch sind in der Küche „die drei Stühle mit den Lehnen gegen den Tisch gekantet, wie in Kneipen nach der Polizeistunde“ und das Schlafzimmer wirkt, „als sei es schon seit Wochen unbewohnt“. Was ihm schließlich auffällt, ist das Fehlen des Koffers, der bei seinem letzten Besuch gepackt auf ihrem Bett gestanden hatte. Auch wenn Wagner hofft, dass „etwas Unvorhergesehenes“ passiert sein könnte, das sie überstürzt abreisen ließ, kommt ihm doch bereits die Befürchtung, sie könne auch „verhaftet“ worden sein (S, 209–211).

Wagner entscheidet sich, Luisa zu suchen. Er bricht für Nachforschungen in die Hauptstadt auf. Noch ist er davon überzeugt, „es gebe im Land so etwas wie eine zivilrechtliche Struktur“, doch er „erlebt Buenos Aires als undurchsichtige kafkaeske Welt, als Metropole eines nicht greifbaren terroristischen Systems“.[10] Die Präfektur, in die Wagner sich begibt, zeugt von der „Paranoia und dem Gewaltwillen der Diktatur“, sie gestaltet sich als „uneinnehmbare Burg“, die sich in einem „Belagerungszustand“ zu befinden scheint. „Doch Wagners Suche bleibt [...] ergebnislos.“[11] Luisa bleibt spurlos verschwunden, es lässt sich nicht der kleinste Hinweis finden. Damit scheint sie einem „Wahrnehmungstod“ zum Opfer gefallen zu sein, wie Rike Bolte ihn definiert: „Festnahme, Verschleppung, Gefangenschaft und Folter wurden so vollzogen, dass kaum Zeugnisse darüber an die Öffentlichkeit gelangten.“[12] Dieses nahezu zeugnis- und zeugenlose Verschwindenlassen von Personen führte „physisch gesprochen“ zu deren „gewaltsame[r] Depräsentation“[13], gesellschaftlich aber wurden diese Personen zudem „aus dem Bereich der Wahrnehmung ausgeschlossen“[14].

Sicherheit klar wird, ob sie Opfer der gewaltsamen „Depräsentation“ geworden ist. Zum Unterschied zwischen den beiden Termini vgl. Rike Bolte: *(Gegen-)Abwesenheiten. Memoria-Generationen und mediale Verfahrensweisen kontra erzwungenes Verschwinden [Argentinien 1976–1996–2006]*, open access-source, 49 und Kapitel 1.

[9] Paul Michael Lützeler: „Architektur und Diktatur. Zu Uwe Timms Roman *Der Schlangenbaum*“, in: Malchow, *Der schöne Überfluß*, 145–158, hier 146.

[10] Ebd.

[11] Ebd., 149.

[12] Bolte, *(Gegen-)Abwesenheiten*, 85.

[13] Ebd., 32.

[14] Ebd., 85. Vgl. dazu auch Viseneber, *Poetiken des Verschwindens*, 30–32, 38–40, 48–50 und 66–78.

Auf „das Heterotope schlechthin“[15], auf ein Symbol des Kampfes von Angehörigen gewaltsam Verschwundener gegen diese Strategie der „Verunsichtbarung“[16] trifft Wagner während seines Aufenthaltes in der Präfektur. Dort sieht er den so genannten Schlangenbaum, der im Innenhof des Gebäudes steht. Mit ihm verbinde sich ein „Aberglaube, der sich bis heute gehalten hat“, erklärt ihm der Kontaktoffizier der Firma, Fabrizi: „Hier war früher das Untersuchungsgefängnis [...]. Und wenn ein Gefangener nicht wieder herauskam, hieß es, eine der Schlangen, die angeblich im Baum lebten, hätten ihn gebissen.“ Was er als „Aberglaube“ abtut, ist genau das nicht, sondern eine camouflierte Form des Widerstandes. Deshalb ist dem Schlangenbaum für die Angehörigen des Staatsapparates auch ein enormes Beunruhigungspotenzial immanent, was sich in der Reaktion zeigt, die Fabrizi weiter erläutert: „Die Militärs wollen den Baum jetzt fällen lassen, angeblich um diesen finsteren Aberglauben zu bekämpfen, tatsächlich aber aus der Angst, der Baum könne zum Sinnbild für die Verschwundenen werden.“ (S, 233) Diese Verbindung ist keineswegs das „kurios Naive[ ]“ (ebd.), als das er es deklariert, denn keiner der betroffenen Angehörigen glaubt tatsächlich an Schlangen. Vielmehr versteckt sich dahinter das Wissen um die Gefahr und der verzweifelte Kampf, mit dem erzwungene Verschwinden der Verwandten und Liebsten umzugehen, der gewaltsamen Entfernung aus der Gesellschaft, die auf deren Existenznegation hinausläuft, zu begegnen und auf eine gewaltlose Weise widerständig zu sein.

Doch die Ergebnislosigkeit der Suche nach Luisa ist nicht ausschließlich – wie dem Protagonisten und mit ihm dem Leser sukzessive klar wird – der militärischen Taktik geschuldet. Wagner muss sich darüber hinaus eingestehen, dass diese Fahrt zudem sinnlos war, weil er „bei der ersten naheliegenden Frage mit Nein“ (S, 234) hatte antworten müssen. Er weiß über Luisa kaum etwas, weder ihr Alter noch ihren vollständigen Namen oder ob der ihm bekannte tatsächlich ihr richtiger Name ist. Auch der Leser hat kein weiterreichendes Wissen über die Figur, sie führt ein „Schattendasein“[17]. Sie verdanke „ihre literarische Existenz“, wie Mechthild Borries ausführt, „ihrer funktionalen Bezogenheit auf den Mann“.[18] Luisa bleibe „geheimnisvoll und unausgedeutet“, alles um sie verbleibe „ganz im Nebel“. Borries schlussfolgert daraus: „Die Beziehung zu Luisa hat für Wagner vor allem die Funktion, seine eigene Entwicklung mitzuprägen und zu fördern.“[19] Diese Deutung der Figur ist durchaus plausibel, kann allerdings nicht gegen Timm gewendet werden: Der Erzähler konstruiert Luisa solchermaßen funktional, um daran zu demonstrieren, dass der Protagonist ein zumindest fragwürdiges, wenn nicht sogar falsches Verhältnis zu dieser Frau hat. Denn Wagner benutzt sie, um sich über sein Leben, seine Ehe und seine eigene Gefühlslage klar zu werden. Durch Luisas Existenz

[15] Lützeler, „Architektur und Diktatur“, 150.

[16] Bolte, *(Gegen-)Abwesenheiten*, 32.

[17] Borries, „Frauenbilder in Uwe Timms Romanen“, 295. Trotz ihrer Kritik an vielen Frauengestalten Timms attestiert Borries ihm im Falle der literarischen Konstruktion der Figur der Luisa „erzählerische Aufrichtigkeit“, da er sich enthalte, die Kluft zwischen den Kulturen einfühlend zu überbrücken und deshalb der „Erzähler mit den begrenzten Informationen über den fremden Kulturraum an keiner Stelle mehr über die unerklärbaren Ereignisse und Fremdheitserfahrungen wisse als die Figur selbst“. Ebd., 292.

[18] Ebd.

[19] Ebd., 298.

jedoch und ihr Schicksal wird ihm erst die politisch hochgefährliche Lage des Landes deutlich. Die allgegenwärtige Militärpräsenz wird persönlich.[20]

Die Fahrt in die Hauptstadt gerät schließlich völlig außer Kontrolle und wird zu „einem einzigen Alptraum“[21], wie Egon Schwarz darstellt: „Die totale Entfremdung kulminiert in seiner Verhaftung.“[22] Wagner muss erkennen, dass alle Warnungen keineswegs übertrieben waren, dass selbst er als Ausländer dem Militär schutzlos ausgeliefert ist: „Stimmen. Licht. Er schreckte hoch. Im Zimmer waren Männer. Jemand schrie. Er erkannte Uniformen. Er wurde hochgerissen. Er stand benommen, erst dann spürte er den Schmerz, man hatte ihm die Hände auf dem Rücken in Handschellen gezwängt. Er schrie.“ (S, 269)

Ähnlich den realen Verschleppungsaktionen, bei denen die Opfer vorrangig im Dunkeln geholt werden, eine Taktik, die – wie Bolte im Rekurs auf Gruchmann und Elsemann ausführt – ihre Wurzeln bereits im Nationalsozialismus hat,[23] wird auch Wagner abgeholt, als es „noch dunkel“ (S, 269) ist. Wagner landet in einer „Zelle“ (S, 270) im Keller einer „Villa“ (S, 269) und ist, wie er selbst feststellt, „ganz unten angekommen“ – sowohl im wörtlichen als auch im metaphorischen Sinne. Denn schrittweise wird ihm klar, in welch gefährlicher Lage er sich befindet: Nicht nur sieht er rein äußerlich „heruntergekommen und dreckig“ aus, viel schlimmer noch ist, dass er seinen Status als „Ausländer“ nicht beweisen kann, da er seinen Pass verloren hat: „Zugleich fiel ihm ein, daß viele Ausländer verschwunden waren, unauffindbar, trotz aller angeblichen Bemühungen der Botschaften.[24] Wagner hatte immer gedacht, daß diese Leute doch irgendeinen Bezug, und seien

[20] Bredow rät ihm, sich einen anderen Spanischlehrer zu suchen, da der Oberst Hinweise bekommen habe, Luisa stehe mit der Guerilla in Verbindung, was auch für Wagner selbst „lebensgefährlich“ werden könnte (S, 136). Wagner fühlt sich außerdem beobachtet (S, 163) und bekommt nächtliche Polizeianrufe (S, 164).

[21] Schwarz, „Der Schlangenbaum“, 41.

[22] Ebd., 42.

[23] Vgl. Bolte, *(Gegen-)Abwesenheiten*, 29. Sie rekurriert für die Erläuterung dieser Taktik und ihrer Herkunft auf Lothar Gruchmann: „‚Nacht- und Nebel‘-Justiz. Die Mitwirkung der Strafgerichte an der Bekämpfung des Widerstandes in den besetzten westeuropäischen Ländern 1942–1944“, in: *Vierteljahreshefte für Zeitgeschichte* Bd. 3, Nr. 29 (1981), 342–396 und weiter Elsemann, *Umkämpfte Erinnerungen*, 41–43. Gerade Elsemann jedoch plädiert in ihrer Arbeit dafür, zeitlich noch weiter zurückzugehen: „Auch wenn sich die Entstehung des Begriffs in einem spezifischen lateinamerikanischen Kontext verorten lässt, ist die dazugehörige Praxis mitnichten eine lateinamerikanische Erfindung. Weder lassen sich die genauen Ursprünge des Begriffs mit Exaktheit zurückverfolgen, [*sic*] noch sind die konkreten historischen Vorläufer des Verschwindenlassens von Oppositionellen durch staatliche Sicherheitskräfte eindeutig auszumachen. [...] Dagegen hat der Rechtswissenschaftler Kai Cornelius darauf hingewiesen, dass das Verschwindenlassen bereits spätestens mit der stalinistischen Repression zu einem Massenphänomen geworden sei [...]. In Erweiterung dazu wird mit dem Spanischen Bürgerkrieg im Folgenden ein weiteres verdrängtes oder von der Forschung kaum zur Kenntnis genommenes Beispiel angeführt, das als Vorläufer des ‚Nacht- und Nebelerlasses‘ Beachtung finden muss.“ (Elsemann, *Umkämpfte Erinnerungen*, 36 f.)

[24] Gerade wieder medial aufgearbeitet wurde beispielsweise das Verschwinden der deutschen Studentin Elisabeth Käsemann in Argentinien und die Verstrickungen des Auswärtigen Amtes in diesen Fall (vgl. Doku: „Was geschah mit Elisabeth Käsemann?“, in: NDR Kultur, Web, Zugriffsdatum 15.9.2014).

es nur Sympathien, zur Guerilla gehabt haben müßten. Aber Fabrizi hatte ja gesagt, daß alle Dienststellen selbstständig handelten, sogar die untersten." (S, 270)

Nach und nach erinnert sich Wagner an all jene kleinen Hinweise, eigene Beobachtungen[25] oder auch Ratschläge, die er im Laufe seines Aufenthaltes bekommen hatte, die mitunter nur besorgte Hinweise waren,[26] mitunter aber auch versteckte Warnungen[27] zu sein schienen. All das setzt sich in jener engen Zelle, in der er sich selbst und seinen sich überschlagenden Gedanken überlassen ist, zu einem Bild zusammen und weckt den Verdacht, Luisa könne tatsächlich mit der Guerilla in Kontakt stehen und er, ähnlich wie sein Vorgänger Ehmke, als potenzielles Entführungsopfer in deren Visier geraten sein. Dieses Ohnmachtsgefühl, nicht mehr selbst agieren zu können, und seine daraus resultierende Panik werden durch die folgende Befragung nur verstärkt. Seine Sprachlosigkeit[28] intensiviert die Erfahrung der Situation, in der er der Willkür seiner Befrager überantwortet ist: „Jetzt weiß er, wie Schutzlosen zumute ist, eine groteske Steigerung seines argentinischen Erlebnisses."[29]

Wagner entkommt, nach einer demütigenden körperlichen Untersuchung, mit viel Glück der Gefangenschaft und wird mit dem Hubschrauber zurückgeflogen.

Aber aufgrund dieses Erlebnisses wird ihm klar: „Er würde sein Leben ändern müssen." (S, 282 f.) Die Rezeption seiner Umwelt, die Interpretation der Welt, auf die er bis hierhin vertrauen konnte, funktionieren nicht mehr, „[i]hm war, als sei er aus dem Tritt geraten". Problematisch ist für ihn dabei vor allem, dass er nicht mehr weiß, wie er wieder in einen funktionierenden Schritt würde zurückfinden können: „Aber welches Ziel sollte er jetzt ins Auge fassen? Er hatte sich immer in der Lokomotive des Fortschritts sitzen sehen, vielleicht galt es jetzt, in das Bremserhäuschen umzusteigen. Aber wie? Immerhin hatte der Zug schon eine rasante Fahrt erreicht. Wenn es denn überhaupt noch ein Bremserhäuschen gab." (S, 283)

Wagner stellt seine bisherige Interpretation gesellschaftlicher, wirtschaftlicher und sozialer Zusammenhänge grundlegend in Frage, das Primat einer „technische[n] Ratio"[30], unter der er bisher die Welt betrachtet hatte. Er erkennt, dass diese Sicht der Dinge nicht länger adäquat ist, dass es einen Weg jenseits einer Entwicklungszusammenarbeit geben muss, wie er sie bisher kannte und für richtig befand und wie ihn Hartmann ob deren

[25] Wagner erinnert sich an Steinhorsts Bemerkung, Ehmke habe während seiner Gefangenschaft von seiner Kammer aus Granatäpfel unter einem der Küchenschränke der angrenzenden Küche sehen können, und dass er selbst Granatäpfel bei Luisa in der Küche unter einem Schrank gesehen hat (S, 271).

[26] Hartmann warnt ihn, dass Menschen einfach verschwinden, wozu ein Verdacht bereits genüge. Er warnt ihn auch, dass man als Ausländer keineswegs sicher sei, sondern ebenso in die Mühlen des staatlichen Terrors geraten könne (S, 214 f.).

[27] Vgl. Bredows Warnung, zitiert in Fn. 19.

[28] Auch wenn er meint, anhand der Reaktion einer der Verhörenden hoffen zu können, dass dieser Deutsch spricht (S, 273), kann er darauf keineswegs vertrauen, ebenso wenig wie auf eventuelle Englischkenntnisse, und sein eigenes Spanisch ist trotz des Unterrichtes bei Luisa mehr als rudimentär, so dass er sich nicht verständigen kann.

[29] Schwarz, „Der Schlangenbaum", 41.

[30] Uwe Timm im Gespräch mit Manfred Durzak: „Die Position des Autors. Ein Werkstattgespräch mit Uwe Timm", in: Durzak/Steinecke/Bullivant, *Archäologie der Wünsche*, 331–354, hier 336.

Unangemessenheit warnte: „Man kann den Dingen nicht eine ihnen fremde Logik aufzwingen, und erst recht nicht den Menschen. Sonst vergewaltigt man sie. Sie sind dann zerbrochen, auch die Dinge." (S, 215)

Timm selbst charakterisiert Wagner als „eine wirklich tragische Figur", weil ihm „bei allem guten Willen, Gutes zu tun", dies gerade nicht gelingt – und angesichts der Verhältnisse auch nicht gelingen kann. Timms weitere Argumentation, die auf eine Änderung des Bewusstseins, „eine veränderte gesellschaftliche Praxis"[31] hinausläuft, ist im Kontext seiner eigenen Desillusionierung der 1990er Jahre zu lesen. Angesichts der Situation in dieser lateinamerikanischen Diktatur taugen weder Wagners Primat der „technische[n] Ratio", seine Fortschrittsideologie noch linke Positionen einer veränderten gesellschaftlichen Praxis.

Nahezu am Ende des Romans imaginiert Wagner im Fieber einen möglichen Handschlag mit jenen „anderen", die „aus dem Wald, aus den Hütten, aus den schäbigen Häusern der Stadt" (S, 308) kommen. Diese Szene ist insofern bedeutend, als in ihr symbolisch verdichtet Wagners Veränderung erkennbar wird. Denn der Handschlag steht in Anlehnung an Axel Honneth für „jene[ ] körperlichen Ausdrucksgesten, mit denen sich Menschen untereinander ihre soziale Geltung bestätigen",[32] im Handschlag vollzieht sich mithin Wagners „Akt der Anerkennung", er ist jene „expressive Bekundung" für die von Wagner vollzogene „individuelle Dezentrierung".[33] Doch aus diesem Akt der Anerkennung kann kein weiterführendes solidarisierendes oder tätig werdendes verändertes Verhalten folgen. Mit der veränderten Lage in einer Vielzahl lateinamerikanischer Länder im Laufe der 1970er und 1980er Jahre sieht sich auch Timm, wie viele seiner Kollegen, zum Umdenken gezwungen: Durch die häufig mit Hilfe von Staatsstreichen implementierten Militärdiktaturen in einem Großteil der Länder hat sich die Hoffnung auf einen dritten Weg zwischen den Machtblöcken zerschlagen.[34] Dies zeigt sich in der Desillusionierung, die Timm im Gespräch mit Durzak zugibt, wenn er das Fehlen eines revolutionären Subjekts beklagt.[35] In diese Richtung argumentiert auch Martin Hielscher, wenn er sagt, dass das apokalyptische „Untergangsszenario", in dem der Roman endet, „als besondere Hellsichtigkeit" des Autors interpretiert werden müsse, da es „keine greifbare politische Gegenstrategie aufbietet und einen utopischen Ausblick zu verweigern scheint". Was also „seinerzeit als Fatalismus mißverstanden wurde, ist in Wirklichkeit ein Lernprozeß, der in hohem Maße Destruktionsarbeit ist".[36]

[31] Durzak, „Die Position des Autors", 334.

[32] Axel Honneth, *Unsichtbarkeit. Stationen einer Theorie der Intersubjektivität*, Frankfurt a.M. 2003, 20.

[33] Ebd., 27.

[34] Vgl. zu den poetologischen Überlegungen im Zusammenhang mit dem eigenen politischen Engagement und dem großpolitischen Machtgefüge der 1960er bis 1990er Jahre Andrea Albrecht: „‚Wir hätten mehr singen [...] sollen.' Jazz, Politik und Sinnlichkeit in Uwe Timms *Rot*", in: Finlay/Cornils, *„(Un-)Erfüllte Wirklichkeit"*, 9–30 und Kora Baumbach: *Standorte. Westdeutsche und lateinamerikanische Autoren im Wechselspiel politischer und ästhetischer Konstellationen*, Berlin: Erich Schmidt, 2011 (Allgemeine Literaturwissenschaft – Wuppertaler Schriften 15), 104–111, 247–250 und 254–258.

[35] Durzak, „Die Position des Autors", 336 und 338.

[36] Martin Hielscher: „Die Blautanne und der Schlangenbaum", in: Malchow, *Der schöne Überfluß*, 238–251, hier 238. So ist dieses Ende auch prompt zum Stein des Anstoßes geworden: „So

Das Motiv Uwe Timms für die Niederschrift seines Romans – „ein[es] finstere[n] Buch[es]“[37], wie er meint – liegt in der Desillusionierung über eine politische Entwicklung und Mitgestaltungskraft, die zwar immer noch eine – auch politische – Positionierung des Autors einschließt, aber nicht mehr an die Möglichkeit der Solidarisierung glaubt. Für die Anklage eines Militärregimes und die sukzessive Desillusionierung des Protagonisten, der die Folgen seiner bisherigen Denkschemata vorgeführt bekommt und diese folglich in Frage stellt, ist das Verschwinden von Personen legitimes und wesentliches Darstellungsmittel, dies zu verdeutlichen. Für den Plot ist es mithin als auslösendes Moment unentbehrlich.[38] Auch wenn die Ausgestaltung Luisas, ihre merkwürdig vage bleibende Charakterisierung und Funktionalisierung für Wagner dafür sprechen, dass das Verschwinden nicht Hauptthema des Romans ist, so liegt doch dessen anhaltende Aktualität gerade in der Schilderung einer solchen Gewalterfahrung. Timms Roman kann die lateinamerikanischen Stimmen bzw. Perspektiven nicht ersetzen, er zeigt aber, wie erforderlich sie sind, um dem Thema der Gewalt außerhalb der ökonomischen wie der linken Positionen literarisch gerecht zu werden.

Die „Macht der Geschichten“

„Esa desnudez [de la habitación, K.B.] me dio la idea, o quizá recordé lo que iba a hacer. [...] Recogí un lapis del Enano del suelo y debajo de la leyenda *Pedro ’75* escribí *Harry ’76*.“[39]

Instinktiv wirkt Harry, der zehnjährige Sohn und Erzähler, dem entgegen, was dem gesamten Roman als subkutanes Motiv unterliegt: die Angst vor der Spurenlosigkeit eines erzwungenen Verschwindens. Auch wenn er zu diesem Zeitpunkt noch keine Vorstellung von diesem Phänomen hat und noch nicht weiß, dass in naher Zukunft Lucas, enger Freund und großer Bruder für kurze Zeit, und später, außerhalb der eigentlichen Romanhandlung, auch seine Eltern Opfer dieser staatsterroristischen Form eines Gewaltverbrechens werden, so hinterlässt er bewusst und wohlüberlegt signifikante Zeichen seiner Gegenwart: In dem Buch, das als einziger Gegenstand eine persönliche Markierung trug als sie in dieser Quinta Unterschlupf suchen mussten und das ihm in jenen Wochen aufgrund seines charismatischen Protagonisten ans Herz gewachsen war, hinterlässt auch

literarisch wirkungsvoll diese literarische Fermate auch ist, für so bedenklich halte ich sie; leistet sie doch jener antizivilisatorischen Mythologie Vorschub, die heute sehr verbreitet ist und die es uns Europäern allzu leicht macht, uns gegenüber den Ländern der Dritten Welt aus der politischen Verantwortung zu stehlen.“ (Schneider, „Homo Faber im Regenwald“, 162).

37 Durzak: „Position des Autors“, 336.

38 Auch Meyer-Minnemann sieht im Verschwinden Luisas das „entscheidende [...] Erlebnis für Wagner“. Meyer-Minnemann, „Die fremde Logik“, 132.

39 Marcelo Figueras: *Kamchatka*, Madrid 2003, 321. Im Folgenden werde ich mit „K“ direkt im Text verweisen. „Diese Nacktheit [des Zimmers, K.B.] gab mir eine Idee, oder ich erinnerte mich daran, was ich tun sollte. [...] Ich nahm einen Stift vom Zwerg und schrieb unter den Schriftzug *Pedro ’75 Harry ’76*.“ (Marcelo Figueras: *Kamtschatka*, übers. von Sabine Giersberg, 4. Aufl., München: DTV, 2012. Im Folgenden werde ich diese Übersetzung mit „K (dt.)“ zitieren.)

er eine persönliche Markierung, die aber zum einen codiert ist, weil er selbst als Schriftzug im Buch lediglich seinen Decknamen benutzt, und er das Buch zum anderen an genau jener Stelle wieder versteckt, an der er es auch gefunden hatte.

Es sind Fragen nach den Modi des Erinnerns und Erzählens, die dem Roman *Kamtschatka* von Marcelo Figueras eingeschrieben sind: Wie lässt sich das erzwungene Verschwinden vergegenwärtigen und darstellen? So ist auch Prons Erzähler umgetrieben von „la pregunta sobre cómo narrar su [los padres, K.B.] historia“, die wiederum „equivalía a la pregunta de cómo recordarla y cómo recordarlos, y acarreaba otros interrogantes: cómo narrarlo que les sucedió si ellos mismos no han podido hacerlos, cómo contar una experiencia colectiva de forma individual, cómo dar cuenta de lo que les pasó a ellos sin que se piense que se intenta convertirlos en los protagonistas de una historia que es colectiva [...].“[40]

Harry ist in seiner Biographie betroffen vom Schicksal seiner Eltern, welches durch die argentinische Militärdiktatur zerstörerisch geprägt ist. Mithin geht es ihm um die Frage, die ihren Niederschlag in der Strukturierung des Romangeschehens findet: Wie ließe sich eine sinnstiftende Verbindung finden zwischen der individuell erfahrenen Erinnerung und dem kollektiven Ausgang, den diese hat? Wie umgehen mit Eltern, die Opfer des erzwungenen Verschwindens geworden sind?

Dem Erzählen Harrys geht ein „ästhetisches Grundproblem“ voraus, das Bolte für eine gesamte Generation argentinischer Künstler markiert: „das Verschwinden (und die daraus resultierenden Abwesenheiten) zur Erscheinung zu bringen“[41], etwas ästhetisch zu figurieren, was nicht vorhanden ist, also die „irritierende und beunruhigende Anwesenheit von Abwesenheiten“ darzustellen, wie auch Viseneber ausführt[42]. Bolte weist zudem zu Recht darauf hin, dass sich die Lage dadurch komplizierter gestaltet, „wenn [man] es mit politisch konnotierter Depräsentation zu tun hat“[43]: „Cuando les [la familia de Lucas, K.B.] conté lo que habíamos vivido en esas semanas, descubrí con la fuerza de una revelación el poder que tienen las historias. Hasta ese entonces creí que ejercían su fascinación sobre mí de un modo privado y casi unilateral. Pero al hablar delante de ellos sentí que les restituía a Lucas; durante el tiempo que duraba el relato [...] el tiempo se mostraba entero en todo su splendor y Lucas vivía otra vez, Lucas aparecía (me gusta pensar que esta es una historia de aparecidos) [...].“ (K, 325)[44]

[40] Patricio Pron: *El espíritu de mis padres sigue subiendo en la lluvia*, Barcelona 2011, 170. Deutsch: „[D]ie Frage, wie ihre [die der Eltern, K.B.] Geschichte zu erzählen wäre, ging einher mit der Frage, wie man sich ihrer, der Geschichte und der Eltern, erinnern müsste, und warf weitere Fragen auf: wie erzählen, was ihnen widerfuhr, wenn sie selbst es nicht vermocht hatten, wie eine kollektive Erfahrung in individualisierter Form erzählen, wie von dem berichten, was ihnen geschah, ohne dass man denkt, hier werde versucht, sie zu Protagonisten einer kollektiven Geschichte zu stilisieren“ (Pron, *Der Geist meiner Väter*, 185 f.).

[41] Bolte, *(Gegen-)Abwesenheiten*, 26.

[42] Viseneber, *Poetiken des Verschwindens*, 78.

[43] Bolte, *(Gegen-)Abwesenheiten*, 26.

[44] „Als ich ihnen [Lucas' Familie, K.B.] erzählte, wir hätten in diesen Wochen zusammengelebt, entdeckte ich mit der Wucht einer Offenbarung die Macht der Geschichten. Bis dahin glaubte ich, dass sie eine persönliche, fast einseitige Faszination auf mich ausübten. Aber als ich vor ihnen sprach, spürte ich, dass ich ihnen Lucas wiedergab; solange die Erzählung dauerte [...], zeigte die

Jahre später findet Harry Lucas' Bild in der Zeitung und erfährt so, dass auch er zu den 30 000 gewaltsam Verschwundenen jener Zeit gehört. Er entschließt sich, Kontakt mit dessen Familie aufzunehmen. Was ihm in diesen Stunden gelingt, ist, mit der Wahl des Freundes als gemeinsamem Ausgangspunkt beide Schicksale, das der Familie und das eigene, miteinander zu verbinden und so Nähe herzustellen. Harry wird zudem klar, dass diese Nähe zuallererst über das Erzählen, über die Evokation von Erinnerungen, aufgebaut wird und dem Erzählen so eine Schlüsselfunktion in diesem Zusammentreffen zufällt: Das Erzählen macht es möglich, Lucas wieder erscheinen zu lassen, indem seinem politisch bedingten gewaltsamen Verschwinden eine verbale Präsenz entgegengestellt wird. Die politische Forderung einer „aparición con vida“, wie Bolte sie im Zusammenhang mit ihrer Darstellung des Kampfes der *Madres de Plaza de Mayo* ausführt,[45] vollzieht Harry hier im übertragenen Sinne. Durch die kommunikative Verlebendigung seines Freundes verweist er auf dessen konkrete körperliche Abwesenheit. Indem er dem jüngeren Bruder seines Freundes jene Knoten beibringt, die dieser ihm selbst einst beigebracht hatte, gibt er ein Stück materialisierter Erinnerung weiter und wieder zurück in die Hände desjenigen, der sie eigentlich hätte lernen sollen[46]. Die kommunikative wie auch die materialisierte Weitergabe von Erinnerungssequenzen leistet im privaten Raum, was die pünktlich jedes Jahr erscheinende Anzeige[47] im öffentlichen Raum versucht. Die Sprachlosigkeit Harrys ob der ihm durch die Familie zugestandenen Anerkennung[48] steht im Wechselverhältnis zur Rettung aus der Sprachlosigkeit der Opfer, indem ihr Verschwinden öffentlich benannt wird.

Das Zusammentreffen mit Lucas' Familie vermag es darüber hinaus, Harry zum Verlassen Kamtschatkas zu veranlassen. Kamtschatka war „[l]o último que papá me dijo, la última palabra que oí de sus labios“. (K, 11)[49] Mit jenem Wort, „das zuerst nur Symbol für ein Stück Land auf einem Spielbrett“[50] war, enthüllt der Vater ihm das wichtigste Geheimnis, um zu überleben, und schafft eine unaufkündbare Verbindung: Er gibt ihm einen Ort, an den Harry sich zurückziehen konnte[51], „el lugar desde el que resistir“ (K, 330)[52], „aus dem heraus das Überleben für ihn möglich ist“[53], weil Harry dort den Geist der Eltern geborgen weiß, denn – so formuliert Pavese-Hopf – „Kamchatka es el lugar

Zeit sich in all ihrem Glanz, und Lucas lebte wieder, Lucas tauchte wieder auf (mir gefällt der Gedanke, dass dies eine Geschichte von wieder Aufgetauchten ist) […].“ (K (dt.), 310)

45 Ebd., 121.

46 So sagt Harry: „[A]tábamos algo que nunca debió haberse desatado.“ (K, 325) „[W]ir banden etwas zusammen, das nie hätte gelöst werden dürfen.“ (K [dt.], 310)

47 Vgl. K, 325 und K (dt.), 310.

48 Die Familie bittet ihn, auch seinen Namen unter die Anzeige setzen zu dürfen, was Harry sprachlos macht (K, 325 und K [dt.], 310).

49 „Das Letzte, was Papa zu mir sagte, das letzte Wort, das ich aus seinem Munde hörte“ (K [dt.], 9).

50 Viseneber, *Poetiken des Verschwindens*, 176.

51 Vgl. K, 329.

52 Harry kann sich dort, „wenn die Partie schlecht lief“, zurückziehen, Kamtschatka wird zur „Bastion des Widerstandes“ (K [dt.], 315).

53 Viseneber, *Poetiken des Verschwindens*, 176.

donde los padres del protagonista no claudican y defienden sus valores hasta el final".[54] Kamtschatka als „metáfora de la resistencia", als „una especie de Arcadia donde la pérdida de sus padres se hace tolerable, donde puede replegarse y seguir viviendo a pesar del dolor"[55], war notwendig geworden, als beide Eltern die Söhne in die Obhut der Großeltern geben, um sie nicht weiter der Gefahr durch die politische Verfolgung auszusetzen.

Was danach wahrscheinlich folgt, der Zugriff auf die Eltern, deren Verhaftung bzw. Verschleppung, ihre mögliche Folter und der sichere Tod, all das wird im Roman selbst nicht erzählt, ist aber dessen eigentliches Thema und Anlass des Erzählens. Viseneber zufolge wird mithin sogar „das Verschwinden zum Protagonisten"[56]. Dass dies trotzdem nicht dargestellt wird, hat zum einen seinen Grund darin, dass die Gefahr so allgegenwärtig ist, immer wieder in den mühsam aufrecht erhaltenen Alltag einbricht[57], dass sie nicht explizit ausbuchstabiert werden muss; die Andeutungen, die entweder von Harry als Zehnjährigem oder rückblickend als kommentierende Einsprengsel gemacht werden, reichen aus, um den Horror der Ereignisse anklingen zu lassen.[58] Selbst in der Tatsache, dass der Leser an keiner Stelle im Text den tatsächlichen Namen des Protagonisten erfährt, sondern ihn immer nur unter seinem Decknamen Harry Vicente kennt, enthüllt sich, wie drastisch der Schnitt mit der Normalität für alle gewesen sein muss, den die Entscheidung für das Untertauchen bedeutet.[59] Zum anderen liegt das Erzählinteresse im Überleben des Erzählers.[60] Darum wird das dunkle Kapitel der Diktatur und ihrer Auswirkung auf diese spezielle Familie über die Evokation von Erinnerungen erzählt, die – und das fällt bei allen typischen familiären Zwistigkeiten und Reibereien durch die verschärfte Situation des Untertauchens auf – paradoxerweise vorrangig glückliche sind.[61] Auch wenn die Abwesenheit der Eltern also nicht innerhalb des Romangeschehens thematisiert wird, so lässt sie es für Harry notwendig werden, über seine Eltern zu erzählen, sich an

[54] Andrea Pavese-Hopf: *Memoria e ideología en la literatura argentina contemporánea / Erinnerung und Ideologie in der zeitgenössischen argentinischen Literatur*, Abschlussarbeit zur Erlangung der Magistra Artium, Frankfurt a.M. o. J., 96. ‚Kamtschatka ist der Ort, an dem die Eltern des Protagonisten nicht nachgeben und ihre Werte bis zum Ende verteidigen.' [Übersetzung, K.B.]

[55] Ebd. Kamtschatka als ‚Metapher des Widerstandes', als ‚eine Art von Arcadien, wo der Verlust der Eltern ertragbar wird, wohin er sich zurückziehen und weiterleben kann trotz des Schmerzes'. [Übersetzung, K.B.]

[56] Viseneber, *Poetiken des Verschwindens*, 161.

[57] Vgl. auch Viseneber, *Poetiken des Verschwindens*, 171–174.

[58] Etwa sein Kommentar, als sein Vater ihn zu einer Totenwache mitnimmt: „Ich habe Papa nie gefragt, wie Onkel Rodolfo gestorben ist. Das war nicht notwendig. Niemand stirbt mit dreißig aus Altersgründen." (K [dt.], 18)

[59] Darauf verweist auch Pavese-Hopf, *Memoria e ideología*, 93.

[60] Ebenso schlussfolgert Pavese-Hopf: „Que *Kamchatka* no abunde en los detalles del secuestro, tortura y asesinato de los padres es indudablemente porqué el interés está puesto en las vivencias del narrador." Ebd., 95. ‚Dass Kamtschatka sich nicht in Details des Zugriffs, der Folter und des Mordes an den Eltern ergeht, ist zweifellos deshalb, weil das Interesse auf den Erlebnissen des Erzählers liegt.' [Übersetzung, K.B.]

[61] Ebd. Auch Karolin Viseneber verweist darauf, dass es in *Kamtschatka* darum gehe, „wie es möglich ist, trotz der Zeit des Staatsterrorismus zu (über-)leben und in ihr dennoch Hoffnung und Menschlichkeit in den Vordergrund treten zu lassen". (Viseneber, *Poetiken des Verschwindens*, 160)

die letzten glücklichen gemeinsamen Wochen zu erinnern. Damit füllt Harry die Leerstelle, die durch ihr Fehlen überhaupt erst entstanden ist und lässt sowohl sie als auch Lucas wieder erscheinen. Dem Erzähler gelingt es mittels dieser ästhetischen Konstruktion, auf die basale Störung als ausschlaggebendes Moment hinzuweisen. Die Darstellung der Lücke geschieht mithin nicht über die Darstellung des Verlustes, sondern über die Evokation der Abwesenden im Erzählen, wenn man so möchte in deren erzählter Anwesenheit. Auf diesem Weg lässt er sie wieder Teil seines Lebens werden. Durch die Sichtbarmachung ihrer Absenz werden sie aber nicht allein ins Gedächtnis des Erzählers zurückgeholt und erleichtern ihm dadurch, dieses traumatische Ereignis zu verarbeiten, sondern sie werden, auf der Rezeptionsebene durch den Leser, ebenso ins Blickfeld der Öffentlichkeit geholt, um den staatsterroristischen Akt, der zu ihrem erzwungenen Verschwinden geführt hat, zu benennen. Dem Verstummen der Eltern wird innerhalb der Romankonstruktion durch das Erzählen des Sohnes dessen Stimme entgegengesetzt, das Schweigen über das Unsagbare „se convierte en la metáfora de las voces silenciadas por el terrorismo de Estado“[62] auf der Rezeptionsebene hinzugefügt. Indem Harry an seine Eltern und an Lucas erzählend erinnert, wirkt er also ästhetisch einer „kommunikative[n] Handlung[ ]“ entgegen, die deren „‚aus dem Weg Schaffen‘“ zum Ziel hatte, indem diese drei Personen nicht allein Opfer eines „konkreten, materiellen und späterhin dematerialisierenden staatsterroristischen Aktes“, sondern in gleichem Maße Opfer „kommunikativer Handlungen [wurden], die auf einen expliziten Ausschluss politisch und sozial Andersdenkender abzielte“.[63]

Harry kann dies gelingen, weil ihn das vom Vater ererbte Exil in Kamtschatka das Überleben sichert, so dass er in die Lage kommen kann, zu erzählen, denn „las historias las escriben los sobrevivientes.“ (K, 15)[64]

Resümee

Neben der markanten Differenz, dass Timms Protagonist Wagner zumindest stückweise Teil des Systems, Figueras' Protagonist Harry aber ausschließlich dessen Opfer ist, weisen beide gewisse strukturelle Ähnlichkeiten auf. Beide laborieren mit einer epistemischen Lücke: Wagner durchschaut, weil er Ausländer ist und ihm die Zeit für notwendige Vorbereitungen fehlte, die Lage in Lateinamerika nicht. Harry ahnt viel mehr als er tatsächlich informiert wird, weil er noch Kind ist. Zwar haben seine Eltern ihre Situation nicht dezidiert verschwiegen, aber für bestimmte politische Sachlagen fehlt ihm die genaue Kenntnis. Beide Protagonisten nähern sich dem Unbekannten eher auf sensitiv-körperlicher Ebene an, noch bevor sich ihnen kognitiv eine Situation erschließt, fühlen sie das Kommende bzw. sie Umgebende.

Beide Autoren nutzen die literarische Sprache dazu, diesen Prozess zu modellieren. Dies hat zur Voraussetzung, dass die politisch-gesellschaftlichen Zusammenhänge in

[62] Pavese-Hopf, *Memoria e ideología*, 95. Das Schweigen über das Unsagbare ‚verwandelt sich in die Metapher der durch den Staatsterrorismus zum Schweigen gebrachten Stimmen‘. [Übersetzung, K.B.]

[63] Bolte, *(Gegen-)Abwesenheiten*, 32.

[64] „[D]ie Geschichten werden von den Überlebenden geschrieben“ (K [dt.], 13).

einer individuellen, privaten Geschichte gespiegelt werden. Das Ausmaß politischer Deformationen wird auf diese Weise in den Konsequenzen privater Ausgestaltung sicht- und nachvollziehbar.

Doch Timms Roman, zwei Jahrzehnte vorher, nur kurz nach Ende der Diktatur erschienen, endet in einer vom Protagonisten imaginierten Apokalypse, die die vollständige Desillusionierung Wagners verrät, weil er der Erkenntnis über das Ausmaß und die Folgen seines rein technischen Weltverständnisses keine positiv konnotierte Lösung folgen lassen kann und ihm somit nichts weiter bleibt, als auf die Zerstörung der Verhältnisse, der militärdiktatorischen vor Ort wie auch derjenigen, die solche Zustände erst ermöglichen oder zumindest unterstützen, zu setzen. Das Verschwinden der Spanischlehrerin Luisa wird innerhalb dieses Settings als Mittel genutzt, um Wagner in seinem Weltverständnis fundamental zu verunsichern. Zudem bleibt im Dunkeln, ob es sich bei ihrem um ein erzwungenes Verschwinden handelt oder aber sie über Verbindungen zur Guerilla verfügte und sie sich im Zuge der Erkenntnis, dass Wagner enge Kontakte zu hochrangigen Militärs hat, in den Untergrund oder ins Exil begibt. Für Wagner bleibt die Welt opak.

Dem destruktiven Ende des Timm'schen Romans steht hingegen ein versöhnliches bei Figueras entgegen: „Viví durante mucho tiempo en el sitio al que llamo Kamchatka, un lugar que se parece un poco a la Kamchatka de verdad [...] pero que en realidad no existe [...]. Ahora que aprendí la importancia de las despedidas, quisiera decirle adiós. [...] [Y]a no necesito más de Kamchatka, de la protección que me otorgaba al estar lejos de todo, inaccessible, entre nievas eternas. Me llegó el momento de estar otra vez en mi lugar, estar por complete allí, todo yo, para dejar de sobrevivir y empezar a vivir". (K, 328 f.)[65]

Harry Vicente ist es am Ende möglich, die erlittenen Verletzungen, die ihren Grund in einem dezidiert gewaltsamen Verschwinden sowohl der Eltern als auch des brüderlichen Freundes haben, wenn auch nicht zu heilen, so doch in seine Biographie zu integrieren. Auch wenn Narben zurückbleiben, bringt die vergegenwärtigte Erinnerung an diese drei Personen sie zumindest stückweise zurück und erweckt sie wieder zum Leben. Sie gibt ihnen einen Platz nicht nur innerhalb der Familie, sondern auch eine Stimme und eine Erscheinung innerhalb der Gesellschaft. Obwohl das Verschwinden nicht thematisiert wird, ist das Fehlen dieser drei nicht nur Anlass des Erzählens, sondern wird dadurch erst deutlich. Mit Harrys Hilfe gelingt es, sie wieder in den öffentlichen Diskurs einer erinnerungspolitischen Debatte zurückzubringen, das sichtbar zu machen, „was aus den jeweiligen Szenografien ausgeschlossen bleibt" und somit die „Spannung des politischen Dissenses" über die Literatur wieder ins Spiel zu bringen.[66]

[65] „Ich habe lange Zeit an dem Ort gelebt, den ich Kamtschatka nenne, ein Ort, der dem echten Kamtschatka sehr ähnlich ist [...], aber den es in Wirklichkeit nicht gibt [...]. Jetzt, wo ich die Bedeutung der Abschiede verstanden habe, möchte ich mich von ihm verabschieden. [...] [I]ch brauche Kamtschatka nicht mehr, den Schutz, den es mir gewährte, weil es fern von allem war, unzugänglich, unter ewigem Eis. Es ist für mich der Augenblick gekommen, wieder an meinen Ort zurückzukehren, ganz dort zu sein, mit meiner ganzen Person, um nicht mehr zu überleben, sondern anzufangen zu leben." (K [dt.], 314)

[66] Viseneber, *Poetiken des Verschwindens*, 81 f. Zum Begriff der Szenografie vgl. 66–78.

Martina Kopf

Gipfeltreffen auf dem Chimborazo

Alexander von Humboldt und Simón Bolívar

Dem Ruf des Chimborazo folgte nicht nur Alexander von Humboldt (1769–1859), als er 1802 den Aufstieg wagte und einen alpinistischen Rekord aufstellte, aber wegen einer Gletscherspalte etwa 400 Meter vor dem Gipfel umkehren musste. Auch ‚El Libertador', der lateinamerikanische Befreiungskämpfer Simón Bolívar (1783–1830)[1], soll den höchsten Berg Ecuadors erklommen haben. Im Unterschied zu Humboldt schaffte es der „lateinamerikanische Napoleon"[2] sogar auf den Gipfel des 6000er, wenigstens in seinem Prosagedicht *Mi delirio sobre el Chimborazo*, das kaum als Dokumentation eines physischen Aufstiegs gedeutet werden kann. Es ist unklar, ob Bolívar diesen 1823 entstandenen Text, dessen Bedeutung sich kaum bestreiten lässt, eigenständig verfasst hat, liest er sich doch als Gründungsmythos eines befreiten Lateinamerikas. Auch Humboldt verschriftlichte seine Bergbesteigung, sogar mehrmals: zuerst in Form eines Tagebucheintrags vom 23. Juni 1802, dann in einem Brief an seinen Bruder Wilhelm vom 25. November 1802 und schließlich in den zwei essayartigen Berichten *Ueber zwei Versuche den Chimborazo zu besteigen* (1837) und *Ueber einen Versuch den Gipfel des Chimborazo zu ersteigen* (1853), deren Titel bereits für sich sprechen[3] und die er merkwürdigerweise erst Jahre nach seiner Besteigung veröffentlichte. Wenn der Berg ruft, ist das Echo also Literatur, wobei fraglich ist, wo Fiktion und Mythos beginnen. Daniel Kehlmann hält zu seiner Adaption der Humboldtschen Chimborazo-Episode in *Die Vermessung der Welt* (2005) fest, dass nicht weniger Fiktion im „souverän-kühlen Ton von Humboldts Bericht"[4] stecke als in seinem Roman. Ebenso stellt sich die Frage für Bolívar: War er tatsächlich auf dem Gipfel oder handelt es sich beim geschilderten Gipfelsturm um pure Fiktion? Stammt das Prosagedicht überhaupt aus seiner Feder oder wurde es ihm angedichtet?[5] Und warum feilte Humboldt jahrelang an seiner literarischen Bergbesteigung, um seinen Bericht erst

[1] Bolívar war Befreiungskämpfer und ‚Padre de la Patria' von sechs hispanoamerikanischen Ländern, nämlich Venezuela, Kolumbien, Ecuador, Peru, Bolivien und Panama.

[2] Norbert Rehrmann: *Simón Bolívar. Die Lebensgeschichte des Mannes, der Lateinamerika befreite*, Berlin 2009, 9.

[3] Man beachte im zweiten Fall den Zusatz „Gipfel", außerdem die Änderung von „besteigen" zu „ersteigen", was stärker die Ankunft auf dem Gipfel betont. Der eine Versuch betont außerdem Humboldts Scheitern, während die „zwei Versuche" auch das Scheitern des Physikers Boussingaults 1831 am Chimborazo thematisieren. Vgl. Ottmar Ette und Oliver Lubrich: „Versuch über Humboldt", in: Alexander von Humboldt: *Ueber einen Versuch den Gipfel des Chimborazo zu ersteigen. Mit dem vollständigen Text des Tagebuches „Reise zum Chimborazo"*, hg. und mit einem Essay versehen von Oliver Lubrich und Ottmar Ette, Berlin: Eichborn, 2006, 7–76, hier 36.

[4] Daniel Kehlmann: „Wo ist Carlos Montúfar?", in: *Wo ist Carlos Montúfar? Über Bücher*, Reinbek b.H.: Rowohlt, 2005, 9–27, hier 20.

[5] Vgl. Rehrmann, *Simón Bolívar*, 126/127.

dann zu veröffentlichen, als seine alpinistische Aktion keinen Rekord mehr darstellte?[6] Dies verwundert umso mehr, als sich der Alpinismus in Europa, bedingt durch einen Modernisierungsschub, bereits im 18. Jahrhundert etabliert hatte und im 19. Jahrhundert auch in anderen Gebirgen der Welt eine Hochphase erreichte. Beide Gipfelstürmer scheinen vielmehr literarische Alpinisten als überzeugte Bergsteiger zu sein. Dies allerdings auf unterschiedliche Art und Weise: Während sich der eine als Gipfelstürmer inszeniert, verarbeitet der andere sein ‚Scheitern' auf produktive Weise. Der Chimborazo wird dabei zum Tertium Comparationis der unterschiedlichen Alpinisten, so dass es zu einem Gipfeltreffen kommt, wenn die beiden Texte miteinander in Bezug gesetzt werden.

Zwei literarische Alpinisten

Als historische Tatsachenberichte interessieren die Texte Humboldts und das Prosagedicht Bolívars weniger. Von Interesse ist vielmehr der literarische Alpinismus – ‚Andinismus'[7] wäre an dieser Stelle im Hinblick auf die Bedeutung im Indigenismus ein irritierender Begriff –, der den Preußen mit dem Venezolaner verbindet, also die Hintergründe für ihre Selbstinszenierung am Berg, die geglückte bzw. gescheiterte Eroberung, das Gipfelerlebnis und vor allem die damit verbundenen literarischen Konstruktionsmechanismen von Gebirge und Bergbesteigung. Bolívars literarische Bergbesteigung kann als Antwort auf Humboldts „Versuch" – dieser hatte sich *herumgesprochen* – verstanden werden, nämlich als Fortsetzung und Vollendung eines begonnenen, aber gescheiterten Unternehmens, das, wie viele literarische Bergbesteigungen – man denke vor allem an Petrarcas Besteigung des Mont Ventoux [8]– bildlich deutbar ist: Die Bewegung zwischen unten und oben, die in Form einer Bergbesteigung zum Ausdruck kommt, bietet allegorisches Potenzial bei der Darstellung eines mühseligen, langwierigen Aktes, einer Herausforderung, einer Suche oder eines Weges, dessen Ziel schwer zu erreichen ist. Steht das Bergsteigen oft metaphorisch für das Streben nach etwas (Höherem) bzw. eine (Arbeits-) Leistung, also den Prozess, so verbildlicht der Berg häufig ein schwer zu erreichendes Ziel, das jedoch gewisse Befriedigung vermittelt und einen erstrebenswerten Zustand darstellt.

Nicht nur auf dem Chimborazo kreuzten sich Humboldts und Bolívars Wege. Zu einem persönlichen Treffen soll es 1804 in Paris gekommen sein, wo Bolívar, der sich

[6] Vgl. Lubrich/Ette, *Versuch über Humboldt*, 10.

[7] Der Vater des Indigenismus, Luis E. Valcárcel, prägte den Begriff ‚andinismo' unter Rückgriff auf den Alpinismus neu, indem er ihn zum Namen indigenistischer Bestrebungen machte, bei der die Anden mit der indigenen Kultur verbunden werden. Damit zieht das andine Regionale, ‚lo andino', inklusive Bewohner, Traditionen und Mythen in die peruanische Literatur ein. Die Anden werden zum Ursprungsort des Indigenen-Archaischen, und damit Authentischen, stilisiert. Vgl. Luis E. Valcárcel: *Tempestad en los Andes* [1927], hg. von Fidel Ramírez Prado, Lima: Editora Universitaria Latina, 2006.

[8] Vgl. Francesco Petrarca: „An Francesco Dionigi von Borgo San Sepolcro in Paris. Die Besteigung des Mont Ventoux" [1336], übersetzt von Hans Nachod und Paul Stern (1931), in: *Dichtungen, Schriften, Briefe*, hg. von Hanns W. Eppelsheimer, Frankfurt a.M.: Insel, 1980, 88–98. Humboldt war Leser der Petrarca-Epistel.

auf seiner zweiten Europa-Reise befand, die Kaiserkrönung Napoleons verfolgte und geradezu „vom Glanz der napoleonischen Krönungszeremonie geblendet“[9] wurde. Die Kaiserkrönung Napoleons wurde für ihn zur Schlüsselerfahrung und zu einer Offenbarung:

> Die Krone, die sich Napoleon auf den Kopf setzte, betrachtete ich als eine erbärmliche Sache mittelalterlicher Mode. Was mir groß erschien, war der allgemeine Beifall und das Interesse, das seine Person einflößte. Dies, ich bekenne es, ließ mich an die Sklaverei meines Landes denken und an den Ruhm, der dem zuteil werden würde, der es befreite. Aber wie weit war ich noch davon entfernt, mir einzubilden, daß dieses Schicksal mich selber erwartete.[10]

Europa öffnete Bolívar, der für die Rhetorik der Französischen Revolution geradezu entflammte,[11] die Augen für ein befreites Lateinamerika. War es außerdem der europäische Lateinamerika-Forscher Humboldt, der den Befreiungskämpfer mit seiner Kritik am Kolonialismus dazu ermutigte? Kann Humboldt als auslösende Kraft für Bolívars Gipfelsturm und für die lateinamerikanischen Befreiungskriege betrachtet werden? Erkannte Bolívar tatsächlich erst „im Bilde das ihm Humboldt entwarf, [...] die Mannigfaltigkeit Amerikas und die Möglichkeiten, die ein so überwältigendes Panorama in sich schloß“[12]? Hat er Bolívars Weg auf den Chimborazo gebahnt?

Humboldt, gerade von seiner Amerikareise (1799–1804)[13] zurückgekehrt, ging in Bordeaux an Land und machte sich ebenfalls auf den Weg nach Paris. Bolívar soll Humboldt gefragt haben, ob Hispanoamerika politisch reif genug sei, um sich selbst zu regieren, worauf Humboldt angeblich antwortete: „Ich glaube, daß Ihr Land schon reif ist für die Unabhängigkeit; aber ich sehe den Mann nicht, der es vollbringen wird.“ Humboldts Reisebegleiter, der Botaniker und Arzt Aimé Bonpland, habe außerdem hinzugefügt: „Die Revolutionen selbst bringen die großen Männer hervor, die würdig sind, sie auszuführen.“[14] Schließlich sollen sich die beiden 1805 in Rom wieder getroffen haben. Auch ist die Rede von einem Wiedersehen auf dem Vesuv.[15] Der Berg, egal ob in Lateinamerika oder Europa, wird also zum Ort europäisch-lateinamerikanischer Begegnung stilisiert. Doch warum bemühte man sich so sehr um diese Mythisierung eines europäisch-lateinamerikanischen ‚Gipfeltreffens‘?

[9] Rehrmann, *Simón Bolívar*, 53.
[10] Gerhard Masur: *Simón Bolívar und die Befreiung Südamerikas*, Konstanz: Südverlag, 1949, 60. Masur zitiert aus dem *Diario de Bucaramanga*, hg. von N.E. Navarro, Caracas 1935, 226 f.
[11] Vgl. Antonio Cussen: *Bello and Bolívar. Poetry and politics in the Spanish American Revolution*, Cambridge u.a.: Cambridge University Press, 1992, 22.
[12] Masur, *Simón Bolívar und die Befreiung Südamerikas*, 59.
[13] Humboldt, durch das Erbe seiner Mutter finanziell unabhängig geworden, landete nach einem Zwischenstopp auf den Kanarischen Inseln in Venezuela. Von dort reiste er nach Kuba und schließlich in das heutige Kolumbien, dann nach Ecuador und Peru. Von Guayaquil erreichte er mit dem Schiff Acapulco. In Mexiko blieb er ein Jahr. Von Veracruz machte er sich über Havanna und die Vereinigten Staaten auf den Heimweg nach Frankreich.
[14] Vgl. Masur, *Simón Bolívar und die Befreiung Südamerikas*, 59.
[15] Auch dies ist laut Rehrmann eine Legende: „Bolívar hat weder mit Humboldt noch ohne ihn jemals den Vesuv bestiegen.“ Rehrmann, *Simón Bolívar*, 57/58.

Alexander von Humboldt – ein Anti-Eroberer

Alexander von Humboldt verband offensichtlich eine innige Beziehung zu den Bergen. Der ‚Alte vom Berge'[16] – wie er sich selbst nannte – ließ sich zum „Experte[n] für Bergwerke"[17] ausbilden und bestieg im Laufe seiner Amerikareise verschiedene Höhen: den Teide auf Teneriffa, die Silla von Caracas, den Antisana und den Pichincha in Ecuador, den Nevado von Toluca und außerdem den Cofre de Perote sowie den Jorullo in Mexiko. Allerdings wurde keine Bergbesteigung so berühmt wie sein Versuch, den höchsten Berg Ecuadors in den Anden zu besteigen.

Die Texte des reisenden Naturwissenschaftlers, der auf Deutsch und Französisch schrieb, sich der Pluralität der Welten bewusst war und versuchte, zwischen diesen Welten zu vermitteln,[18] weisen durchaus poetische Züge auf – Humboldt nutzte Repräsentationstechniken verschiedener Disziplinen. Auf den Chimborazo trieb ihn vermutlich auch der für den Universalgelehrten typische Panorama-Blick, der sämtliche Einzelphänomene einnehmende Überblick. Naturforschung und Ästhetik gingen bei dem „Brückenbauer zwischen geisteswissenschaftlichen und naturwissenschaftlichen Fächern"[19] nämlich Hand in Hand. Der Chimborazo interessierte den Empiriker nicht nur als Forschungsobjekt, auch für die Schönheit des Gebirges um den höchsten Berg Ecuadors hatte er ein Auge:

> Besonders der Altar mit seinen symmetrisch angeordneten Spitzen ist von seltener Schönheit. Er ähnelt einem großen, eingestürzten Gebäude, und sein Schnee ist der leuchtendste, den ich in den Anden, den Alpen, den Pyrenäen und den Karpaten gesehen habe. Besonders bei Sonnenuntergang bietet der Altar ein großartiges Schauspiel. Sein Schnee wirkt wie vergoldet. Die Sonnenscheibe hat sich längst hinter dem Südhang des Chimborazo verborgen, wenn der Gipfel des Tunguragua und die Hörner des Altar noch vom Widerschein der Sonnenstrahlen vergoldet sind. Der Altar sieht dann wie ein verwunschenes Schloß aus.[20]

Ebenso verband Humboldt mit dem Gebirge die Aura des Erhabenen: Den Chimborazo vergleicht er mit der majestätischen Architektur Michelangelos.[21] Doch beschränken sich

[16] Vgl. Kurt-R. Biermann und Ingo Schwarz: „Warum bezeichnete sich Alexander von Humboldt als DER ALTE VOM BERGE (Vecchio della Montagna)?" [1992], in: *HiN (Alexander von Humboldt im Netz)* IX, 17 (2008). *http://www.uni-potsdam.de/u/romanistik/humboldt/hin/hin17/biermann-schwarz.htm* [12.4.2016]. Diese Bezeichnung könnte man auf den gleichnamigen Roman Ludwig Tiecks zurückführen (wie Biermann erklärt), aber auch auf Humboldts Studien über Marco Polo. Dort bezieht er sich auf den Scheich al-Djebel, das Oberhaupt des der Seelenmörderei bezichtigten islamischen Geheimbundes der Assassinen.

[17] Ette/Lubrich, *Versuch über Humboldt*, 8.

[18] Vgl. Ottmar Ette: *Alexander von Humboldt und die Globalisierung. Das Mobile des Wissens*, Frankfurt a.M./Leipzig 2009, 14.

[19] Thomas Richter: *Alexander von Humboldt: „Ansichten der Natur". Naturforschung zwischen Poetik und Wissenschaft*, Tübingen: Stauffenburg, 2009 (Stauffenburg Colloquium 67), 29.

[20] Alexander von Humboldt: „‚Reise zum Chimborazo' – das Reisetagebuch vom 23. Juni 1802" (in: Ette/Lubrich, Alexander von Humboldt: *Ueber einen Versuch den Gipfel des Chimborazo zu ersteigen*, 77–107, hier 105).

[21] Vgl. Alexander von Humboldt: „‚Ansicht des Chimborazo und des Carguairazo'. Essay zur Tafel

seine Texte über die Besteigung des Chimborazo nicht auf eine Ästhetisierung des Gebirges. Berge unterwarf sich der Naturforscher, der sich schriftstellerischer Vieldeutigkeit zu bedienen wusste, auch auf poetische Weise, indem er das bildliche Potenzial des Berges sowie der Bergbesteigung und seine literarische Tradition für seine eigenen Texte fruchtbar machte. Bereits in seinem Tagebucheintrag zur Besteigung des Chimborazo nutzt er die ihm den Gipfelsturm verwehrende Gletscherspalte für einen literarischen Kunstgriff. Das Wort ‚Spalte', im Französischen ‚crevasse', trennt er zu Gunsten eines Einschubs, einer ‚buchstäblichen' Textspalte, in der er sich seitenweise über Gestein, geometrische Vermessungen, Jesuiten, einen Vulkanausbruch, über einen Gouverneur und den Brauch der Bestattung bei lebendigem Leib auslässt. Die Textspalte stellt damit eine „Miniatur seiner Forschungstätigkeit"[22] dar. Die Trennung des Wortes in „cre – vasse", „Spal-te", folgt dem Prinzip des Cliffhangers: „In uns kam ein Schimmer von Hoffnung auf, den Gipfel erreichen zu können. Aber eine große Spal-".[23] Die Spalte gliedert den Eintrag in das Reisetagebuch von 1802 also in zwei Teile und sorgt für einen Spannungsbogen, der die Ankunft auf dem Gipfel in Frage stellt. Mit diesem Spannungsaufbau am Gipfel folgt Humboldt den Prinzipien des literarischen Alpinismus, zeichnet sich doch die literarische Bergbesteigung durch Momente der Ungewissheit (den Gipfel zu erreichen) und Dramatisierung aus. Dem ersten, den Aufstieg thematisierenden, Teil folgt also ein Wendepunkt: Der Aufstieg wird zu Gunsten einer Umkehrbewegung abrupt unterbrochen. Inszeniertes Bedauern über den verfrühten Abstieg ist in Humboldts Tagebucheintrag kaum zu überhören: „Es fehlten uns nur noch 200 Toisen (zweimal die Höhe des Panecillo von Quito), um auf den Gipfel zu gelangen."[24]

Obwohl Humboldt den Gipfel nicht erreicht, kommt es dank der mit Wissen gefüllten Spalte zu einem Gipfelerlebnis unterhalb des Gipfels: Das Wissen findet sich bereits auf dem Weg zum Gipfel, in der besagten Gletscherspalte, die Aufwärtsbewegung wird damit bereits zur Erkenntnisbewegung und macht den Gipfelsturm geradezu überflüssig. Auch der Weg wird damit zu einem Ziel, sogar zu einem höheren. Die Spalte kompensiert den Erkenntnis versprechenden Gipfelsturm durch eine Anhäufung von Wissen und überragt damit den Gipfel der Erkenntnis, denn während Erkenntnis Wissen bezweckt, ist Wissen das Resultat eines Erkenntnisprozesses vom Nicht-Wissen zum Wissen. Der Mythos der Eroberung wird damit regelrecht dekonstruiert. Obwohl Humboldts Konstruktion dieser Dekonstruktion zu raffiniert ist, um als akzidentiell betrachtet zu werden,[25] und er sich des poetischen Spiels, das die Bergbesteigung mit sich bringt, vermutlich bewusst war, hat er diesen Kunstgriff in seinem Essay von 1831 und in die spätere Version von 1853 nicht übernommen. Allerdings bedient er sich auch hier dem für literarische Bergbestei-

XVI der *Ansichten der Kordilleren und Monumente der eingeborenen Völker Amerikas*, veröffentlicht im Mai 1810 (in: Ette/Lubrich, Alexander von Humboldt: *Ueber einen Versuch den Gipfel des Chimborazo zu ersteigen*, 111–115, hier 115).

[22] Ette/Lubrich, *Versuch über Humboldt*, 17.

[23] Humboldt, *Reisetagebuch*, 87.

[24] Ebd., 96.

[25] Zu einem vergleichbaren graphisch-literarischen Verfahren kommt es bei Humboldts Skizze *Tableau physique des Andes et Pays voisins* (1807): Hier schreibt Humboldt die Namen der Pflanzen, die er im Gebirge gefunden hat, in seine Zeichnung des Gebirges ein.

gungen charakteristischen Spannungsaufbau beim Aufstieg: „Wir erkannten einmal wieder, und zwar ganz nahe, den domförmigen Gipfel des Chimborazo. Es war ein ernster, großartiger Anblick. Die Hoffnung, diesen ersehnten Gipfel zu erreichen, belebte unsere Kräfte auf's neue."[26]

Ein bildlicher Umgang mit Berg und Bergbesteigung findet sich auch in anderen Texten des literarischen Alpinisten. Im *Kosmos* (1845–1862), in welchem es ihm um eine physiologische Beschreibung des Weltraums geht, nämlich um eine „Ansicht des Naturganzen", nutzt er Berg und Bergbesteigung in der Einleitung für die Darstellung seines umfangreichen und nicht vollendeten Unternehmens: „An ferne Wanderungen gewöhnt, habe ich ohnedieß vielleicht den Mitreisenden den Weg gebahnter und anmuthiger geschildert, als man ihn finden wird. Das ist die Sitte derer, die gern Andere auf den Gipfel der Berge führen. Sie rühmen die Aussicht, wenn auch ganze Theile der Gegend in Nebel verhüllt bleiben."[27] Das Bergbild entpuppt sich als Warnung an den Leser, der im *Kosmos* eine detaillierte Wegführung und eine allumfassende Gesamtschau erwartet, aber mit unebenen Wegen und Nebelschwaden, also (Wissens)Lücken, konfrontiert wird. Dass es schier unmöglich ist, den Einzelheiten eines Gegenstandes vollständig gerecht zu werden, gesteht Humboldt in seinen einleitenden Betrachtungen mit Hilfe dieses nebulösen Bergbildes ein. In den Essays der *Ansichten der Natur* (1808), in denen Humboldt sich literarischer Stilmittel wie Metaphern, dem Wechsel von Perspektiven, Strukturmodellen, Abschweifungen und zahlreicher Anmerkungen bedient, um die Breite der Entdeckungen erfahrbar zu machen und somit viele Wege am und auf den Berg aufzuzeigen, setzt er auf das symbolische Potenzial des Berges, wenn er im Vorwort Schiller zitiert: „‚Wer sich herausgerettet aus der stürmischen Lebenswelle', folgt mir gern in das Dickicht der Wälder, durch die unabsehbare Steppe und auf den hohen Rücken der Andenkette. [...] Auf den Bergen ist Freiheit! Der Hauch der Grüfte / Steigt nicht hinauf in die reinen Lüfte; / Die Welt ist vollkommen überall, / Wo der Mensch nicht hinkommt mit seiner Qual."[28] Mit dem Hintergrund des Zusammenbruchs des 1000-jährigen Deutschen Reichs 1806 wurde der Topos der Freiheit des größten Dichters der Freiheit für die von Napoleon besiegten Preußen aktueller denn je. Die Bergsymbolik dient auch einem Brückenschlag zwischen Europa und Lateinamerika: Ist die Freiheit in der alten Welt verloren, so scheint sie in der neuen, nämlich auf den Rücken der noch nicht eroberten Andengipfel möglich. Oder spielt Humboldt womöglich bereits hier auf die lateinamerikanische Unabhängigkeit an? Um die besagte Freiheit auf dem Bergesgipfel, ein Topos der europäischen Literatur, geht es in seinem Versuch über die Besteigung des Chimborazo letztendlich doch nicht. Dies im Unterschied zu Bolívars Text, in dem die Eroberung des Berges durch die Ankunft auf dem Gipfel maßgebend ist. Bei Humboldts Bergsteigerbericht handelt es sich

[26] Alexander von Humboldt: „Ueber einen Versuch den Chimborazo zu ersteigen" (in Ette/Lubrich, Alexander von Humboldt: *Ueber einen Versuch den Gipfel des Chimborazo zu ersteigen*, 153–181, hier 163).

[27] Alexander von Humboldt: *Kosmos. Entwurf einer physischen Weltbeschreibung* [1845–1862], ediert und mit einem Nachwort versehen von Ottmar Ette und Oliver Lubrich, Frankfurt a.M.: Eichborn, 2004, 25.

[28] Alexander von Humboldt: „Vorrede zur ersten Ausgabe", in: Alexander von Humboldt: *Ansichten der Natur*, hg. und kommentiert von Hanno Beck, Bd. V, Darmstadt: Wiss. Buchges., 1987, IX–X, hier X.

nicht um spannendes Bergdrama, in dem ein imperiales Subjekt[29] sich den Berg unterwirft, ihn erobert, in Besitz nimmt, dominiert, sondern Humboldts Bericht ist „die Geschichte einer *Nicht*inbesitznahme, eines großartigen Verzichts. Eine potentiell koloniale Bewegung löst sich auf in Wohlgefallen.“[30] Dies ist insofern bemerkenswert, da auf Humboldt der Druck der Erwartungen des europäischen Publikums lastete, nämlich der Wunsch, einen Stein vom Chimborazo zu besitzen[31] und ein „reger Antheil an einer solchen [alpinistischen; M.K.] Bemühung“[32], wie er in seinem Bericht schreibt: „Das, was unerreichbar scheint, hat eine geheimnißvolle Ziehkraft; man will, daß alles erspähet, daß wenigstens versucht werde, was nicht errungen werden kann. Der Chimborazo ist der ermüdende Gegenstand aller Fragen gewesen, welche seit meiner ersten Rückkunft nach Europa an mich gerichtet wurden.“[33]

In seinem Essay *Ueber einen Versuch den Chimborazo zu ersteigen* neutralisiert er seine Pionierleistung – im Tagebuch heißt es: „Auch sind wir die ersten Naturforscher gewesen, die diesen Koloß eigens aufgesucht haben.“[34] – durch das Allgemeinheit evozierende Pronomen ‚man‘: „Es ist ein eigener Charakter aller Excursionen in der Andeskette, daß oberhalb der ewigen Schneegrenze weiße Menschen sich dort in den bedenklichsten Lagen stets ohne Führer, ja ohne alle Kenntniß der Oertlichkeit befinden. Man ist hier überall zuerst.“[35] Bestimmt ist es kein Zufall, dass Humboldt an dieser Stelle betont, dass es sich um „weiße Menschen“ handelt. In seinem Tagebuch hält er fest, dass die Indianer bei 2600 Toisen aus Furcht an Atemnot zu sterben zurückblieben, obwohl – wie Humboldt schreibt – „sie uns wenige Stunden zuvor voller Mitleid betrachtet und behauptet hatten, daß die Weißen es nicht einmal bis zur Schneegrenze schaffen würden.“[36] Dieses Zuerst-da-sein weißer Menschen liest sich vielmehr als Imperialismus- und Kolonialismuskritik, denn als stolze Dokumentation einer Ersteroberung. Die Entscheidung für den Verzicht eines ‚erobernden Ichs‘ demonstriert eine grundlegende Haltung Humboldts: sie bringt die Ablehnung eines europäischen Dominanzstrebens und einer Unterjochung der indigenen Bevölkerung zum Ausdruck. In den Anden sprach er sich gegen den Transport auf dem Rücken von Menschen über die Andenpässe aus[37] – ein Indiz dafür, dass es Humboldt nicht darum ging, für eine weiße Vorherrschaft zu plädieren.

Vor diesem Hintergrund wird vielleicht verständlich, warum Humboldt den Bericht erst 1831 veröffentlichte, der Versuch weder Eingang in sein Werk *Voyage aux Régions*

[29] Vgl. dazu das Kapitel zu Humboldt in: Mary Louise Pratt: *Imperial Eyes. Travel Writing and Transculturation*, London/New York 1992, 111–143. Lubrich betont, dass sie dabei Humboldts Auseinandersetzung mit den zeitgenössischen amerikanischen Kulturen ebenso außer Acht lasse wie seine Analyse und Kritik kolonialer Herrschaft. Vgl. Oliver Lubrich: „Andere Anden. Alexander von Humboldts experimentelle Reiseliteratur“, in: *Astrolabe* (Mars/Avril 2008), Fn. 11. *http://www.crlv.org/viatica/marsavril-2008/andere-anden* [4.4.2016].

[30] Ette/Lubrich, *Versuch über Humboldt*, 39.

[31] Vgl. Humboldt, *Reisetagebuch*, 99.

[32] Humboldt, *Ueber einen Versuch den Chimborazo zu ersteigen*, 154.

[33] Ebd.

[34] Humboldt, *Reisetagebuch*, 99.

[35] Humboldt, *Ueber einen Versuch den Chimborazo zu ersteigen*, 161.

[36] Humboldt, *Reisetagebuch*, 85.

[37] Ette/Lubrich, *Versuch über Humboldt*, 9.

équinoxiales du Nouveau Continent (1805–1839) noch in die *Ansichten der Natur* gefunden hat, obwohl er bereits 1802 seine Tour auf den Chimborazo unternommen hatte. Der Versuch der Besteigung war bekannt, doch Humboldt wollte für seine bergsteigerische Leistung keine Würdigung als Alpinist und damit als ‚(Re)Konquistador'. Diese antikoloniale Haltung macht sich bereits in der ungewöhnlichen Anordnung der Beschreibung seiner Reise in den *Ansichten der Kordilleren* bemerkbar: „Hier stehen nicht die (Auto-) Biographie und das Erleben eines europäischen Helden im Mittelpunkt, der sich der Illusion hingeben würde, bereiste Kulturen zentralperspektivisch überblicken und auf seinem Weg hinreichend erfassen zu können, sondern die Reiseliteratur umkreist die Zeugnisse einheimischer Völker, die nur bruchstückhaft aus wechselnden Blickwinkeln gesehen und keiner diskursiven Kontrolle unterworfen werden können."[38] Humboldt, der während seiner Amerika-Reise mit verschiedenen Bevölkerungsschichten – vom Vizekönig bis zu Missionaren und Chaimas-Indianern – zu tun hatte und dort durch seine wissenschaftlichen Expeditionen Wissen über den hispanoamerikanischen Lebensraum verbreitete,[39] erhielt so prägende Einblicke in das Kolonialsystem der Neuen Welt. Mit seinem Scheitern am Chimborazo setzte der von Bolívar als eigentlicher Entdecker der Neuen Welt bezeichnete Humboldt[40] ein Zeichen und stilisierte sich zum Anti-Eroberer.

Wenn die chilenische Autorin Gabriela Mistral noch in den 30er Jahren des 20. Jahrhunderts das Bergsteigen in den Anden mit der *conquista* assoziiert und somit die Vernichtung der indigenen Kultur zu Gunsten einer westlichen Weltanschauung anprangert, scheint Humboldt seiner Zeit ein Stück weit voraus zu sein: „Son los hombres blancos de la segunda invasión en el Santo de los Santos de nuestro continente, ya que la primera correspondió a los conquistadores españoles. Estos domadores del dragón geológico tienen que limpiar para nosotros mismos una cordillera que todavía da de sí algunos miedos mitológicos."[41] Verständlich wird Humboldts moderne Haltung, wenn seiner Wissenschaftskonzeption Aufmerksamkeit geschenkt wird, die eine „kritische […] Fortführung der Ideen der französischen Aufklärung" ist und dabei „in ihrer ethischen Fundierung und politischen Verantwortlichkeit […] an den Interessen der gesamten Menschheit und der Entfaltung einer Moderne ausgerichtet ist, die sich im Plural denkt."[42] Humboldts Versuch den Chimborazo zu besteigen, wegen der über der Schneegrenze liegenden Höhe ebenso für wissenschaftliche Untersuchungen nutzlos, wie er selbst erklärte,[43] dient zwar

[38] Lubrich, *Andere Anden.*

[39] Vgl. Stefan Rinke: *Geschichte Lateinamerikas. Von den frühesten Kulturen bis zur Gegenwart*, München: Beck, ^{2}2014, 54.

[40] Vgl. Simón Bolívar: „Carta a la señora Bonpland", in: Simón Bolívar : *Obras completas*, Vol. II: *Cartas del Libertador comprendidas en el periodo de 3 de noviembre de 1820 a 8 de mayo de 1824*, Madrid: Maveco, 1984, 328.

[41] Gabriela Mistral: „Recados del andinismo" [1936], in: Gabriela Mistral: *Su prosa y poesía en Colombia*, hg. von Otto Morales Benítez, Bd. I, Santafé de Bogotá: Convenio Andrés Bello, 2002, 482–485, hier 483.

[42] Ette, *Alexander von Humboldt und die Globalisierung*, 18.

[43] „Das Erreichen großer Höhen ist von geringem wissenschaftlichen Interesse, wenn dieselben weit über der Schneegrenze liegen, und nur auf wenige Stunden besucht werden können. Unmittelbare Höhenbestimmungen durch das Barometer gewähren zwar den Vortheil schnell zu erhaltender Resultate; doch sind die Gipfel meist nahe mit Hochebenen umgeben, die zu einer trigonometrischen Operation geeignet sind, und in denen alle Elemente der Messung wiederholt geprüft werden

immer noch einem politischen Statement, dies aber vor allem in Kombination mit einem literarischen Spiel: Aus dem Alpinisten wird ein literarischer Alpinist, der die Bergbesteigung simuliert. Humboldts Schlusssatz in seinem Essay kann deswegen auch ironisch verstanden werden: „Wo die Natur so mächtig und groß, und unser Bestreben rein wissenschaftlich ist, kann die Darstellung jedes Schmuckes der Rede entbehren.“[44]

Umso interessanter ist in diesem Zusammenhang, dass Humboldts Chimborazo-Episode literarisch rezipiert und weiter verarbeitet wurde.[45] In seinem Roman *Die Vermessung der Welt* beschreibt Daniel Kehlmann Bonpland als Humboldts „aufmüpfigen Widerpart“[46], als den eigentlichen Alpinisten. Kehlmann inszeniert die Gipfelepisode auf groteske Weise, bringt zugleich aber die Unerlässlichkeit der Eroberung zum Ausdruck. Bei der Besteigung des Chimborazo geraten Humboldt und Bonpland, gebeutelt von der Höhenkrankheit, in einen Streit, ob sie abbrechen sollen oder bis zum Gipfel hinaufsteigen: „Aber der Gipfel? Mit oder ohne Gipfel, es sei der Weltrekord. Er wolle auf den Gipfel, sagte Bonpland. Ob er denn nicht die Schlucht sehe, schrie Humboldt. Sie seien beide nicht mehr bei Sinnen. Wenn sie jetzt nicht abstiegen, kämen sie nie zurück. Man könne, sagte Bonpland, auch einfach behaupten, man wäre oben gewesen.“[47] Genau das hat Alexander von Humboldt abgelehnt. Wirft man einen Blick auf Humboldts letzten großen Versuch, nämlich seinen *Kosmos*, so betont er hier den Mehrwert des Weges, wie er ihn bereits anhand der Spalte im Tagebuch oder auch anhand der vielen Anmerkungen, die vom Hauptstrang als geradlinigem Weg zum Gipfel ablenken, demonstriert hat. Mit dem Mehrwert des Weges beim Ausbleiben eines Gipfelsturms charakterisiert er damit auch ein Stück weit seine Poetik, nämlich die Essayistik als literarische Form, die sich bewusst einen Weg vornimmt: „Wenn uns aber auch das Ganze unerreichbar ist, so bleibt doch die theilweise Lösung des Problems, das Streben nach dem *Verstehen* der Welterscheinungen der höchste und ewige Zweck aller Naturforschung.“[48]

können: während eine einmalige Bestimmung mittelst des Barometers, wegen auf- und absteigender Luftströme am Abhange des Gebirgsstockes und wegen dadurch erzeugter Variation in der Temperatur-Abnahme, beträchtliche Fehler in den Resultaten erzeugt.“ Humboldt, *Ueber einen Versuch den Chimborazo zu ersteigen*, 153. Vgl. dazu auch: „Welchen Nutzen hätte man davon, wenn man seine Instrumente 200 Toisen höher trüge, auf ein Gelände, wo das Gestein sich der Beobachtung entzieht, auf einen Berg, der für magnetische Experimente ungeeignet ist, weil das Gestein die Magnetnadel beeinflußt und selbst Pole besitzt.“ Humboldt, *Reisetagebuch*, 97. Wenig später bezeichnet Humboldt den Chimborazo als den „pflanzenärmsten“ „nevado“, den er besucht habe. Vgl. ebd., 99.

44 Humboldt, *Ueber einen Versuch den Chimborazo zu ersteigen*, 171.

45 Vgl. zur produktiven Rezeption der Chimborazo-Episode in Literatur und Film Ette/Lubrich, *Versuch über Humboldt*, 39–42 bzw. Oliver Lubrich: „Fascinating Voids: Alexander von Humboldt and the Myth of Chimborazo“, in: *Heights of Reflection. Mountains in the German Imagination from the Middle Ages to the Twenty-First Century*, hg. von Sean Ireton und Caroline Schaumann, Rochester/New York: Camden House, 2012, 153–175.

46 Kehlmann, *Wo ist Carlos Montúfar?*, 15.

47 Daniel Kehlmann: *Die Vermessung der Welt*, Reinbek bei Hamburg: Rowohlt, 2008, 177.

48 Humboldt, *Kosmos*, 36.

Simón Bolívar – Eroberung als Befreiung

Was Humboldt 1802 begonnen hatte, soll Bolívar ungefähr zwanzig Jahre später vollendet haben, denn nach Humboldts ‚Niederlage' galt der Chimborazo als größte Herausforderung: „Se creía entonces que el Chimborazo era la montaña más elevada del mundo, así que esta ascensión fue, temporalmente, la mayor altura alcanzada por el ser humano."[49] Bolívar, der ‚venezolanische Hannibal', der seine Armee im Freiheitskampf gegen das spanische Kolonialjoch über die Anden führen wollte, erhielt wie Gabriel García Márquez in seinem Roman *El general en su laberinto* schreibt „la mayor cantidad de gloria que ningún americano vivo o muerto había merecido jamás"[50]. Als Held der ‚latinoamericanidad' wird Bolívar, dessen berühmte Proklamation „[N]o somos europeos, no somos indios, sino una especie media entre los aborígenes y los españoles."[51], in das kulturelle Gedächtnis Lateinamerikas Eingang gefunden hat, noch heute gefeiert.

Die im Laufe des 19. Jahrhunderts errungene politische Unabhängigkeit lateinamerikanischer Staaten scheint sich in Bolívars fiktiven bergsteigerischen Unternehmen allegorisch widerzuspiegeln. Zur Entstehungszeit des Prosagedichts *Mi delirio sobre el Chimborazo*[52] standen noch einige Schlachten bevor, doch Südamerika war quasi befreit: 1824 siegte Bolívar bei Junín, im gleichen Jahr sorgte die Schlacht von Ayacucho für eine Kapitulation der Spanier.

In seinem Prosagedicht dient Bolívar der Gipfelsturm als Bild für die Befreiung Lateinamerikas. Schillers Topos der Freiheit auf den Bergen, der bereits von Humboldt produktiv rezipiert wurde, findet hier erneut – wenn auch nur indirekt – Anklang. Für ein befreites Lateinamerika nimmt Bolívar dessen vermeintlich höchsten Punkt in Besitz, der symbolisch für diese Herausforderung steht. Sein Gipfelsturm ist allegorisch zu deuten, gilt doch der Brite Edward Whymper als Erstbesteiger des Chimborazo, der einige Jahre später, nämlich 1880, den Berg erklomm. Gerhard Masur zweifelt nicht nur an Bolívars Gipfelsturm, sondern auch an seiner schriftstellerischen Leistung: „Bolívar war niemals auf dem Chimborasso, und die Hymne, die er angeblich dort gedichtet hat, ist eine Fälschung, und nicht einmal eine gute."[53] Für Jürgen von Stackelberg scheint es dagegen plausibel, dass das Prosagedicht von ihm stammt, „es sei denn, er hätte in seiner Umgebung jemanden gehabt, der seines Geistes war. Aber davon ist nichts bekannt."[54]

[49] Simón Bolívar: *Cuatro textos*. Introducción, presentaciones y notas de Arturo Garbizu Crespo, Caracas: Oscar Todtmann, 1999, 116.

[50] Gabriel García Márquez: *El general en su laberinto*, Madrid: Monddori, 1989, 48.

[51] Simón Bolívar: *Doctrina del libertador*, hg. von Manuel Pérez Vila, Caracas: Ayacucho, 1976, 62.

[52] Jürgen von Stackelberg hat den Titel mit *Mein Traumgesicht auf dem Chimborazo* übersetzt, aber ‚delirio' ließe sich auch mit ‚Wahnvorstellung' übersetzen.

[53] Masur, *Simón Bolívar und die Befreiung Südamerikas*, 441.

[54] Jürgen von Stackelberg: „Drei Texte von Simón Bolívar", in: *Grenzüberschreitungen. Studien zu Literatur, Geschichte, Ethnologie und Ethologie*, hg. von Jürgen von Stackelberg, Göttingen: Universitätsverlag Göttingen, 2007, 65–78, hier 76. Dafür spricht, dass es sich in Bolívars *Obras completas* befindet.

In *Mi delirio sobre el Chimborazo* erklärt Bolívar, es trieb ihn, „envuelto con el manto de Iris“[55], gemeint ist hier wohl der Mantel der Götterbotin Iris, den Wartturm der Welt zu ersteigen („quise subir al atalaya del Universo“[56]). Anders als Humboldt, dem es als Befürworter der einen „Totaleindruck“[57] vermittelnden Landschaftsmalerei vielmehr um die Ansicht des Berges ging[58], strebt Bolívar nach dem allumfassenden Blick von oben. Zwar heißt es in seinem Gedicht, dass er sich auf den Spuren Humboldts und Charles-Marie de La Condamines, der sich ebenfalls am Chimborazo versuchte,[59] befinde, doch die Spuren seiner Vorläufer lässt er hinter sich, um die bisher unbetretene Gletscherregion für sich einzunehmen: „Busqué las huellas de La Condamine y de Humboldt seguílas audaz, nada me detuvo; llegué a la región glacial“[60]. Im Unterschied zu Humboldt zählt bei Bolívar kaum der Weg – allein die Ankunft auf dem Gipfel ist sein Ziel. Schließlich stilisiert sich Bolívar zum Eroberer dieser *terra incognita*: „Ninguna planta humana había hollado la corona diamantina que pusieron las manos de la Eternidad sobre las sienes excelsas del dominador de los Andes.“[61] Damit macht Bolívar auch deutlich, dass die Eroberung des höchsten Gipfels der nördlichen Andenkette für Europäer, nämlich Humboldt und de La Condamine, unerreichbar bleibt, während dem Lateinamerikaner die Ankunft gelingt. Die Anden dienen damit als Siegessymbol für den Kampf gegen die Europäer, nämlich die Spanier. Diese Symbolik findet sich auch bei Bolívars Lehrer und späterem Kritiker, dem Dichter Andres Bello (1781–1865), der Humboldt bei seiner Expedition auf die Silla von Caracas 1800 begleitete.[62] In seinem Werk *La agricultura de la zona tórrida* (1826) folgt er Bolívar auf die Andengipfel: „[H]ijos son éstos, hijos / (pregonará a los hombres) / de los que vencedores superaron / de los Andes la cima; / de los que Boyacá, los que en la arena / de Maipo, y en Junín, y en la campaña / gloriosa de Apurima, / postrar supieron al léon de España.“[63] Mit Bolívars Gedicht scheint sich der Gipfelkult in der lateinamerikanischen Literatur zu etablieren. Die Andengipfel werden

[55] Simón Bolívar: „Mi delirio sobre el Chimborazo“, in: *Obras completas*, Vol. VI: *Testamento, Proclamas y Discursos. Artículos*, Madrid: Maveco, 1984, 203/204, hier 203.

[56] Ebd.

[57] Humboldt, *Ansichten der Natur*, 181.

[58] „In seinen präzise ausgeführten künstlerischen Darstellungen hat Alexander von Humboldt indes nicht allein aus wetterkundlichen Erwägungen auf eine spektakuläre Wiedergabe der Besteigung verzichtet. Anders als später Simón Bolívar verortet er seine ästhetische Erfahrung in den *Ansichten der Kordilleren* keineswegs *auf* dem Berg, sondern *unterhalb*. Es geht nicht um die panoramatische Großartigkeit der erhebenden Aussicht, die der Gipfel bieten mag, sondern um dessen *Ansicht*, das heißt: um die erhabene Wirkung des Berges auf den Betrachter, der ihn wie ein Kunstwerk aus einem gewissen Abstand wahrnimmt.“ Ette/Lubrich, *Versuch über Humboldt*, 21.

[59] Der französische Forschungsreisende Charles Marie de La Condamine unternahm gemeinsam mit Pierre Bouguer 1742 Forschungen am Berg.

[60] Bolívar, *Mi delirio sobre el Chimborazo*, 203.

[61] Ebd.

[62] Vgl. Cussen, *Bello and Bolívar*, 5/6.

[63] Andrés Bello: „La agricultura de la zona tórrida“ [1826], in: Andrés Bello: *Obra literaria*, hg. von Pedro Grases, Caracas 1979, 40–49, hier 49.

im Kontext eines Unabhängigkeitsstrebens zu Sinnbildern von Freiheit und Widerspenstigkeit.[64] Auch in der indigenistischen Literatur des 20. Jahrhunderts werden die Anden mit der Frage nach Nationalität und Nation verknüpft. Der Andenkette kommt hier vor allem eine einheitsstiftende Funktion zu. Diese Frage nach einer nationalen Einheit scheint Bolívars *Mi delirio sobre el Chimborazo* bereits vorweg zu nehmen. Dort entpuppt sich der besungene Mantel der Iris wenig später als vermutlich kolumbianische Flagge[65]: „Yo me dije: este manto de Iris que me ha servido de estandarte, ha recorrido en mis manos sobre regiones infernales, ha surcado los ríos y los mares, ha subido sobre los hombros gigantescos de los Andes; la tierra se ha allanado a los pies de Colombia, y el tiempo no ha podido detener la marcha de la libertad."[66] Die Flagge aus göttlicher Hand kann auf dem Chimborazo gehisst werden, eine mittlerweile traditionelle Praktik, um die Inbesitznahme durch eine bestimmte Gruppe bzw. Nation zu demonstrieren.[67] In diesem Fall scheint die Betonung der göttlichen Hand diese Inbesitznahme zu legitimieren – Bolívars Befreiungskampf wird also nicht nur von einer höheren Macht begrüßt, ihm geht auch ihr Wille voraus. Dieser Aspekt ist besonders interessant, wenn man bedenkt, dass der Berg in vielen Kulturen Sitz der Götter ist und das Betreten der göttlichen Sphäre ein Tabu darstellt. Ebenso bedeutet der Blick vom Berg eine diabolische Versuchung, nämlich den Sitz und die Herrschaft Gottes einzunehmen.

In Bolívars Gedicht schrumpft der mächtige Berg durch seine Personifizierung, die ihn zu einem „menschlichen" Gegner werden lässt, der besiegt werden kann: Die Anden charakterisieren sich zwar durch „Riesenschultern", werden jedoch begehbar wie auch der Gipfel des Chimborazo, dessen mit grauen Haaren geschmücktes Haupt Bolívar sich unterwirft („trepar sobre los cabellos canosos del gigante de la Tierra"[68]). Durch diesen Gipfelsturm, die Bezwingung des höchsten – zum Gegner stilisierten – Berges, bestätigt sich das Subjekt Bolívar selbst. Der Berg wird damit zum Ort der Selbstbestätigung des *Libertador*. Sein Gedicht dient also vor allem der Selbststilisierung als Befreier Lateinamerikas: Der Gipfelstürmer Bolívar repräsentiert den erfolgreichen *Libertador* und begründet durch sein Gedicht seinen eigenen Mythos.

Auf dem Gipfel kommt es schließlich zu einem Gipfelerlebnis im klassischen Sinne, zu einer göttlichen Erfahrung und Eingebung: Nachdem Bolívar mit der Stirn die Kuppel des Himmels berührt, einen Kontakt zur göttlichen Sphäre hergestellt hat und schließlich eine Erschütterung ausgelöst wird, überkommt ihn ein Traumfieber („delirio febril") und er erklärt sich vom Gott Kolumbiens besessen. Schließlich erscheint ihm die personifizierte Zeit, in Gestalt eines alten Mannes mit einer Sichel in den Händen – vermutlich Kronos, der das Symbol der Vergänglichkeit in Händen trägt. Dieser weist ihn auf seinen Akt der Hybris hin, nämlich das Betreten eines für höhere Mächte reservierten Raumes und gibt ihm folgende Anweisung: „[…] aprende, conserva en tu mente lo que has visto,

[64] Vgl. Raúl Porras Barrenechea: „Estudio preliminar", in: José de la Riva-Agüero: *Obras completas de José de la Riva-Agüero*, hg. von José A. de la Puente Candamo u.a., Bd. IX: *Paisajes peruanos*, Lima: IRA,1969, IX-CLXXVIII, hier LXVII.

[65] Gemeint ist hier Großkolumbien, also ein historisches Staatsgebilde, das die heutigen Staaten Kolumbien, Ecuador, Panama und Venezuela sowie Teile von Peru und Guyana umfasste.

[66] Bolívar, *Mi delirio sobre el Chimborazo*, 203.

[67] Interessanterweise ist der Chimborazo auf der Nationalflagge Ecuadors abgebildet.

[68] Bolívar, *Mi delirio sobre el Chimborazo*, 203/204.

dibuja a los ojos de tus semejantes el cuadro del Universo físico, del Universo moral; no escondas los secretos que el cielo te ha revelado: dí la verdad a los hombres.“[69] Von Stackelberg stellt die Frage, warum Bolívar die Wahrheit und nicht die Freiheit verkünden soll[70] – schwingt hier vor allem aufklärerisches Potenzial mit und damit ein europäischer Einfluss? Dieser zeigt sich auch bei der Übernahme der griechischen Götter Iris, Bellona und Kronos, denen aber ein „kolumbianischer Gott“ gegenüber gestellt wird, der von Bolívar Besitz ergreift. Offen lässt Bolívar am Ende seines Gedichts, ob er seinen Gipfelsturm nicht nur geträumt habe. Die „gewaltige Stimme Kolumbiens“ ruft ihn schließlich, er erwacht, wird wieder zum Menschen und schreibt sein Traumgesicht nieder.[71] Das Wieder-zum-Menschen-Werden zeigt, dass eine solche Tat nur von einem Übermenschen, ausgestattet mit göttlicher Macht, zu bewältigen ist.

Nicht zuletzt bringt die Eroberung, also die Befreiung von der spanischen Kolonialmacht, auch noch literarische Produktivität mit sich. Bolívars Betonung seines Schreibprozesses kann als Appell gedeutet werden, eigene, das heißt lateinamerikanische Literatur zu machen. Dies bedeutet eine weitere ‚Befreiung‘ von Europa durch eine neue Selbstständigkeit auf dem literarischen Feld. Selbstverständlich wäre Bolívars Mission ohne eine Einflussnahme europäischer Literatur kaum möglich gewesen.

Bolívars Gipfelerlebnis gehen einige Einflüsse voraus, die diesen bedeutsamen Moment vorbereitet zu haben scheinen. Zu Bolívars Lektüre zählten Montesquieu, Locke und Voltaire. Vertraut war er mit den antiken Philosophen, mit Vergils *Äneis* und mit einem Tacitus in der Tasche soll Bolívar das Kolosseum besichtig haben.[72] Selbst auf den verwegensten Routen durch die Anden sollen ihn Kisten mit philosophischem und literarischem Lesestoff begleitet haben.[73] Vor allem wurde Bolívar mit Rousseau konfrontiert, den sein Lehrer Simón Rodríguez verehrte und dessen Idealisierung der Freiheit für die Unabhängigkeit Südamerikas durchaus bedeutsam war: „Das Resultat dieser Lektüre war eine Sättigung mit den aufklärerischen Ideen des 17. und 18. Jahrhunderts, ein Glaube an Menschenrechte und Freiheit, an Vernunft und Würde, an Unabhängigkeit und Humanität. Bolivar war kein philosophisch angelegter Kopf, sondern ein Täter. Er hat die Ideen der Aufklärung nicht geprüft, sondern angenommen“.[74] Rodríguez vermittelte Bolívar das „geistig-moralische Rüstzeug“[75], das er für seine Befreiungskämpfe benötigte. Als Schauplatz dienten dabei bedeutende europäische Orte: Im Jahr 1805 überquerte Bolívar mit Rodríguez die Savoyer Alpen, auf den Spuren Rousseaus besuchten sie Chambéry und Les Charmettes. In Rom soll Bolívar schließlich auf den Monte Sacro gestiegen sein, auf dem zweimal die Rechte der heiligen Stadt verbürgt worden waren, und schwor Rodríguez, sein Vaterland zu befreien[76]: „Ich schwöre vor Ihnen, vor dem Gott meiner Väter, vor ihnen schwöre ich, schwöre vor meiner Ehre und schwöre vor meinem Vaterland,

[69] Ebd., 204.

[70] Vgl. von Stackelberg, *Drei Texte von Simón Bolívar*, 73.

[71] „Al fin, la tremenda voz de Colombia me grita; resucito, me siento, abro con mis proprias manos mis pesados párpados; vuelvo a ser hombre, y escribo mi delirio.“ Ebd.

[72] Vgl. von Stackelberg, *Drei Texte von Simón Bolívar*, 74.

[73] Vgl. Rehrmann, *Simón Bolívar*, 42.

[74] Masur, *Simón Bolívar und die Befreiung Südamerikas*, 57.

[75] Rehrmann, *Simón Bolívar*, 37.

[76] Masur, *Simón Bolívar und die Befreiung Südamerikas*, 66.

dass ich meinen Armen und meiner Seele nicht eher Ruhe gönnen werde, bis ich die Ketten zerstört habe, mit denen uns die spanischen Machthaber unterjochen."[77] Was Bolívar also auf einem europäischen Hügel begann, brachte er auf einem lateinamerikanischen 6000er zu Ende.

Vom Gipfelsturm zum Gipfeltreffen

Während der Einfluss Humboldts auf die Vorstellungen Bolívars in älteren Porträts des Unabhängigkeitskämpfers – interessanterweise aus der ersten Hälfte des 20. Jahrhunderts – von deutschen Verfassern vorbehaltlos bejaht wurde,[78] gilt Humboldts Anstiftung zu den Unabhängigkeitskriegen mittlerweile als erdichtet. Der „wissenschaftliche Gründungsvater Lateinamerikas" ist er nicht gewesen.[79] Auch wenn er – wie Bolívar betont – der Entdecker der Neuen Welt war[80] und laut Mario Vargas Llosa „der Europäer [war], der am meisten dazu getan hat, um die Alte und die Neue Welt wie die Vor- und Rückseite einer gleichen Zivilisation darzustellen."[81]

In seinem Brief an Humboldt – erst 1821 traten die beiden in Briefkontakt – erklärt Bolívar zwar, dass er Humboldt in Paris und Rom gesehen habe, nicht aber, dass er ihn getroffen habe:

> El barón de Humboldt estará siempre con los días de la América presentes en el corazón de los justos apreciadores de un grande hombre, que con sus ojos la ha arrancado de la ignorancia y con su pluma la ha pintado tan bella como su propia naturaleza. [...] Los rasgos de su carácter moral, las eminentes cualidades de su carácter generoso tienen una especie de existencia entre nosotros; siempre los estamos mirando con encanto. Yo por lo menos al contemplar cada uno de los vestigios que recuerdan los pasos de Vd. en Colombia me siento arrebatado de las más poderosas impresiones. Así, estimable amigo, reciba Vd. los cordiales

[77] Rehrmann, *Simón Bolívar*, 56. Vgl. dazu auch Masur, *Simón Bolívar und die Befreiung Südamerikas*, 66.

[78] „Sie werden sich nicht mehr wiedersehen. Doch was bei flüchtiger Begegnung Bolivars Herz mit stürmischer Gewalt ergriff, wirkt fort und fort, ein Lebendiges, das für alle Zeiten die alte und die neue Welt verbindet." Florian Kienzl: *Bolívar. Ruhm und Freiheit Südamerikas*, Berlin: Alfred Metzner, 1943, 11/12. Vgl. dazu auch Masur, *Simón Bolívar*, 58/59 und Wolfram Dietrich: *Simón Bolívar und die latein-amerikanischen Unabhängigkeitskriege*, Hamburg: Hartung, 1934, 21.

[79] Michael Zeuske: „Humboldt und Bolívar", in: *Alexander von Humboldt. Netzwerke des Wissens*, hg. von Frank Holl, Begleitbuch zur Ausstellung im Haus der Kulturen der Welt Berlin und in der Kunst- und Ausstellungshalle der Bundesrepublik Deutschland Bonn, Ostfildern: Hatje Cantz, 1999, 128/129, hier 129. Rehrmann weist daraufhin, dass Humboldt zu dieser Zeit seine Kritik an der spanischen Krone zurückhielt, da er seine Reise mit ihrer Zustimmung unternommen hatte und für mögliche weitere Reisen ihre Gunst benötigte. Vgl. Rehrmann, *Simón Bolívar*, 53/54. Vgl. dazu auch Michael Zeuske: *Simón Bolívar. Befreier Südamerikas. Geschichte und Mythos*, Berlin: Rotbuch, 2011, 107–121.

[80] Vgl. Bolívar, *Carta a la señora Bonpland*, 328.

[81] Mario Vargas Llosa: „Lateinamerika von innen und außen. Ansprache, gehalten in der Humboldt-Universität zu Berlin aus Anlass der Verleihung der Ehrendoktorwürde am 13. Oktober 2005", in: *EuropAmerikas: Transatlantische Beziehungen*, hg. von Ottmar Ette, Dieter Ingenschay und Günther Maihold, Frankfurt a.M.: Vervuert, 2008, 25–35, hier 35.

> testimonios de quien ha tenido el honor de respetar su nombre antes de conocerlo, y de amarlo cuando le vió en París y Roma.[82]

Vermutlich kam es nur zu einem flüchtigen Treffen 1804 bzw. 1805, wobei Humboldt Bolívar zur Mäßigung riet und Vertraute empfahl.[83] Der Mythos dieser bedeutsamen Zusammenkunft, dieses „Gipfeltreffen", wurde nicht nur von der lateinamerikanischen kreolischen Oberschicht genutzt, um die Konstruktion der neuen Staaten mit Humboldt zu legitimieren, ebenso in der Forschung wurde er gepflegt,[84] vermutlich nicht zuletzt deshalb, „weil die prestigereiche deutsche Wissenschaft des 19. Jahrhunderts auch einen Entdecker Amerikas in ihren Reihen zählen wollte."[85] Der Humboldt-Bolívar-Mythos wird zum Gegenstand literarischer Konstruktionen in Lateinamerika und Deutschland, die diese Zusammenkunft, auf oder um den Chimborazo herum, thematisieren bzw. inszenieren. Der Plot scheint literarisch so reizvoll, dass er immer wieder neu verarbeitet wird, um Fingiertes und Imaginiertes bereichert wird.[86] So macht Gabriel García Márquez in seinem Roman *El general en su laberinto* Humboldt zu demjenigen, der Bolívar die Augen öffnet:

> Lo había conocido en sus años de París, cuando Humboldt regresaba de su viaje por los países equinocciales, y tanto como su inteligencia y su sabiduría lo sorprendió el esplendor de su belleza, como no había visto otra igual en una mujer. En cambio, lo que menos lo convenció de él fue su certidumbre de que las colonias españolas de América estaban maduras para la independencia. Lo había dicho así, sin un temblor en la voz, cuando a él no se le había ocurrido ni siquiera como una fantasía dominical. „Lo único que falta es el hombre", le dijo Humboldt. El general se lo contó a Jóse Palacios muchos años después, en el Cuzco, viéndose quizás a sí mismo por encima del mundo, cuando la historia acababa de demostrar que el hombre era él. No se lo repitió a nadie, pero cada vez que se hablaba del barón, lo aprovechaba para rendirle un tributo a su clarividencia: „Humboldt me abrió los ojos".[87]

Bestärkt García Márquez auf pathetische Weise, vielleicht aber auch mit einem ironischen Augenzwinkern den Mythos, so bricht der DDR-Dramatiker Claus Hammel den Mythos in umkehrender postkolonialer Haltung: „Wir möchten übrigens, daß nicht nur Bolívar von Humboldt, sondern auch Humboldt von Bolívar lernt."[88]

[82] Simón Bolívar: „Carta al señor Alejandro de Humboldt", in: Simón Bolívar: *Obras completas*, Vol. II: *Cartas del Libertador comprendidas en el período de 3 de noviembre de 1820 a 8 de mayo de 1824*, Madrid: Maveco, 1984, 110.
[83] Zeuske, *Humboldt und Bolívar*, 129.
[84] Vgl. ebd.
[85] Ebd. Vgl. dazu auch Zeuske: *Simón Bolívar*,16.
[86] Vgl. Ette/Lubrich, *Versuch über Humboldt*, 39–42.
[87] García Márquez, *El general en su laberinto*, 104.
[88] Claus Hammel: „Zu diesem Stück", in: *Humboldt und Bolívar oder Der Neue Continent. Schauspiel*, Berlin/Weimar: Aufbau, 1980, 143.

Unabhängig von diesem historischen Treffen der beiden prominenten Persönlichkeiten, kommt es auf einer anderen Ebene zu einem Gipfeltreffen: Auch wenn die Gipfelerlebnisse der zwei literarischen Alpinisten individuell betrachtet werden können, so entstehen neue Bedeutungen, sobald sie miteinander in Bezug gesetzt werden. Die literarische Bergbesteigung verbindet die beiden Texte, durch einen gleichen Ablauf, nämlich die kreisförmige Bewegung von unten nach oben und wieder zurück. Bei beiden literarischen Bergbesteigungen kommt es zu einem Gipfelerlebnis: bei Humboldt dank der mit Wissen gefüllten Gletscherspalte, bei Bolívar dank des Deliriums und der damit verbundenen göttlichen Eingebung. Während Humboldt seine gescheiterte Bergbesteigung nach seiner Amerikareise als Verzicht inszeniert, antwortet Bolívar mit einer Inbesitznahme. Dabei kommt beiden Bergbesteigungen allegorisches Potenzial zu. Der Verzicht Humboldts impliziert eine Kritik am Kolonialismus, eine Negation europäischen Dominanzstrebens, während die Inbesitznahme Bolívars Unabhängigkeit von Europa symbolisiert. Damit brechen sie beide mit den traditionellen Rollen von Kolonialisten und Kolonisierten. Während der Europäer auf lateinamerikanischem Boden zum Scheitern verurteilt ist, so ist die Eroberung des Territoriums – das in der höchsten Erhebung wieder einen Höhepunkt findet – dem Lateinamerikaner vorbehalten. Auch wenn die beiden literarischen Alpinisten den Text des Anderen vermutlich nicht rezipiert haben, so lesen sich ihre Versuche am Berg als explizite Antwort auf den Entwurf des Anderen. Und auch wenn ein bedeutsames Treffen in Europa nicht stattgefunden hat, so kommt es durch die komparatistische Zusammenschau dieser beiden Texte zu einem europäisch-lateinamerikanischen Dialog.

Karin Peters

Paris – Pampa, Non-Stop

Inszenierungen der ‚literarischen Weltrepublik' bei Alan Pauls und Sylvia Iparraguirre

Einleitung

Dass literarische Manuskripte außereuropäischer Autoren einen langen Weg zurücklegen müssen, bevor sie in Europa gedruckt und gelesen werden, ist ein bekanntes Faktum. Die Rezeptionsgeschwindigkeit zwischen Paris, Frankfurt, London und literarischen Welthauptstädten wie Buenos Aires nimmt dagegen exponentiell zu, wenn Länder wie Argentinien als Gastländer auf europäischen Buchmessen auftreten[1]. In Deutschland lassen sich die Folgen etwa an der Lizenzvergabe für Übersetzungen aus der argentinischen Literatur ins Deutsche ablesen, die sich im Zuge der Frankfurter Buchmesse im Jahr 2010 stark verändert hatte: Während zwei Jahre vor der Messe noch magere 17 Lizenzen in einem Jahr vergeben wurden, schoss die Zahl 2010 auf über das Doppelte (44). Nach einem leichten Rückgang 2011 (36) hat sich der Wert bereits 2012 wieder auf 27 eingependelt.[2] Dies veranschaulicht, in welchem Maße argentinische Autoren tatsächlich von ihrem internationalen Marktwert abhängig sind. Auch jüngst war die Frage für Argentinien erneut brisant, ist das Land doch erst im März 2014 als Ehrengast des Pariser *Salon du*

[1] Dies betrifft bspw. die Wirkung der Länderschwerpunkte der Frankfurter Buchmesse, die in den 70er Jahren vom damaligen Buchmessendirektor eingeführt worden waren. Die höhere Sichtbarkeit der Literatur sich vorstellender Länder ist auf der weltweit größten Buchmesse in Frankfurt allgemein zu verzeichnen. Für Argentinien ist aufgrund der bereits vorangegangenen Popularität argentinischer Autoren ein noch verstärkter Boom zu erkennen. Eine entscheidende Rolle in der Vermittlung spielen jedoch auch die Literaturagenten (teilweise auch andere Autoren sowie Kritiker), vgl. hierzu den Beitrag von Michi Strausfeld in diesem Band.

[2] Vgl. *Buch und Buchhandel in Zahlen*, hg. vom Börsenverein des Deutschen Buchhandels e.V., Frankfurt a.M.: MVB, 2013, 109. Laut Auskunft des Börsenvereins des Deutschen Buchhandels repräsentierten etwa im Jahr 2012 die belletristischen Übersetzungen aus dem Spanischen (allgemein) ins Deutsche nur 2,6 % der Top 20 fremdsprachlicher Übersetzungen (vgl. ebd., 97). Dabei wird nicht nach einzelnen Herkunftsländern unterschieden. Die Gesamtheit aller spanischsprachigen Literaturen kommt dieser Liste zufolge aber immerhin nach Englisch, Französisch, Italienisch und Schwedisch auf dem 5. Rang. 2010 wurde darüber hinaus eine größere Dokumentation angelegt, als Argentinien Gastland auf der Frankfurter Buchmesse war (Quelle: *http://www.buchmesse.de/pdf/buchmesse/buchmarkt_argentinien_dt.pdf*). Daraus geht z.B. auch hervor, dass 2006 mit 38,94 % der Großteil aller Titel, die in Lateinamerika und Spanien in spanischer Sprache aufgelegt wurden, in Spanien produziert wurde. Die Verlagswege und die Rezeption lateinamerikanischer Autoren führen auch heute immer noch dezidiert über die Verlagsstadt Barcelona wie bspw. im Fall des Verlagshauses Anagrama, das etwa Alan Pauls verlegt und dessen Herausgeber Jorge Herralde ihn und andere argentinische Autoren bereits durch die Verleihung des Premio Herralde (an Pauls für *El pasado* 2003) förderte.

livre aufgetreten. Ganz offensichtlich findet also auch die argentinische Literatur der zeitgenössischen Autorengeneration im ökonomischen Zentrum der literarischen Welt Gehör. Dabei ist sie aber unweigerlich einem spezifischen Blick und ökonomischen Realitäten ausgesetzt.[3]

Daher instrumentalisiert die argentinische Literatur heute zu einem gewissen Grad ihre eigene Fremdheit im Dienste eines selbst gewählten Exotismus, verbannt sich – salopp gesprochen – *in die Pampa*, um so den Weg nach Paris schneller zurücklegen zu können. Die Literaturen Spanischamerikas gehorchen also immer dann, wenn sie sich gemäß einer europäischen Erwartungshaltung als peripher inszenieren, einer ähnlichen Logik der „posture postcoloniale"[4] wie die frankophonen Literaturen der Dekolonisationsepoche. Daniel Noemí deutet die zeitgenössische lateinamerikanische Literatur aber nicht als Reflex auf die Postkolonialismusforschung allein, die quasi ihre eigenen Themen und Gattungen hervorgebracht hat, sondern auch unter dem Signum einer Allegorisierung ihres Verhältnisses zu den neoliberalen Marktgesetzen der Gegenwart, als ‚neoliberalen Realismus', der seine eigenen Bedingungen des Schreibens immer mitreflektiert.[5]

Bei der Lektüre die von Franco Moretti jüngst vorgeschlagene Methode des *distant reading*[6] anzuwenden, scheint deshalb hier wenig sinnvoll: Weltliteratur sollte vielmehr auf ihre textuellen Falten und Einlagerungen hin mit der Lupe gelesen werden, da sonst der kulturelle und ökonomische Druck, dem diese weiter unterliegt, im gnädigen Nebel der oberflächlichen Lektüre verschwindet. Die argentinische Literatur etwa ist nach meinem Dafürhalten – und anders als es die postmoderne Kritik bislang gerne darstellt – gerade dort am wenigsten transparent, wo sie sich auf Europa bezieht. Denn zwischen der literarischen Peripherie und dem Einfluss, der aus Europa (spätestens seit dem 19. Jahrhundert insbesondere aus Paris) wirkt, wird ein Raum der Abweichung geschaffen, der gegen die ‚Peripherizität' in Anschlag gebracht werden kann.

Ich möchte das Verhältnis zwischen so genanntem Zentrum und angenommener Peripherie daher als einen literarisch produktiven Prozess beschreiben, der dennoch zugleich ökonomischen, politischen und damit ideologischen Regeln ausgesetzt ist. Um deren ästhetische Inszenierung zu überprüfen, werde ich – nach einem theoretischen Aufriss und literarhistorischen Blick auf Jorge Luis Borges – zwei Erzähltexte der 1990er Jahre näher beschreiben: *Wasabi*, einen Künstlerroman von Alan Pauls aus dem Jahr 1994, der seine *figura auctoris* nach Frankreich versetzt und dessen Heteronomie in Form körperlicher Somatisierungen durchspielt; und *La tierra del fuego*, einen historischen Roman

[3] Vgl. das Dossier „L'Argentine à la croisée des mondes" der Zeitschrift *Lire* 423 (März 2014), 54–65.

[4] Vgl. zum Begriff und Konzept Véronique Porra: „La posture postcoloniale des auteurs de langue française au XXIe siècle. Inversion de la relation critique et métadiscours dans l'œuvre d'Assia Djebar", in: *Interprétations postcoloniales et mondialisation. Littératures de langues allemande, anglaise, espagnole, française, italienne et portugaise*, hg. von Françoise Aubès u.a., Frankfurt a.M.: Peter Lang, 2015, 193–204.

[5] Vgl. Daniel Noemí: „Y después de lo post, ¿qué?", in: *Entre lo local y lo global. La narrativa latinoamericana en el cambio de siglo (1990–2006)*, hg. von Jesús Montoya Juárez, Madrid: Iberoamericana, 2008, 83–98, hier 95 f.

[6] Franco Moretti: *Distant Reading*, London: Verso, 2013.

von Sylvia Iparraguirre aus dem Jahr 1998, der jene Prozesse der kulturellen Kreolisierung, die in der Beziehung zwischen kultureller Normierung im Zentrum und peripherer Abweichung im Spiel sind, als eine Geschichte des Lesens, wilden Lesen-Lernens und Schreibens – und als eine Bewegung im Raum – erzählt.

Universalisierung und literarische Weltrepublik in Argentinien

Im Jahr 1999 hat Pascale Casanova mit *La république mondiale des lettres* einen einflussreichen Text vorgelegt, der inzwischen in zahlreiche Sprachen, u.a. ins Englische und ins Spanische, übersetzt wurde. Darin deckt Casanova die Funktionsweisen der Welt- oder Universalliteratur auf. Ihr zufolge gehen die Dominanz und der Vorbildcharakter westlicher und insbesondere französischer Kultur mit einer „méconnaissance" einher, die ausschließlich an den Rändern der literarischen Weltrepublik durchbrochen werden kann.[7] Nur diejenigen Schriftsteller, die sich den Zutritt zum westlichen Buchmarkt erkämpfen müssen, haben demzufolge einen luziden Blick darauf, dass es sich bei diesem System um ein System der Hegemonie, der Ökonomie und mithin der Exklusion handelt. Während im Zentrum der literarischen Weltrepublik und an dessen *Nullmeridian* Paris der Glaube an eine universale und reine Literatur aufrecht erhalten werden – eine von Politik und ‚Welt' autonome Literatur, die überhistorische, transnationale, apolitische und quasi ökumenische Züge trägt –, könne die Literatur der Peripherie nicht umhin, den eigenen historischen, nationalen bzw. politischen Standpunkt zuerst zu verleugnen, wenn sie Eingang in die Littérature universelle nehmen will. Die ökonomische Realität hinter dieser literarischen *Ökumene* gerät dabei aus dem Blick.

Dass es sich dabei um einen theoretisch angelegten, spezifisch französischen Zentralisierungsgedanken handelt, ist offensichtlich. Dies wurde in der hiervon angestoßenen literaturwissenschaftlichen Debatte zum Konzept der Weltliteratur in Zeiten der Globalisierung mehrfach – nicht zuletzt von der Autorin selbst – diskutiert.[8] Mich interessiert an dieser Stelle deshalb vielmehr das Prinzip des Agons, das Casanova immer wieder bei

[7] Vgl. Pascale Casanova: *La république mondiale des lettres* [1999], Paris: Seuil, 2008, 73. Siehe zu dieser theoretischen Herleitung bereits Karin Peters: „Von Geisterhand. Zur Spektralisierung argentinischer Autorschaft bei Adolfo Bioy Casares (*La invención de Morel*, 1940)", in: *„Lernen, mit den Gespenstern zu leben". Das Gespenstische als Figur, Metapher und Wahrnehmungsdispositiv*, hg. von Lorenz Aggermann u.a., Berlin: neofelis, 2015, 301–316, insb. 303–308. Der Begriff der *méconnaissance* geht auf die Arbeiten von René Girard zurück, vgl. *La Violence et le sacré*, Paris: Grasset, 1972.

[8] Vgl. das neue Vorwort der Autorin in der Ausgabe von 2008, Casanova, *République* [Anm. 6], 16. Sowie zur Weiterführung des Konzepts einer „world structure", Pascale Casanova: „Literature as a World", in: *New Left Review* 31 (2005): 71–90, hier 79 f. Hier hebt sie sich auch von der Kritik ab, die Franco Moretti im gleichen Medium zuvor lanciert hatte, und lehnt insb. dessen Zentrum-Peripherie-Konzept ab; vgl. ebd., 80, Fn. 14, sowie Franco Moretti: „Conjectures on World Literature", in: *New Left Review* 1 (2000): 54–68 und „More Conjectures", in: *New Left Review* 20 (2003): 73–81. Kritik am beiden Modellen inhärenten Effekt des „re-inscribing a hegemonic cultural centre" wurde geäußert von Alexander Beecroft: „World Literature Without a Hyphen. Towards a Typology of Literary Systems", in: *New Left Review* 54 (2008): 87–100, hier 88.

ungleichen Austauschbeziehungen hervorhebt, aber nicht im Einzelnen beschreibt – ich denke, hier kann man stärker differenzierend anknüpfen.

Obgleich die Debatte über die argentinische Peripherie bereits seit Jahrzehnten geführt wird[9] und im Zuge der neueren Globalisierungsstudien noch einmal an Brisanz gewonnen hat[10], gilt es hier genauer hinzusehen. Denn die argentinische Peripherie bzw. der Abstand zwischen Paris und *Pampa* ist in den hier besprochenen Texten auch innerhalb des Plots explizit als semiotische Grenze entworfen. Mit Yuri M. Lotmans späten Schriften zur kulturellen ‚Semiosphäre' lässt sich dieses Verhältnis genauer beleuchten. Denn unter der Semiosphäre versteht Lotman einen normativen Raum der Kultur („space of culture"[11]), der durchzogen ist von konfligierenden Strukturen („conflicting structures"[12]), insbesondere an seinen Rändern. Hierin besteht die strukturelle Ähnlichkeit des Semiosphärenmodells zur These des weltliterarischen Agons bei Casanova. Dem Semiosphärenmodell liegt die Vorstellung zu Grunde, dass Menschen für Kommunikation eine gemeinsame ‚Sprache' (im weitesten Sinne) benötigen: ein geteiltes System von Normen, das gegenseitiges Verstehen garantiert. Auf die Struktur einer literarischen Weltrepublik übertragen, könnte man also etwa von den Regeln eines literarischen Normensystems sprechen, das sich an Regelpoetiken, Gattungskonventionen oder vorbildlichen Kanontexten ausrichtet. Allerdings wäre eine gänzlich ‚gedeckte' Kommunikation Lotman zufolge auch völlig ergebnislos; nur durch Abweichungen und Missverstehen ‚übersetzen' wir uns und unsere Welt im Dialog mit Anderen. Damit erst beginnt Kultur als Prozess der Semiose, in dessen Verlauf neue Zeichen geschöpft und gegen andere ausgehandelt werden.

Die semiotische Aktivität des Menschen wird also von zwei entgegen gesetzten Impulsen angetrieben: zum einen, Missverstehen durch Normierung einzuschränken und Kommunikation anschlussfähig zu machen, und zum anderen, die Normierung immer wieder durch strukturelle und semantische Überschüsse auf Alternativen zu öffnen, um neue Kommunikation zu ermöglichen. Dadurch entstehen auf einer höheren Ebene auch jene Asymmetrien im Raum und in der Zeit, die der strukturellen Organisation der Kultur ihr geographisches Zentrum oder ihre historische Signatur verleihen. Was hundert Jahre

[9] Vgl. wie noch in den 90er Jahren der argentinische Schriftsteller Mempo Giardinelli Argentinien als Land am „hoffnungslosen Zipfel unseres Planeten" bezeichnet; Mempo Giardinelli: „Was man heute in Argentinien schreibt und liest. Variationen über den literarischen Diskurs in Argentinien Mitte der neunziger Jahre", in: *Argentinien. Land der Peripherie?*, hg. von Rafael Sevilla und Ruth Zimmerling, Bad Honnef: Horlemann, 1997, 74–84, hier 74.

[10] Gerade hinsichtlich der späteren Diskussion von Jorge Luis Borges' Essay „El escritor argentino y la tradición" ist hier von Interesse, dass dieser Text über die ‚Universalisierung' der argentinischen Literatur im Jahr 2014 in eine komparatistische Anthologie aufgenommen und als Vorwegnahme der Thesen Casanovas kommentiert wurde; vgl. David Damrosch (Hg.): *World Literature in Theory*, Malden, MA: Wiley-Blackwell, 2014, 391–397.

[11] Yuri M. Lotman: *Universe of the Mind. A Semiotic Theory of Culture*, übers. von Ann Shukman, London/New York: Tauris, 2001, 150.

[12] Ebd., 131.

zuvor als zentrale Norm gegolten haben mag, ist hundert Jahre später nur noch „Kulturschutt“[13], und aus dem Normierungszentrum verschwunden.

Im Zentrum nun erreicht eine Kultur in dem Augenblick den höchsten Grad der Selbstbeschreibung, in dem sie eine Grammatik[14] ausbildet: ein Welt*bild*. Als Bild *von* der Welt steht es zur phänomenalen Realität jedoch in einem asymmetrischen Verhältnis, je weiter diese vom kulturellen Zentrum entfernt ist. Daran zeigt sich die fundamentale Schwäche jeder Norm: Denn die Grammatik der Kultur wird nach ihrem Export aus dem Zentrum in der Peripherie zur Fremdsprache, die der Realität nicht mehr gerecht werden kann. Die Kultur der Peripherie hat deshalb das Potenzial, aus der Selbstregulierung, die im Zentrum wirksam ist, auszubrechen.[15] In radikalisierter Form sind die Grenzbereiche der Kultur also, mit Lotman gesprochen, ‚Brennpunkt‘[16] der Semiose. Und dies auch literarisch: Denn die Norm der universalen, reinen Literatur ist an den Rändern der literarischen Weltrepublik gleichfalls ‚Fremdsprache‘, eben weil Schreiben dort nach den Gesetzen der literarischen Weltrepublik a priori ein heteronomes Schreiben ist. Aus diesem Grund meine ich, dass in der literarischen Peripherie phantasmatisches *misreading*[17] möglich ist – als ein produktiver Agon, wie ihn Lotman beschreibt, und weniger als heteronom-passiver Agon im Sinne Casanovas.[18]

Als die Einflüsse des Umbruchs zur Klassischen Moderne in Europa Argentinien und insbesondere Buenos Aires Anfang des 20. Jahrhunderts erreichen, beginnt auch die argentinische Literatur erneut, sich am ‚Meridian‘ der Modernität auszurichten: am Präsens der universalen Literatur, so Casanova, und also an denjenigen ‚Moden‘, die im Zentrum der literarischen Weltrepublik in Paris geformt werden. Eine Vielzahl von Autoren betätigt sich zugleich im Bereich der literarischen Übersetzung, um europäische Kultur gezielt zu verbreiten. In dieser Situation, die Beatriz Sarlo eine Mischkultur – *cultura de mezcla* – nennt, koexistieren in der argentinischen Literatur mehrere ästhetische Programme: jenes, das die importierte französische Kultur euphorisch als avantgardistischen Renovationsimpuls begrüßt; jenes, das Eigenes und ‚Argentinisches‘ fremden Einflüssen gegenüber wehrhaft machen möchte, indem es sich nostalgisch auf die gaucheske Nationalepik

13 Susi K. Frank, Cornelia Ruhe und Alexander Schmitz: „Jurij Lotmans Semiotik der Übersetzung“, in: Yuri M. Lotman: *Die Innenwelt des Denkens. Eine semiotische Theorie der Kultur*, übers. von Gabriele Leupold und Olga Radetzkaja, Berlin: Suhrkamp, 2010, 383–416, hier 404.

14 Vgl. Lotman, *Universe* [Anm. 10], 128.

15 Als Beispiel führt Lotman die französische Salonkultur an, die peripher zur offiziellen Kultur des 17. Jahrhunderts steht, sich eine neue, preziöse Sprache erfindet und damit Richelieus lang nachwirkenden Träumen der Sprachreinigung entsagt. So wirkt aus der Peripherie des Salons eine ‚andere Sprache‘ auf das Zentrum zurück, bis sich diese schließlich im Zuge der Empfindsamkeit als neue Norm etabliert. Vgl. ebd., 136.

16 „But the hottest spots for semioticizing processes are the boundaries of the semiosphere. The notion of boundary is an ambivalent one: it both separates and unites. [...] The boundary is a mechanism for translating texts of an alien semiotics into ‚our‘ language, it is the place where what is ‚external‘ is transformed into what is ‚internal‘, it is a filtering membrane which so transforms foreign texts that they become part of the semiosphere's internal semiotics [...].“ Lotman, *Universe* [Anm. 10], 136/137.

17 Vgl. Peters, „Von Geisterhand“ [Anm. 6], 311–315.

18 Siehe insb. zur Entwicklung des Romans, die im literarischen ‚Zentrum‘ und in peripheren Kulturen unterschiedlich verlief, Moretti, „Conjectures“ und „More Conjectures“ [Anm. 7].

des 19. Jahrhunderts beruft; und schließlich das, was Sarlo flüchtig als residuelles Element, als ,Rest' des Argentinischen innerhalb der bewussten Kreolisierungsprogramme bezeichnet.[19]

Innerhalb dieser Mischkultur tritt jene doppelte Raumsemantik in eine neue, spannungsreiche Phase ein, die der argentinischen Kultur eigen ist: die Verdoppelung in eine äußere und eine innere Peripherie. Während Argentinien sich dem europäischen Zentrum gegenüber in der kulturellen Peripherie der okzidentalen Kultur wähnt, haben sich beginnend mit dem großen Kulturstreit des 19. Jahrhunderts auch argentinische Stadt und argentinisches Land über die Kulturhoheit im Cono Sur gestritten. Dieser Widerstreit ist seit Domingo Faustino Sarmientos groß angelegter Analyse der ,zwei Argentinien' als Kampf zwischen „civilización y barbarie"[20] bekannt, als Kampf zwischen Unitariern, die in Buenos Aires das zivilisierte Zentrum und Herz der eben unabhängig gewordenen argentinischen Republik sehen, und Föderalisten, die in der großen Weite der Pampa die Heimat erblicken. Sarlo wiederum hat nachweisen können, dass die gesellschaftliche, politische und ökonomische Modernisierung zu Beginn des 20. Jahrhunderts dazu führte, dass die gefühlte Homogenität dieser Teilräume aufzubrechen begann. Gerade aufgrund der verstärkten Einwanderung und der wirtschaftlichen Erschließung ländlicher Flächen kann bereits in den 1920er Jahren kaum noch von einer klaren Grenze zwischen städtischem Zentrum und idyllisch-ländlicher Peripherie die Rede sein. Sarlo schließt daraus, dass im Falle der argentinischen Moderne – sowohl kulturell, als auch literarisch – von einer *modernidad periférica* ausgegangen werden muss, die eben diese mehrfachen kulturellen Prozesse verarbeitet. Die Vermischung, die im Bereich der Literatur daraus hervorgeht, ist demzufolge eine Konstante argentinischer Kulturarbeit. Ihre kulturelle Antwort auf veränderte soziale Realitäten changiert zwischen Verlust und Erneuerungsphantasien („fantasías reparadoras"[21]), zwischen einer nostalgischen Beschwörung idyllischer Gegenwelten wie der des vormodernen und naturwüchsigen Gaucho und einer fast manischen Beschwörung des Neuen, Modernen – und damit auch des Importierten.

Sichtbar wird dieser *double bind* in besonderem Maße bei Jorge Luis Borges. Seine Auseinandersetzung mit der *argentinidad* kann, wenn auch etwas forciert, zwei prototypischen Erzählungen entnommen werden: Während er in „El Sur" (1953) seinem Helden einen phantasmatischen Heldentod im echten Gaucho-Stil ermöglicht, indem er ihn aus

[19] „En efecto, una hipótesis que intentaré demostrar se refiere a la cultura argentina como *cultura de mezcla* donde coexisten elementos defensivos y residuales junto a los programas renovadores; rasgos culturales de la formación criolla al mismo tiempo que un proceso descomunal de importación de bienes, discursos y prácticas simbólicas." Beatriz Sarlo: *Una modernidad periférica: Buenos Aires 1920 y 1930* [1988], Buenos Aires: Nueva Visión, 2007, 28.

[20] Vgl. Domingo Faustino Sarmiento: *Facundo. Civilización y barbarie* [1845], hg. von Roberto Yahni, Madrid: Cátedra, 2008. In diesem Sinne argumentiert auch Casanova, wenn sie davon spricht, jeder Schriftsteller sei immer „twice defined": „each writer is situated once according to the position he or she occupies in a national space, and then once again according to the place that this occupies within the world space"; Casanova, *République* [Anm. 6], 81. Siehe zur kulturellen Wirkung des Modells in Argentinien Maria Rosa Lojo: „,Zivilisation und Barbarei', ,Zentrum und Peripherie' in der argentinischen Erzählliteratur", in: Sevilla/Zimmerling, *Argentinien. Land der Peripherie?*, 85–97 sowie Héctor Guillermo Alfaro López: „Civilización y barbarie: el prisma de la identidad", in: *Cuadernos Americanos* 104 (2004): 145–158.

[21] Sarlo, *Modernidad* [Anm. 18], 29.

der Stadt aufs Land schickt, scheint „El Aleph" (1949) eine grandiose Metapher, wie die argentinische Literatur das Zentrum des literarischen Universums in die Peripherie verlegt:[22] Darin findet Borges' *Alter ego* bei einem Dichterkollegen jenes Titel gebende mysteriöse Aleph, in dem sich alle Orte der Welt treffen und kreuzen. Ricardo Piglia polarisiert in ganz ähnlicher Hinsicht, wenn er in *Respiración Artificial* eine seiner literarischen Figuren bemerken lässt, das Werk Borges habe sich in zwei Lager gespalten, die „cuentos de cuchilleros" zum einen und die Erzählungen einer „exhibición cultural", ja einer „superstición culturalista"[23] zum anderen, die letzten Endes nichts anderes zum Ausdruck bringe als einen „horror a la mezcla"[24], eine paranoide Abwehr der modernen Realität, die durch Immigration und Vermischung geprägt ist – anders als Roberto Arlt, dessen Sprache genau diese *mezcla* zum Ausdruck bringe.

Bemerkenswert ist an dieser Stelle zudem, inwiefern Borges immer wieder gerade den phantastischen Modus des Erzählens nutzt, um das Verhältnis der argentinischen Kultur zur europäischen Literatur mit einer Reflexion darüber zu verbinden, wie der argentinische nationale Raum und die argentinische Literatur sich zueinander verhalten. Phantastik ist hier also mitnichten reine intellektuelle Spielerei im Zeichen des vorweggenommenen Postmodernismus.[25] Unter dem Stichwort der ‚Universalisierung' verhandelt Borges in der phantastischen Literatur auch die Frage, wo er sich als argentinischer Schriftsteller im imaginären Universum der Literatur verortet.

Dabei scheint er paradoxerweise den globalen Strukturgesetzen der literarischen Weltrepublik gegenüber so hellsichtig wie blind. Mit Verweis auf so genannte universale Autoren wie Racine oder Shakespeare fordert Borges in seinem berühmten Essay „El

[22] Vgl. Jorge Luis Borges: „El sur" [1953], in: *Obras completas*, Bd. I, Buenos Aires: Emecé, 1989, 525–530 und „El Aleph" [1949], a.a.O, 617–628.

[23] Ricardo Piglia: *Respiracion Artificial* [1980], Barcelona: Anagrama, 2010, 132.

[24] Ebd., 136.

[25] Gerade hinsichtlich Borges wurde dagegen bisher v.a. auf Neophantastik als Spiel hingewiesen, das die raum-zeitliche Illusion des Mimetischen unterbreche und somit eine Welt magischer Kausalität (vgl. Emir Rodríguez Monegal: „Borges. Una teoría de la literatura fantástica", in: *Iberoamericana* 95 (1976): 177–189), eine „textautonome, trans-mimetische Welt des Phantastischen" erzeuge; Karl Alfred Blüher: „Paradoxie und Neophantastik im Werk von Jorge Luis Borges", in: *Das Paradox. Eine Herausforderung des abendländischen Denkens*, hg. von Geyer Paul und Roland Hagenbüchle, Tübingen: Stauffenburg, 1992, 531–550, hier 540. Es gilt allerdings, die Lektüre seiner Texte und der neueren Phantastik allgemein insofern zu modifizieren, als sie nicht nur textautonome, trans-mimetische Varianten der postmodernen *ontologischen Fiktion* im Sinne von Brian McHale sind, in der zwei physikalisch inkompatible Welten in Konfrontation stehen („The fantastic genre (in a broad sense, not in Todorov's narrower sense) involves a confrontation between two worlds whose basic physical norms are mutually incompatible." *Postmodernist Fiction*, London/New York: Routledge, 1987, 16), sondern vielmehr kulturelle ‚Zwei-Welten-Theorien' sein können. Siehe zum analogisch-figurativen aber zugleich (im Unterschied zum Gebrauch des Allegorischen, der transzendenten Bedeutung und der parataktischen Syntax in der Bibel) transmimetischen Stil Borges' ebenfalls José Eduardo González: „Entre alegoría y realismo: El problema del estilo en Borges", in: *Revista de crítica literaria latinoamericana* 39 (1994): 141–156.

escritor argentino y la tradición" ein, die okzidentale Kultur zu einer genuin argentinischen Tradition zu erklären.[26] Nicht zu vernachlässigen ist in diesem Zusammenhang, dass Borges wie viele Autoren des späteren Booms tatsächlich erst durch die Übersetzung seiner Werke ins Französische weltweite Erfolge feierte, so dass er sich schließlich selbst eine „Erfindung Frankreichs" nannte.[27] Aber auch sein Essay entpuppt sich ungewollt als Manifest der Strukturgesetze der literarischen Weltrepublik, wenn Borges etwa betont, die argentinischen Schriftsteller hätten immer schon „sin esfuerzo"[28] und mit unmittelbaren Gefallen die französische Literatur genießen können – anders als die spanische Literatur der ehemaligen Kolonialherren. Weder diese noch die Gaucho-Epik des 19. Jahrhunderts, weder die pietätvolle reine Imitation noch die pathetische Loslösung von europäischen Vorbildern strebe er an; er betont, die argentinische ‚Erfindung' und Innovation stamme direkt von ihrem europäischen Erbe ab und sei diesem daher nicht untergeordnet. Selbstbewusst erklärt er eine in Europa im Niedergang begriffene Kunst des Erzählens zur argentinischen Tradition, und deren Dimension sei gerade nicht das Lokale, Nationale oder Nationalhistorische, sondern: „nuestro patrimonio es el universo"[29].

Hieran erkennt man die fast libidinöse Identifikation eines Autors mit der Zentralisierungsphantasie der reinen, unpolitischen Literatur oder universalen ‚Kunst des Erzählens'. Dennoch wird sie bei Borges von offen zur Schau gestellter Skepsis gegenüber der realistischen bzw. modernistisch stilbesessenen Kunst Europas begleitet („the vice of realism" und „the vice of aesthetics" als zwei Seiten der „French disease"[30]), die der ‚Dritte-Welt-Literatur' das Rustikal-Volkstümliche im Gegenzug nachgerade aufdränge. So hat Jacques Rancière zu Borges' Essay bemerkt: „Literary France is the obstacle between the New World and itself, because it is the obstacle blocking the harmonious course of tradition which leads from the old to the new."[31] Das moderne Europa blockiert demzufolge lateinamerikanische Autoren gleich zweifach: zum einen, weil es dem Kult der stilbewussten reinen Literatur huldige, der guten alten *inventio* und der Tugend der *narratio* hingegen abgeschworen habe, und zum anderen, weil es vom Amerikaner eine ‚amerikanische' *couleur locale* erwarte. Also ist Borges' Universalisierungsanspruch in diesem literarischen Agon, der ihn als heteronomes Subjekt konstituiert, unweigerlich ebenso performative *prise de possession*;[32] er stilisiert sich nachgerade zum Retter einer „mythic

[26] „¿Cuál es la tradición argentina? Creo que podemos contestar fácilmente y que no hay problema en esta pregunta. Creo que nuestra tradición es toda la cultura occidental, y creo también que tenemos derecho a esta tradición, mayor que el que pueden tener los habitantes de una u otra nación occidental." Jorge Luis Borges: „El escritor argentino y la tradición" [1957], in: *Obras completas*, Bd. I (1923–1949), Barcelona: Emecé, 1989, 267–274, hier 272.

[27] Vgl. Casanova, *République* [Anm. 6], 202.

[28] Borges, „Escritor" [Anm. 25], 272.

[29] Ebd., 274.

[30] Jacques Rancière: „Borges and French Disease" [2004], in: *The Politics of Literature*, Cambridge: Polity Press, 2011, 128–146, hier 131.

[31] Ebd., 129.

[32] Vgl. Amelia Barili: *Jorge Luis Borges y Alfonso Reyes: la cuestión de la identidad del escritor latinoamericano*, Mexico: Fondo de cultura económica, 1999, die im Rückgriff auf Reyes' „inteligencia americana" (28) zeigt, dass die Frage nach hispanoamerikanischer Identität mitnichten, wie dies die frühere Forschung unterstrichen hatte, im Werk von Borges absent ist. Dabei steht im

unity of the tale",[33] die er dem französischen Roman seit der Erfindung des Realismus verloren gegangen wähnt. Die Inbesitznahme des europäischen Erbes (die zugleich eine Vereinnahmung Borges' durch die Logik dieses Erbes ist, nämlich: das ‚reine' Erzählen bewahren und tradieren zu wollen) motiviert demzufolge auf der Ebene der zum Einsatz gebrachten Rhetorik diskursive Abwehrmechanismen: Leugnen, selbstbewusste Besitzerklärungen, prophetisch anmutende Identifikation mit den Vorbildern oder heldenhafte Gesten der Übernahme und Rettung.

In der Literatur wiederum finden diese Abwehrmechanismen ebenso wie die Kulturarbeit der *mezcla* einen phantasmatischen Freiraum. Auch die argentinische Phantastik und ihre Erben müssen deshalb in jenem Sinne als politische Allegorie gelesen werden, die Fredric Jameson am Beispiel von Lu Xun's „Diary of a Madman" (1918) entwickelt hat.[34] Gerade die Texte der so genannten Dritten Welt, so Jameson, entlarven, wie Privates und Politisches, Schreiben und Macht verbunden sind. Sie tun dies, möchte man hier mit Casanova einhaken, weil sie nicht bzw. noch nicht dem Gesetz der universalen und reinen Literatur unterworfen sind. An jener Schnittstelle, auf der bei Autoren wie Borges das europäische Postulat ästhetischer Autonomie (das Welt*bild* der literarischen Weltrepublik also) damit vermittelt werden muss, dass das eigene Schreiben realiter heteronom ist (Weltbild und Realität der Schreibpraxis also asymmetrisch zueinander stehen), an jener Schnittstelle ist vielleicht die Sollbruchstelle der *méconnaissance* innerhalb der literarischen Weltrepublik zu finden.

Hier bietet es sich an, die residuellen Spuren der Dekolonisation, von denen Jameson im Falle der lateinamerikanischen Literaturen nur kurz spricht, in diesem Sinne noch einmal genauer unter die Lupe zu nehmen. Denn ganz konkret halten nicht nur die allgemein-ökonomischen Produktionsbedingungen des kapitalistisch-imperialistischen Systems Eingang in die Welt der Phantastik, wie Jameson dies an den kannibalistischen Metaphern Lu Xun's nachweist. Auch die konkret-literarischen Produktionsbedingungen innerhalb des literarischen Marktes – Formen der, mit Casanova gesprochen, „soft violence"[35] – finden dort ihre phantasmatisch durchgespielten, literarisch ausgestellten Abwehrmechanismen. Darin versteckt sich auch ein allegorisches Potenzial, das über den neoliberalen Realismus Noemís insofern hinausgeht, als es gerade nicht auf Hyperrealismus spekuliert. Phantasmatische Abwehrmechanismen münden hingegen oft in exzessiven Bildern, die

Vordergrund, wie das „[escribir] desde el margen entre dos culturas" (ebd.) den hispanoamerikanischen Autoren größere künstlerische Freiräume erlaube, sowohl hinsichtlich der ‚zentralen Hochkultur' als auch gegenüber patriotischem Nationalismus: „En ambos casos, la identidad reside en una vivencia subjetiva más que en ciertos términos o en ciertos temas típicos." (105). Sie geht insofern davon aus, dass Universalität und *americanidad* vereinbar sind, eine These, die es hinsichtlich des Prozesses der Universalisierung zu modifizieren gilt.

[33] Rancière, „Borges" [Anm. 29], 142.

[34] „All third-world texts are necessarily, I want to argue, allegorical, and in a very specific way: they are to be read as what I will call national allegories, even when, or perhaps I should say, particularly when their forms develop out of predominantly western machineries of representation such as the novel." Fredric Jameson: „Third-World Literature in the Era of Multinational Capitalism", in: *Social Text* 15 (1986): 65–88, hier 69. Auch in Argentinien gibt es ein ‚kannibalistisches' Imaginäres, dies weist Sarlo an den Texten Roberto Arlts nach; vgl. Sarlo, *Modernidad* [Anm. 18], 53.

[35] Casanova, *République* [Anm. 6], 79.

schon im Fall von Borges nicht unter das Rubrum des Realistischen gestellt werden konnten. Jameson seinerseits betont: „Nothing is to be gained by passing over in silence the radical difference of non-canonical texts.“[36] Die Schreibverfahren, die jene radikale Differenz im Hegelianischen Sinne ‚aufheben‘ wollen, sie somit ausstellen und die Penetration peripherer Kulturräume durch zentralisierende Normen markieren, diese Schreibverfahren gilt es zu beschreiben.[37]

Den Markt im Nacken. – Somatisierung in Alan Pauls Wasabi *(1994)*

Eine Form solcherart inszenierter Autorschaft möchte ich daher in meinem ersten Analysebeispiel unter dem Stichwort der *Somatisierung* behandeln. Der Roman *Wasabi* von Alan Pauls[38] beginnt allem Anschein nach banal: Der Protagonist lässt eine Talgzyste auf seinem Nacken von einer Homöopathin untersuchen, die ihm rät, diese nach seiner Rückkehr nach Buenos Aires operativ entfernen zu lassen. Der argentinische Schriftsteller verbringt gerade zwei Monate in Frankreich, genauer gesagt in Saint-Nazaire am Atlantik, um im Zuge eines Autorenstipendiums und mit Hilfe seines Verlegers Werbung für die Übersetzung seines letzten Buches zu machen. In der Folge jedoch verwandelt sich die Zyste, mit der der Text begonnen hatte, in eine komplexe Allegorie seines prekären Ort des Schreibens, die Unsichtbarkeit oder ‚französische Krankheit‘ der argentinischen Literatur:[39] Die Paste, die der Erzähler zu ihrer Behandlung verschrieben bekommt und die merkwürdig nach scharfem Wasabi schmeckt, heilt ihn nicht etwa, sie entpuppt sich vielmehr als eine Art persönliche erotische Superdroge, von der er und seine Frau Tellas gerne Gebrauch machen, bis sie schließlich ein Kind gleichen Namens zeugen. Sie verwandelt den Schriftsteller bei Gebrauch in „pura carne cruda“[40], in die reine Materialität eines sprachlosen Körpers. Seinen ‚Autorenpflichten‘ dagegen kommt er im Zuge dessen immer weniger nach; besonders schwierig gestaltet sich zudem das Schreiben auf einer französischen Schreibmaschine:

> La máquina, una Olympia francesa, no facilitaba las cosas. Apenas me ponía a escribir, envalentonado por el primer destello que hacía temblar el páramo de la espera, mis dedos

[36] Jameson, „Third-World Literature“ [Anm. 33], 65.

[37] Sarlo beschreibt dies als eine Form der Kreolisierung, die z.B. schon beim frühen Borges die Konstruktion des literarischen „yo“ innerhalb einer Zone der Marginalität entwirft, mit dem Ziel: „colocarse, con astucia, en los márgenes, en los repliegues, en las zonas oscuras, de las historias centrales. La única universalidad posible para un rioplatense.“ Sarlo, *Modernidad* [Anm. 18], 49. Aus Sicht der Literaturtheorie behandelt auch Montserrat Iglesias Santos die Frage nach Kanonisierung, Kreolisierung und Peripherie; vgl. „El sistema literario: teoría empírica y teoría de los polisistemas“, in: *Avances en teoría de la literatura*, hg. von Dario Villanueva und Itamar Even-Zohar, Universidad de Santiago de Compostela, 1994, 309–356.

[38] Roberto Bolaño zufolge „uno de los mejores escritores latinoamericanos vivos“ und „monstruo perfecto“; „Ese extraño señor Alan Pauls“, in: *Reforma* v. 4. November 2002, *http://elpais.com/diario/2003/11/04/cultura/1067900405_850215.html* [29.1.2013].

[39] Vgl. Alejandra Laera: „Monstruosa compensación. Peripecias de un escritor contemporáneo en *Wasabi* de Alan Pauls“, in: *Revista Iberoamericana* 75:227 (2009): 459–474.

[40] Alan Pauls: *Wasabi* [1994], Barcelona: Anagrama, 2005, 31.

> se trenzaban en una batalla desigual con las artimañas del teclado. Perdían, como era de prever, sorprendidos por acentos indeseados o por el orden traicionero de los caracteres, y lo peor era que ese duelo me consumía el tiempo y la fuerza que a duras penas había almacenado para escribir.[41]

Das Duell zwischen Fingern und Tasten, das der Erzähler eine „inspiración contrahecha"[42], eine nachgeahmte, verfälschte, grotesk deformierte oder schlicht agonale Inspiration, nennt, dieses Duell ‚stiehlt' ihm seine Geschichten: „No sé cuántas historias, cuántos libros o ideas de libros perdí así, atareado en dirimir la querella entre mis dedos y el teclado de la máquina, dejándolos agonizar y morir, por fin, en esas trampas dactilográficas que eran como sus urnas funerarias."[43] Der literarische Agon verwandelt sich hier in ein körperliches Symptom, das nicht nur im Akt des Schreibens Widerstände erzeugt, wenn die schreibenden Finger symbolisch in den Krieg ziehen müssen, sondern auch mittels Anthropomorphisierung mögliche Bücher vor ihrem Entstehen erkranken und sterben lässt.

Ganz anders ergeht es dem chinesischen Mitstipendiaten des Autors, den die gleiche Homöopathin einmal erfolgreich gegen Bronchitis behandelt hatte[44] und der daraufhin mit neuem Furor bei öffentlichen Auftritten immer wieder inbrünstig seine ästhetische Souveränität gegen jegliche Angriffe verteidigt und sich als Erfinder ästhetischer Formen demonstrativ über Diderot, Brecht und Beckett stellt: „¡Yo fui el primero en China que...!"[45] Dennoch gleicht er dabei unwillkürlich einem literarischen Don Quijote, der windmühlengleich durch die französische Literaturszene wirbelt: „un diminuto molino vestido de negro"[46]. Den Protagonisten wiederum scheint die Homöopathin gleich zu Beginn warnen zu wollen, als sie impliziert, wer an seine Krankheit glaube, könne von ihr nicht geheilt werden – wer an die Faktizität von Haarausfall glaube, dem fallen die Haare aus[47], sprich: Wer an literarische Zysten glaubt, die den Kopf demütig herunterdrücken[48], dem ist ebenso wenig zu helfen.

Die Wasabi-Paste ruft schließlich scheinbar, als die Frau des Protagonisten diesen in Richtung London verlässt, Paranoia, körperliches Leiden bzw. Halluzinationen hervor, die den Ich-Erzähler außer Gefecht setzen und in einen Obdachlosen verwandeln – ausgerechnet, als er am literarischen Weltmeridian in Paris ankommt. Dadurch wird der literarische Agon in seiner Materialisierung zugleich phantastisch *und* rationalisiert – eben über die Inszenierung *als* Somatisierung, als tatsächlich körperliches Symptom. Dem Roman mangelt es hier jedoch in der Darstellung nicht an Ironie; wird doch in einer emblematischen Szene der in Paris von irischen Kriminellen brutal niedergeschlagene und systematisch ausgeraubte Schriftsteller auch um sein gerade eben auf Französisch publiziertes Buchexemplar gebracht, mit dem höhnischen Kommentar: „*You'll be my french* [*sic*]

[41] Ebd., 48.
[42] Ebd.
[43] Ebd.
[44] Vgl. ebd., 14.
[45] Ebd.
[46] Ebd.
[47] Vgl. ebd., 11.
[48] Vgl. ebd., 72.

teacher.“[49] Da diese gewaltsame Szene mit dem Verweis gekoppelt ist, dass die Funktion des argentinischen Schriftstellers sei, einen idealen französischen Text zu verfassen, der dann sogar pädagogisch wirksam werden kann, um Anderen das Französische beizubringen, wird der Text doppelt ironisch: Soll der Argentinier Lehrer sein für ‚das Französische‘ oder sich gar in einen Franzosen, einen ‚French teacher‘ verwandeln? Und welche Rolle spielte darin die komplexe Beziehung zwischen Original und Übersetzung?

Zugleich, und darin zeigt sich die heteronome Autonomie des Helden, steigern die groteske Deformierung der „inspiración contrahecha“ und der soziale wie körperliche Abstieg tatsächlich die künstlerische Sensibilität. Der Blick auf die ihn umgebende Welt, der aus seiner völligen, buchstäblichen Entblößung und Erniedrigung hervorgeht, wird vom Erzähler zu einer Desintegration des Raums, in dem er sich befindet, gewendet:

> Así, pues, transcurrieron días, y a cada minuto sentía adelgazarse la diferencia que había entre mi cuerpo y su herida. El espacio, la ciudad, las distancias se desfiguraban a mi alrededor, se contraían en nudos álgidos y terminaban volatilizándose en el aire como si nunca hubieran sido otra cosa que ilusiones. Es probable que eso sea el infierno: ese aire que sobrevive, intacto, a la desaparición de todas las cosas, y que envuelve como una esfera diáfana el espectáculo de un derrumbe personal. Cada día que pasaba mi sufrimiento dividía el mundo por alguno de sus componentes. Un día eran las calles, otro el cielo, después eran los rostros, la luz, el idioma, y así de seguido.[50]

In seiner Sprache also zerfällt das kulturelle Zentrum Paris in seine elementaren Bestandteile und kann demzufolge auch nicht mehr die gleiche auratische Macht auf ihn als Schriftsteller ausüben. Bezeichnenderweise wird seine Rekonvaleszenz damit einhergehen, dass er Paris und seinen zumindest ausphantasierten (sozialen) Tod zuletzt – übrigens nur mithilfe des chinesischen Kollegen – eher ‚überlebt‘, als dass er das kulturelle Zentrum übertrifft. In dieser Hinsicht muss wohl auch der von ihm in letzter Sekunde fallen gelassene Plan verstanden werden, den berühmten Schriftsteller und Grafiker Pierre Klossowski zu töten, den er zuletzt auf der Pariser Buchmesse nur ‚passieren‘ wird. In allen Szenen, die Körper, Gewalt und den Druck der literarischen Weltrepublik verkoppeln, wird also der Agon metaphorisch in den Bereich des Körperlichen verschoben. Er endet mit einem argentinischen Paar, das – den gemeinsamen Nachwuchs bereits im Mutterleib – zurück nach Buenos Aires fliegt.

Ein anderes körperliches Symptom, das den Erzähler seit seiner Ankunft in Frankreich plagt, ist die Schlafkrankheit, die ihm täglich immer wieder Zeitabschnitte von sieben Minuten scheinbar willkürlich raubt. Allerdings kann die Bewusst- und Zeitlosigkeit, die damit einhergeht, mindestens ebenso folgerichtig als Verweigerung interpretiert werden: Ist doch der vielleicht eindrücklichste ‚Ausfall‘, der den Erzähler trifft, derjenige, als ihm sein Verleger Bouthemy seine ehrliche Meinung über das soeben in Übersetzung erschienene neue Buch mitteilen will.[51] Aufgrund seines spontanen Einschlafens bleibt diese Kritik aus, die wohl im Zeichen einer Anerkennung oder Ablehnung von Seiten des französischen Kulturzentrums stünde, sie bleibt für den Leser elliptisch. Der Körper wird

[49] Ebd., 76. [Englisch im Original]
[50] Ebd., 82.
[51] Vgl. ebd., 39.

hier also paradoxerweise gerade im Kontrollverlust zum taktischen Werkzeug, sich den Regeln des Zentrums nicht unterwerfen zu müssen.

Man könnte hier mit dem Begriff der taktischen Ironie operieren, den Ross Chambers in Rückgriff auf Michel de Certeau als den literarischen „room for maneuver“ bezeichnet und als möglichen Einschluss ausgeschlossener Stimmen definiert.[52] Chambers legt Wert darauf, so genannte Oppositionstexte in ihrer Doppelnatur zu begreifen: als Adressierungen einer als dominant anerkannten Ordnung auf der einen, und als taktische Ausbrüche aus jener auf der anderen Seite. Einer ähnlichen Dynamik folgt der Druck der literarischen Universalisierung, der sich nur in taktischem Ausweichen umgehen lässt. Auch in unserem Fall hat ja der Protagonist den Markt zwar sprichwörtlich ‚im Nacken‘, aber eine stumme Sprache der Krankheit, die ihn aus den Fallstricken des Marktes befreit. Besonders einprägsam ist dabei die Tatsache, dass das Nicht-Sagen noch über ein Anders-Sagen wie jenes der Ironie hinausgeht. Der Text schafft also semantisch dichte Leerstellen, die das Ausgeschlossensein der literarischen Stimme eines argentinischen Autors auch formal duplizieren. Insofern darf man wohl den Roman als Ganzes als poetologische Allegorie begreifen, die auf der Ebene der Handlung und des *discours* noch einmal das thematisch macht, was auf der Ebene der Rahmenpragmatik gleichermaßen für den Autor und seine Textproduktion gilt.

Sandkorn oder Perle – Kreolisierung in Sylvia Iparraguirre: La tierra del fuego

La tierra del fuego (1998) ist die Erzählung mehrerer Ortlosigkeiten. Darin legt William Guevara, das uneheliche Kind einer kreolischen Argentinierin und eines englischen Militärs, Zeugnis ab vom Schicksal eines *indio yámana*, Jemmy Button, den die offizielle Geschichtsschreibung angeklagt und zum Schweigen verdammt hat. Aufgewachsen am Kap Horn wird Jemmy Button alias Omoy-lume vom englischen Kapitän Fitz Roy im Jahr 1830 nach London gebracht und zwangsweise ‚zivilisiert‘. Nach seiner Rückkehr streift er jedoch schnell alle dort erworbenen Gewohnheiten und Attribute wieder ab und ist schließlich, so ist es aus der Geschichtsschreibung bekannt, im Jahr 1859 mitverantwortlich für ein blutiges Massaker an den Bewohnern einer englischen Mission in Feuerland – wo ihm zuletzt auch im Namen der Zivilisation der Prozess gemacht wird.[53]

Dieses zweite Beispiel und sein historischer Erzählgegenstand sind also dem Genre der *historiographic metafiction*[54] zuzuordnen. Dennoch werden darin ähnliche semanti-

[52] Vgl. Ross Chambers: *Room for Maneuver. Reading the Oppositional in Narrative*, Chicago/London: University of Chicago Press, 1991, 14.

[53] Eine sinnfällige Analyse des Romans und der Ex-zentrizität seines Helden findet sich in Jenny Haase: *Patagoniens verflochtene Erzählwelten. Der argentinische und chilenische Süden in Reiseliteratur und historischem Roman (1977–1999)*, Tübingen: Max Niemeyer, 2009, 285–307.

[54] Diese geht Linda Hutcheon zufolge bereits einen Schritt über die ‚universalisierende‘ ästhetische Autonomie des Modernismus hinaus ist; „Historiographic metafiction works to situate itself within historical discourse without surrendering its autonomy as fiction.“ Linda Hutcheon: „Historiographic Metafiction: Parody and the Intertextuality of History“, in: *Intertextuality and Contemporary American Fiction*, hg. von Patrick O'Donnell, Baltimore: Johns Hopkins University Press, 1989,

sche Überschüsse produziert wie bei Pauls. Deshalb sollte hier gegen das Postmodernismus-Argument eingewendet werden, dass die kulturelle Arbeit dieses Romans u.a. darin besteht, auch Aussagen über die Strukturgesetze der literarischen Weltrepublik zu treffen, und nicht nur ein textautonomes Modell von (historischer) Wirklichkeit zu entwerfen, das ironisch und intertextuell Weltgeschichte als erzählte Geschichte entlarvt. Dies geschieht vor allem dort, wo die Erzählung die Bewegung ihrer Figuren im Raum mit Fragen nach der Abgrenzung von Kultur, Zivilisation und Barbarei verknüpft.

Vier Dimensionen oder Teilräume spielen dabei eine Rolle: Zum einen Feuerland, jene Peripherie, die selbstverständlich auch innerhalb der argentinischen Kultur zum Raum der *barbarie* gerechnet wird.[55] Zum anderen die argentinische Pampa als Übergangsraum und große Naturleere, aus der Jahre nach den eigentlichen Ereignissen die Stimme des Erzählers erklingen kann; sowie die Räume der argentinischen *civilización*, Buenos Aires bzw. das uruguayische Montevideo, die allerdings nur gestreift werden. Und schließlich London als kulturelles Zentrum, in dem Zivilisation ‚gelernt' werden soll, der Ich-Erzähler aber stattdessen auf die dunkle Kehrseite der Kultur, insbesondere auf Kleinganoven und Prostituierte trifft. Der Roman destabilisiert also jene klaren Distinktionen, die dem Naturraum die Barbarei und dem urbanen Zentrum die Zivilisation zuschreiben wollen.[56]

Eine besondere Funktion übernimmt dabei die Pampa, die zunächst zwar in Anklang an die argentinische Literatur des 19. Jahrhunderts und mittels eindringlicher Naturschilderungen als unendliche und ‚leere' Weite entworfen, dann aber mit der Stimme des über dem Schreiben sitzenden Erzählers gefüllt wird. Sie ist immer noch, wie dies Estebán Echeverría oder Sarmiento gefasst hatten[57], der poetische Klangraum der argentinischen

3–32, hier 4. Siehe ebenfalls Ansgar Nünning: *Von historischer Fiktion zu historiographischer Metafiktion*, Trier: WVT, 1995 und Mempo Giardinelli: „Historia y Novela en la Argentina de los 90", in: *La invención del pasado. La novela histórica en el marco de la posmodernidad*, hg. von Karl Kohut, Frankfurt a.M.: Vervuert u.a., 1997, 167–183.

[55] Vgl. dazu die Aussagen der Autorin, die den Raum Patagoniens mit dem literarischen Abenteuergenre assoziiert: „Y luego está la atracción enorme que ejerce la Patagonia; no hablo de turismo, naturalmente, sino de un espacio en el que todavía se conserva cierto salvajismo en el viento, en la soledad, que permite imaginar lo que tiene que haber sido 150 años atrás, cuando llegaron los pioneros, los buscadores de oro, los que naufragaron allí." Ángel Berlanga: „‚En la Patagonia queda cierto salvajismo'. Sylvia Iparraguirre habla de *El país del viento*, su nuevo libro de relatos", in: *Página* 12 v. 24.8.2003, o. P.

[56] Vgl. das Interview v. 17.2.2008 mit Marta Sozzi, in dem Iparraguirre den destabilisierenden Blickwechsel auf den Europäer als „otro" thematisiert: „Temas que propone *La tierra del fuego*, sobre los que sería muy importante saber su enfoque y perspectiva", *http://sylviaiparraguirre.com.ar/rw/pdf/Entrevista%20sobre%20La%20tierra%20del%20fuego.pdf* [2.7.2015].

[57] „Si un destello de literatura nacional puede brillar momentáneamente en las nuevas sociedades americanas, es el que resultará de la descripción de las grandiosas escenas naturales, y sobre todo, de la lucha entre la civilización europea y la barbarie indígena, entre la inteligencia y la materia [...]. [...] La poesía, para despertarse (porque la poesía es como el sentimiento religioso, una facultad del espíritu humano), necesita el espectáculo de lo bello, del poder terrible, de la inmensidad, de la extensión, de lo vago, de lo incomprehensible [...]. Ahora, yo pregunto: ¿Qué impresiones ha de dejar en el habitante de la República Argentina el simple acto de clavar los ojos en el horizonte, y ver... no ver nada: porque cuanto más hunde los ojos en aquel horizonte incierto, vaporoso,

Literatur par excellence. Sie ist es aber nur im Zusammenspiel mit dem Echo der anderen Kultur, die in Gestalt kanonischer literarischer Texte und offizieller historiographischer Chroniken in den Text hineingespielt wird. Wenn der Erzähler also die Frage stellt, ob man sich eine unermessliche Weite vorstellen könne, in der tausend Städte von der Größe Londons Platz hätten („¿Puede imaginar esta inmensidad donde caben mil Londres?“[58]), wird damit zugleich auch die kulturleere Weite argentinischer Peripherie imaginär selbstbewusst mit der Kultur von tausend europäischen Kulturzentren gefüllt.

Der Versuch der englischen Kolonialherren und Missionare, die europäische Kulturhoheit in die entferntesten Winkel der Erde zu tragen, wird hier allerdings im Vergleich zum 19. Jahrhundert ironisiert – und nicht etwa euphorisch als Remedium der eigenen Rückständigkeit gefeiert. So prophezeit und konstatiert zwar der englische Kapitän, bei dem der Erzähler William anheuert, „Inglaterra está en todas partes.“[59], aber die kulturelle Normierungsleistung, die damit einhergehen soll, ist zum Scheitern verurteilt. Im gleichen Maße fehlgeleitet ist die ‚Lektüre‘ der Peripherie durch das Zentrum: Nicht ohne erzählerische Ironie berichtet der Text, wie der Kapitän Fitz Roy den Landstrich Patagoniens, wo Jemmy Button ansässig ist, bei seiner Ankunft vor Ort *Tekeenica* nennt. *Teke uneka* war jenes Wort, das ihm dort als erstes von den Eingeborenen entgegenschlug, in der Sprache der Eingeborenen jedoch bedeutet, „no entiendo lo que dice“[60]: Mit *Teke uneka* wurden die Engländer begrüßt, weil keiner ihre Sprache verstand. Fitz Roy deutet die Aussage falsch und meint, er habe es hier mit dem Namen des Landstrichs zu tun. *Tekeenica* wird demzufolge jenes Land getauft, wo jede Kultur die andere immer ‚nicht versteht‘.[61]

Die Situation des Erzählers in *La tierra del fuego* ist hier überaus bemerkenswert. Denn dieser kommt einzig dazu, seine Sicht der Ereignisse schriftlich niederzulegen, weil ihn ein Brief aus England erreicht, der ihn im Namen des Gesetzes dazu auffordert. Jedoch ist der Absender des Briefes unleserlich – was dem Erzähler eine große Freiheit erlaubt – und William wählt als Sprache für das ‚Antwortschreiben‘ das Spanische, das der englische Absender nicht lesen könnte, selbst wenn der Bericht an ihn geschickt würde. Die Autorin konstruiert damit ein faszinierendes pragmatisches Vexierspiel unmöglicher Kommunikation: Ihr Erzähler William verweigert sich der Anrufung aus dem Zentrum und unterstreicht immer wieder, dass er seine eigene Geschichte erzählen wolle: „y ya no quiero contar lo que usted me pide sino lo que yo quiero contar, como si de algún modo misterioso su carta abriera una compuerta“[62]. Ergebnis und Ziel dieser Geschichte, die dabei entfesselt wird, sei eine andere Version der großen Geschichte: der Geschichtsschreibung. So heißt es über die periphere Berichterstattung, die William vom Schicksal Jemmys abgeben will: „Por muchos años he vivido en los hechos, dentro de la Historia.

indefinido, más se aleja, más lo fascina, lo confunde, y lo sume en la contemplación y la duda?“ Sarmiento, *Facundo* [Anm. 17], 75 f.

58 Sylvia Iparraguirre: *La tierra del fuego* [1998], Buenos Aires: Alfaguara, 2001, 89.

59 Ebd., 90.

60 Ebd., 91.

61 Interessant ist hier auch das Scheitern der ideologischen Normierung der Peripherie, das mit dem bukolischern Traum des Kapitäns von der ‚Neuen Welt‘ einhergeht – ein Klassiker der Fehllektüre Amerikas; vgl. ebd., 190.

62 Ebd., 37.

Ahora estoy al margen, y puedo descifrar los acontecimientos del pasado como se descifra una escritura."[63] William spricht also über das, was sich hinter den Tatsachen verbirgt („lo que hubo detrás de los hechos"[64]). Er tut dies unter anderem, indem er fremde Texte wie Zeitungsartikel und Gerichtsakten in seine eigene Rede integriert. Jene fremde Rede über die Peripherie[65] bildet also den Dialogpartner für seine eigene ex-zentrische Variante der Geschichte. Diese wird zuletzt als ein Text bezeichnet, der ins Leere zielt[66] – weder der englische Verfasser des Briefes MacDowell oder MacDowness, noch die argentinischen Landsleute des Erzählers seien dessen eigentliche Adressaten, sondern vielleicht nur seine Geliebte Graciana, eine Analphabetin, der er das Lesen zuerst noch beibringen muss.

Überhaupt kommt dem Lesen und Lesen-Lernen in dieser Geschichte vom Schreiben eine sehr zentrale Rolle zu. William hatte von seinem früh verstorbenen englischen Vater nur Eines gelernt: das Lesen, und vor allen Dingen das Lesen englischer Literatur. Dies sollte man jedoch, wie ich meine, nicht als eine normierende Pädagogik deuten. Denn der Trinker Mallory bringt seinem Sohn keine philanthropisch-schöngeistige Lektüre bei: Er wiederholt an ihm, was er selbst von seinem Onkel in London gelernt hatte, als dieser ihn bei sich aufnahm: „la locura de los libros"[67] – keine rationale, sondern eine ‚wahnsinnige' Lust an Büchern. Mallory sei, so erfährt William später in London von einem ehemaligen Freund des Vaters, so gebildet gewesen, als habe er seine Erziehung in Oxford genossen – aber das Heim, in dem er die Liebe für das Lesen lernte, habe einem weitaus gefährlicheren Ort voller gefährlicher Bücher geglichen: „Se apilaban por todos los rincones. Siempre pensé que ahí podía empezar un buen incendio."[68]

Der Funke, der dort überspringt und sich auch auf den Sohn überträgt, ist der einer ‚wilden Lektüre', einer *lecture* und *écriture sauvage*. In Analogie dazu verwirft der Roman die Behauptung, dass sich im kulturellen Zentrum London, das Casanovas Meridian Paris in vielerlei Hinsicht ähnelt, die Zivilisation befände. Iparraguirre dekonstruiert das normierende Zentrum auch hier, und sie tut dies, indem sie aus der Sicht Williams Schilderungen der Großstadt abgibt, die das ‚Barbarische' an ihr hervorheben: Folgerichtig verdoppelt und verschattet die Londoner Unterwelt, in der es von Kriminellen, Prostituierten und Betrunkenen wimmelt[69], das Zentrum der wohlgefälligen und kontrollierten Zivilisation. Nicht zufällig beginnt der Erzähler im erotischen Austausch mit einer Prostituierten, seine eigene Lebensgeschichte – und damit auch die Jemmys – noch einmal in

[63] Ebd., 34. Vgl. Juan Pablo Neyret: „De alguien a nadie. Metáforas de la escritura de la historia en *La tierra del fuego*, de Sylvia Iparraguirre", in: *Espéculo: Revista de Estudios Literarios* 29 (2005), o. P., *http://www.ucm.es/info/especulo/numero29/sylviaip.html* [2.7.2015].

[64] Iparraguirre, *Tierra* [Anm. 57], 62.

[65] Vgl. ebd., 126.

[66] „Si éste es un relato para nadie, quizá yo mismo deba crearle un lector, y tal vez sea ella, míster MacDowell o MacDowness, la que algún día pueda alcanzar el sentido de estos papeles sin destino." Ebd., 284/285.

[67] Ebd., 132. Vgl. ebenfalls die Kommentare der Autorin über ihre Eigene „lectura voraz" in Jugendjahren; Berlanga: „„En la Patagonia'" [Anm. 54]. Bemerkenswert ist hier, dass die Autorin selbst ihre eigene Interpellation durch europäische und amerikanische Klassiker der Abenteuerliteratur ins Feld führt.

[68] Ebd.

[69] Vgl. ebd., 137.

einer anderen Variante zu erzählen – es ist also das scheinbar Wild-Barbarische, das Erzählen stiftet.[70] Im Zuge dessen verhandelt die Erzählung erneut die Frage, wer eigentlich in dieser Geschichte der Kannibale oder wer der Wilde sei – schlichtweg, was den Mensch zum Menschen mache.

Diese Frage hat selbstverständlich auch jenen Roman bestimmt, den sich *La tierra del fuego* immer wieder zum Vorbild nimmt: Defoes *Robinson Crusoe*. Ähnlich wie Adolfo Bioy Casares' Erzähler in *La invención de Morel* (1940) ist auch der Iparraguirres ein zweiter Robinson, dessen Neu-Erfindung von Kultur als Akt des fortlaufenden Schreibens in fast völliger Einsamkeit in Szene gesetzt wird.[71] Da überrascht es kaum noch, dass sich gerade das erste Buch des Protagonisten William, mittels dessen er das Lesen erlernt hatte, zuletzt als *Robinson Crusoe* entpuppt.[72] Darüber hinaus macht der Roman zahlreiche Anleihen bei Melvilles *Moby Dick*[73], insbesondere dort, wo es um die Beziehung Williams zum Kapitän Fitz Roy und um den Verlust der eigenen Menschlichkeit im Namen des Fortschritts geht. Immer aber geht es der Autorin bei diesen intertextuellen Bezügen[74] vorrangig um das experimentelle Spiel mit dem symbolischen Kapital, das den kanonischen Texten im System der Universal- oder Weltliteratur eignet. So heißt es unter anderem über das Erbe des Vaters Mallory, der William Bücher, Kerze, Feder und Tinte („los libros, la vela, la pluma y la tinta"[75]) hinterließ – also einzig die Werkzeuge des Lesens und Schreibens –: „Decía transmitirme algo más valioso que el dinero y quería dejármelo para que yo experimentara, entre incivilizados, sus mismos beneficios."[76] Damit wird William Guevara, der immerhin hybriden Ursprungs ist, auch der Doppelgänger Jemmys; sein Kapitän nennt ihn später scherzhaft einen „belesenen Gaucho" („el gaucho letrado"[77]). Wie Jemmy wird er einer ‚Kulturkur' unterzogen, wendet diese aber im Namen literarischer Kreolisierung zu eigenen Gunsten – und zeigt, dass die eigentlich Unzivilisierten vielleicht in London leben.

Diese Form der Kreolisierung ist exemplarisch dafür, was Lotman als kulturelle Semiose an den Rändern der Semiosphäre bezeichnet.[78] Der Roman selbst liefert ein einprägsames Bild dazu und somit auch für den literarischen Agon, den ich hier beschrieben

[70] Vgl. ebd., 144.

[71] Iparraguirre scheint sich wiederum bereits auf Bioy zu beziehen, wo sie ihren Roman mit den Worten einsetzen lässt: „Hoy, en medio de esta nada, sucedió un hecho extraordinario." (ebd., 15); bei Bioy hatte es berühmt geheißen: „Hoy, en esta isla, ha ocurrido un milagro." Adolfo Bioy Casares: *La invención de Morel* [1940], Madrid: Cátedra, 2005, 93. Graciana ihrerseits ist eine Wiedergängerin Freitags, die vom Erzähler ‚erzogen' werden soll.

[72] Vgl. Iparraguirre, *Tierra* [Anm. 57], 283.

[73] Vgl. ebd., 36 u. 75 sowie Norman Cheadle: „Rememorando la historia decimonónica desde *La tierra del fuego* (1998) de Sylvia Iparraguirre", in: *Celebración de la creación literaria de las escritoras hispanas en las Américas*, hg. von Lady Rojas-Trempe und Catharina Vallejo, Ottawa: Girol, 2000, 81–91, hier 86.

[74] „Sobre lo que se me pide que relate pesa no sólo lo que vi y viví sino lo que leí o me contaron." Iparraguirre, *Tierra* [Anm. 57], 35.

[75] Ebd., 69.

[76] Ebd., 65.

[77] Ebd., 164.

[78] Vgl. hingegen die anders gelagerte Vorstellung der Kreolisierung bei Edouard Glissant: *Poétique de la Relation*, Paris: Gallimard, 1990.

habe: William vergleicht sein eigenes Schreiben, das durch den fremden Brief vorbestimmt, geleitet und doch nicht von diesem kontrolliert wird, mit der Zukunft, die ein Sandkorn in einer Muschel erwartet:

> La ostra se defiende del cuerpo extraño y comienza pacientemente a envolverlo con su hilo de nácar para inmovilizarlo; de esto resulta un objeto único. Su instinto, como el de todo animal, es defenderse, sólo que su defensa produce una perla. La carta ha operado en mí como un organismo extraño del que me defiendo envolviéndolo en la hebra sin fin de este relato para nadie.[79]

Eindrücklicher kann man die exzentrisch-produktive Dynamik, die Iparraguirres literarischer Agonalität zueigen ist, kaum beschreiben. Der literarische Agon, der hier buchstäblich *am Ende der Welt* ausgetragen wird, wird zum Impuls, der eine Perle erzeugt, wo vorher ein unscheinbares Sandkorn war. Oder, wie es Mempo Giardinelli mit dem neueren historischen Roman hält: „Meine Antwort ist, daß ich in die Geschichte eintrete wie in einen Vergnügungspark: zum Spielen aufgelegt, darauf aus, mich wohlzufühlen und mich zu amüsieren, zum Beispiel im Zerrspiegelkabinett."[80]

In einem eigenen Essay über die Entstehung des Romans artikuliert Iparraguirre dieses spielerische Experiment auch im Hinblick auf das Problem der literarischen Universalisierung: Trotz ihres andauernden Interesses an Patagonien bezeichnet sie sich dort als Autorin des Nordens, die aus dem argentinischen Zentrum Buenos Aires einen Blick auf einen von der Geschichte vergessenen Ureinwohner Feuerlands wirft.[81] Dies nimmt sie zum Anlass, zu unterscheiden zwischen „la mirada letrada y la mirada desnuda"[82], die alle argentinische (kreolische) Autoren, die ihr eigenes Land beschreiben wollen, unweigerlich in einen phänomenologischen Zwiespalt brächten. Ziel dieses Doppelsehens, das sowohl den kultivierten und durch Europa vorgeformten Blick inkorporieren als auch ein authentisches Sehen zulassen könne, sei die Synthese zu einer „mirada nacional".[83] Dies bedeutete auf die Gesetze der literarischen Weltrepublik bezogen, zugleich der universalen Literatur und ihrem Anspruch, unpolitisch zu sein, Genüge zu tun und dem geographisch und kulturell Partikularen in gleicher Hinsicht Tribut zu zollen.

Im Roman folgt daraus die metahistoriographische Dekonstruktion der offiziellen, westlich geprägten Geschichte auf dem Wege der intertextuellen Inkorporation von vorbildlichen Kanontexten. Während zum einen die Geschichtsschreibung ausschließlich den europäischen Blick repräsentierte, wie etwa in den Reisebeschreibungen Darwins, werden bei Iparraguirre die Vertreter der europäischen Kultur eher desavouiert. Iparraguirre ist es also darum zu tun, im Schreiben einen neuen Blick zu konstituieren, der mit der Erzählung um Jemmy Button auch die Gewalt der Eroberung, Erforschung und Zivilisierung als das in der hegemonialen Geschichte Abwesende fokussiert. Formal wird dies im Roman nicht nur durch die inszenierte Mehrstimmigkeit sondern insbesondere durch

[79] Iparraguirre, *Tierra* [Anm. 57], 83.

[80] Giardinelli, „Argentinien" [Anm. 8], 81/82.

[81] Sylvia Iparraguirre: „Patagonia: Historia y Ficción. Documento histórico y novela: Una experiencia de escritura", in: *Páginas de guarda: revista de lenguaje, edición y cultura escrita* 1 (2006): 101–116, hier 102.

[82] Ebd., 105.

[83] Ebd.

die Raumsemantik in Szene gesetzt, durch die Bewegung der Figuren zwischen Zentrum und Peripherie und die Verknüpfung dieser Bewegung mit der Dekonstruktion der Mythen des Zentrums. Zum anderen aber unterwirft sich die Autorin in der ‚Fiktionalisierung' von Geschichte dem Primat der westlichen Norm des Erzählens. An die Seite der heteronomen Konstitution des argentinischen Blicks auf die eigene Peripherie, die typisch ist für die Selbstaneignung exotischer Mythen und „una línea en la literatura universal"[84], tritt zwar ein Blick *auf* diesen fremden Blick.[85] Er bleibt jedoch ähnlich blind wie der von Borges, wenn es um die literarische Universalisierung geht, weil die argentinische Muschel nur dann europäische Sandkörner in Perlen verwandelt, wenn sie sich den Regeln der kanonischen Weltliteratur anpasst. Während also Erzählen innerhalb der Handlung als eine beglückende Phantasie des wilden Lesens und Schreibens präsentiert wird, ist die Erzählstrategie der historiographischen Metafiktion selbst vielleicht zur Falle geworden.

Problematisch erscheint dabei außerdem das Pathos, das die Erzählung am Ende in die Perspektive des seinerseits kreolischen Erzählers und dessen ästhetische Souveränität investiert. Hierin liegt der blinde Fleck des Romans: Denn er kann auch als libidinöse Phantasie der „desnudez esencial"[86] von Jemmy gelesen werden.[87] Dieser bleibt im Roman bis auf einige Stellen gerade sprachlich ‚nackt'. Das sprach- bzw. erzählfähige Subjekt ist das kreolische, doppelt sehende Subjekt, nicht der *indígena*, und es ist einmal mehr der Argentinier, der sich in der Geschichte der europäischen Literatur gut auskennt. Diese Tatsache wird zwar durchaus reflektiert, aber zu wenig problematisiert, da sie die literarische Souveränität der Erzählerfigur William ja gerade begründet: „Su aventura fue tragada por el hielo y el viento del fin del mundo. Pero yo la recuerdo."[88] Auch wenn es der divergenten Geschichtsschreibung, die Jemmy ‚gerecht' werden will, durchaus gelingt, die historische ‚Schuld' Jemmys zu relativieren bzw. in einen größeren Kontext gewaltsamer Eroberung zu stellen, bleibt die argentinische Heimsuchung des europäischen Kanons doch ein Unterfangen, das die kulturelle Perspektive seiner äußersten Peripherie Feuerland nur mittelbar wiedergeben kann.

Fazit

Um damit zu einem Fazit zu kommen: Wie muss man Pauls' selbsterniedrigende Somatisierung in Paris und Iparraguirres kultursemiotische Kreolisierung in der Pampa deuten? Und in welches Verhältnis werden hier Lateinamerika und Europa gesetzt?

[84] Ebd., 110.
[85] Vgl. Silvia Casini: „Literatura, espacio y poder en *La tierra del fuego* de Sylvia Iparraguirre", in: *Anclajes* 14 (2010): 39–50.
[86] Iparraguirre, *Tierra* [Anm. 57], 283.
[87] Haase, *Erzählwelten* [Anm. 52], 291 interpretiert den Text hingegen als Produktion eines „positiven Raum[s] der Hybridität". Vgl. ebenfalls Andrea Castro: „Narrando a los sujetos coloniales en *La tierra del fuego* de Sylvia Iparraguirre", in: *Hipertexto* 9 (2009): 86–94.
[88] Ebd., 51.

Beide scheinen zumindest als eine Form der Auseinandersetzung entworfen, die jene Frage nach dem Exotismus des Exoten erneut aufgreift, der Stephan Leopold zufolge bereits die ‚Aura des Wunderbaren'[89] im Boom und der Literatur des Magischen Realismus mit begründet hatte. Noch schärfer formuliert müssten die Transgressionsphantasien, die hier entworfen werden, als eine Art perverser Identifikation aufgefasst werden, als, um mit Slavoj Žižek zu sprechen, perverser Wunsch nach dem Gesetz[90], der sich nur als Transgression einer Norm realisieren kann. Einmal vom Gesetz der ‚literarischen Weltrepublik' interpelliert, kann auch die Literatur, die kritisch auf die Entpolitisierung der autonomen Literatur reagiert, das Gesetz der Identifikation mit europäischen Vorbildern nur unterstreichen. Dennoch gelingt es den Texten, semantische Überschüsse – die von mir Somatisierung und Kreolisierung genannten Elemente – zu produzieren, die ein Einfallstor für das *Politische* der literarischen Weltrepublik öffnen: den ökonomischen und kulturellen Druck, den diese darstellt. Mit Chambers gesprochen entpuppt sich hier der phantasmatische Abwehrmechanismus auf der Ebene der Erzählung als Ausdruck eines oppositionellen Verhältnisses zur dominanten Kultur, einer Kultur, der zugleich gehuldigt als auch widersprochen wird. Das Verhältnis von Zentrum und Peripherie, von Druck und Gegendruck, Norm und Transgression ist deshalb nicht in eine Richtung auflösbar; man wird ihm nicht gerecht, wenn man es als postkoloniale Emanzipation von Europa oder als metafiktionales Spiel einer postmodernen Literatur versteht.

Das hieße folglich auch, der bereits klassisch gewordenen Hermeneutik so genannter postmoderner Romane Einhalt zu gebieten, die sowohl neophantastischen Erzählungen[91], deren Erbe Pauls zumindest stellenweise zu zitieren scheint, als auch historiographischen Metafiktionen nachsagt, wie die frühen Texte etwa von Borges Intertextualität ausschließlich als ironische Zeichen einer textautonomen Ästhetik oder einer fiktionsbewussten Ontologie einzusetzen. Die in den hier besprochenen argentinischen Romanen ausgestellte kulturelle Agonalität ist mehr als das, sie ist immer auch literarische Antwort auf die „western machineries of representation"[92]. Sie entwickelt daher vielleicht nicht zufällig im Jahr 2014 neue Brisanz, als weltweit darüber diskutiert wurde, warum einschlägige zeitgenössische Autoren, die der Kirchner-Regierung gerade aufgrund ihrer dezidiert politischen und kritischen Haltung nicht opportun erschienen, nicht auf die Pariser Buchmesse eingeladen wurden bzw. dieser fernblieben.[93] So weigerte sich Ricardo Piglia

[89] Vgl. Stephan Leopold: „‚Der Untergang des Abendlandes' und die postkoloniale Aura des ‚wunderbaren' Amerika – Spengler, Artaud, Carpentier et au delà", in: *Iberoromania* 66 (2007): 80–100.

[90] Vgl. Slavoj Žižek: „Fantasy as a Political Category: A Lacanian Approach", in: *JPCS: Journal for the Psychoanalysis of Culture & Society* 1:2 (Fall 1996): 77–85.

[91] Vgl. W. B. Berg: „Der Realismus des Phantastischen. Untersuchungen zur Funktion und Darstellung in den Erzählungen von J. L. Borges", in: *Iberoromania* 5 (1980): 49–81, hier 54 oder Paul de Man: „A modern master" [1964], in: *Critical Essays on Jorge Luis Borges*, hg. von Jaime Alazraki, Boston: C.K. Hall, 1987, 55–62, insb. 59.

[92] Jameson, „Third-World Literature" [Anm. 33], 69.

[93] Vgl. Alexis Ferenczi: „Salon du livre 2014 : polémique autour des écrivains argentins invités", in: *The Huffington Post avec AFP* v. 21.3.2014, *http://www.huffingtonpost.fr/2014/03/20/salon-du-livre-argentine-polemique-ecrivain-opposant_n_5001816.html* [14.4.2014].

zunächst „por motivos literarios“[94], anzureisen, und selbst die renommierte Essayistin und Literaturwissenschaftlerin Beatriz Sarlo fiel der ‚Streichliste‘ der argentinischen Selbstdarstellung im literarischen Zentrum zum Opfer. Sie schlussfolgerte daraufhin lakonisch über ihre ‚periphere‘ Kulturlosigkeit: „Ils doivent penser que je ne sais pas me tenir à table“.[95] In diesem Fall kommt eine Gefahr der drohenden Selbststilisierung lateinamerikanischer Kultur klar zum Ausdruck: Denn wenn die argentinischen Intellektuellen den eigenen Politikern entweder zu politisch oder gar wie ‚unzivilisierbare‘ Körper erscheinen und deshalb nicht als Repräsentanten ihrer Länder auftreten können, unterwirft offizielle Kulturpolitik sich einem impliziten Gesetz des Ausschlusses von Politik auf der Bühne der Literatur, ja trägt zu dessen Existenz und Überleben bei.

[94] Vgl. Lucia Merle: „Más polémica: el director del Salón del Libro de París atacó a Piglia“, in: *Clarín* v. 19.3.2014, *http://www.clarin.com/sociedad/polemica-Salon-Libro-Paris-Piglia_0_110 4489612.html* [14.4.2014].

[95] Vgl. Paulo A. Paranagua: „L'Argentine au Salon du livre de Paris suscite une polémique“, in: *Le Monde* v. 17.3.2014, *http://www.lemonde.fr/livres/article/2014/03/17/l-argentine-au-salon-du-livre-de-paris-suscite-une-polemique_4374228_3260.html* [14.4.2014].

Horst Nitschack

Postkoloniale Subjektivität: *Macunaíma, ein Held ohne jeden Charakter*

Ein Bildungsroman in den Tropen?[1]

Não existe pecado ao sul do equador[2]

Sprichwort

Ein Held ohne jeden Charakter ist der Untertitel des 1928 von Mário de Andrade veröffentlichten Romans *Macunaíma* mit dem die brasilianische Avantgarde nicht nur in provokative Distanz zu der westlichen, sondern auch ihrer eigenen Romanliteratur tritt. Die literarischen Vorbilder der brasilianischen Autoren waren seit dem 19. Jahrhundert aus Frankreich, aus England, in geringem Maße aus den Vereinigten Staaten (F. Cooper für José de Alencar) gekommen, auch wenn die Helden dieser Romane, zuerst bei J. de Alencar und später bei Machado de Assis oder auch Lima Barreto bereits durch und durch Brasilianer zu sein beanspruchten. Aber sie waren eben Brasilianer eines Brasiliens, das mit dem Blick in den Norden seine nationale Identität suchte.[3] Mário de Andrade lässt seinen „Helden ohne jeden Charakter", Macunaíma, nicht in einem nach Pariser Vorbild und in Konkurrenz zu Buenos Aires soeben architektonisch erneuerten Rio de Janeiro zur Welt kommen. Auch nicht in São Paulo, das gerade auf dem Weg ist, mit den Investitionen aus den Gewinnen der Kaffeeexporte die modernste Großstadt Brasiliens zu werden. Macuanaima erblickt das Licht der Welt in den Tiefen des Amazonasurwaldes – fern von den Plätzen des Kautschuk-Booms, die in und für kurze(r) Zeit Manaus zur modernsten Stadt Brasiliens werden ließen. Seine Mutter ist eine Indianerin aus dem Stamm der Tapanhumas und sein Vater der „Schrecken der Nacht".[4] Gleichzeitig verdankt er sein

[1] In diesem Artikel werden Argumente und Interpretationen des Romans aufgenommen und weitergeführt, die in meinem Aufsatz „Tropische Subjektivität und europäische Bildungstradition: *Macunaíma, der Held ohne jeden Charakter* von Mário de Andrade. Oder: Macunaíma, ein Wilhelm Meister in den Tropen?", in: *Pandaemonium Germanicum* vol. 16, No. 22, São Paulo 2013, 156–178 und in seiner überarbeiteten Form in der englischen Übersetzung „Tropical Subjectivity and the European Tradition of Bildung: Macunaíma, a Hero Without a Character, by Mário de Andrade", en: *Kulturconfução. On German-Brazilian Interculturalities*, ed. par Anke Finger, Gabi Kathöfer e Christopher Larkosh, Berlin: De Gruyter, 2015, 201–218, veröffentlicht wurden.

[2] ‚Südlich des Äquators gibt es keine Sünde'.

[3] Horst Nitschack: „Brasil: una nación que se formó en los trópicos mirando hacia el norte", en: *Las revoluciones americanas y la formación de los estados nacionales*, ed. par Jaime Rosenblitt, Santiago: Centro de Inv. Diego Barros Arana, 2012, 53–64.

[4] In der deutschen Übersetzung von Curt Meyer-Clason lesen wir „die Nachtangst". Damit geht

Entstehen, als literarische Figur zumindest, auf komplexe Weise der westlichen, oder genauer nördlichen Modernität: Zum einen der Avantgarde, vor allem dem Futurismus, mit dem sich der junge Mário de Andrade ausgiebig auseinandergesetzt hat und zum anderen dem Interesse der europäischen Ethnologen, in diesem Falle besonders einem deutschen, für ‚primitive' Kulturen. Denn als Romanfigur hat Macunaíma die indianischen Mythen, die der deutsche Ethnologe Koch-Grünberg aufgezeichnet hat, zur *Mutter*[5], und als *Vater* die brasilianische Avantgarde, die 1922 – aus Anlass der 100-jährigen Unabhängigkeit des Landes – in der *Semana de Arte moderna* (Woche der modernen Kunst) von São Paulo erstmals eine breitere Öffentlichkeit gesucht und sich mit dem dabei produzierten Eklat selbst ein Monument gesetzt hat.

In der *Semana de Arte moderna* wurde mit den Demonstrationen der brasilianischen Avantgardisten, zu deren bedeutendsten Namen, neben Mário de Andrade, die Schriftsteller Oswald de Andrade, Guilherme de Almeida, Ronald de Carvalho, Menotti Del Picchia sowie die Malerinnen Anita Malfatti und Tarsila do Amaral und der Komponist Heitor Villa-Lobos gehörten, eine Kunst und damit auch eine Lebensform eingefordert, die authentische ‚brasilidade' (brasilianische Lebensweise) zu repräsentieren beanspruchte. Es wird eine Modernität mit brasilianischen Wurzeln und mit den Materialien und Ideen dieses Landes zum Programm gemacht. Es ist dasselbe Jahr, in dem aus dem gleichen Anlass wie die *Semana de Arte moderna* in São Paulo, in Rio de Janeiro die bis heute einzige Weltausstellung auf südamerikanischem Boden eröffnet wird. Dort aber wird in den Pavillons und in den Austellungsräumen ein Brasilien zelebriert, das ein Muster einer konservativen Modernisierung verkörpert[6], in der die Privilegien der während des Kaiserreichs erstarkten Oligarchie – die sich ohne große Verluste in die neue Republik (ab 1889) gerettet hat (die Sklavenwirtschaft war keine ökonomische Notwendigkeit mehr und damit ihre Abschaffung (1888) auch keine ernste Gefährdung dieser Oligarchie) – in keinem Augenblick in Frage gestellt werden, sondern ganz im Gegenteil: ein Brasilien, in dem diese Oligarchie sich zur Schau stellte.

Doch, wenn auch die brasilianische Avantgarde den großen Bruch und Neuanfang proklamiert, dann fällt er letztlich, bei genauem Hinsehen, zumindest was die literarischen Helden betrifft, doch nicht so gewaltig aus. In Macunaíma, dem „Helden ohne jeden Charakter", setzt sich fort, was in der brasilianischen Literatur des 19. Jahrhunderts vorbereitet ist. Leonardo, der Protagonist der *Memorias de um Sargento de Milícias* (1852–1853) von Manuel Antônio de Almeida, war sicher kein Exempel eines starken

aber das männliche Geschlecht des brasilianischen „o medo" verloren, das bei „der Schrecken" gewahrt bleibt. (Mário de Andrade: *Macunaíma: o herói sem nenhum caráter*, Edição Crítica, Telê Porto Ancona López (Coord.), Madrid/Paris/México/São Paulo/Lima/Guatelmala/San José de Costa Rica/Santiago de Chile, Editorial Universitaria Chile (e.o.), Santiago de Chile: Colección Archivos, 1997 [1928]; Mário de Andrade: *Macunaíma. Der Held ohne jeden Charakter*, Übersetzung von Curt Meyer-Clason, Frankfurt a.M.: Suhrkamp, 1982).

[5] Theodor Koch-Grünberg: *Vom Roroima zum Orinoco. Ergebnisse einer Reise in Nordbrasilien und Venezuela in den Jahren 1911–1913*, Bd. I, Berlin: Dietrich Reimer, 1917; Ders.: *Vom Roroima zum Orinoco*, Bd. II, Stuttgart: Strecker und Schröder, 1924.

[6] Zum Konzept der „konservativen Modernisierung" siehe José Mauricio Domingues: „A dialéctica da modernização conservadora e a Nova história do Brasil", in: *Ensaios de sociología. Teoría e pesquisa*, Belo Horizonte: Editora UFMG, 2004, 187–208.

Charakters. Und auch seine Nachfolger zeichneten sich nicht unbedingt durch Charakterstärke aus, wenn wir bei Machado de Assis an Brás Cubas und Quincas Borba in den gleichnamigen Romanen oder an Bento im Roman *Dom Casmurro* denken. Policarpo Quaresma bei Lima Barreto ist zwar ein Protagonist mit ausgesprochener Charakterstärke, aber das ist gerade sein Verhängnis und weist eindrucksvoll darauf hin, dass in diesem Land und in dieser Gesellschaft für starke Charaktere kein Platz ist.

Das aber gilt nicht nur für Brasilien, sondern für die gesamte Moderne und ihren Roman. Seine Lektüre lehrt uns, der einzige, der die Illusion aufrechterhalten kann Held zu sein, ist letztlich der Leser. Das gilt bereits für den ersten großen Roman der Moderne, den Don Quijote. Wenngleich – auch dies wissen wir von ihm – dieser Leser, wie Don Quijote selbst es beim Lesen seiner Ritterromane ergeht, Gefahr läuft, verrückt / ver-rückt zu werden, falls er die Geschichten seiner Bücher für Wahrheit nimmt, das heißt ‚Literatur' und ‚Leben' nicht zu scheiden weiß, oder nicht gelernt hat – oder nicht in der Lage ist – die notwendigen Übersetzungen von einem Medium ins andere vorzunehmen. So wie Literatur, die unmittelbar das Leben „wiederzuspiegelen" versucht, trivial ist oder Kitsch, so wird Literatur, die mit Leben verwechselt wird, zu einer Bedrohung für den Leser, anstatt ihm behilflich zu sein, einen Platz im Leben zu finden.

Der Roman als Gattung macht den Leser zum potentiellen Helden. Seine eigenen Figuren sind, wie es die Literaturwissenschaft meistenteils auch vermerkt, zu bescheidenen Protagonisten, oftmals sogar zu Antihelden degradiert. Und dieser Leser wird zu einem Helden, der – so Benjamin im *Erzähler* – sich an dem „Tod[,] von dem er liest [,] zu wärmen" hofft.[7] Der Roman selbst dagegen lässt seinen Helden, ein gleichsam durchgestrichener ~~Held~~, langsam zu Tode kommen, desillusioniert ihn, führt ihn der Verzweiflung, der endlosen Langeweile oder dem Zynismus entgegen. Beispielhaft geschieht dies im Bildungsroman, mit dessen Helden die meisten Romanhelden mehr oder weniger weitläufig verwandt sind. Dieser Held der Moderne muss sich, wie Hegel formuliert, die Hörner ablaufen[8], um am Ende des Geschehens zum geläuterten, resignierten, angepassten Mitbürger /Philister zu werden wie Frédéric Moreau in Flauberts *Lehrjahre des Herzens*. Ein Schicksal, dem zu entgehen er gerade aufgebrochen war und das ihn am Ende dann doch ereilt. Wenn es nicht schlimmer kommt, und am Ende seine Hinrichtung (Julien Sorel in Stendhals *Rot und Schwarz*) oder sein Selbstmord (Hans Giebenrad in Hesses *Unterm Rad*) steht.

[7] Walter Benjamin: *Der Erzähler*, in: *Gesammelte Schriften*, Bd. II, 2, Frankfurt a.M.: Suhrkamp, 1972, 438–465, hier 457.
Vgl. auch Foucaults Interpretation von Velazquez' *Las Meninas* in *Die Ordnung der Dinge*: Der Betrachter ist in die Rolle des Subjekts gerückt, die keiner der Figuren des Bildes zukommt; dem Betrachter wird die Vorstellung vermittelt, die Ordnung des Bildes ergäbe sich von seiner Position, von seinem Blick aus. So ist auch der Leser, aus dessen Perspektive alles einen Sinn ergibt, das einzige wirkliche Subjekt im modernen Roman.

[8] Vgl. Georg Wilhelm Friedrich Hegel: *Werke in 20 Bänden*, Bd. XIV, *Vorlesungen über die Ästhetik II*, Frankfurt a.M.: Suhrkamp, 1970, 220.

So gesehen ist die bekannte Lukácssche Aussage in der *Theorie des Romans*, für den Helden am Ende des Romans gälte: „begonnen ist der Weg, vollendet die Reise"[9] , ausgesprochen optimistisch, oder trifft zumindest weniger für die Protagonisten zu als für den Leser. Für ihn ist mit der Lektüre eine Reise zu Ende und er muss sich jetzt wieder auf den Weg in seinen Alltag machen. Den Lukácsschen Helden, das Beispiel ist Wilhelm Meister, bewahrt die „Verinnerlichung" vor dem Scheitern. Seine „Versöhnung" mit der Welt ist die Versöhnung seiner „Innerlichkeit" mit ihr. Diese „Versöhung von Innerlichkeit und Welt [ist] problematisch[,] aber möglich [...]; [...] sie [muss] in schweren Kämpfen und Irrfahrten gesucht werden, aber [sie kann] doch gefunden werden [...]."[10] Eine Lösung, die, falls Lukács' Beschreibung zutreffen sollte, zumindest in anderen Breitengraden und in Gesellschaften, die der Kultivierung von Innerlichkeit eine nur geringe Bedeutung zumessen, nur sehr bedingt Erfolg verspricht.

Die Verknüpfung von Innerlichkeit und Schuld, Innerlichkeit als Instanz der Selbstkontrolle und der Rechtfertigung, ermöglicht es noch dem pietistisch infizierten Wilhelm Meister, seinen Frieden mit der Welt zu machen. Bereits bei seinen Nachfolgern im 19. Jahrhundert, wie wir oben feststellten, versagt dieses Rezept. Und noch weniger ist von ihm in einer Region eine Wirkung zu erwarten, von der seit den Zeiten der Conquista der Ausspruch überliefert ist: „Südlich des Äquators gibt es keine Sünde". Goethes Ottilie wird in den Wahlverwandtschaften diesen Satz konsequenterweise gerade in das Gegenteil verkehren, wenn sie feststellt: „Es wandelt niemand ungestraft unter Palmen, und die Gesinnungen ändern sich gewiss in einem Lande, wo Elefanten und Tiger zu Hause sind."[11] Wie wenig sich die aus den nördlichen Kulturen eingeführten Wert- und Moralvorstellungen zur Herausbildung einer Subjektivität in der tropischen Welt eignen, haben auch zahlreiche Reisende kommentiert. So bescheibt der weltkriegserprobte Ernst Jünger bei der Einfahrt in das Amazonasdelta seinen ersten Eindruck mit folgenden Worten:

> Während dieses Vorübergleitens malte ich mir ein Dasein aus, das zwischen den Armen und Inseln dieses ungeheuerlichen Deltas zu führen wäre, sei es, dass man als Jäger oder Fischer, sei es als Gärtner oder einfach als Beobachter des Stromes und seiner gewaltigen Fülle lebendiger Vorgänge sich ansiedele. Doch würde man es wohl nicht lange treiben; das Wachstum ist zu ungeheuer, als dass man ihm auf die Dauer standhielte. Man würde im reinen Sauerstoff verbrennen und müsste mit einem frühen Tode, mit geistiger und körperlicher Verheerung rechnen, mit einem Schicksal, ähnlich dem Rimbauds.[12]

Was sollte also von dem ‚Helden' des Bildungsromans unter tropischem Himmel bleiben, oder was konnte unter diesen ganz anderen Verhältnissen aus ihm werden? Die Differenzen zu den Ursprungsländern dieser Gattung sind sicher weniger der anderen Fauna und Flora und dem tropischen Klima zuzuschreiben, wie die Bemerkungen Ottilies und Jüngers es nahelegen, sondern vielmehr den grundsätzlich anderen Praktiken einer Kolonialgesellschaft, ihren Produktions- und Verwaltungsformen und ihren Rechtsverhältnis-

[9] Georg Lukács: *Die Theorie des Romans*, Neuwied/Berlin: Luchterhand, 1971 [1920], 63.

[10] Ebd., 117.

[11] Johann Wolfgang Goethe: *Die Wahlverwandtschaften*, in: Goethes Werke, Bd. VI, hg. von Erich Trunz, München: Verlag C.H. Beck, 1981, 416.

[12] Ernst Jünger: *Atlantische Fahrt*, Tübingen: Otto Reichl Verlag, 1949 [1947, London], 17.

sen, die, zumindest für Brasilien, ihre markanteste Differenz in der bis 1888 fortbestehenden Sklavenwirtschaft fanden.

Trotzdem: Die Ideen eines selbstständigen, verantwortlichen, moralisch handelnden und freien Individuums, Qualitäten, die den ‚Charakter' eines modernen ‚Helden' bestimmen, werden auch in diese Weltteile exportiert. Das aber sind auch die Qualitäten, die den Helden des modernen Romans, besonders des Bildungsromans, ausmachen und an denen sein Erfolg oder auch, in der Regel, sein Scheitern gemessen wird. Mit dem Roman wird gleichzeitig ein Modell der Individualisierung und des modernen Individuums propagiert. Das macht seine Attraktivität aus. Die Romanform scheint in der Konfiguration ihrer Konflikte und ihrer Figuren besonders vielversprechend zu sein, um auch Autoren anderer Kulturen als denen, in denen sie geschaffen wurde, als Vorbild für die Strukturierung ihrer Erzählung und der Biographie ihrer Helden zu dienen. Zumal, wenn sie sich die nördlichen Urspungsländer dieser Helden auch zum kulturellen und politischen Vorbild genommen haben, wie es für die sich im Laufe des 19. Jahrhunderts konsolidierenden lateinamerikanischen Nationen der Fall ist. Dadurch erhalten sie auch für ihre Leser ein hohes Maß an Identifikationsangebot. Dieser ‚Held' ist auch in den ehemaligen Kolonien ein Held in Anführungszeichen oder ein durchgestrichener ~~Held~~, wenn auch seine Anführungszeichen oder sein Durchgestrichensein hier durch andere Gründe motiviert sind als in den Ursprungsländern, da die Umstände, von denen er bestimmt ist und unter denen er handelt, andere sind. Bildlich gesprochen müsste er hier in doppelten Anführungsstrichen stehen oder doppelt durchgestrichen sein. Ist der nördliche Held mit einem nicht erfüllbaren Idealbild konfrontiert, für das seine Gesellschaft in doppelter Weise verantwortlich ist, für seine Entstehung wie für die Unmöglichkeit seiner Erfüllung, so ist diese sich dekolonisierende, gerade zur unabhängigen Nation gewordene brasilianische Gesellschaft hierfür nicht verantwortlich, höchstens für seinen Import und die Bereitschaft es zu übernehmen. R. Schwarz nennt diese Konstellation „ideias fora do lugar"[13], „deplatzierte Ideen", oder besser noch „versetzte Ideen", nicht wie in der englischen Übersetzung „misplaced ideas", da das „fora", also „draußen", „außerhalb", nicht unbedingt darauf hinweist, dass diese Ideen, in unserem Fall der Held des Bildungsromans, an einem ‚falschen', oder auch an einem ‚fremden' Ort sind. Es sind ja die Schriftsteller der Eliten, ebenso wie ihr Lesepublikum, die bereit sind, diesen Held zu adoptieren. Der Held soll sich gleichsam jetzt in seiner Universalität unter einem anderen Himmel und unter neuen Lebensumständen bewähren. Gleichzeitig will die Gesellschaft selbst ihre Universalität und ihren Kosmopolitismus beweisen, indem sie in ihren Lebensverhältnissen Helden handeln und auch scheitern lässt, deren ‚Bildung' darin besteht, sich mit der Vernunft, mit Idealen und moralischen Erwartungen zu identifizieren und sie zu verinnerlichen, die universelle Gültigkeit beanspruchen, in Wirklichkeit aber die der gerade zur Macht kommenden bürgerlichen Gesellschaften des Nordens sind, von Ländern, die ihr Kolonisierungsprogramm keinesfalls aufgegeben, sondern höchstens diversifiziert haben. Auch das trägt wohl zur Attraktivität dieses Helden bei, denn diese Eliten haben sich von der äußeren Kolonisierung befreit, sind aber jetzt zu Kolonisatoren innerhalb ihrer eigenen Länder geworden.

[13] Roberto Schwarz: „As idéias fora do lugar", in: *Ao vencedor as batatas*, São Paulo: Livraria Duas Cidades, 1992 (4. Aufl.), 13–28.

Der Anspruch auf die Universalität dieser Werte, von Vernunft und Sittlichkeit (Kant), und auf die Möglichkeit ihrer Durchsetzbarkeit findet nicht zuletzt im Nachweis ihrer Korrespondenz mit der Natur eine Bestätigung. Die Notwendigkeit, eine tiefe und letzte Übereinstimmung von Natur, Vernunft und Sittlichkeit nachzuweisen, war deshalb auch eines der Hauptanliegen der Kantschen *Kritik der Urteilskraft*, die sich die beiden vorhergehenden Kritiken zu versöhnen vornahm, die *Kritik der reinen* und die *der praktischen Vernunft*. Zentrale Argumente werden dabei für Kant das Naturschöne und das Erhabene der Natur. Das Naturschöne wird ihm zum Beleg,

> daß die Ideen [...] auch objektive Realität haben, d. i. daß die Natur wenigstens eine Spur zeige, oder einen Wink gebe, sie enthalte in sich irgend einen Grund, eine gesetzmäßige Übereinstimmung ihrer Produkte zu unserm von allem Interesse unabhängigen Wohlgefallen [...] anzunehmen: so muß die Vernunft an jeder Äußerung der Natur von einer dieser ähnlichen Übereinstimmung ein Interesse nehmen; folglich kann das Gemüt über die Schönheit der *Natur* nicht nachdenken, ohne sich dabei zugleich interessiert zu finden. [...] Wen also die Schönheit der Natur unmittelbar interessiert, bei dem hat man Ursache, wenigstens eine Anlage zu guter moralischer Gesinnung zu vermuten.[14]

Diese Argumentation ist für Kant ausschlaggebend, damit Schönheit letztendlich zum „Symbol der Sittlichkeit" (458) werden kann. Das Interesse an Flora und Fauna und an den klimatischen Gegebenheiten der Tropen bekommt damit auch eine moralische Konnotation und der Eindruck, dass der Genuss am Wandel unter Palmen (Ottilie) eben keine Gewähr mehr ist für die Sittlichkeit des Subjekts, muss deshalb bei Ottilie zu einer tiefen Beunruhigung führen. Diese Verunsicherung, ja Bedrohung, wiederholt sich, wie Jünger deutlich bei seinem Eintreten in die Amazonaslandschaft gespürt hat, dem Erhabenen der Natur gegenüber. Die Kantsche Gewissheit, das Erhabene der Natur ließe uns „in unserem Gemüte eine Überlegenheit über die Natur selbst in ihrer Unermesslichkeit (finden)" (349) scheint hier zunichte zu werden. Die Gemütskräfte scheinen dieser ganz anderen Erhabenheit gegenüber, die nicht die der Eisberge oder die des tobenden Ozeans ist (Kant), sondern die einer sirenenhaften Betörung und damit der Auflösung des selbstbewussten Subjekts, ihr Gefühl der Überlegenheit zu verlieren. Das nördliche Subjekt spürt dieser ganz anderen, nicht kriegerischen, sondern verführerischen Natur gegenüber die Bedrohung „geistiger und körperlicher Verheerung" (Jünger).

Der Kantsche aufklärerische Optimismus wird, wie wir gesehen haben, bereits von den Helden des Bildungsromans selbst im Laufe des 19. Jahrhunderts grundsätzlich in Frage gestellt. Zusätzliche Zweifel kommen gleichzeitig in der nördlichen Literatur selbst – wir haben nur zwei Beispiele zitiert, Joseph Conrads *Heart of Darkness* wäre ein weiteres wesentlich drastischeres – über die Exporttauglichkeit dieser Ideen auf. Denn, dieser Held kommt eben zur Einsicht, diese Ideale, die von ihm als „Ich-Ideale" gefordert werden, werden weder von der Gesellschaft um ihn verwirklicht, noch ist er selbst letztendlich in der Lage, sie zu erfüllen. Dies ist die Erfahrung, die diese Helden in ihren Herkunftsgesellschaften machen, wenn sie im jugendlichen Idealismus mit großen Wor-

[14] Immanuel Kant: *Kritik der Urteilskraft*, in: Immanuel Kant: Werke, Bd. VIII, Darmstadt: Wissenschaftliche Buchgesellschaft, 1968, 233–465, hier 397/398.

ten und Taten ihre Autonomie, ihre Selbstverantwortlichkeit, ihre selbstgewählten Moralvorstellungen zu verwirklichen suchen, und am Ende kleinlaut ihre Geschichte als eine des Scheiterns erleben müssen.

Die Szenerie ist allerdings unter lateinamerikanischen Gegebenheiten, zumal unter brasilianischen, eine entscheidend andere. Zwar haben diese Nationen in den ersten Jahrzehnten des 19. Jahrhunderts ihre Unabhängigkeit gefunden, haben ihre politische Selbstständigkeit, insoweit dies bei ihrer ökonomischen Abhängigkeit möglich ist, gewonnen, aber ihre Wertvorstellungen, die Ideale und moralischen Normen, die ihre Eliten vertreten, sind die der nördlichen Eliten, von denen sie sich gerade zu befreien suchen. Es sind, wie bereits oben nach dem brasilianischen Literaturwissenschaftler und Kulturkritiker Roberto Schwarz zitiert, „verstellte Ideen", wobei wir das ‚verstellt' durchaus in seiner doppelten Bedeutung lesen können: ‚an einem anderen Ort', aber auch Ideen, die sich ‚verstellen', die nicht zeigen, was sie im Grunde sind. Damit aber werden sie gleichzeitig zu ‚ent-stellten' Ideen, jetzt in der dreifachen Bedeutung von ‚entstellen': 1. deformieren, unkenntlich machen; 2. im eigentlichen Wortsinn: frei stellen, ein Hindernis beseitigen; 3. das zur Erscheinung kommen lassen, was vorher ‚verstellt' war, die Aufhebung der Verstellung.[15] Hieraus resultiert ein zusätzliches Dilemma: sieht sich der Held des Bildungsromans der Ursprungsländer dem Widerspruch zwischen den von der Gesellschaft eingeforderten Werten und Idealen und ihrer mangelnden Verwirklichung durch die vorgeblich ehrwürdigen Vertreter der Gesellschaft selbst ausgesetzt, so sind diese Werte und Ideale – im Falle der postkolonialen lateinamerikanischen Nationen – die der Kolonialherrschaft ehemals und die der Metropolen des Nordens in der Gegenwart. Auf jeden Fall sind es Ideen, die nicht aus der eigenen Lebenswelt hervorgegangen sind, selbst wenn ihre Einhaltung formal gefordert ist. Sie bilden die Grundlage und die Rechtfertigung für Gesetze, die aber deshalb einen abstrakten Charakter haben und deren Durchführung in der Praxis nur schwer zu bewerkstelligen ist. Auch gibt es keine Einrichtungen, ihre Verinnerlichung wirksam zu fördern, um ihnen wenigstens eine symbolische Anerkennung im Gewissen des je einzelnen Individuums zu garantieren, noch gibt es Institutionen, die diese Einhaltung wirksam kontrollieren könnten. Der Verstoß gegen diese Werte und Ideale wird also nie einen so dramatischen Verlauf nehmen, wie es in den Ursprungsländern des Bildungsromans der Fall ist. Es gibt weder einen hingerichteten Julien Sorel, noch einen den Tod durch Ertrinken suchenden Hans Giebenrath, noch einen Hans Castorp, der nach siebenjährigem Aufenthalt im Sanatorium in einen Weltkrieg stolpert. Selbst die fundamentalen Grundstrukturen Zeit und Raum, die transzendentalen Formen der Wahrnehmung nach dem Aufklärer und entscheidenden Wegbereiter der Moderne, Kant, werden unter diesen Umständen nicht diese rigorose Beachtung verlangen, wie es für die dem Industrialisierungsprozess und der Marktwirtschaft verschriebenen Nationen der Fall ist. Zeit und Raum werden weniger in ihrer abstrakten, objektiven Dimension Anerkennung finden, als in ihrer konkreten, durch persönliche Beziehungen und Abhängigkeiten geschaffenen Wirklichkeit. Ja, diese persönlichen Beziehungen innerhalb der Gemeinschaft und zur Welt der Objekte werden von sich aus Raum und Zeit definieren, oder zumindest sich so verhalten, als ob dies möglich wäre.

[15] Vgl. hierzu Nitschack: „Tropische Subjektivität" [Anm. 1], 156–178, hier 162.

Auf extreme Weise wird uns dies von Macunaíma selbst vorgeführt: Dort werden Zeit und Raum vollständig von der Willkür des Helden, seinen magischen und mythischen Kräften, zuweilen auch denen anderer mythischer Wesen, die sich dann gerade mächtiger als er erweisen, definiert. Die Reiseroute von ihm und seinen Brüdern quer durch Brasilien ist keiner rationalen Logik unterworfen, ebensowenig wie die Zeiten, die sie von einem Ort zum anderen benötigen. Hier als Legitimation auf die Zeit- und Raumerfahrungen von der Modernität noch unerreichten indianischen Kulturen zu verweisen, die zweifellos in dem von Koch-Grünberg bereitgestellen Material von Bedeutung sind und die die Struktur der dort zusammengetragenen Mythen und Legenden charakterisieren, scheint wenig haltbar. Macunaíma erscheint zwar als der Vertreter einer mythischen Welt, handelt aber viel mehr nach den Prinzipien eines sich von jeder Verantwortung und Verpflichtung lossagenden Individualismus. In letzter Instanz jedoch, dies die vorgeschlagene Interpretation, ist er eine Parodie auf beides, auf eine Überhöhung der mythischen Welt wie auf den modernen Individualismus als Optionen der Fundierung einer ‚brasilidade', eines brasilianischen Weges in die Moderne. Seine beiden Leitsätze „welche Faulheit" und „Viele Ameisen und wenig Gesundheit, sind die Übel Brasiliens", stehen nicht nur für die Ablehnung, irgendein Engagement für eine Nation zu übernehmen, deren Werte und deren Moral grundsätzlich zweifelhaft sind. Sie sind auch die parodistische Infragestellung, einerseits einer Verherrlichung mythischer Ursprünglichkeit oder Primitivität als Legitimation einer zukünftigen brasilianischen Kultur, andererseits der Verherrlichung des tätigen, vernünftigen und verantwortlichen individuellen Subjekts und einer Moral, die letztlich auf die Unterstützung der Natur rechnen kann. Gleichzeitig muss sein permanentes Bekenntnis zur Faulheit als eine Ironisierung des Enrique Rodóschen Arielismus und des Lobes des „ocio" gelesen werden, den der von der südamerikanischen Jugend bewunderte Autor in seinem Essay „Ariel" (1900) der Werkmoral und dem Materialismus des nördlichen, vor allem des US-amerikanischen Kapitalismus entgegenstellt.[16] Macunaímas Subjektivismus sieht sich weder einer mythischen Welt verpflichtet – eine Ehe mit einer der Töchter der Sonnengöttin Wei scheint ihm weniger verlockend als ein Abenteuer mit einem gerade vorbeikommenden Dienstmädchen[17] – noch seinem eigenen Stamm oder seiner Familie, ganz zu schweigen von einer Identifikation mit einer idealisierten brasilianischen Nation. Dennoch steht der „Held ohne jeden Charakter", wie Mário de Andrade selbst schreibt, für den Brasilianer, aber für einen, der all seine negativen Eigenschaften in sich vereinigt.[18]

[16] Enrique Rodó veröffentlicht 1900 seinen Essay „Ariel". Vgl. dazu: *José Enrique Rodó y su tiempo. Cien años de "Ariel"*, hg. von Ottmar Ette und Titus Heydenreich, Frankfurt a.M.: Vervuert, 2000.

[17] Zur Bedeutung der Sonnengöttin Wei für Macunaíma und seine Parodierung des Matriarchats siehe vor allem Gilda de Mello e Souza: „O tupi e o alaúde", in: Mário de Andrade, *Macunaíma*, Edição Crítica [Anm. 4], 255–294.

[18] Vgl. seinen Brief an den Freund Manuel Bandeira vom 7. November 1927, in dem er schreibt, dass Macunaíma alle negativen Kennzeichen des Brasilianers in sich vereinigt, ohne dessen positive zu haben: „[...] do qual eu procurava tirar todos os valores nacionais "(‚... dem ich alle nationalen Werte zu nehmen suchte'), vgl. Mário de Andrade: „Correspondencia", in: *Macunaíma*, Edição Crítica [Anm. 4], 495.

Während allerdings die Helden der nördlichen Erziehungsromane an den Widersprüchen scheitern, die ihre Gesellschaft selbst produziert – deshalb hat ihr Scheitern meist eine tragische Konnotation –, geht Macunaíma an der Bejahung des Lustprinzips (seine sexuellen Spiele sind seit seiner frühesten Jugend sein Hauptvergnügen) und der Verschwörung der mythischen Welt gegen ihn zu Grunde. Wei, die Sonne, rächt sich am Ende und verführt ihn, in das klare Wasser zu steigen, wo ihn die Sirene Uraia erwartet und ihm in einem blutigen Liebesspiel des Amuletts und eines Beines beraubt. Weder verspricht die mythische Welt eine Rettung, wie es die avantgardistische Bewegung des ‚Verde-Amarelismo' um Plínio Salgado verheißt[19], noch kann sich Macunaíma in der klassischen Odysseusschen Manier durch List und Vernunft von der Verführung der Sirene retten, da er dessen gewählten Preis, sich an den Mast fesseln zu lassen, nicht zu bezahlen bereit ist.[20] Dagegen wird er sich am Ende von der Erde verabschieden und an einer Liane in den Himmel steigen, um sich in das Sternbild des Großen Bären zu verwandeln.

Macunaímas Irren durch Brasilien befolgt bei all seiner Willkürlichkeit eine bewährte epische Erzählstruktur: das Suchen nach seinem verlorenen Amulett, ein Geschenk Cis, der Kaiserin des Urwalds, der Kampf mit dem und der Sieg über das Ungeheuer, den Menschenfresser Venceslaw Pietro Pietra, und damit die Rückeroberung des verlorenen Amuletts, in dessen Besitz der Riese gekommen war, und die Rückkehr in den heimatlichen Urwald. Diese epische Reise, Macunaímas Odyssee, ist allerdings in all ihren Momenten parodistisch entstellt. Die Parodie ist das Grundprinzip der gesamten „Rhapsodie", als solche hat Mário de Andrade seinen Roman bezeichnet. Macunaíma ist also nicht nur ein durchgestrichener ~~Held~~, die Rhapsodie ist gleichzeitig ein durchgestrichener ~~Roman~~. Der Roman ist weniger ein Beispiel für eine Anthropophagisierung, wie es Oswald de Andrade wollte, als für eine konsequente Karnevalisierung, nicht nur der kulturellen Formen und Ideen, die aus der Kolonialzeit stammen, sondern auch jener, mit denen sich die brasilianischen Eliten im Laufe des 19. Jahrhunderts ausstatteten, einschließlich der Evozierung eines ‚authentischen' Brasiliens in der Volkskultur und den indianischen Mythen. Mário de Andrade wird damit zwangsläufig zu einem Intellektuellen des „entre-lugar", des „Dazwischen", wie es der brasilianische Literaturkritiker Silviano Santiago nennt.[21] Dieses Dazwischen darf nicht mit dem post-kolonialen „in-between" Homi Bhabhas verwechselt werden, das eine Situation des Identitätsverlusts und der Viktimisierung beschreibt. Silviano Santiagos „entre-lugar" ist ein Dazwischen der Kreativität und des Widerstandes, in dem sich das postkoloniale Subjekt durch die Parodisierung von den zur Last und zur Lüge gewordenen Kulturgütern befreit:

> Lateinamerika besetzt seinen Ort in der Landkarte der westlichen Zivilisation dank einer Bewegung, die die Norm aktiviert und sie destruktiv umlenkt, eine Bewegung, die den

[19] Die „Grün-Gelbe" Bewegung nach den Nationalfarben Brasiliens, in politisch ideologischer Nähe zum italienischen Faschismus.

[20] Siehe dazu das Kapitel „Odysseus oder Mythos und Aufklärung" in: Max Horkheimer und Theodor Adorno: *Dialektik der Aufklärung*. Frankfurt a.M.: Fischer Verlag, 1988, 50–87.

[21] Silviano Santiago: „O entre-lugar do Discurso Latino-americano", in: *Uma literatura nos trópicos*, São Paulo: Ed. Perspectiva, 1978, 11–18.

vorgegebenen und unveränderlichen Elementen, die die Europäer in die Neue Welt exportierten, eine neue Bedeutung gibt.[22]

Dieses Dazwischen ist dann notwendigerweise der Ort einer post-kolonialen Subjektvität, die nicht nur den Ideen und Werten der Kolonisatoren mit Kritik, sondern auch denen der Kolonisierten mit äußerster Skepsis begegnet, da sie notwendig von denen der Kolonisatoren affiziert sind. Die literarische Technik, die diese Kritik und Skepsis erlaubt, ist die Parodie. Allerdings muss das Subjekt der Parodie, der Erzähler, dabei auf jede gesicherte Position verzichten, es sei denn auf sein Vertrauen auf seine eigene Kreativität und Produktivitat. Er wird gleichsam zu einem Münchhausen, der behauptet, in der Lage zu sein, sich am eigenen Schopf aus dem Sumpf zu ziehen. Da dies aber bekanntlich nicht möglich ist, muss der Ort des Dazwischen auch als Ort des Überganges verstanden werden. Das Karnevaleske der Parodie hat nicht nur die bekannte Bachtinsche Dimension der „verkehrten Welt", in der das Hohe niedrig und das Niedrige für einen Augenblick mächtig wird. Der Karneval – und das ist wahrscheinlich seine bedeutendere Dimension, nicht nur im christlichen Kirchenjahr – erinnert uns an die Relativität der uns umgebenden Werte und Ideen, daran, dass sie alle im Grunde *ver-kehrt* und *ent-stellt* sind. Das Rauschhafte des Karnevals bereitet eine Reinigung, eine Purifikation vor, darin besteht sein tieferer Sinn. Es ist die Vorbereitung einer ‚tabula rasa'. Die karnavalesken Parodien der Avantgarden hatten alle diesen Gestus, ‚tabula rasa' zu machen, ihre neue ‚Barbarei'[23] hat vor allem den Sinn, Platz zu schaffen für Neues.[24] So konnte auch nach Macunaíma kein anderer, ähnlicher Roman kommen, keine Fortsetzung. Mário de Andrade wird sich in den 30er Jahren vor allem seinen Studien zur brasilianischen Volkskultur zuwenden.

Danach wäre das ‚post-koloniale Subjekt' vor allem ein Subjekt des Dazwischen und des Überganges, das allerdings das ‚gelobte Land' nicht kennt, höchstens ahnt. Ihm kommt die Vorbereitung einer neuen Gemeinschaftlichkeit zu, eine ganz andere als diese *perverse*, im eigentlichen Wortsinn, die Macunaíma in allen Momenten lebt und praktiziert. Im Roman gibt es darauf einige Anspielungen, die deutlichste am Ende des Kapitels „Macumba": Nachdem Macunaíma durch ein magisches Zeremoniell den Riesen und Menschenfresser Pietro Pietra hat verprügeln lassen und alle Teilnehmer des Rituals zum Abschluss nochmals gut essen und sich mit „pândegas liberdosas", mit ‚befreienden Ausgelassenheiten' erfeuen [nicht, wie Meyer-Clason übersetzt: „triebhaft und toll" (60)], kehren alle ins wirkliche Leben zurück: „Macunaíma, Jaime Ovalle, Dodó, Manu Ban-

[22] Ebd., 18 [Übersetzung, H.N.]. Vgl. zu dieser Problematik auch: Horst Nitschack: „A escrita autobiográfica de Graciliano Ramos: buscando o espaço da subjetividade", en: *Em primeira pessoa. Abordagens de uma teoria da autobiografía*, ed. par Helmut Galle, Ana Ceclia Olmos et al., São Paulo: Annablume, 2009, 237–247.

[23] Vgl. hierzu die beiden so gegensätzlichen Intellektuellen, die aber beide ihre ‚ästhetischen Lehrjahre' der Avantgarde zu verdanken haben: Walter Benjamin *Der destruktive Charakter* (Walter Benjamin: *Der destruktive Charakter*, in: *Gesammelte Werke*, Bd. IV, 1, Frankfurt a.M.: Suhrkamp, 1991, 396–398) und Ernst Jünger *Das abenteuerliche Herz*, vor allem aber *Drogen und Rausch*. Hierzu auch Walter Benjamin in „Armut und Erfahrung", der dort Nietzsche aufnimmt; aber auch Oswald de Andrade und sein ‚bárbaro tecnizado' (Walter Benjamin: *Erfahrung und Armut*, in: *Gesammelte Werke*, Bd. II, 1, Frankfurt a.M.: Suhrkamp, 1991, 213–219).

[24] Vgl. dazu Benjamin, *Der destruktive Charakter* [Anm. 23].

deira, Blaise Cendrars, Ascenso Ferreira, Raúl Bopp, Antonio Bento, alle diese Macumbeiros traten in den frühen Morgen hinaus.“ (64) [Übersetzung, H.N.].[25] Hier hat die Reinigung stattgefunden, die tabula rasa, und das neue gemeinsame Leben aller Gefährten und Freunde aus der brasilianischen und internationalen Avantgarde (Blaise Cendras hat mehrmals Brasilien besucht) kann beginnen.

Der Roman, nicht sein Held, ist Avantgarde an zwei Fronten: gegen eine Verehrung des technischen Fortschritts als Königsweg zu einem modernen westlichen Brasilien, das dann endlich den USA auf Augenhöhe begegnen kann (São Paulo hat sich auf diesen Weg gemacht) und gegen eine Glorifizierung eines Brasilien-Mythos, wie ihn in radikaler Form die Bewegung des Verde-Amarelismo um Plínio de Salgado propagiert, und wie er, in gemäßigter Form, als Ideologie der „mestizagem“ (rassische Vermischung, vor allem von afrikanischen Sklaven und den portugiesischen Kolonisatoren) von Gilberto Freyre in *Casa Grande e Senzala* (1933) gefeiert wird, die Antwort des brasilianischen Nordosten auf die Fortschrittseuphorie des Südens des Landes. Macunaíma als Held lässt sich deshalb weder von der Modernität eines vom technischen Fortschritt strahlenden São Paulo beeindrucken, noch ist ihm die mythische Welt des Amazonas ein sicherer Zufluchtsort.

Wenn Macunaíma einerseits eine tropische Parodie des Bildungsromans ist sowie der Werte, die seine Helden zu verkörpern aufgefordert oder an denen sie zum Scheitern verurteilt sind, so kann der Roman aber gleichzeitig noch in eine andere Tradition gestellt werden, die aus einem anderen Europa stammt: ein Europa, das Brasilien näher steht als der Norden, von dem es sich aber im Laufe des 19. Jahrhunderts umso entschlossener zu distanzieren sucht. Es handelt sich um den iberischen Pikaroroman, dessen Held ebenfalls seinen Weg in dieser Welt suchen muss, allerdings ohne die moralischen Ansprüche des Helden des Bildungsromans: mehr mit dem eigenen Überleben beschäftigt und auf sein Wohlergehen bedacht, als den Drang in sich spürend, Vorstellungen von einem großen und erfüllten Leben verwirklichen zu wollen. Unter diesem Gesichtspunkt kann man im Pikaroroman einen Anti-Bildungsroman avant la lettre sehen, der gegen die Welt der Ritterromane anschreibt, ein Phänomen, das sich in Deutschland mehr als 200 Jahre später wiederholen wird, wenn der Bildungsroman, der im 18. Jahrhundert an die Stelle des Pikaroromans getreten ist, seine Überzeugungskraft verliert und mit der Romantik pikareskes Erzählen wieder auflebt, das „[...] im Prinizip [...] überall dort möglich [ist], wo ein Roman gegen den Bildungsroman Goethes angeschrieben worden ist.“[26]

Für die Gattungsgeschichte des Bildungsromans ist der Pikaroroman eine Herausforderung. Er geht ihm zweifelsfrei voraus, so dass sicher nicht unberechtigt die Meinung vertreten wurde, der Bildungsroman wäre eine deutsche, in seinem Urspung pietistische Transformation, oder wie es Koopmann noch prononcierter formuliert, Verdrängung des Pikaroromans.[27] Der bald frohgemute, bald pessimistische, bald launische, bald freche

[25] Vgl. die unter Anm. 4 angeführten Ausgaben.

[26] Helmut Koopmann: „Pikaro in der Romantik? Eine Spurensuche.“, in: *Der moderne deutsche Schelmenroman: Interpretationen*, hg. von Gerhart Hoffmeister, Amsterdam: Rodopi, 1985/86, 19–40, hier 37.

[27] „[...] daß der Schelmenroman nicht deswegen untergegangen sei, weil der Bildungsroman an

Pikaro, der sein Leben seinen Lesern ungeniert erzählt (die Ich-Form der Erzählung ist für ihn charakteristisch) wird von einem bedachten und umsichtigen Erzähler ersetzt, der den nun ganz bürgerlichen Helden in seinen Hoffnungen und Verwirrungen dem Leser vorführt. Auch der Held des Pikaroromans ist, wie sein späterer Bruder Macunaíma, kein Muster an Charakterstärke. Das gilt dann ebenfalls für Leonardo, den ersten brasilianischen Pikaro-Anwärter, den wir bereits zu Beginn erwähnt haben. Er ist der Protagonist in Manuel Antônio de Almeidas *Memórias de um Sargento de Milícias* (1852–53), ein in Fortsetzungen publizierter Roman, der zu den ersten gehört, die in Brasilien überhaupt geschrieben wurden. Der bedeutende brasilianische Literaturkritiker Antônio Cândido hat in einer grundlegenden Studie, *A Dialética da Malandragem* (1970), auf seine Filiation zum Pikaro-Roman, auf einige Analogien, aber zugleich viele Unterschiede (70), hingewiesen, und gleichzeitig aufgedeckt, wie dieser Pikaro sich als erster ‚malandro' (Gauner, Schlitzohr) in der brasilianischen Literatur (Antônio Cândido, 71) an die neuen sozialen Verhältnisse anpasst.[28] Im Gegensatz zum eher sarkastischen und pessimistischen (Anti)-Helden des Pikaroromans lässt ihn sein Erzähler (der Roman ist nicht wie der klassische Pikaroroman in der Ich-Form erzählt) durchaus optimistisch erscheinen und der für alle Seiten höchst befriedigende Ausgang seiner Geschichte[29] rechtfertigt schließlich auch diesen Optimismus.

Der Malandro wird im Folgenden zu einem der (Über-)Lebenskünstler vor allem in der brasilianischen Volkskultur (die Figur des Pedro Malasarte). Viele Verse des Sambas besingen ihn und Mário de Andrade knüpft in Macunaíma an diese Tradition an. Der Malandro trifft seine Entscheidungen in der Regel nicht, wie der Pikaro, aus einem Zwang heraus oder unter dem Druck äußerer Notwendigkeiten. Wenn er sich über Gesetze und Ordnungen hinwegsetzt (im Falle Macunaímas, die mythische Ordnung und die bürgerlichen Gesetze gleichermaßen), dann tut er das nicht, um sein Überleben zu sichern, sondern um sein Vergnügen zu haben. Die im Vergleich zum Pikaroroman veränderte Erzählperspektive fordert gleichzeitig den Leser zu einer Distanz auf. Wendet sich die Ich-Erzählung des Pikaros unmittelbar an den Leser und erzählt ihm sein Schicksal ganz aus seiner subjektiven Perspektive (was das Recht auf eine solche Subjektivität und das Interesse des Lesers daran voraussetzt), tritt hier ein vermittelnder Erzähler auf, der dem Leser den Helden präsentiert. Dieser Erzähler hat eine Doppelfunktion: einerseits schafft er einen Abstand zwischen dem Helden und dem Leser, der es dem Leser erlaubt, sich nicht mit dem Verhalten und den Handlungen des Helden zu identifizieren, sondern sie zu beurteilen. Selbst wenn Mário de Andrades Helden die Sympathie seines Erzählers –

seine Stelle getreten ist, sondern daß er vielmehr umgekehrt keinen Lebensraum gehabt habe, weil es den Bildungsroman gab, oder drastischer noch: daß der Bildungsroman ihm nicht nachgefolgt sei, sondern daß dieser vielmehr die ernsthafteste Gegenposition einnahm, die denkbar war. Und so kam es nicht zum Erlöschen des Pikaroromans, weil der Bildungsroman an seine Stelle trat, sondern deswegen, weil der Bildungsroman ihm keinen Raum mehr ließ." Koopmann, 26.

[28] Antônio Cândido: „A dialética da malandragem. (Caracterização das Memórias de um sargento de milícias)", en: Manuel Antônio de Almeida: *Memórias de um sargento de milícias*, Edição crítica de Cecília Lara, São Paulo: Livros Técnicos e Científicos Editora, 1978.

[29] Der Roman spielt in dem kurzen Intervall der brasilianischen Geschichte, als der portugiesische König, João VI auf dem Rückzug von Napoleon seinen Regierungssitz nach Rio de Janeiro verlegt hatte, also im 2. Jahrzehnt des 19. Jahrhunderts.

und auch die seines Autors, wie wir aus seiner Korrespondenz wissen – gilt, so bedeutet dies nicht, die Amoralität seiner Handlungen sei ein Modell für den Leser. Bei Mário de Andrade nimmt der Erzähler den Leser an die Hand, um ihn die (Un-)Taten Macunaímas mit größtmöglichem Wohlwollen aus der sicheren Distanz des Lesers betrachten zu lassen. Er fordert ihn zu einem spielerischen Umgang sowohl mit dem mythischen Vermächtnis wie auch mit den technischen Errungenschaften auf, ein spielerischer Umgang, der ihm seine Unabhängigkeit gegenüber diesen beiden Mächten garantieren soll. Der Leser befindet sich damit in einer radikal anderen Situation als der „Held ohne jeden Charakter": Während dieser seine problematische Unabhängigkeit und Freiheit um den Preis der Charakterlosigkeit gewinnt, soll der Leser aus der Distanz zur Einsicht kommen, seine Freiheit von Mythos und (nördlicher) Modernität nicht um einen solchen Preis zu gewinnen.Wie schon im traditionellen Bildungsroman, aber auch im Pikaroroman, ist der ‚Held' weder ein Abbild der Lebenserfahrungen des Lesers, noch ein Modell für ihn. Er kann vielmehr seine eigene Lebenserfahrung in ihm spiegeln und eine Position der Differenz zu ihm beziehen. Er soll weder Don Quijote, noch Madame Bovary, noch Macunaíma werden. Der Leser wird in *Macunaíma* aufgefordert, einen spielerischen Umgang mit Mythos und Modernität zu finden, der nicht mit dem Preis von Charakter- und Gewissenlosigkeit bezahlt wird, d.h einen ‚entre-lugar' einen Ort des ‚Dazwischen' zu besetzen, den wir hier den Ort einer post-kolonialen Subjektivität nennen. Damit aber würde der Leser zum wirklichen Helden dieses Romans werden.

Offensichtlich ist dieses Projekt nicht gelungen. Mário de Andrade muss feststellen, dass er seinen Leser überfordert hat und schreibt das in bitteren Worten kurz vor seinem Tod an den jungen Schriftsteller Álvaro Lins:

> Aber die Wahrheit ist, ich bin gescheitert. Wenn das ganze Buch eine Satire ist, ein revoltierender Nicht-Konformismus, darüber was der Brasilianer ist, wie ich es fühle und sehe, so hatte der genüssliche Aspekt doch den Vorrang. Es ist wahr, ich bin gescheitert. Denn es befriedigt mich nicht, den Brasilianern die Schuld zuzuschieben, die Schuld muss bei mir liegen, denn ich war es, der das Buch geschrieben hat. Schau Dir in dem Büchlein das Vorwort an, mit dem sie mich feierten! Für diese Dummköpfe, wie für die Modernisten meiner Generation, ist *Macunaíma*, die lyrische Projektion des brasilianischen Gefühls, ist er die jungfräuliche und unbekannte brasilianische Seele! Nichts von jungfräulich! Nichts von unbekannt. Jungfrau, mein Gott! Er ist viel mehr ein nazistischer Teufel. Ich bin gescheitert.[30]

Wahrscheinlich aber ist dieses Scheitern nicht nur dem Autor zuzuschreiben, wie es in diesem Brief – in einer eindeutigen Überschätzung seiner Funktion und damit seiner Verantwortung als Autor – Mário de Andrade tut. Die Figur des ‚malandro' selbst, die Mário de Andrade in diesem Roman parodistisch überzeichnet hat, kommt in den darauf folgenden Jahrzehnten an ihr Ende. Macunaíma, der „Held ohne jeden Charakter" ist sein Schwanengesang, er ist sein Höhepunkt, in den das Ende bereits eingeschrieben ist. In den 70er Jahren wird Chico Buarque dann explizit sein Ende besingen.[31] Ende der 80er

[30] Mário de Andrade: „Correspondencia", in: Mário de Andrade, *Macunaíma: o herói sem nenhum caráter*, Edição Crítica, [Anm. 4], 515. [Übersetzung, H.N.] Vgl. dazu auch Horst Nitschack, „Tropische Subjektivität" [Anm. 1].

[31] Chico Buarque: „Homenagem ao malandro".

Jahre und vor allem im letzten Jahrzehnt des 20. Jahrhunderts, wird er sich in den Kriminellen der ‚literatura marginal' (eine Literatur, die aus den sozial konfliktiven Vorstädten kommt und das Leben in ihnen beschreibt) verwandeln.[32] In *Macunaíma* ist, wiederum parodistisch, dieser Weg bereits vorgezeichnet. Denn, welches sind die Attribute, mit denen sich der ‚Held' bei seinem Abschied von São Paulo behängt, mit denen er in den Urwald zurückkehrt und dann in den Himmel aufsteigt? Ein Revolver Smith-Wesson, eine Patek-Uhr und ein Paar Leghorn Hühner. Damit scheint eine Zukunft Brasiliens vorgezeichnet, die ganz dem technisierten Norden verpflichtet ist. Für einen in den Urwald zurückkehrenden Macunaíma sind all diese Objekte vollständig disfunktional. Sie stehen eher für eine technisch moderne Kriminalität, in der Unternehmertum (die Leghorn Hühner als Symbol einer prosperierenden Agroindustrie), Perfektion und Gewalt nicht mehr zu trennen sind, so wie es Chico Buarque in seinem „Lob des Malandros" („Homenagem do Malandro") beschreibt und die Mafias der ‚Narcotraficantes', der Drogenhändler, es dann praktizieren.

Macunaíma ist ein Roman der Avantgarde, der sich vom europäischen Bildungsmodell und den Erwartungen an ein modernes Individuum genauso distanziert wie von einer Vorstellung von Nationalkultur, in der indianische Mythen, Volkskultur und ein brasilianischer Pikaro, der ‚malandro', zu einem Idealbild von ‚brasilidade' verschmelzen. Sein Horizont ist eine postkoloniale Subjektivität des ‚Dazwischen', des ‚entre-lugar', die jedoch mehr ein Projekt als eine Realität ist, und deren Existenz zweifellos ähnlich problematisch wird, wie es die des bürgerlichen Subjekts des Bildungsromans zu seiner Zeit war.

[32] Vgl. dazu: João César Castro Rocha: „The 'dialectic of marginality': preliminary notes on Brazilian contemporary culture", Working Paper CBS-62-05, Centre for Brazilian Studies, University of Oxford (January–March 2004).

Marco Thomas Bosshard

Der Blick der Täter: Nazis als Reflektorfiguren im argentinischen Roman und Film

Lejos de dónde von Edgardo Cozarinsky und *Wakolda* von Lucía Puenzo

Opfer-, Zeugen- und Täterperspektiven in der lateinamerikanischen Literatur

Im Zuge einer bemerkenswerten Zunahme deutscher Themen, Figuren und *settings* in lateinamerikanischen Romanen der letzten Jahre ist es vielleicht nicht ganz so erstaunlich, dass dabei regelmäßig auch der Nationalsozialismus aufgegriffen wird[1]. Offenbar inspiriert durch den neuen, postmodernen Referenzautor *par excellence* der spanischsprachigen Literaturen, Roberto Bolaño – namentlich seit dessen *La literatura nazi en América*, dem postum veröffentlichten Roman *El Tercer Reich* und natürlich auch *2666*[2] –, schrie-

[1] Von der argentinischen Germanistin Graciela Wamba Gaviña liegt ein erster Katalog von zeitgenössischen Werken (Roman und Film) aus Argentinien und Deutschland vor, in denen der Nationalsozialismus verhandelt wird (Jeanine Meerapfel, Florian Cossen, Lucía Puenzo, Juan Terranova). Die dort erwähnten Autoren und Regisseure stellen durchaus eine Ergänzung zu dem hier behandelten Korpus mit Blick auf eine systematischere Analyse des Phänomens dar; allerdings nimmt Wamba in ihrem sehr kurzen Beitrag keine operable Differenzierung zwischen Holocaust und (argentinischer) Diktaturerfahrung vor – ebenso wenig wie die unterschiedlichen Perspektiven von Opfern und Täter thematisiert würden. Vgl. Graciela Wamba Gaviña: „Discursos de la memoria, holocausto y apropiación de hijos, nazismo y dictatura en Argentina", in: *Puertas abiertas. Revista de la Escuela de Lenguas* 7 (2011), *http://www.memoria.fahce.unlp.edu.ar/art_revistas/ pr.5732/pr.5732.pdf* [15.7.2015].

[2] Bolaño steht hierbei für einen ‚spielerischen' Umgang mit dem Stoff ‚Nationalsozialismus', der, anders als in der zwischen Parodie und Pastiche angesiedelten Sammlung *La literatura nazi en América*, in *El Tercer Reich* vollends in den Modus des ‚Spiels' – nämlich in das gleichnamige Strategiespiel – überführt wird, das den minimalen Plot des Romans generiert. Vgl. dazu u.a. Jörg Dünne und Christian Hansen: „Welt, Literatur, Kriegsspiel: Roberto Bolaños *El Tercer Reich*", in: *Verlag Macht Weltliteratur. Lateinamerikanisch-deutsche Kulturtransfers zwischen internationalem Literaturbetrieb und Übersetzungspolitik*, hg. von Gesine Müller, Berlin: edition tranvía – Verlag Walter Frey, 2014, 257–274; zu *La literatura nazi en América* und seinen parodistischen Transgressionen vgl. Karim Benmiloud: „Transgression générique et idéologique dans *La littérature nazie en Amérique,* de Roberto Bolaño", in: *Les Littératures d'Amérique latine au XX*[e] *siècle: Une Poétique de la transgression? Recherches Amériques Latines*, hg. von Laurent Aubague Jean Franco und Alba Lara-Alengrin, Paris: L'Harmattan, 2009, 323–339 und Enrique Schmukler: „*La littérature nazie en Amérique*, de Roberto Bolaño: parodier l'auteur et le système littéraire à l'aide du détournement du mode biographique", in: *L'épuisement du biographique?*, hg. von Vincent Broqua und Guillaume Marche, Newcastle: Cambridge Scholars Pub., 2010, 407–417; zur Funktion des ehemaligen Wehrmachtsoldaten Hans Reiter und späteren Schriftstellers Benno von

ben oder schreiben neuerdings überdurchschnittlich viele, durchaus renommierte lateinamerikanische Autoren Romane, in denen in der einen oder anderen Konstellation Nazis auftauchen. Während z.B. der Guatemalteke Eduardo Halfon in *Monasterio*, der Argentinier Ariel Magnus in *La abuela* oder der Brasilianer Michel Laub in *Diário da Queda* Opfer- bzw. Zeugenperspektiven einnehmen, die ihre Romane an die einschlägige KZ-Literatur europäischer Provenienz anschlussfähig erscheinen lassen, rücken Täterfiguren und Täterperspektiven – wenn auch in sehr unterschiedlichem Maße – in Romanen wie *En busca de Klingsor* des Mexikaners Jorge Volpi, *Los informantes* des Kolumbianers Juan Gabriel Vásquez, *A Segunda Pátria* des Brasilianers Miguel Sanches Neto, *Los afectos* des Bolivianers Rodrigo Hasbún, ja selbst in *La última hermana* des chilenischen Cervantes-Preisträgers Jorge Edwards immer mehr in den Vordergrund[3]. Bedingt sicherlich auch durch das tatsächliche Exil vieler Altnazis in Argentinien nach dem Zweiten Weltkrieg[4] scheint dieses Phänomen in der argentinischen Gegenwartsliteratur zurzeit am stärksten ausgeprägt: In *Lejos de dónde* von Edgardo Cozarinsky und *Wakolda* von Lucía Puenzo, den zwei Romanen, auf die hier näher einzugehen ist, fungieren Nazis sogar als regelrechte Reflektorfiguren[5].

Jenseits der tatsächlichen historischen Bedeutung Lateinamerikas als Rückzugsort flüchtiger Nazis ließe sich aber auch ein literaturgeschichtliches Argument dafür anführen, wieso sich in der lateinamerikanischen – und speziell der argentinischen – Literatur die Fokussierung auf Täterfiguren solcher Beliebtheit erfreut. Das Tabu, Nazis zu ‚Helden' bzw. Erzählern literarischer Fiktionen zu machen, wurde in der Weltliteratur der Nachkriegszeit bekanntlich just in Argentinien erstmals gebrochen, das literarische ‚Subgenre' somit in Lateinamerika eigentlich begründet – und zwar durch die Veröffentlichung der Erzählung *Deutsches Requiem* von Jorge Luis Borges in der argentinischen Zeitschrift *Sur* bereits im Februar 1946. Der 1949 in *El Aleph* auch in Buchform veröffentlichte Text hält, wie man weiß, konsequent die Täterperspektive durch, insofern Borges nicht nur einen (fiktiven) KZ-Kommandanten, Otto Dietrich zur Linde, zum Protagonisten erhebt, sondern ihn noch dazu, relativiert allein durch die Fußnoten mit

Archimboldi in *2666* insb. das fünfte Kapitel in Arndt Lainck: *Las figuras del mal en „2666" de Roberto Bolaño*, Münster: LIT Verlag, 2014.

[3] Für eine analoge Analyse von Täterperspektiven im Zusammenhang mit Nationalsozialismus und Holocaust im ebenso wie Lateinamerika vom Weltkrieg verschonten Spanien vgl. Marco Thomas Bosshard: „Nationalsozialismus und Holocaust in der spanischen Gegenwartsliteratur: Fiktionalisierte *images malgré tout* bei Ricardo Menéndez Salmón", in *Romanische Studien* 4 (2016): 287–304.

[4] Für Argentinien vgl. einzelne Beiträge in Holger M. Mehding und Georg Ismar (Hgg.): *Argentinien und das Dritte Reich: Mediale und reale Präsenz, Ideologietransfer, Folgewirkungen*, Berlin: wvb, 2008; für Kolumbien die entsprechenden Kapitel in Enrique Biermann Stolle: *Fern und fremd: die deutschen Emigranten in Kolumbien, 1839–1945*, Essen: Die blaue Eule, 2001; für Chile Víctor Farías: *Los nazis en Chile*, 2. Bde., Barcelona: Seix Barral, 2000 etc.

[5] Im Folgenden wird Genettes Terminologie der ‚internen Fokalisierung' mit derjenigen Stanzels (‚personale Erzählsituation') und der damit in Zusammenhang stehenden ‚Reflektorfigur', in deren Horizont sich der Erzähler begibt, weitgehend synonym verwendet. Vgl. Gérard Genette: *Die Erzählung*, 2. Aufl., München: Fink, 1998 und Franz K. Stanzel: *Theorie des Erzählens*, Göttingen: Vandenhoeck & Ruprecht, 1995.

dem zensorischen Eingriff eines fiktiven Herausgebers, als autodiegetischen Erzähler installiert[6].

In der epischen Breite eines umfassend angelegten Romans hat sich allerdings erst sechzig Jahre nach Borges Jonathan Littell mit *Les Bienveillantes* (2006) an dieses Tabu herangewagt[7]. In Argentinien selbst gibt es hingegen weiterhin keine Romane mit einem Nazi als Ich-Erzähler. Was es allerdings sehr wohl gibt, sind Romane, deren Erzähler sich intern immer wieder auf Täterfiguren fokalisieren und den Leser somit zwingen, Perspektive und Blick der Täter einzunehmen. So zum Beispiel in *Lejos de dónde* (2009) von Edgardo Cozarinsky, einem Roman, der eine ehemalige KZ-Wärterin zur ‚Heldin' erhebt[8] und ihr Leben im argentinischen Exil nach dem Ende des Weltkriegs beschreibt, wo sie ausgerechnet unter einem jüdischen Namen, Taube Fischbein, unerkannt lebt. Genauso hervorzuheben ist der Roman *Wakolda* (2010) von Lucía Puenzo, der in der Fiktion das Leben von Josef Mengele im argentinischen Exil imaginiert. Doch zunächst zu Cozarinsky.

Lejos de dónde *von Edgardo Cozarinsky*

Der wirkliche Name der Protagonistin in Edgardo Cozarinskys Roman *Lejos de dónde* bleibt dem Leser bis zum Schluss verborgen. Zwar ist sie im Besitz unterschiedlicher Ausweispapiere – einmal ausgestellt vom Roten Kreuz auf den Namen „Therese Feldkirch", einmal handelt es sich um einen jüdischen Reisepass für eine Person namens „Taube Fischbein" –, ihre tatsächliche Identität ist jedoch unklar. Bereits am Anfang des Romans wird aber deutlich, dass sie sich auf der Flucht nach Wien befindet und zuvor offenbar als Aufseherin in einem Konzentrationslager gearbeitet hat:

> En aquel momento sólo tenía atención por llegar a una meta: Ostrava, de donde probablemente aún partieran trenes, trenes donde, al presenter su salvoconducto, que la declaraba

[6] Besonders aufschlussreich mit Blick auf die internationale (Nicht-)Rezeption dieser Erzählung ist der Artikel von Edna Aizenberg: „Deutsches Requiem 2005", in: *Variaciones Borges* 20 (2005): 33–57. Von Borges gibt es außerdem noch eine zweite Erzählung aus dem Themenkreis Nationalsozialismus und Judenverfolgung: *El milagro secreto*, ein Text über einen Juden, der von der Gestapo erschossen wird, der 1954 in die zweite Ausgabe der Sammlung *Historia universal de la infamia* Eingang gefunden hat.

[7] Entsprechend überraschen die heftigen Debatten über *Les Bienveillantes* in Frankreich ebenso wie in Deutschland nicht. Vgl. u.a. Martin von Koppenfels: „Captatio malevolentiae. Infame Ich-Erzähler bei Céline und Littell", in: *Lendemains – Études comparées sur la France* 34, 134/135 (2009): 252–267.

[8] Hierbei wird vordergründig eine Parallele zu Bernhard Schlinks Weltbestseller *Der Vorleser* deutlich, zu dem es entsprechend viel Sekundärliteratur gibt, vgl. u.a. William Collins Donahue: *Holocaust as Fiction: Bernhard Schlink's "Nazi" Novels and Their Films*. New York: Palgrave Macmillan, 2010. Im Unterschied zu Cozarinskys Fokalisierung auf die namenlose KZ-Aufseherin liegt bei Schlink jedoch keine personale Erzählsituation vor: Die ehemalige SS-Aufseherin Hanna Schmitz erhält keine eigene Perspektive, sondern wird stets aus der Warte des Erzählers Michael Berg beschrieben.

> *Aufseherin* en los servicios disciplinarios del Reich, no iban a rehusarle un lugar en dirección al suroeste, a Brno, de donde no le sería difícil llegar a Viena.[9]

Anscheinend sind die Alliierten schnell vorgestoßen und haben die Lager befreit, denn wenige Seiten später erfährt der Leser, dass die namenlose Protagonistin Aufseherin nicht in irgendeinem Lager, sondern in einem Vernichtungslager war, wo sie sich des Reisepasses einer ermordeten Jüdin bemächtigt hat:

> Tres días antes había elegido un pasaporte con la palabra „Jude", estampada en letras góticas por un sello de goma, cruzando el nombre de Taube Fischbein, una mujer que había ingresado en la cámara de gas el mes anterior. Nadie advertía la desaparición de ese documento: era ella la encargada de quemarlos el lunes de cada semana.[10]

Zwar bewahrt sie diesen Pass auf und wird die Identität des jüdischen Opfers in ihrem späteren Exil in Argentinien sogar annehmen; die Flucht nach Buenos Aires hingegen gelingt ihr über Genua, die sogenannte ‚Rattenlinie', mit jenem anderen Reisedokument, das auf den Namen „Therese Feldkirch" lautet.

In Argentinien spielt sich – außer dem Auftakts- und Schlusskapitel in Europa – dann auch der größere Teil des Romans ab. Cozarinsky zeichnet das Porträt einer zur Empathie unfähigen Frau, die in Buenos Aires nach einer Vergewaltigung einen Sohn zur Welt bringt und ihn alleine großzieht, bis sie am Ende des dritten Kapitels von einem Auto überfahren wird und stirbt. Der Erzähler wechselt sodann in die Perspektive des Sohnes, Federico Fischbein, eines vermeintlichen Juden in der argentinischen Diaspora. Nach dem Tod der Mutter entdeckt er ihre unterschiedlichen Reisepapiere und begibt sich, politisiert in den Jahren vor und während der Diktatur, seinerseits mit einem falschen Pass auf eine Identitätssuche, die ihn bis nach Europa führt. Dort, ganz am Ende des Romans, trifft er in einem Lokal in Dresden möglicherweise seine eigene Halbschwester – so wird es vom Text zumindest angedeutet[11]. Doch auch nach diesem den Roman beschließenden Gespräch der beiden über ihre Mütter/Mutter, die für den einen eine Jüdin, für die andere eine Unbekannte war, ändert sich an diesem Nichtwissen um die wahre, eigene Identität nichts.

Genau dieses Spiel mit den tatsächlichen und den fingierten Identitäten, die sich gegenseitig ausschließen und sich infolgedessen auch nicht überlappen können, zieht sich leitmotivisch durch den Roman – wobei die ‚Wahrheit' nur Taube/Therese und dem Leser, nicht aber Federico oder seiner Schwester zuteilwird: Federico glaubt bis zum Schluss an seine jüdische Abstammung und geht davon aus, dass seine Mutter Auschwitz

[9] Edgardo Cozarinsky: *Lejos de dónde*, Barcelona: Tusquets, 2009, 13.

[10] Ebd., 17/18.

[11] Die namenlose Frau in Dresden erzählt, sie sei die Tochter einer ihr unbekannten österreichischen Mutter – Therese? – und während des Krieges von polnischen Bauern adoptiert worden. Dass Therese ursprünglich aus Wien stammt, wird schon früher gesagt; Thereses Mutter wiederum arbeitete dort als Dienstmädchen im Haushalt eines reichen Juden, der mit ihr ein Verhältnis hatte und deshalb Thereses Vater sein könnte. Spätestens hier lösen sich sämtliche Identitätsgewissheiten auf: Therese, die KZ-Aufseherin aus Auschwitz, könnte ihrerseits die Tochter eines Juden sein: ein möglicher, psychologisierender Erklärungsversuch dafür, wieso sie im argentinischen Exil als Taube eine jüdische Identität annimmt – ohne sich jedoch wirklich auf ihre Umgebung einlassen zu können.

als Opfer überlebt – und nicht etwa dort als Aufseherin der SS gearbeitet hat. Während es dem Sohn aus Unwissenheit gelingt, seine falsche Identität zu verinnerlichen – ebenso wie seine Schwester als Polin groß wird –, überwindet Taube/Therese ihr von der Nazi-Ideologie geprägtes Weltbild letztlich nie – auch wenn sie es, getarnt als Jüdin und Opfer des Holocaust, im argentinischen Exil selbstredend nicht offen artikulieren kann.

Amy Kaminsky – bisher die einzige Autorin, die sich in einem Aufsatz explizit und exklusiv mit Cozarinskys Roman beschäftigt hat – spricht angesichts der Unfähigkeit Taubes/Thereses, sich in die multiethnische argentinische Gesellschaft zu integrieren, davon, dass es sich bei *Lejos de dónde* um einen Grenzfall handele,

> [...] en que la transculturación se imposibilita. La mujer no tiene receptores para reconocer la vitalidad por el otro. Tampoco ofrece nada al nuevo entorno [argentino, MTB], ni puede adquirir nada nuevo. [...] *Lejos de dónde* es una especie de *anti-bildungsroman*, que evoca una vida que se achica cada vez más, que se atrofia y que no deja huella.[12]

Den Transkulturationsbegriff, den Kaminsky hier zur Beschreibung des Romans heranzieht, leitet sie dabei – wie auch das Vitalitätskonzept – von Fernando Ortiz ab[13]. Auch wenn es fragwürdig oder zumindest paradox erscheint, bei einem Text, der sich der Transkulturation letzten Endes gerade verweigert, mit Ortiz' Modell zu argumentieren[14], so ist Kaminskys Diagnose auf der Ebene der Symptome sicherlich richtig. Greift man – z.B. aus heuristischen Gründen – trotzdem auf den Transkulturationsansatz zurück, wäre aber zumindest zu reflektieren, wie der Transkulturationsbegriff für die Analyse literarischer Texte fruchtbar gemacht werden kann. Den naheliegenden Schritt, in Weiterführung des ethnographischen Ansatzes Ortiz' durch Ángel Rama[15] auch die (allfälligen) Strategien narrativer Transkulturation zu untersuchen, unternimmt Kaminsky jedoch nicht: Angesichts der bewussten Lenkung des Lesers durch unterschiedliche Fokalisierungen des Erzählers auf die Reflektorfiguren Taube/Therese und Federico, d.h. auf Täter und Nachkommen vermeintlicher Opfer, ist dies nicht nur eine überraschende Leerstelle, sondern methodisch problematisch.

[12] Amy Kaminsky: „*Lejos de dónde* de Edgardo Cozarinsky – Los límites de la transculturación", in: *Noaj – Revista Literaria* 18/19 (2011): 77–86, hier 86.
[13] Vgl. Fernando Ortiz: *Contrapunteo del tabaco y el azúcar*, Caracas: Biblioteca Ayacucho, 1973.
[14] Aus der Warte lateinamerikanischer Kultur- und Literaturtheorie erschiene hier das Heterogenitätsparadigma nach Antonio Cornejo Polar, das die konfliktive Resistenz und Immunität der Kulturen im (erzwungenen) Kulturkontakt stärker pointiert, womöglich angemessener, vgl. die neue und von José Antonio Mazzotti herausgegebene Anthologie grundlegender Texte über Heterogenität, Antonio Cornejo Polar: *Crítica de la razón heterogénea: textos esenciales*, Lima: Fondo Editorial de la Asamblea Nacional de Rectores, 2013. Der unterschwellige Diskurs des Genozids mit seiner Verwurzelung in Nazi-Deutschland, der Cozarinskys Roman stark prägt, legt jedoch noch stärker die Notwendigkeit eines Rekurses auf europäische Theoriemodelle nahe, die die Erfahrung des Holocaust mitdenken (vgl. die Ausführungen zu Levinas und Blanchot weiter unten): Allein die Tatsache, dass es sich hier um einen lateinamerikanischen Autor und Roman handelt, legitimiert nicht die unreflektierte und eklektisch wirkende Anwendung lateinamerikanischer Theorieansätze. Gerade im Falle Argentiniens führt das regelmäßig in die Irre.
[15] Vgl. Ángel Rama: *Transculturación narrativa en América Latina*, Buenos Aires: El Andariego, 2008.

Ironischerweise dürfte eine Analyse von *Lejos de dónde* auf der Grundlage der drei Kriterien narrativer Transkulturation (Sprache, literarische Struktur und Weltanschauung) nach Rama Kaminskys Beobachtungen bezüglich Cozarinskys Roman und der nicht vorhandenen Transkulturation seiner Protagonistin jedoch stützen. Zwar setzt Cozarinsky auf der Ebene der Sprache eine Vielzahl an kursiv gesetzten deutschen Lexemen ein, die dem spanischsprachigen Text interkaliert werden (vor allem aus dem kulinarischen Bereich: *Eisbein, Sauerkraut, Gurken, Rollmops, Spätzle, Strudel, Schweizer Schokolade*, aber auch *Kunststoff, Edelweiss* oder *Maiglöckchen* etc.), was phänotypisch durchaus an die Strategien von Ramas Referenzautoren José María Arguedas und João Guimarães Rosa zu gemahnen scheint: Auf den ersten Blick übernehmen die deutschen Lexeme die alteritätsstiftende Funktion des Quechua-Vokabulars in den Romanen Arguedas' oder der Regionalismen aus dem Sertão bei Guimarães Rosa. Auf den zweiten Blick jedoch wird auch schnell deutlich, dass bei Cozarinsky – eben gerade anders als bei den beiden lateinamerikanischen Klassikern – die deutschen Fremdwörter nicht viel mehr als Klischees bedienen. Darüber hinaus wird aber an keiner Stelle der Narration – obwohl im Text regelmäßig, ebenfalls kursiviert, auch aus mehreren Wörtern bestehende Satzglieder (Liedtitel wie z.B. *Roter Mohn* oder Liedzeilen wie *Bei dir war es immer so schön*) und sogar ganze, von Taube/Therese gesprochene Sätze auf Deutsch auftauchen – die Syntax der Erzählerstimme tangiert bzw. verfremdet, sodass der vermeintlich angestoßene, narrative Transkulturationsprozess zum Erliegen kommt, ohne die Syntax des Spanischen zu beeinflussen: Die vielen deutschen Lexeme bleiben, ebenso wie die Sätze und Satzglieder auf Deutsch, in *Lejos de dónde* stets Fremdkörper im Text; sie werden nicht übersetzt, geschweige denn auf Spanisch paraphrasiert oder vom Erzähler erklärt, und leisten daher keinerlei Vermittlung zwischen Welten und Weltanschauungen, sondern grenzen diese vielmehr voneinander ab. So fungieren sie letztlich als stereotypes deutsches Lokalkolorit, das sich mit seiner neuen (sprachlichen und kulturellen) Umgebung in Buenos Aires eben gerade nicht vermischt, sondern – mit Darcy Ribeiro ausgedrückt – autark nach Argentinien ‚verpflanzt' wird[16].

Ab dem vierten Kapitel, als Taube/Therese als Reflektorfigur des Erzählers verschwindet und Federico ihren Platz einnimmt, finden sich konsequenterweise fast keine deutschen Einsprengsel im Text mehr. Durch die Einführung dieser neuen personalen Erzählsituation gewinnt auch die literarische Struktur des Romans an Komplexität, allerdings wiederum ohne einen narrativen Transkulturationsprozess nunmehr auf dieser Ebene anzustoßen. Spätestens im finalen Dialog Federicos mit seiner unterschwellig antisemitisch veranlagten (möglichen) Halbschwester wird dem Leser die Unmöglichkeit des Erkennens des ‚Anderen' (das hier wohl das ‚Eigene' – die *eigene* biologische Familie – ist) und jeglicher interkulturellen (hier argentinisch-jüdisch-deutsch-polnischen) Kommunikation vor Augen geführt. Dass Cozarinsky an einer narrativen, symbiotischen Transkulturation der Weltanschauungen während der ersten drei, auf Taube/Therese und ihre unterschwellige Nazi-Ideologie im argentinischen Exil fokussierten Kapitel wenig gelegen sein dürfte, versteht sich von selbst; doch auch Federico und seine Schwester reden am Ende des Romans aneinander vorbei und finden keine relevanten Gemeinsam-

[16] Darcy Ribeiro: *Las Américas y la civilización. Proceso de formación y causas del desarrollo desigual de los pueblos americanos*, Caracas: Biblioteca Ayacucho, 1992.

keiten in ihren zeitgenössischen argentinisch-jüdischen bzw. polnisch-deutschen Lebenswelten jenseits ihres vom Alkohol befeuerten, aber letztlich nichtssagenden, kontingenten Gesprächs.

Die Unfähigkeit sowohl Taube/Thereses als auch – wenn auch in minderem Maße – Federicos, das Andere erkennen bzw. mit ihm leben zu können, erfordert daher einen anderen theoretischen Ansatz als denjenigen der Transkulturation mit seiner Tendenz, dem Kulturkontakt und -austausch eine generell sehr hohe Wertigkeit beizumessen. Womöglich wäre sie am ehesten noch mit Levinas' *autrui*[17], d.h. der ‚Anderheit' des (ganz) Anderen beschreibbar, die auf die epistemologische Unmöglichkeit abhebt, das Andere mit den Maßstäben des Selbst zu erschließen – und trotzdem die Notwendigkeit impliziert, sich mit diesem autonomen Anderen auseinanderzusetzen. Es ist hier zwar kaum der Ort, um die Frage zu erörtern, inwiefern nicht gerade die persönliche Biographie Levinas' – die Ermordung seiner Eltern und Brüder durch die Nazis sowie seine eigene Gefangenschaft – die Konzeptualisierung der Kategorie der radikalen ‚Anderheit' befördert hat, doch scheint uns ein solcher Ansatz zur Analyse der identitären Aporien in *Lejos de dónde* und der Frage nach der Verantwortung von Tätern, die als *Opfer* leben, zielführender als der Rückgriff auf lateinamerikanische Kulturtheorie, die Mischphänomene in den Blick nimmt, die bei Cozarinsky keine wirkliche Rolle spielen. Die Tatsache zumindest, dass Taube/Therese ihre Identität als Täterin abstreift und empathielos in die Rolle eines Opfers des Genozids schlüpft, bedeutet hier nämlich gerade *nicht* die Verwischung der Grenzen zwischen Opfern und Tätern, sondern vielmehr deren Aufrechterhaltung aufgrund ihrer grundsätzlichen, auch ethischen Inkongruenz: Taube/Therese sieht sich außerstande, Mitgefühl für das Andere (an deren Auslöschung sie als Angehörige der SS aktiv mitgewirkt hat) zu empfinden und dieses in seinem Anderssein zu respektieren[18]; die von ihr angenommene Identität des Anderen bleibt infolgedessen bloßes Mittel zum Zweck. Als Überlebensstrategie gegen das Entdecktwerden im Exil ist ihre nur oberflächliche Identifizierung mit dem Anderen weit entfernt von jenem schwierigen, aber dennoch notwendigen, respektvollen Umgang mit dem Anderen, den Maurice Blanchot mit Rekurs auf Levinas ein ‚Verhältnis der dritten Art' genannt hat[19].

[17] Vgl. Emmanuel Levinas: *Totalité et infini. Essai sur l'extériorité*, Den Haag: Nijhoff, 1961.

[18] Dies wird bei Cozarinsky z.B. illustriert in jener Szene, bei der Taube/Therese, die sich selbst in Buenos Aires – untergebracht in der Pension der Frau Dorsch, wo fast nur Deutsch gesprochen wird – jahrelang von Eisbein, Sauerkraut, Gulasch, Rollmops und Gurken ernährt, völlig verloren inmitten der kulinarischen Vielfalt eines (jüdischen) Lebensmittelgeschäftes steht und ihre (vermeintlich) typisch deutschen Lebensmittel billiger dort beziehen kann: „De pronto entendió. / Esa gente hablaba idish … Estaba en un almacén judío. […] / –Le envía nuestro nuevo amigo, el viejo enemigo de la calle Maipú, ¿no? Le tengo preparado un paquete de *Rollmops y Gurken* como para varios días. […] / Incapaz de pronunciar una palabra, ella esbozó una mueca que no llegó a sonrisa, pero el hombre estaba demasiado atareado para advertirlo" (Cozarinsky, *Lejos de dónde*, 85).

[19] Vgl. Maurice Blanchot: „Le rapport du troisième genre", in: *L'entretien infini*, Paris: Gallimard, 1971, 94–105.

Wakolda *von Lucía Puenzo*

Während Taube/Therese in Cozarinskys *Lejos de dónde* Josef Mengele in Auschwitz persönlich kennengelernt hat und ihn im Rückblick nostalgisch verklärt[20], begegnet Lilith, die junge Protagonistin von Puenzos Roman *Wakolda*, dem ehemaligen KZ-Arzt auf dem Weg nach Bariloche, wo ihre Eltern die Pension der verstorbenen Großmutter übernehmen wollen. Mengele mietet sich bei der Familie ein und findet in der kleinwüchsigen Lilith ein ideales neues Versuchsobjekt, an dem er seine damals im KZ entwickelten Hormonpräparate testen kann.

Lucía Puenzo eröffnet ihren Roman konsequenterweise mit einer Sequenz, in der sich ihr Erzähler sofort in die Perspektive Mengeles begibt, wodurch der KZ-Arzt bereits in den ersten Sätzen der Narration zur Reflektorfigur wird. Der zu diesem Zeitpunkt namentlich noch nicht genannte deutsche Arzt wird dabei von Erinnerungen und Träumen heimgesucht:

> Ese era el día en el que una mezcla de cloruro de sodio y nitrato magnesiano, inyectado con infinita paciencia en cada globo ocular, cambiaría para siempre el curso de la ciencia. Las esterilizaciones masivas, las vivisecciones, los intentos frustrados por alterar el color de la piel con inyecciones subcutáneas y hasta la noche en que creyó haber enlazado por fin las venas de unos hermanos gemelos para crear siameses, horas antes de encontrarlos boqueando como pescados ... todos sus fracasos serían olvidados si lograba cambiar el color de ojos de ese chico.[21]

Bezeichnenderweise ist dies, ganz zu Beginn, aber gleichzeitig auch die einzige Szene des gesamten Romans, in der in Form einer Rückblende Mengeles Experimente im KZ Auschwitz thematisiert werden. Der Erzähler platziert auf den ersten Seiten innerhalb dieser Rückblende gezielte Hinweise, die es dem geübten Leser erlauben, den im Roman ansonsten immer nur José genannten Protagonisten als Josef Mengele zu identifizieren[22]. Während die Erzählsituation in *Wakolda* somit durch eine weitgehend interne Fokalisierung gekennzeichnet ist – der Erzähler begibt sich abwechselnd in die Perspektive Mengeles und Liliths –, ergibt sich auf der Ebene der Rezeption durch den Leser eine Tendenz zu einer Art rezeptiven Nullfokalisierung. In Ermangelung eines anderen theoretischen Terminus soll damit in Anlehnung an Genette das Mehrwissen des Erzählers gegenüber seinen Figuren auf das Phänomen des Mehrwissens des Lesers sowohl gegenüber den Figuren der Diegese als auch gegenüber dem extradiegetischen Erzähler umschrieben

[20] Vgl. Cozarinsky, *Lejos de dónde*, 76: „Recordaba, sin embargo, al médico idealista, apenas entrevisto en el campo, una autoridad que no se codeaba con el personal subalterno. Lo habían autorizado a instalar un laboratorio propio, y sus asistentes solo frecuentaban a los oficiales. A ella le habían llegado comentarios sobre los experimentos que realizaba con gitanos y judíos de ojos negros. [...] Quién sabe dónde estaría ahora ...“

[21] Lucía Puenzo: *Wakolda*, Buenos Aires: Emecé, 2010, 9.

[22] Dem ungeübten bzw. weniger gebildeten Leser mag diese Erkenntnis erst im Verlauf der Lektüre zuteilwerden, analog dazu, wie die anderen Figuren allmählich der wahren Identität des deutschen Arztes gewahr werden.

werden[23]. Puenzo generiert durch diesen Kniff eine eigentümliche Spannung: Der Leser, dem anders als Lilith, fast von Anfang an klar ist bzw. klar sein muss, aus wessen Perspektive Lilith hier beschrieben wird, leidet mit dem unwissenden Mädchen mit, das in die Fänge eines Scheusals zu geraten scheint. So modelliert sie die Begegnung zweier *Monster*, eines Naziarztes und Massenmörders und eines Mädchens mit sprechendem Namen[24] und körperlichen Missbildungen, die sich über weite Strecken des Romans auf Augenhöhe begegnen werden.

Anlässlich ihrer ersten Begegnung führt Puenzo Lilith ein, indem sich der Erzähler zu ihrer Beschreibung Mengeles visuelle Wahrnehmung zu eigen macht:

> Visiblemente pequeña en tamaño para su edad, pero con miembros de medidas normales para ser llamada una enana y demasiado grande para ser incluida en los parámetros liliputienses, la nena que daba saltos cada vez más veloces frente a sus ojos era un ejemplo que desafiaba uno de sus campos de investigación predilectos: el enanismo, entendido como expresión ejemplar de lo anormal.[25]

Kurz darauf, als Mengele sich bückt, um Liliths Puppe aufzuheben, sieht er zu ihr hoch und mustert sie mit einem Blick, der funktional mit demjenigen damals an der Rampe und in den Krankenzimmern von Auschwitz identisch ist:

> Parada frente a él con las manos en la cintura, Lilith lo enfrentaba con su metro treinta de altura. Todavía en cuclillas, tuvo la gentileza de encorvar la espalda unos centímetros para no mirarla desde arriba. Estaba acostumbrado a pesar y medir un cuerpo con una mirada: debía tener ocho años, treinta y cinco kilos, buena alimentación, dentadura perfecta, ropa vieja pero limpia, piel, uñas y cabello sin señales de ninguna falta de vitaminas.[26]

Das bereits im ersten Romanabsatz eingeführte Augenmotiv (dort bezogen auf Mengeles Ambitionen, die Augenfarbe seiner menschlichen Versuchsobjekte in Auschwitz zu verändern) wird im kontinuierlichen Blickwechsel zwischen Mengele und Lilith medial weitergeführt[27]. Der Erzähler wechselt in Liliths Perspektive; ebenso ekphrastisch wird nun

[23] Da es sich hierbei nur um ein Mehr-, aber kein Allwissen des Lesers handelt, passt der Begriff ‚rezeptive Nullfokalisierung' selbstredend nur bedingt. Es wird dennoch hierdurch klar, was gemeint ist.

[24] Zu den literarischen Lilith-Mythen vgl. Swantje Christow: *Der Lilith-Mythos in der Literatur. Der Wandel des Frauenbildes im literarischen Schaffen des 19. und 20. Jahrhunderts*, Aachen: Shaker, 1998. Je nach Deutungstradition kann Lilith als Emblem der Emanzipation oder aber auch als Inkarnation des Bösen (und insofern als Komplement zu Mengele) gelesen werden.

[25] Puenzo, *Wakolda*, 11/12.

[26] Ebd., 19.

[27] Das Augen- und Puppenmotiv strukturiert den gesamten Roman, dessen zwei Teile nach zwei unterschiedlichen Puppen – der blonden, arischen Herlitzka (erster Teil) und der indigenen Wakolda (zweiter Teil) – benannt sind. Mengele betreibt im Verlauf des Romans (wohl in Anlehnung an seine temporäre Tätigkeit als Spielzeugfabrikant in Buenos Aires) eine Puppenmanufaktur, wo nach dem Vorbild Herlitzkas blonde Puppen mit blauen Augen hergestellt werden. Diese blauen Puppenaugen kullern in einer etwas kryptischen Passage auf der drittletzten Seite des Romans aus dem Puppenkörper Wakoldas („Le quitó la muñeca de las manos y la abrió de un tirón: un puñado de ojos de vidrio turquesas se desparramaron sobre la nieve"; ebd., 201) – womit sich der Kreis mit der Wiederaufnahme des Augenmotivs aus dem ersten Satz schließt. Mögliche Anklänge etwa an

beschrieben, was das Mädchen sieht: die charakteristische Lücke zwischen den Schneidezähnen des Josef Mengele, eine Deformation, die mit ihrer eigenen körperlichen Deformation korrespondiert und Lilith und Mengele einander weiter angleicht:

> Colgada de su mirada, Lilith estiró la mano hacia sus dientes, como si quisiera tocarlos. Con un gesto de impúdica procacidad atravesó el umbral de sus labios y apoyó la punta del dedo índice en la ranura de medio milímetro de ancho que el desconocido tenía entre las dos paletas frontales.
> —Tiene un agujero entre los dientes.
> —Ya sé.
> —¿Ve? Usted tampoco es perfecto.[28]

Es handelt sich bei dieser Szene um eine Art literarische Adaptation des filmischen Schuss–Gegenschussverfahrens, das in Puenzos eigener Verfilmung ihres Romans[29] dann auch entsprechend deutlich zum Einsatz kommt[30]. Mengele, der auch in der literarischen Vorlage zunächst in der Hocke („en cuclillas“) verharrt und zu Lilith aufschaut, blickt, nachdem er aufgestanden ist und ihr die Puppe zurückgegeben hat, auf einmal mächtig auf das Mädchen hinab. Genauso wechselt die Kamera, Mengeles Blick als subjektive Kamera assimilierend, von der Frosch- zur Vogelperspektive und insinuiert, nach einem kurzen Augenblick auf Augenhöhe im Augenblick der Puppenübergabe, ein zunächst nichts Gutes verheißendes Hierarchiegefälle zwischen dem KZ-Arzt und dem argentinischen Mädchen (vgl. Abb. 1–10).

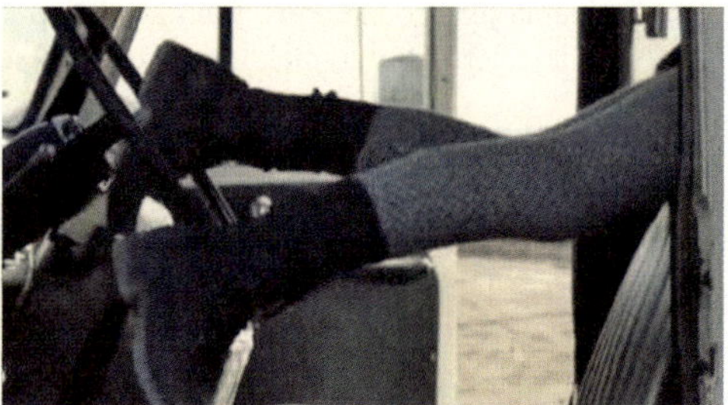

E.T.A. Hoffmanns *Sandmann* oder auch Felisberto Hernández' *Las Hortensias* wären herauszuarbeiten.

[28] Ebd., 22.

[29] In einigen Ländern (etwa in Spanien) kam der Film unter dem Titel *El médico alemán* in die Kinos; in Deutschland hat er (bezeichnenderweise) keinen Verleih gefunden und wurde nur einige wenige Male (etwa auf dem Jüdischen Filmfestival in Berlin und Potsdam) öffentlich gezeigt.

[30] Es ist nicht das erste Mal, dass Puenzo ihre eigenen Romane verfilmt. Auch wenn man, wie oben näher ausgeführt, sagen kann, dass ihre Romane an das Paradigma des ‚filmischen Schreibens' herangerückt werden können, verbietet sich die Annahme, der Roman sei bloßer Prätext der Verfilmung. Zu groß sind die Unterschiede und Veränderungen, die Puenzo (auch bereits in *El niño pez*) in der filmischen Umsetzung gegenüber ihrer eigenen literarischen Vorlage vornimmt. Zu *El niño pez* vgl. Marco Thomas Bosshard: „‚El soliloquio de los perros' oder der Hund als Erzähler in den Romanen von Luis Rafael Sánchez und Lucía Puenzo“, in: *Sondierungen. Lateinamerikanische Literaturen im 21. Jahrhundert*, hg. von Rike Bolte und Susanne Klengel, Frankfurt a.M.: Vervuert, 2013, 239–257.

ABB. 1–10. *Eingangssequenz von* Wakolda/El médico alemán

Wakolda, span. *El médico alemán* – Argentinien/Frankreich/Spanien/Norwegen 2013
© Regie: Lucía Puenzo

Im weiteren Verlauf von Roman und Film behandelt Mengele, wie bereits angedeutet, die kleinwüchsige Lilith mit Hormonpräparaten, die auf seine Menschenversuche in Auschwitz zurückgehen – und das delikaterweise mehr oder minder erfolgreich: Lilith leidet, aber sie wächst auch einige Zentimeter. Außerdem rettet Mengele das Leben von Liliths zu früh geborenen, untergewichtigen Zwillingsschwestern: Für einen kurzen Augenblick mag es scheinen, dass Mengele ein kleines bisschen von dem durch ihn verursachten, unermesslichen Leid wiedergutmacht – was jedoch ein Trugschluss ist, denn der Leser weiß (im Gegensatz zu der Familie Liliths, die inzwischen zumindest ahnen muss, wer der geheimnisvolle Deutsche ist) nur zu gut, dass er dabei ein perfides Experiment durchführt und das Leben des einen Babys gleich wieder aufs Spiel setzt. Schließlich findet Lilith in Mengeles Zimmer in der Pension der Eltern medizinische Skizzen, die ihn entlarven; doch anstatt ihn zu verraten, wird sie zu seiner Komplizin.

Im Roman (nicht aber im Film, der in den USA von einer Tochterfirma von Walt Disney vertrieben wurde) wird die Beziehung zwischen den beiden außerdem stark sexualisiert. So erscheint Lilith für Mengele zu Beginn des zweiten Teils des Romans als eine Art Wiedergängerin Lolitas:

> Se acercó corriendo hacia él por la orilla, el traje de baño pegado contra un cuerpo que ya empezaba a curvarse para dejar atrás a la niña. Era un pequeño amasijo de tonicidad. Le temblaban los dientes y tenía los pezones duros. Al ver el deseo en la mirada del alemán, arqueó la espalda todo lo que pudo, como si quisiera exhibirse para él.[31]

So kommt es schließlich zu einem sexuellen Missbrauch Liliths, die sich ihrer Wirkung auf den Arzt durchaus bewusst ist, durch Mengele. Allerdings wird die diesen Machtmissbrauch ermöglichende Hierarchie zwischen den beiden dadurch nicht etwa konsolidiert, sondern sie löst sich vielmehr auf bzw. kehrt sich um. In einer im Film nicht realisierten Romanszene, bei der Lilith José durch eine Luke von oben beim Duschen zusieht, blickt nunmehr sie aus der Vogelperspektive auf den auf einmal armselig erscheinenden, nackten José hinab:

> Lilith no pudo evitar la tentación: puso un pie en cada canilla, y se trepó, agarrándose del dintel de un extractor de aire que comunicaba los dos baños. Por entre los diminutos huecos cubiertos de mugre vio a José estirando los brazos como si estuviera arriba de un escenario, enfrentando a su público. Tenía la boca abierta, los ojos cerrados, las aletas de la nariz tensas, la cabeza levemente inclinada hacia el techo … Su desnudez, vista de arriba – con una calvicie y una barriga prominentes – era caricaturesca. No había misterio, elegancia, ni autoridad. Todo estaba a la vista, húmedo y fofo.[32]

Jenseits dieser Verschiebung der Blickachsen Liliths und Mengeles, die die Veränderungen in der Hierarchie zwischen den beiden im Verlauf des Romans anzeigen, wird der mehrwissende Leser angesichts der Assoziation Mengeles mit einer Dusche vor seinem inneren Auge möglicherweise das Bild des Vernichtungslagers Auschwitz imaginieren. Ebenso wie er im Verlauf der Szene, in der Mengele Liliths kaputte Puppe Herlitzka flickt und das Mädchen ihm begeistert assistiert, wahrscheinlich unweigerlich an Mengeles Menschenexperimente im KZ denken muss:

> Enhebró la aguja al primer intento y abrió un frasco de alcohol con el que embebió un pedazo de venda.
> —Dámela —ordenó.

[31] Puenzo, *Wakolda*, 120.
[32] Ebd., 150.

> Lilith apoyó la muñeca sobre la mesa y le entregó el pie, que José limpió por fuera y por dentro antes de dar vuelta a Herlitzka, poniendo la cabeza entre sus piernas para sujetarla. Movió la pierna sana para quitarla del medio y dejó la manca apuntando para arriba como un mástil. Ya sin disimular su deleite acomodó el pie en la exacta posición en la que quería dejarlo, encajando los dos pedazos de porcelana casi a la perfección.[33]

ABB. 11–13. *Puppenreparaturszene in* Wakolda/El médico alemán

Wakolda, span. *El médico alemán* – Argentinien/Frankreich/Spanien/Norwegen 2013
© Regie: Lucía Puenzo

Obwohl der Roman *Wakolda*, der schließlich tatsächlich zum Kinofilm wird, schon per se stark filmisch konzipiert ist und überaus häufig mit Verben des Sehens sowie mit ekphrastischen Beschreibungen des Gesehenen operiert, wird das dunkle Zentrum von Roman und Film – das Konzentrationslager Auschwitz und mit ihm der Holocaust – mit Ausnahme des ersten Romanabsatzes selber nie thematisiert bzw. visualisiert, sondern ist allein präsent qua komplementärer Imagination des mehrwissenden Lesers oder Zuschauers. Trotz des Tabubruchs, mit Mengele als Inkarnation des Bösen einen Nazitäter ins Zentrum von Roman und Film zu rücken und sich immer wieder in dessen Perspektive zu begeben, wodurch der Täter für den Leser empathisch potentiell zugänglich wird – viel zugänglicher als Taube/Therese in Cozarinskys *Lejos de dónde* –, scheint die argentinische Autorin und Regisseurin zumindest das von Claude Lanzmann in *Shoah* wirkmächtig bekräftigte Dogma zu respektieren, das Unsagbare (*l'indicible*) selbst weder literarisch noch filmisch darzustellen[34]. Der Holocaust wird bei Puenzo ausgespart, bleibt in recht

[33] Ebd., 48.

[34] Zur Debatte rund um Lanzmanns monumentalen Film vgl. Stuart Liebman: *Claude Lanzmann's Shoah: Key Essays*, Oxford: Oxford University Press, 2007.

konventioneller Manier narrative Ellipse und visuelle Leerstelle[35]. Im Gegenzug verschafft ihr das die Gelegenheit, sich auf die Konstellation Mengele vs. Lilith zu konzentrieren und die Spuren des Naziarztes in Argentinien fiktional zu rekonstruieren, ohne Mengeles Vorgeschichte in Europa weiter ausführen zu müssen.

Schlussbetrachtung

Mag Puenzo, indem sie jene Bilder reproduziert, die das in Mengele inkarnierte Böse qua eigener Wahrnehmung generiert, und mittels interner Fokalisierungen im Roman oder subjektiver Kamera im Film die Perspektive des Zuschauers immer wieder mit der Wahrnehmung eines Massenmörders zusammenfallen lässt, auch ein Tabu brechen – sie bewegt sich damit dennoch erstaunlich nah an den historischen Fakten. Denn wie eine ganze Reihe von Quellen Überlebender belegen, war Mengele ausgerechnet bei den Kindern in Auschwitz durchaus beliebt:

> Wenn bekannt wurde, daß Dr. Mengele kam, dann liefen ihm die Kinder entgegen. Er nahm sie an der Hand und ging mit ihnen hinter zur Sauna [*sic*], denn der Krankenbau lag unmittelbar vor der Sauna. [...] Mengele war quasi die Person, zu der alle kommen mußten. Nie hätte ich geglaubt, daß er irgendwie etwas Böses wollte.[36]

Dieses unbequeme (Mehr-)Wissen des Lesers um die in der Fiktion des Romans *Wakolda* partiell realisierte ‚Authentizität' der Reflektorfigur Mengele dürfte das Mitleiden des Lesers mit der zweiten Reflektorfigur Lilith weiter befördern. Anders als Cozarinsky unterläuft Puenzo die ‚Anderheit', jene fundamentale Differenz zwischen dem Selbst und dem Anderen nicht nur auf der Ebene der Figuren der Diegese, sondern auch zwischen Figuren und Leser. Der KZ-Arzt Mengele wird auf diese Weise nicht etwa dämonisiert, sondern erscheint zumindest stellenweise, da sich der Leser seinem Blick und seiner Sicht der Dinge nicht entziehen kann, als ‚Mitmensch' (*semblable*) – denn nur in seiner Kondition als (Mit-)Mensch (und nicht etwa als Nichtmensch, Unmensch oder Tier) kann er überhaupt zum Henker eines anderen Menschen werden[37]. Cozarinsky hingegen wählt eine entgegengesetzte Strategie: Seine Fokalisierung auf die Reflektorfigur Taube/Therese schafft kein Identifikationspotential auf Seiten des Lesers, was die Fremdheit und Ablehnung, die Taube/Therese gegenüber den anderen Figuren der Diegese verspürt, auf der Rezeptionsebene spiegelt – wahrscheinlich um den Preis einer weniger eingängigen Lektüre im Vergleich zu Puenzos Roman.

[35] Dies etwa im Gegensatz zu Ricardo Menéndez Salmón, der die realiter kaum existenten *images malgré tout* in seinem Roman *Medusa* detailliert fiktionalisiert. Vgl. dazu Bosshard, „Nationalsozialismus und Holocaust in der spanischen Gegenwartsliteratur" (2016). Über die *images malgré tout*, vgl. Georges Didi-Huberman: *Images malgré tout*, Paris: Minuit, 2003.

[36] Otto Rosenberg: *Das Brennglas*. Aufgezeichnet von Ulrich Enzensberger, Berlin: Wagenbach, 2015, 78–80. Rosenberg ist zu diesem Zeitpunkt in Auschwitz selber sechzehn Jahre alt gewesen.

[37] Vgl. Didi-Huberman, *Images malgré tout*, 192: „c'est en tant que semblable qu'un être humain devient le bourreau d'un autre".

Rike Bolte

Baudelaire, Outre-Mer

Schwanen-Transkriptionen im Kontext internationaler Modernisierung(en) poetischen Schreibens

A los veinticinco años, en París, me recibí de abogado.
Y a los treinta y ocho, cené con Charles Baudelaire.
Él, a su manera abrupta, me preguntó:
Usted, ¿qué hace, además de ser argentino?

Andrés Rivera, *El amigo de Baudelaire*

Einleitung: Eine Struktur internationaler poetischer Modernisierung zwischen Hispanoamerika und Frankreich

Im Zusammenhang seiner Überlegungen zur mexikanischen Belle Époque des späten 19. und frühen 20. Jahrhunderts erklärt Carlos Monsiváis die Dichtung zur literarischen Gattung par excellence jener Zeit.[1] Die Erhebung der Poesie zum Paradigma der literarischen Moderne ist ein Topos,[2] und steht doch in Konkurrenz zu anderen Modellen, die die Modernisierung von Literatur haben generisch definieren wollen. Was nun moderne Poesie bzw. Lyrik ist[3], hat Hugo Friedrich im Jahr 1956,[4] vier Jahre nach den recht essentialistischen Aussagen Emil Staigers zum „Wesen des Lyrischen"[5], mit *Die Struktur der*

[1] Vgl. Carlos Monsiváis: *Historia Mínima de la Cultura Mexicana en el siglo XX.* Mexiko-Stadt 2010, 15.

[2] Vgl. Renate Homann: *Theorie der Lyrik: heautonome Autopoiesis als Paradigma der Moderne*, Frankfurt a.M. 1999.

[3] Weil ihre Verwendung grundsätzlich unpräzise ist, sollen auch hier keine gattungstheoretisch fundierten Definitionen und Differenzierungen der Bezeichnungen ‚Lyrik' bzw. ‚Poesie' geliefert, hingegen darauf hingewiesen werden, dass für die Lyrik eine im Vergleich zu Drama und Epik verspätete Begriffsgeschichte vorliegt. Die Ordnungsbegriffe ‚Lyrik' und ‚lyrische Dichtung' bzw. ‚poésie lyrique' oder ‚poesía lírica' konstituieren sich im 18. und konsolidieren sich im 19. Jahrhundert. Für einen Überblick zu Ausdrucksmerkmalen und Strukturkriterien der lyrischen Dichtung (sowie zu Anmerkungen über eine Vorbereitung des Begriffs im 17. Jahrhundert) siehe Dieter Lamping: *Das lyrische Gedicht. Definitionen zu Theorie und Geschichte der Gattung*, Göttingen 2000, 55–78.

[4] Siehe Hugo Friedrich: *Die Struktur der modernen Lyrik. Von der Mitte des neunzehnten bis zur Mitte des zwanzigsten Jahrhunderts* [1956], Reinbek b.H. 1986.

[5] Emil Staiger: „Lyrik und Lyrisch" [1952], in: *Zur Lyrik-Diskussion*, hg. von Reinhold Grimm, Darmstadt 1966, 75–82, hier 75 f. Einerseits betont Staiger, es sei „[...] schon längst nicht mehr möglich, die Gattungsgesetze der Lyrik zu bestimmen", und doch könne das „Wesen" des Lyrischen darauf festgeschrieben werden, dass es „stimmungsvoll" und betont „musikalisch" sei und

modernen Lyrik und mit Blick auf eine spezifische Struktur zu erfassen versucht. Indem er moderne Lyrik als Resultat einer autoreflexiven Sprach-Operation definierte, hat Friedrich unter anderem eine linguistisch ausgerichtete Lyrikforschung befördert[6] und das lyrische Schreiben gewissermaßen de-autorisiert, nämlich, wie auch Françoise Lartillot anmerkt,[7] weniger zu einer Angelegenheit des Autors als eben der Struktur erklärt. In Friedrichs Ausführungen wird Lyrik als Objekt eines transparenten, quasi mathematischen Operierens kenntlich, das die Form favorisiert und jede topische Innerlichkeit neutralisiert.[8]

Gleichermaßen titelgebend für Friedrich ist die Kategorie der Moderne, und doch versäumt es der Autor, derselben systematisch, z.B. etymologisch nachzugehen. Womöglich hat die von Hartmut Stenzel und Heinz Thoma angeführte „konservative Kulturkritik" Friedrichs[9] verhindert, dass die Zeichen eines unbehaglichen Prozesses wirklich genauer sortiert wurden. Doch das unter diesen Voraussetzungen zusammengestellte Korpus des Freiburger Romanisten erlaubt es diesem umso mehr, nicht nur recht globale und determinierende, sondern zudem griffige Aussagen zu machen. Moderne Lyrik, so heißt es etwa, wende sich gegen eine in Introspektion, Transzendenz und Unverständlichkeit verfangene Tradition; sie setze, weil sie von Gewalt affiziert sei, Alarmzeichen und verfolge alles, nur keine „kommunikative Wohnlichkeit".[10] Bekannt geworden ist auch Friedrichs Kategorie der Negativität. Wohl gliedert sich diese in die Reihe der nicht weiter sondierten Bezugsgrößen ein und impliziert Widersprüche,[11] doch sind diese wohl auch ein Indiz dafür, dass die recht eindringlich vorgebrachten Thesen des Autors mit einem Unbehagen verbunden sind, das mit dem Unbehagen des neuen lyrischen Sprechens juxtaponiert ist.

sich „unmittelbar" verständlich mache. Außerdem entspringe Lyrisches „der Einsamkeit und spricht den einsamen Menschen an, so, daß sich der Leser, ohne es zu wissen, mit dem Gelesenen identifiziert und die Verse vor sich hin sagt, als kämen sie aus der eigenen Brust".

[6] Vgl. Hartmut Stenzel und Heinz Thoma: „Einleitung", in: *Die französische Lyrik des 19. Jahrhunderts*, hg. von Stenzel und Thoma, München 1987, 9–30, hier 12.

[7] Vgl. Françoise Lartillot: „Exil, migration et histoire poétique: le cas de Michael Hamburger (1929–2007)", in: *Migrations et identités: L'exemple de l'Allemagne XIXe et XXe siècles,* hg. von Jean-Paul Cahn und Bernard Poloni, Lille: Presses Universitaires du Septentrion, 2009, 185–200, hier 190.

[8] Vgl. Friedrich, *Die Struktur der modernen Lyrik*, 28 f. Claude Duchet betont, Friedrich schreibe noch vor der genuin strukturalistischen Wende und nehme deswegen auch den Struktur-Begriff nicht allzu genau. Damit ist gleichsam die Pluralsetzung von „Struktur" aus dem deutschen Titel in den französischen Titel *Structures de la poésie moderne* erklärt. Max Milner: „Hugo Friedrich, Structures de la poésie moderne…", in: *Romantisme* 1977, n°16, Autour de l'âge d'or. 125/126, hier 125.

[9] Stenzel und Thoma, „Einleitung", 13.

[10] Friedrich, *Die Struktur der modernen Lyrik*, 17.

[11] Ebd., 19–23. Friedrich betont, es handele sich bei den von ihm ausgemachten „negativen Kategorien" mitnichten um abwertende. Zur dennoch unpräzise verwendeten bzw. nicht weiter systematisierten Kategorie der Negativität siehe Rike Bolte: „Hugo Friedrich neu lesen: Negativität als zu präzisierendes Prinzip moderner Poetizität", in: *Romanistik in Bewegung. Aufgaben und Ziele einer Philologie im Wandel*, hg. von Julian Drews, Anne Kern, Tobias Kraft, Benjamin Loy und Marie-Therese Mäder, Berlin 2016, 49–64.

Ohne Friedrichs Thesen insbesondere auf ihre Verwendbarkeit für eine heutige Lyrik-Debatte prüfen zu können – zu der ein ironischer und an den Massenmedien sowie anderen Zirkulationsinstrumenten geschulter Kulturkritiker wie Monsiváis befragt werden müsste – sei synoptisch darauf verwiesen, dass *Die Struktur der modernen Lyrik* eine bis in die Gegenwart anhaltende Lyrik-Kontroverse[12] entfacht hat, deren Gegenstand weiterhin die stilbegriffliche wie epochale Verortung der Gattung ist und die den Zweifel danach, was genau nun moderne Lyrik sei, mitnichten hat obsolet werden lassen.

Versteht sich Modernisierung als transformatorischer Prozess, der, ganz im Sinne des lateinischen *modo* (eben, jetzt, erst), durch Momente oder gar Bemühungen charakterisiert ist, ein ‚gerade jetzt Neues' vom Althergebrachten zu scheiden[13], wäre sie, wie die nur unpräzise von ihr abgegrenzte „Moderne" oder „Modernität", in mehreren Etappen oder ‚Kaskaden' zu denken.[14] Außerdem erweist sich der „Passepartout-Begriff" Moderne[15] natürlich als höchst relativ, schließen doch die Etappen der Moderne wiederum begriffsgeschichtliche Unteretappen ein, in denen Re-Definitionen dessen stattfinden, was jeweils als neuerdings zeitgemäß bezeichnet wird. Bei der Historisierung des Modernen ist zu beachten, dass modernisierende Etappen einander in zunehmend schnellem Maße ablösen, womit der Begriff des jeweils Aktuellen immer immediater wird. Darüber hinaus ist strittig, inwieweit die Kategorie der Moderne als ästhetischer Grundterminus dienlich ist. Spätestens für den Beginn des 21. Jahrhunderts böte sich der im Deutschen noch recht ungebräuchliche, im Englischen jedoch synonym zum Terminus des *post-postmodernism* verwendete Begriff des *metamodernism* einerseits als Bezeichnung einer nach der Postmoderne beziehungsweise auf diese reagierenden, emergenten Moderne an. Andererseits ließe sich die Bezeichnung der Meta-Moderne in Erwägung ziehen, die einen Tonus der Reflexivität beschriebe, welcher bei Gumbrecht mit der Bezeichnung „epistemologische Moderne" gefasst wird und eben eine Meta-Ebene apostrophiert, von der aus die Moderne sich selbst beobachtet[16].

Der Selbstbeobachtungsmodus ist auch für den Bereich des modernen literarischen, insbesondere poetischen Ausdrucks ganz wesentlich. Modernes lyrisches Schreiben

[12] Einschlägig hier Grimm (Hg.): *Zur Lyrik-Diskussion*, Darmstadt 1966; darin Heinz Otto Burger: „Von der Struktureinheit klassischer und moderner deutscher Lyrik", 255–270, sowie Hans Robert Jauß: „Zur Frage der ‚Struktureinheit' älterer und moderner Lyrik", 314–367. Weiterhin exemplarisch Dieter Lamping: *Das lyrische Gedicht: Definitionen zu Theorie und Geschichte der Gattung* [1989], Göttingen 2000; Maria Moog-Grünewald: „Zur Poiëtik der modernen Lyrik", in: *Sprachen der Lyrik. Von der Antike bis zur digitalen Poesie*, hg. von Klaus W. Hempfer, Stuttgart 2008, 381–397. Siehe zudem Klaus W. Hempfer: „Überlegungen zur historischen Begründung einer systematischen Lyriktheorie", in: *Sprachen der Lyrik*, 33–60.

[13] Cornelia Klinger: „Modern/Moderne/Modernismus," in: *Ästhetische Grundbegriffe*, hg. von Karlheinz Barck, Stuttgart/Weimar 2002/2010, Bd. IV, 121–167, hier 122.

[14] Vgl. Hans-Ulrich Gumbrecht: „Kaskaden der Modernisierung", in: *Mehrdeutigkeiten der Moderne*, hg. von Johannes Weiß, Kassel 1998, 17–41.

[15] Wolfgang Welsch: *Unsere postmoderne Moderne*, Weinheim 1991, 45. Siehe hierzu auch Britta Herrmann und Barbara Thums: „Einleitung", in: *Ästhetische Erfindung der Moderne? Perspektiven und Modelle 1750–1850*, hg. von dies., Würzburg 2003, 7–26, hier 7.

[16] Vgl. Gumbrecht: „Kaskaden der Modernisierung", 23–29. Gumbrecht setzt den Beginn dieser Moderne auf 1800 an. Siehe zum Stichwort ‚Beobachtung' sowie zur sich stetig in ihrer Neuheit neu definierenden Moderne auch Niklas Luhmann: *Beobachtungen der Moderne*, Opladen 1992.

zeichnet sich erst einmal recht pauschal durch das Primat der künstlerischen Autonomie wie auch durch Alteritätsbewusstsein und ein verschärftes oder gar akzeleriertes Zeitbewusstsein, durch Momente von Fragmentarität, Transitorität, Subjektivität, Anti-Mimetik, etc. aus.[17] Diese Aspekte werden wiederum von Friedrich angesprochen („Auflösung des Geläufigen, eingebüßte Ordnung, Inkohärenz, Fragmentarismus", usf.[18]), wo er aber auch die Deformations-, Desorientierungs-, Dissoziations- und Dissonierungstendenzen, also die seiner Meinung nach negativen Kennzeichen der modernen Lyrik ausmacht. Moderne Lyrik strukturiere sich durch die „radikale Verschiedenheit" waghalsig kombinierter Sprachexperimente zu einem autonomen sprachlichen „Bewegungsgefüge", bis sie „elektrisiere".[19] Resultat: eine sich selbst genügende Sprache („Selbstsprache") wie auch eine Sprachverfertigung, die ihre eigene Impulsgebung begründet und observiert – bis Wahrnehmbarkeit nunmehr verstellt, entstellt oder gar *ad absurdum* geführt ist.[20]

Allein der Blick auf Friedrichs Thesen – denen viele weitere, von anderen Autoren im Zusammenhang der Debatte um *Die Struktur der modernen Lyrik* geäußerten hinzuzufügen wären – erweckt also den Eindruck, dass der reflexive Modus der „epistemologischen Moderne" nicht nur unbedingt auch ästhetisch, sondern insbesondere poetisch zu messen sei. Wird moderne Lyrik im Spiegel von Modernität/Moderne selbst metonymisch als kritische, impulsive und schließlich transformatorische Position und Produktion erachtet, sollte aber doch gleichsam gelten, dass sie sich in einem ‚mehrfachen', synchron aufgefächerten Prozess (der Moderne) einschreibt.[21] Friedrich geht auf einen solchen Gesichtspunkt nicht ein, allein aus dem Grunde, dass dieser erst mit der Rede über die Postmoderne paradigmatisch geworden ist. Dennoch verwundert, dass der Autor, der die von ihm ausgemachten strukturgebenden Merkmale zum Erkennen moderner Lyrik ja gewissermaßen international vergab, nämlich die moderne Lyrik vermittels seiner (wenn auch unsystematischen) Autorenauswahl[22] als internationales Phänomen auswies, keine expliziten Anmerkungen zu Momenten transkultureller poetischer Zirkulation gemacht hat. Mehr noch: die Tatsache, dass Friedrich nicht nur ausschließlich europäische Autoren auswählte, die Moderne der Dichtung zudem noch in Frankreich zentrierte (wo also der

[17] Vgl. Herrmann und Thums, „Einleitung", 7.

[18] Friedrich, Die Struktur der modernen Lyrik, 22.

[19] Ebd., 15–18; zur „Desorientierung" siehe erneut 22, zur „Dissonanz" primär 15.

[20] Friedrich, *Die Struktur der modernen Lyrik*, 28; 32 f. Der Begriff der „Selbstsprache" findet sich bei Friedrich in dessen Überlegungen zu den die moderne Lyrik des 19. Jahrhunderts antizipierenden Äußerungen von Novalis. Wahrnehmung sei vor allem in Verlaines Harlekingedichten oder in Rimbauds Grimassenpoesie irritiert. Siehe 33 f.

[21] Welsch, *Unsere postmoderne Moderne*, 49.

[22] Friedrichs in seinen eigenen Worten „repräsentative", also unvollständige Autorenauswahl reicht von den in der Hauptsache verhandelten Lyrikern Baudelaire, Rimbaud und Mallarmé sowie den ebenso französischsprachigen Autoren Guillaume Apollinaire, Paul Eluard, Saint-John Perse und Jacques Prévert über Juan Ramón Jiménez, Federico García Lorca, Rafael Alberti, Gerardo Diego, Jorge Guillén, Vicente Aleixandre, Giuseppe Ungaretti, Eugenio Montale, Salvatore Quasimodo, T.S. Eliot, bis hin zu Gottfried Benn sowie Karl Krolow und Marie-Luise Kaschnitz. Neben den Kritiken, die diese Auswahl von Seiten Heinz Ottos oder Hans Robert Jauß' eingebracht hat, siehe Stenzel und Thoma, die Friedrichs Korpus als das Ergebnis augenfällig „selektive[r] Präferenzen" verstehen (Stenzel und Thoma, „Einleitung", 10).

Ausgang der „unité de la poésie européenne moderne" zu verorten wäre[23]) und dabei den Begriff der Nationalliteraturen aufrecht erhielt, lässt sein Vorgehen, so Lartillot, gar paradox erscheinen.[24] Umso angebrachter scheint ein Zweifel wie jener Dieter Lampings, der im Zuge der langzeitlich folgenden Diskussion um Friedrichs Publikation und in Hinblick auf das mitnichten relativierte, ja ohnehin alttradierte lyriktheoretische „Unbehagen" wissen möchte, ob eigentlich die Rede sein könne von der *einen* Struktur moderner Lyrik (und einer entsprechenden Geschichte).[25]

Und doch wird Friedrichs Publikation, die im Jahr 1959 bei Seix Barral in Barcelona und erst im Jahr 1976 in französischer Übertragung erschien[26], in diesem Artikel Tribut gezollt, weil sie aufgrund ihrer Übersetzung ins Spanische auch in Hispanoamerika relevant wurde[27] und schließlich drei von Friedrich markant besprochene Autoren, Baudelaire, Mallarmé und Rimbaud, auf dem Kontinent besonders stark rezipiert wurden. Der Artikel wird dem Werk des bekanntlich für die Konzeptualisierung der Moderne stichwortgebenden Baudelaire[28] bei seinem Transfer nach Hispanoamerika nachgehen. Damit wird das Projekt der lyrischen Moderne unter einen eigenen, dynamisierten, d.h. das Prinzip der Zirkulation starkmachenden Struktur-Begriff gestellt. Denn: ließe sich poetische Praxis nicht als Gegenstand oder gar als Akteurin eines Austausch-Systems denken, das von einer ‚Struktur' internationaler poetischer Modernisierung zu sprechen erlaubt? Um diese These und insbesondere einige Annahmen zum Transfer der Poetiken von Baudelaire nach Lateinamerika pointierter darlegen zu können, wird der Arbeitsbegriff der Transkription zur Hilfe gezogen.

Walter Bruno Berg und auch Vittoria Borsò zufolge ist literarische Transkription als Um-, Ein- und Überschreibungsverfahren und -prozess zum Zwecke der Mediation von (Kultur-)Texten zu verstehen.[29] Es handelt sich somit um ein iteratives Verfahren, das literarischen Ausdruck als nachhaltig, nachwirkend oder nachträglich in einem remedialisierenden Sinne versteht, als zwischen Permanenz und Permutation oder gar Performanz angesiedeltes Phänomen, dessen Bedeutung für die Kontinuierung von Literatur und die

[23] Milner, „Hugo Friedrich, *Structures de la poésie moderne*...", 125.

[24] Vgl. Lartillot, „Exil, migration et histoire poétique...", 190 f.

[25] Lamping, *Das lyrische Gedicht: Definitionen zu Theorie und Geschichte der Gattung*, 134.

[26] Hugo Friedrich, *Estructura de la lírica moderna. Desde Baudelaire hasta nuestros días*, Barcelona 1959 (übers. von Juan Petit); Friedrich, *Structures de la poésie moderne*, Paris 1976 (übers. von Michel-François Demet). Die spanische Übersetzung trägt den ursprünglichen Titel des Werks: *Die Struktur der modernen Lyrik von Baudelaire bis zur Gegenwart*, Reinbek b.H. 1956.

[27] Siehe etwa Rafael Gutiérrez Girardot: *Pensamiento latinoamericano*, Mexiko-Stadt 2006, 181; sowie Hernando Urriago Benítez: *Caligrafías del asombro. Ensayos críticos sobre letras de Colombia y de Latinoamérica*, Cali 2006, 18.

[28] Siehe hierzu exemplarisch Jean Borie: *Archéologie de la modernité*, Paris 1999, 1–4.

[29] Walter Bruno Berg: *Literarische Transkriptionen. Theorie und exemplarische Analysen*, Münster 2014; darin Vittoria Borsò: „Vorwort", 1–4. An dieser einleitenden Stelle rekurriert Walter Bruno Berg auf die ebenso einleitenden Worte Borsòs. Die Theorie der literarischen Transkriptionen bettet sich in eine generelle Transkriptionstheorie ein. Siehe grundlegend Ludwig Jäger: „Transkriptivität. Zur medialen Logik der kulturellen Semantik", in *Transkribieren – Medien/Lektüre*, hg. von Ludwig Jäger und Georg Stanitzek, Köln 2001, 17–32. Zusammengefasst sei gesagt, dass Transkription nach Jäger das Verfassen eines ‚Skriptes' aus einem Prätext bedeutet, bei dem die Lesbarkeit desselben nicht eingebüßt wird, sondern sich überhaupt erst erschließt.

Aufrechterhaltung des kulturellen Gedächtnisses nicht hoch genug angesetzt werden kann. Selbstredend hat der Begriff der Transkription Wandlung erfahren, so dass Borsò pointiert, es handele sich, weil ihr längst (deleuzianische) Differenz eingeschrieben sei, mitnichten um eine Repräsentationstechnik im strengen Sinne. Deleuze wie Derrida und Barthes hätten gezeigt, dass *écriture* der Evidenzierung von Kommunikation nicht automatisch zuträglich sei. So werde sich Sprache im Schreiben auf nicht unbedeutende Weise fremd: sie *trans*portiere, bewege Andersheit, *schreibe* diese in sich ein und ergebe so ganz literal eine „Trans-scription", zu erkunden etwa in performativen „Umschreibungen" zum Beispiel im Falle von Mallarmés Raumschreibungen[30] – oder in ‚Lesbarmachungen' von Raum und Körper[31], mit denen sich die moderne Lyrik eine Option auf die transmediale Transkription erobert hat. Im vorliegenden, an den poetischen Transferprozessen zwischen Frankreich und Hispanoamerika interessierten Zusammenhang ist selbstredend auch die literarische Transkription in translingualer Gestalt, also die Übersetzung relevant. Diese wiederum ist den umfangreichen Ergebnissen der Übersetzungs- und der Translationstheorie zufolge[32] ein dehnbares Phänomen, das gar in den Bereich der literarischen Kommentierung, der Adaption oder Nachdichtung, in jedem Falle aber der Aneignung von literarischen (Prä-)Texten hineinreicht. Solche Form weiter gefasster Aneignungskultur soll nun von besonderer Relevanz sein.

Kontext: ‚francecismo' oder ‚galicismo mental' in Lateinamerika

In einem Artikel über den Vater des Modernismo José Martí und die poetische Modernisierung Lateinamerikas äußert sich der uruguayische Essayist Ángel Rama zum ‚francecismo' beziehungsweise zum ‚galicismo mental', der im Zuge der Urbanisierungen ab Mitte des 19. Jahrhunderts in Lateinamerika als ‚marca universal' importiert worden sei.[33] Dem kubanischen Dichter Martí war dieser Import ein Akt ‚kolonialen Servilismus'.[34] Und doch schien die ‚französische Lektion', die Lateinamerika (und somit Hispanoamerika) erfuhr, einerseits interessant in der Abgrenzung zu den USA, andererseits sorgte sie bei der konservativen intellektuellen Elite in der neuen Welt für eine ‚mentale Hygiene', die ebenso im Zuge der Emanzipation von Spanien nach den Unabhängigkeiten entscheidend war. Spanien galt Ende des 19. Jahrhunderts noch als eine Art Zollbehörde: man erschwerte auf der iberischen Halbinsel den Transfer der (im 18. Jahrhundert ohnehin

[30] Vittoria Borsò: „Vorwort", 2.

[31] Vgl. Inge Baxmann: „‚Die Gesinnung ins *Schwingen* bringen'. Tanz als Metasprache und Gesellschaftsutopie in der Kultur der zwanziger Jahre", in: *Materialität der Kommunikation*, hg. von Hans Ulrich Gumbrecht und Karl Ludwig Pfeiffer, Frankfurt a.M. 1988, 360–375; Gabriele Brandstetter: *Tanz-Lektüren: Körperbilder und Raumfiguren der Avantgarde*, Frankfurt a.M. 1995.

[32] Für einen Überblick s. Harald Kittel (Hg.): *Übersetzung – Translation – Traduction. Ein internationales Handbuch zur Übersetzungsforschung*, mehrere Teilbände, Berlin 2004–2011.

[33] Ángel Rama: „José Martí en el eje de la modernización poética: Whitman, Lautréamont, Rimbaud", in: *Nueva Revista de Filología Hispánica* 32 (1983): 97–135.

[34] Siehe José Martí: *Obras Completas*, La Habana 1963–1971, 28 Bde., Bd. XIX, 100.

schon stark hispanisierten) französischen Kultur nach Übersee. Der somit transformierten, ja gar zensierten französischen Literatur[35], die die transatlantische Passage über Spanien erfuhr, begegnete man auf dem Kontinent mit Skepsis. Das spanischsprachige Amerika befand sich in einer Situation kultureller Emergenz[36], und umso sinniger war es, sich auch in Fragen der Kulturrezeption vom einstigen europäischen Mutterland loszusagen. Trotz bereitstehender spanischer Übersetzungen wurden französische Texte deswegen vorzugsweise im Original gelesen – sie galten ja ohnehin als modellhaft.[37] Und doch wurde von der französischen Kultur nicht unbedingt die repräsentative (Höhenkamm-)Kultur absorbiert, ganz im Gegenteil befasste sich die Presse damit, vielmehr populäre Schriften – etwa jene von Catulle Mendès – bekannt zu machen.[38] Während es Martí um eine „poesía como ciencia", um eine Sprache der Exaktheit ging („El lenguaje ha de ser matemático [...]")[39] und der kubanische Autor gleichzeitig doch auch den athletischen Idealismus der nordamerikanischen Literaturen lobte, den er in Walt Whitmans fortschrittlicher Poesie und dessen demokratischem Idealismus vorfand, sah er den Idealismus der französischen Literatur angesichts Flauberts *Madame Bovary* und Baudelaires *Les Fleurs du Mal*, zweier Skandaltexte aus dem Jahr 1857, schwinden.[40] Damit erklärt sich, wieso Martí teilweise die Poesie Catulle Mendès oder die Verse von François Coppée, also eine populistisch romantische Schreibweise vorzog.[41]

Die Abkehr Martís von gewissen dekadenten Tendenzen der europäischen Literatur steht im Zusammenhang einer sichtbar ambivalenten Literatursoziologie, der es primär darum ging, dass die Dynamik der amerikanischen Gesellschaft(en) literarischen Niederschlag fände. Angesichts der französischen Literatur sah sich der Autor vor einen Widerspruch gestellt: Traditionsgemäß bewunderte er sie, umso sensibler reagierte er unter dem Eindruck, sie ‚schwächele'. Deswegen missbilligte der Dichter seine Landsmänner, die sich allzu sehr an ihr orientierten, gleichermaßen als „literatos femeniles" oder „poetas de aguamiel". Martís eigener Poetik zufolge war Dichtung ein Modus zur holistischen Erfassung von Wirklichkeit, eine Option, Versichtbarung und Nahsicht zu üben, ja eine „visión global del universo" zu liefern.[42]

Insgesamt ist der hispanoamerikanische Modernismo eine metaliterarische Strömung gewesen, die eine Poetisierung des Lebens anstrebte.[43] Unter den Vorzeichen des *fin de*

[35] In Spanien angefertigte Übersetzungsarbeit brachte ganze ‚Geschlechtsumwandlungen' mit sich. Siehe Rama, „José Martí en el eje de la modernización poética", 99.

[36] Vgl. Ángel Rama: *La crítica de la cultura en América Latina*, Caracas 1985, 82–96.

[37] Rama, „José Martí en el eje de la modernización poética", 99.

[38] Rama, „José Martí en el eje de la modernización poética", 98. Der in Vergessenheit geratene Catulle Mendès war Schüler Théophile Gautiers sowie Gründer von *La Revue Fantaisiste* (1860); im Kreise von François Coppée, José-María de Heredias, Théodore de Banvilles u.a. reüssierte er als Parnassien, einige seiner Gedichte wurden in Alphonse Lemerres *Le Parnasse contemporain* veröffentlicht.

[39] José Martí zitiert nach Rama, „José Martí en el eje de la modernización poética", 105.

[40] Vgl. Rama, „José Martí en el eje de la modernización poética", 104-108.

[41] Ebd., 98; 106.

[42] Martí zitiert nach Rama, „José Martí en el eje de la modernización poética", 107–110.

[43] Zur Begriffsgeschichte des Modernismo – deren Ursprung im Französischen liegt – siehe Alfredo A. Roggiano: „Modernismo: origen de la palabra y evolución de un concepto", in: *Nuevos asedios al modernismo*, hg. von Ivan A. Schulman, Madrid 1987, 39–50.

siècle bezog man sich auf das große Erbe des spanischen Barock, grenzte sich von der (in Lateinamerika ohnehin sehr spät eingetroffenen) Romantik ab und näherte sich dem Symbolismus insofern, als man auf Sprachzweifel mit Hermetismus und Symbolverwendung reagierte.[44] In Ramas Augen erwuchs hieraus ein „bazarhafter Synkretismus", an der eine sich noch auf der Suche befindende postkoloniale Übersetzungskultur erkennbar werde. Recht aleatorisch wurden Epochen, Gattungen und Disziplinen gemischt und unsystematisch übertragen: im „mondänen Salon" des lateinamerikanischen Modernismo äußerte sich so aber auch das Desiderat eines autonomen Wegs in die poetische Moderne.[45]

Inmitten dieses Aufbruchsmoments trifft das von Rama als dekadent klassifizierte Werk Baudelaires in Hispanoamerika ein[46], wird das Schreiben jenes französischen Autors bekannt, der das lyrische Wort von der empirischen Person lossagte, sprachliche Architekturen wie jener von *Les Fleurs du Mal* erschuf, einen neuen, dichotomen Schönheits- und Zeitbegriff in Umlauf brachte, „abnorme Bewusstseinslagen" fasste und doch Sprachmagie betrieb.[47] Als nun Hispanoamerika mit dem „encierro colonial" bricht,[48] wird solches Schreiben nicht als fremd aufgefasst, sondern dem Modernismo auch deswegen recht flüssig eingeschrieben, weil dieser ohnehin auf der Kategorie der Alterität fußt.[49] So weist José Morales Saravia darauf hin, dass *Les Fleurs du Mal* nicht nur als letzte Publikation allgemeineuropäischer, also supranationaler Diffusion zu verstehen sei – weil sich die kontinentalen Schreibweisen differenziert und die Nationalliteraturen diversifiziert (und Kriege ihren Teil dazu getan) hätten. Zugleich sei die Verbreitung dieses Werkes von Baudelaire im Kontext der transatlantischen Zirkulation poetischen Wissens zu lesen, speziell hinsichtlich der doppelten Hermeneutik Lateinamerikas, im Zuge derer europäische Kultur unter Hinzufügung von Eigenem angeeignet wurde.[50] Mit der Inkorporierung baudelairescher Ästhetik, die den unvergleichlichen Internationalisierungsschub exemplifiziert, welcher die hispanoamerikanische Modernisierung der Zeit ausmachte und der durch ein „equipo intelectual" aus Autoren protagonisiert wurde, die mit kosmopolitischem Eifer und unter Ausübung journalistischer oder diplomatischer Tätigkeiten die „exzentrischen" Orte der westlichen Welt, Paris, New York, Madrid, aufsuchten[51], erweist sich diese lokale Aneignungskultur recht eindrücklich als eine Praxis, mit der literarische Transkriptionen einhergingen. Und doch besaß die hispanoamerikanische Literatur unter dem Zeichen des Modernismo eine nicht nur kulturtheoretisch und -

[44] Vgl. Esteban Tollinchi: *Los trabajos de la belleza modernista, 1849–1945*, San Juan de Puerto Rico 2004, 409–420, insb. 413; Monsiváis, *Historia Mínima de la Cultura Mexicana en el siglo XX*, 16 f.

[45] Rama, „José Martí en el eje de la modernización poética", 99 f.

[46] Das Adjektiv ‚post-modernistisch' hat in diesem Zusammenhang nichts mit der Postmoderne zu tun, sondern bezieht sich allein auf den langwierigen Prozess der Überwindung des lateinamerikanischen Modernismo.

[47] Friedrich, *Die Struktur der modernen Lyrik*, 35–58. Zu Baudelaires Zeitbegriff vgl. insbesondere Aleida Assmann: *Ist die Zeit aus den Fugen? Aufstieg und Fall des Zeitregimes der Moderne*, München 2013, 27–31.

[48] Monsiváis, *Historia Mínima de la Cultura Mexicana en el siglo XX*, 17.

[49] Vgl. ebd., 16.

[50] José Morales Saravia (Hg.): *Un Baudelaire hispánico. Caminos respectivos de la modernidad literaria*, Lima 2009, 10.

[51] Rama, *La crítica de la cultura en América Latina*, 86.

historisch zu fassende Qualität. Sie konturierte sich nämlich auch als ein eminent soziales und politisches Projekt, das im Zusammenhang des hemisphärischen Kräftemessens kritisch Stellung zum angelsächsischen Riesen im Norden und dessen expansivem Vorgehen in der Karibik bezog.[52] An der antiimperialistischen Ausrichtung des Modernismo wirkte ganz prominent Rubén Darío mit – und es ist eben dieser Autor, in dessen Werk das Echo des baudelaireschen Schreibens beinahe automatisch angenommen wird. An der Figur des seit der Antike wirkenden Paradigmas des Schwans, dessen Funktion im Werk Daríos mit jener im Werk Baudelaires in Relation steht, soll dieser häufigen Inbezugsetzung nachgegangen werden.

Transcripto: Hispanoamerikas Korrespondenzen mit Baudelaire

Wie Vittoria Borsò unterstreicht, wird Baudelaires „fonction genéalogique" für die Dichtung Hispanoamerikas schon von Octavio Paz in *Los hijos del limo*[53] aufgezeigt, wo der mexikanische Dichter die Bedeutung radikalisierter Rhythmen, den Eindruck zerrütteter Wort-Ding-Relationen, kurz: die Relevanz eines nach-mimetischen, metamorphischen Sprachverständnisses erfasst habe. Der Weg zu solcher Dichtung sei von Baudelaire angelegt worden, als dessen Texte das Modell des vorgeordneten Raums (wie er in verlandschaftlichter Natur vorkommt) verlassen und durch ein synästhetisches Zwischendrin ersetzt und damit das Subjekt aus klar abgezirkelten Identitätsbereichen vertrieben hätten.[54]

Wie auch bei Borsò sei hier das vielfach in der Forschung herangezogene, ja als poetologische „pièce maitresse" Baudelaires[55] aufgefasste Sonett *Correspondances* angeführt[56], ein Text, der Paul de Man zufolge ganz exemplarisch „the entire possibility of the

[52] Vgl. ebd., 87 f; außerdem: Iris M. Zavala: *Rubén Darío bajo el signo del cisne*, San Juan de Puerto Rico 1989, 6–10; Ottmar Ette: *TransArea. Eine literarische Globalisierungsgeschichte*, Berlin 2012, 166.

[53] Octavio Paz: *Los hijos del limo, Del romanticismo a la vanguardia*, Barcelona 1974.

[54] Vittoria Borsò: „Charles Baudelaire et la modernité en Amérique Latine", in: *France – Amérique Latine: Croisements de lettres et de voies*, hg. von Walter Bruno Berg und Lisa Block de Behar, Paris 2007, 55–80, insb. 66.

[55] Jonathan Culler: „Intertextuality and interpretation: Baudelaire's ‚Correspondances'", in: *Nineteenth-Century French Poetry: Introductions to Close Reading*, hg. von Christopher Prendergast, Cambridge/New York 1990, 118–137; 118. Culler zitiert hier Robert-Benoît Chérix. Zudem betont der Autor, *Correspondances* synthetisiere die in der Prosa Baudelaires geäußerten ästhetischen Prinzipien (hierzu 119).

[56] Charles Baudelaire: *Correspondances*, in: Baudelaire: *Les Fleurs du mal*, Paris 1857, 19/20. Der Text lautet: „La Nature est un temple où de vivants piliers/Laissent parfois sortir de confuses paroles/L'homme y passe à travers des forêts de symboles/Qui l'observent avec des regards familiers./Comme de longs échos qui de loin se confondent,/Dans une ténébreuse et profonde unité,/Vaste comme la nuit et comme la clarté,/Les parfums, les couleurs et les sons se répondent.//Il est des parfums frais comme des chairs d'enfants,/Doux comme les hautbois, verts comme les prairies,/ — Et d'autres, corrompus, riches et triomphants,/Ayant l'expansion des choses infinies,/Comme l'ambre, le musc, le benjoin et l'encens,/Qui chantent les transports de l'esprit et des sens."

lyric" beinhaltet.[57] In der akribischen Textsequentierung von *Les Fleurs du Mal* an kardinale Stelle gesetzt[58], evoziert *Correspondances* über eine Reihe poetischer Vergleiche und Assoziationen ein (Welt-)Wahrnehmungsmodell, das sich bereits im ersten Quartett des Textes in der topischen Formel „La Nature est un temple" darbietet (Vers 1).[59] In den zwei Quartetten wird eine Theorie der Korrespondenz aufgestellt, innerhalb derer Natur noch als symbolisch-organisches System erscheint („forêts de symboles", Vers 3) und sich in dieser Gestalt dem noch vertrauten Blick darbietet; in den Terzetten wird das bekannte Terrain versetzt. Die nun virulent werdenden Elemente – exemplarische Gerüche, Amber, Moschus, Weihrauch – gerieren sich zu Agenten der Andersheit, versinnlichen eine Ausweitung der Wahrnehmungszone. Die sakrosankte Architektur der (großgeschriebenen) Natur wird verlassen.[60]

Marker korrumpierter Korrespondenz nehmen in *Les Fleurs du Mal* nach *Correspondances* zu, einst orientierende Anhaltspunkte nehmen ab. Etwa in *Le cygne*[61], dem wohl meistinterpretierten Text Baudelaires.[62] Das berühmte Flaneur-Gedicht nimmt bekanntlich das Scheiden des ‚vieux Paris' unter Haussmann in den Blick. Die den urbanen Raum mit Melancholie taxierende Sprechinstanz baut angesichts des modernen Wandels („Paris change! Mais rien dans ma mélancolie/N'a bougé!", Vers 29/30) nur noch auf ihre Erinnerung („et mes chers souvenirs sont plus lourds que des rocs", Vers 32). Ihre Perspektive

[57] Paul de Man: *The Rhetoric of Romanticism*, New York 1984, 261 f.

[58] Das Sonett markiere nämlich die Überwindung romantischer Auffassung. Siehe Thomas Keck: „Baudelaires ‚Correspondances' zwischen Romantik und Moderne. Ein Studie zur übersetzerischen Rezeption eines symbolistischen Paradigmas", in: *Fremdheit als Problem und Programm. Die literarische Übersetzung zwischen Tradition und Moderne*, hg. von Willi Huntemann et al., Berlin 1997, 75–118.

[59] Cullers Studie konzentriert sich auf die Intertextualität von *Correspondances*: gerade die Natur-Tempel-Formel bilde ein Echo zu Texten von Victor Hugo, Alphonse de Lamartine, u.a. Siehe Culler: „Intertextuality and interpretation: Baudelaire's ‚Correspondances'", 120.

[60] Karin Westerwelle bemerkt, Baudelaire habe dieses Sonett im Zusammenhang eigener musikkritischer Überlegungen genutzt, um die These Richard Wagners zu prüfen, bei Musik handele es sich um eine für alle Menschen verständliche Universalsprache. In einer entsprechenden Schrift reflektiert der Dichter darüber, was sich beim Hören der Musik des deutschen Komponisten im Kopf abspielen mag, und macht sich gleichzeitig Gedanken über sinnlich wahrnehmbare sowie über kosmische Analogien. Karin Westerwelle: „Mythos und Kritik. Zum Problem der ‚Correspondances' in Baudelaires Wagnerschrift", in: *Baudelaire und Deutschland, Deutschland und Baudelaire*, hg. von Bernd Kortländer und Hans T. Siepe, Tübingen 2005, 53–80, hier 64 und 62. Westerwelle unterstreicht, Baudelaire vermenge hier absichtsvoll Notizen zu metaphysischer und nachmetaphysischer Weltsicht. Westerwelle äußert sich auch zur Natur in Majuskeln. Siehe 66 f.

[61] Charles Baudelaire: *Le cygne*, in: Baudelaire: *Les Fleurs du mal*, Paris 1861, 202–205. Da es sich um einen Text aus 13 Quartetten handelt, wird er hier nicht zitiert.

[62] Harald Neumeyer: *Der Flaneur. Konzeptionen der Moderne*, Würzburg 1999. Neumeyer liefert eine Übersicht der deutschsprachigen Interpretationen von *Le cygne*, 116, Anm. 2. Hier finden sich auch Bemerkungen zur kontrovers diskutierten Studie Dolf Oehlers aus dem Jahr 1975, in dem dieser Baudelaire als „hermetischen Sozialisten" bezeichnet. Oehlers Ansatz wird späterhin noch von Thoma und Stenzel herausgegeben, siehe Dolf Oehler, „Charles Baudelaire: *Le Cygne*" in Stenzel und Thoma, *Die französische Lyrik des 19. Jahrhunderts*, 149–165.

übersetzt sich in ein allegorisches Sprechen[63], das den transformierten Raum auf der „Folie" von Antike-Referenzen[64] und im Verlauf des Flusses, der – als trojanischer Simois metonymisiert – im ersten Quartett in Gestalt eines traurigen Spiegels exponiert wird und einen Diskurs der Exilierung anstößt, entlang dessen das mnemische Vermögen des poetischen Subjekts sich als durchweg fruchtbar erweist.

Unter diesem Eindruck der verschwundenen Stadt tritt nun der Schwan in den Fokus, jene zoologische Figur, die bei Baudelaire (wie auch im Werk Gautiers, Mallarmés u.a.) den Begriff reiner Schönheit inkarniert und überhaupt ein kulturhistorisch rekurrentes Motiv darstellt.[65] So verwundert aus mehreren Gründen nicht, dass die Flügelspannbreite des reinweißen Entenvogels literarisch gemessen bis zum hispanoamerikanischen Modernismo reicht. Wie die Forschung erwiesen hat, finden sich Ein-, Um- und Überschreibungen des baudelaireschen ‚cygne', vermittels derer Aspekte der Poetik des französischen Autors in einen neuen Kulturtext überführt wurden. Für den Nachweis solch permanierenden wie auch permutativen Schreibens zwischen den Kulturen, in dessen Kontext hispanoamerikanische Schreibweisen die (transportierten) europäischen Visionen/Prätexte womöglich erst lesbar machen, wo diese z.B. an der paradigmatischen Figur des Schwans kulturelle Neu-Kommentierungen verzeichnen[66], ist Rubén Daríos Werk dienlich.

Cygne – Cisne: Schwanengesänge im Zeichen Baudelaires bei Rubén Darío

Darío verbrachte eine entscheidende Zeit seines Lebens in Paris und versuchte sich in seinem frühen Werk der parnassianischen Lyrik anzunähern, ja sogar auf Französisch zu schreiben.[67] Er orientierte sich an einem von der Wirklichkeit abgekehrten Zeichenfundus und rekurrierte auf antike Mytheme, was ihm etwa die Kritik des Kolumbianers José Asunción Silva, und sogar parodische Repliken aus der Feder desselben einbrachte. Die Texte des nicaraguanischen Dichters nämlich waren zu verkaufsträchtiger Ware avanciert. Als Darío schließlich selbst enttäuscht ist über das (einst als utopisch wahrgenommene) Paris der Weltausstellung, von den industrialisierten Werten, die sich in der allzu

[63] Auf die allegorische Qualität des Schreibens von Baudelaire hat schon Walter Benjamin hingewiesen. Hier soll der Verweis auf die Zitation desselben bei Neumeyer genügen: *Der Flaneur*, 116 f.

[64] Vgl. Neumeyer, *Der Flaneur*, 119–124.

[65] Zusammenfassend hier Brage Bei der Wieden: *Mensch und Schwan. Kulturhistorische Perspektiven zur Wahrnehmung von Tieren*, Münster 2014. Zur symbolistischen Schwanenfiguration siehe 217.

[66] Siehe hierzu beispielhaft: Pedro Salinas: „ El cisne y el búho: Apuntes para la historia de la poesía modernista" [1940], in Salinas; *Ensayos Completos*, Madrid 1983, 190–207; César Arístides: *El cisne en la sombra. Antología de poesía modernista*, Mexiko-Stadt 2002; Karl Hermann Gauggel: *El cisne modernista: sus orígnes y supervivencia*, New York/Paris 1997.

[67] Synoptisch siehe Bill Marshall: *France and the Americas: Culture, Politics, and History*, Bd. I, Santa Barbara 2005, 348/349; ebenso Rama, *La crítica de la cultura en América Latina*, 88. Marshall weist darauf hin, dass Darío sein Misslingen damit kompensierte, dass er die spanische Sprache mit Gallizismen anreicherte – während die französischen Autoren der Zeit wiederum versuchten, Anglizismen in ihr Schreiben zu inkorporieren.

flüchtigen, spektakulären, ja kapriziösen Stadt zu verbreiten schienen und wenig zu tun hatten mit der Vorstellung, die französische Hauptstadt habe ewige, an der Antike gemessene Werte zu spiegeln[68], wirkt das Gewicht der USA, die Bedrohung durch den positivistisch, kapitalistisch und fortschrittswütig ausgerichteten Norden, dem sich Darío auf dem eigenen Kontinent ausgesetzt sieht, umso eklatanter.

In diesem Zusammenhang ist das Vorurteil, Darío biete in seinen von Schwänen wie Harlekinen, Prinzessinnen, Feen und Zentauren bewohnten Texten vorrangig Gefilde des Artifiziellen an – eine These, die bereits deswegen zu relativieren ist, weil die Aneignung der europäischen Termini und Topoi nicht ohne erneuernde Aspekte vonstattenging – doppelt entkräftet. Daríos Werk impliziert eine subtextuelle Antinormativität, die die im mehrfachen Kulturkontakt aufgenommenen Primärstoffe tiefen- wie oberflächenstrukturell mit Neuem verbindet[69], aber es wendet sich auch gegen das aggressive Neue, d.h. gegen eine usurpatorische Moderne des mit jeder Vergangenheit brechenden, ja sogar einem Diktat des Vergessens folgenden US-Amerikas.[70] Darío überdachte seine ganz eigenen Repräsentationen der Moderne in einem dynamischen geopolitischen Moment, und er entwickelte darüber anti-mimetische, ja transgressive Textstrategien[71], innerhalb derer der Rekurs auf anti-modern wirkende Elemente ein *statement* war.

An diesem Punkt treffen die Visionen des zentralamerikanischen Dichters mit jenen Baudelaires zusammen. Baudelaires *Le cygne* markiert zwar die entschwundene Solidität des alten Paris, der Moderne-Begriff des französischen Dichters jedoch sucht die Diskrepanz zwischen endzeitlichen und prospektiven Wirklichkeitseindrücken, zwischen *fugacité* und *eternité* aufzuheben – das moderne Großstadt-Leben stürmt auf den Dichter ein wie eine revolutionäre Kraft, dank einer heroischen Erinnerung kann dieser aber getrotzt werden.[72] Darío indes verweigert sich der Option der Synthese. Trefflicher scheint hier das Bild der Pandora-Büchse, welcher der Odem einer negativen Moderne entweicht, womit (analog zum Sinnbild der idealen Stadt Paris) gleichsam das Ideal des standfesten Dichters niedergeht.

Die grundsätzliche Annahme, Baudelaire fände ganz selbstverständlich bei Darío Echo, verlangt ohnedies eine Prüfung. Gerhard Penzkofer etwa hat davon berichtet, wie er der Vermutung anheimfiel, die Beziehung müsse von Darío selbst ausgesprochen worden sein. Hingegen habe der nicaraguanische Dichter über den Autor von *Les Fleurs du Mal* viel geschwiegen – und umso mehr Victor Hugo und Paul Verlaine gepriesen.[73] Die

[68] Siehe Florian Nelle, „El cisne y la guillotina. Magias modernas y vida artísitica en Rubén Darío", in: *Naciendo el hombre nuevo... Fundir literatura, artes y vida como práctica de las vanguardias en el Mundo Ibérico*, hg. von Harald Wentzlaff-Eggebert, Frankfurt a.M./Madrid 1999, 68 f.

[69] Vgl. Zavala, *Rubén Darío bajo el signo del cisne*, 6–11.

[70] Hinsichtlich des modernisierenden Zeitregimes der USA siehe Assmann, *Ist die Zeit aus den Fugen?*, insbesondere 113 ff.

[71] Zavala, *Rubén Darío bajo el signo del cisne*, 6–11.

[72] Vgl. Friedrich, *Die Struktur der modernen Lyrik*, 42 f.; Hans-Robert Jauß: „Literarische Tradition und gegenwärtiges Bewusstsein der Modernität" in: ders.: *Literaturgeschichte als Provokation*, Frankfurt a.M. 1970, 11–66; Neumeyer, *Der Flaneur*, 110 f.; 199; 392; erneut Assmann, *Ist die Zeit aus den Fugen?*, 27–31.

[73] Gerhard Penzkofer: „Las máscaras del *ennui*. La recepción de Baudelaire en Rubén Darío", in: *Un Baudelaire hispánico. Caminos respectivos de la modernidad literaria*, hg. von José Morales Saravia, Lima 2009, 83–109, hier 83 f.

Hypothese einer „ausencia de Baudelaire“ im Werk Daríos, von der Penzkofer in der Folge spricht[74], bestätigt sich diesem denn auch anhand der Aussage des uruguayischen Modernisten José Enrique Rodó: „No encontraréis en [Darío] ni un solo pomo de la farmacia tóxica de Baudelaire“.[75]

An dieser Stelle stellt sich die Frage, ob die Rede von der Transkription Baudelaires nach Hispanoamerika hinfällig sei. Penzkofer löst das Dilemma, indem er nachweist, Darío habe die Publikationen Baudelaires kontinuierlich verfolgt, sowie dadurch, dass er aus der augenscheinlichen Abwesenheit Baudelaires in Daríos Werk ableitet, der Modernist habe den Abgrund dessen Werkes gescheut: „[...] tras el silencio de Rubén Darío se esconde un diálogo con un Baudelaire invisible que lo niega, corrige o recodifica.“[76] Der unsichtbare Baudelaire – bzw. dessen Texte und Poetik, die Abscheu und Faszination gleichermaßen ausübten, weil sie so nachdrücklich die Zweigesichtigkeit des Menschlichen fassen – transkribiert sich somit in das Werk Daríos vermittels Korrekturen, Verbergungen, Verheimlichungen und Verneinungen. Insbesondere seien Strategien der Maskerade und Invertierung von baudelaireschen Subtexten und entsprechender Konzepte offensichtlich.[77]

Auch in der strukturalistischen Studie Iris M. Zavalas wird von der subtextuellen Präsenz Baudelaires im Werk Daríos ausgegangen. Die puertorikanische Literaturwissenschaftlerin erkennt insbesondere, dass sich Daríos Opus in einer Weise dem Schwan verschrieben hat, dass es quasi unter dem „signo del cisne“ stehe.[78] Tatsächlich hat der Modernist paradigmatische Schwanen-Texte verfasst, die von der Forschung umfangreich kommentiert worden sind.[79] Diese Texte wurden von Zavala textgenetisch untersucht. Besondere Bekanntheit besitzt *Los cisnes I*, ein elfstrophiger, in Alexandrinern komponierter, Juan Ramon Jiménez gewidmeter Text, der mit einer Apostrophe beginnt,

[74] Ebd., 84. Zavala wiederum diagnostiziert noch einen Einfluss Mallarmés, den sie als Strukturalistin jedoch ebenso wenig an Verweisen Daríos selbst auf diesen Autor festmacht. Vgl. Zavala, *Rubén Darío bajo el signo del cisne*, 49. Weiterhin siehe zum Einfluss von Verlaine Nelle, „El cisne y la guillotina“, 62; sowie Marshall, *France and the Americas*, 348.

[75] José Enriqué Rodo: *Rubén Darío. Ensayo sobre Prosas profanas*, Montevideo 1900, 13.

[76] Penzkofer: „Las máscaras del *ennui*. La recepción de Baudelaire en Rubén Darío“, 86.

[77] Ebd., 85 ff; 89–91. Penzkofer macht dies am frühen Werk Daríos fest, *Azul* (1888) und *Prosas profanas* (1896). Ein – für Penzkofer titelgebendes – Konzept ist der *ennui*. Siehe hierzu weiter Ariane Wild: *Poetologie und Décadence in der Lyrik Baudelaires, Verlaines, Trakls und Rilkes*, Würzburg 2002, 90–114.

[78] Zavala, *Rubén Darío bajo el signo del cisne*. Der Titel der Studie soll an dieser Stelle als Referenz genügen. Im Übrigen siehe auch Michael Jakob: *„Schwanengefahr“. Das lyrische Ich im Zeichen des Schwans*, München/Wien 2000.

[79] Siehe Nelle, „El cisne y la guillotina“, 57–76; Marie-Claire-Zimmermann: „El eclecticismo poético de Rubén Darío: heterogeneidad y unidad en *Cantos de vida y esperanza*“, in: *El cisne y la paloma*, hg. von Jacques Issorel, Perpignan 1995, 193–212; Elena Calderón de Cuervo: *El enigma del cisne. Identificación de una estética esotérica en la obra de Rubén Darío*, Mendoza 1994; Harald Wentzlaff-Eggebert: „Rubén Darío. Leda“, in: *Die spanische Lyrik der Moderne*, hg. von Manfred Tietz, Frankfurt a.M. 1990, 80–96; Jaime Concha: „El tema del alma en Rubén Darío“, in: *Diez estudios sobre Rubén Darío*, hg. von Juan Lovelock, Santiago 1967, 50–71; Pedro Salinas: *La poesía de Rubén Darío*, Buenos Aires 1948.

indem der olympische Vogel mit dem Hals ein „bange[s] Fragezeichen“ setzt[80]: „¿Qué signo haces, oh Cisne, con tu encorvado cuello“?[81]: Dieser Zeichen-Schwan ist in den Kontext der asymmetrischen hemisphärischen Kräfteverteilung der Amerikas und insbesondere des spanischen Debakels von 1898 zu stellen; der Schwan firmiert als dystopisches, heraldisches Tier jener Situation, in der das spanischsprachige Amerika sich neu orientieren muss.[82] Innerhalb des Bemühens um die Institutionalisierung einer modernen hispanoamerikanischen Lyrik zur Zeit der Jahrhundertwende versteht sich die Schwanen-Ästhetik umso eindrücklicher als politisch oder gar ideologisch, wenn das metamorphische Potential des Vogels beachtet wird. In Daríos Text wirkt er als „forma cambiante y enigmática“ innerhalb einer Kette von Korrespondenzen und Assoziationen.[83] An diesem Punkt streicht Zavala heraus, es liege ganz eindeutig eine Affinität zur allegorischen Funktion des Schwans bei Baudelaire vor, ja diese aktualisiere sich bei Darío gewissermaßen, weise aber auch Differenzen auf: der „signo/cisne“ Daríos transformiere den (ohnehin übercodifizierten) Mythos des ‚Dichter-Schwans‘.[84] Die wichtigste Umschrift findet sich hier wohl in der Tatsache, dass der Polyvalenz des „cisne dariano“ [85] (als Gestalt von Eleganz, Wollust, Orakel, Zukunft usf.), und seiner Funktion als Nexus zwischen poetischem Schöpfer und Rezipienten, poetischer Stimme und poetischer Schrift, mit dem Desaster von 1898 eine signifikant politische Valenz hinzuzurechnen ist, die ihn zur zentralen Konstruktion eines Gesangs auf die hispanische Zivilisation und eines Abgesangs auf die US-amerikanische Barbarei werden lässt. Vor dem Hintergrund des spanisch-amerikanischen Krieges, so Zavala, inkarniere der Vogel zunehmend verunsichernde Andersheit, mutiere zur dialektischen Desaster-Figur.[86]

Für eine Lektüre von *Los cisnes I* heißt dies: nach dem interrogativen Incipit, und nach mehreren Strophen, in denen huldvoll auf Ovid (und somit auf Cygnus) rekurriert, der Schwan in Bezug zur vorbildhaften spanischen Lyrik des Barock gesetzt, mit der Stimme des poetischen Subjekts juxtaponiert und in der Folge als „hijo de América“ stilisiert wird (Vers 10), beginnt die vierte Strophe mit der Ansprache mehrerer, ja im Titel bereits angeklungener Schwäne, deren Fächer frischer Flügel Trost spenden sollen.[87] Empfänger dieses Trosts scheint ein traurig gestimmtes Kollektiv zu sein, das Opfer eines septentrionalen Nebels ist, unter denen selbst Rosen und Palmen verdorren (Vers 17/18).[88] Da der Glanz alter Sicheln verflogen ist, weil ehrbare Krieger der Vergangenheit angehören (Vers 23/24), drohen nun Adler und Kriegsfalken aus dem Norden (Vers 21/22). Was bleibt den Dichtern (Hispanoamerikas) in Anbetracht fehlenden Ruhms anderes, als die Schwanenseen aufzusuchen? (Vers 26). Im Spiegel deren Wassers wird nicht nur das

80 Ette, *TransArea*, 165 f.

81 Weiter heißt es: „¿Qué signo haces, oh Cisne, con tu encorvado cuello/ al paso de los tristes y errantes soñadores?/¿Por qué tan silencioso de ser blanco y ser bello,/ tiránico a las aguas e impasible a las flores?“ (Darío, *Los cisnes*, 889).

82 Vgl. Ette, *TransArea*, 165 f.

83 Zavala, *Rubén Darío bajo el signo del cisne*, 49.

84 Ebd. Diese Aussage macht Zavala auch hinsichtlich der Schwanensymbolik bei Mallarmé.

85 Ebd., 138.

86 Vgl. ebd., 27 ff.

87 Darío, *Los cisnes*, 889.

88 Ebd., 890. Die folgenden Versangaben beziehen sich auf eben diese Seite.

ibero-amerikanische Erbe geadelt, sondern auch die Zukunft befragt: „La América española como la España entera/fija está en el Oriente de su fatal destino;/yo interrogo a la Esfinge que el porvenir espera/con la interrogación de tu cuello divino.“ (Vers 29–32). Beinahe muten die nächsten Verse trivial an: „¿Seremos entregados a los bárbaros fieros?/¿Tantos millones de hombres hablaremos inglés?“ (Vers 33/34). Die darauffolgende Strophe behält die Ausdrucksintonation bei, bleibt fragend, wendet sich allerdings wieder den stereotypen Welten der „obra rubendariesca“ („¿Ya no hay nobles hidalgos ni bravos caballeros?“, Vers 35) und klischeehaften psychophysischen Momenten zu („¿Callaremos ahora para llorar después?“, Vers 36). Doch sind dies nur die Präludien einer Situation, in der das Subjekt der poetischen Erfahrung und die poetische Mitteilung multipliziert werden, ja der Schwan in dialogische Wasser gerät:

> He lanzado mi grito, Cisnes, entre vosotros
> que habéis sido los fieles en la desilusión,
> mientras siento una fuga de americanos potros
> y el estertor postrero de un caduco león... (Vers 37–40)

Noch protagonisiert der eine Schwan den Text, noch ist er ein Solitär. Durch seinen Schrei distinguiert dieser Tyrann (Vers 4) sich von der Menge der anderen Schwäne. Allein im Kontext einer sozialen Poetik, in der weitere zoologische Figuren (amerikanische Füllen) und ein final röchelndes (Mutterland-)Wappentier („caduco léon“) zum Tragen kommen, wandelt sich seine Funktion. Die letzte Strophe von *Los cisnes I* liefert ein mehrdeutiges End-Tableau, in dem schließlich das Schwanen-Kollektiv – darunter ein schwarzes Tier – eine konfuse Kommunikationssituation etabliert.[89]

> ...Y un Cisne negro dijo: „La noche anuncia el día“
> Y uno blanco: „¡La aurora es inmortal, la aurora
> es inmortal! “¡Oh, tierras de sol y armonía,
> aún guarda la Esperanza la caja de Pandora![90]

Der schwarze Vogel, im Deutschen als Trauerschwan semantisiert, im Lateinischen als Variante der *rara avis* durch den römischen Satirendichter Juvenal als „rara avis in terris, nigroque simillima cygno“ auf die Formel des äußerst unwahrscheinlichen Ereignisses gebracht, kündigt nächtens den Tag an, der (kanonische) weiße Schwan fällt in den Gesang ein, schwört auf eine unsterbliche Zukunft. Das schwarz-weiße Duett mag auf Ovid verweisen; im dichotomen weltlichen Körper mag sich eine historische Situation der Amerikas (zwischen einem septentrionalen und einem australen Pol) interiorisieren – wie sonst die Maske in Daríos Werk steht hier der Schwan für ein kollektives Projekt, mimetisiert die amerikanische Moderne, weil er die Opposition zwischen lateinischer Zivilisation und nordamerikanischer ‚Barbarei‘ inkarniert. Vor allem fasst er eine Andersheit, die in ihrer Differenz noch die „dunklen Vorstellungen“ („ideas oscuras“, Vers 16) zu bereinigen in der Lage ist.[91]

[89] Zavala, *Rubén Darío bajo el signo del cisne*, 27 ff.
[90] Darío, *Los cisnes*, 891.
[91] Zavala, *Rubén Darío bajo el signo del cisne*, 29; 26 f.

Im ‚offenen System' dieses Gedichts, im Verlaufe eines dichten, metaphern- und mythenreichen Gewebes entfaltet sich der Grund dafür, dass der Schwan den Text als Fragezeichen eröffnete: die Welt nämlich ist eine Frage, der Vogel das Zeichen der Intelligenz, das darauf antwortet.[92] Vor allem im Stimmendispositiv der Schlussstrophe wird ersichtlich, dass die Antwort auf die Frage, wie die Zukunft Lateinamerikas aussehen könnte, nur so unvorhersehbar oder gar dunkel wie die bevorstehende Zeit selbst ausfallen kann. Der in *Los cisnes I* initiale weiße Schwan ist tyrannisch, weil er der Geschichte gegenüber ignorant ist, wie Zavala formuliert; in der Begegnung mit dem irregulären „cisne negro" biete sich ihm hingegen die Option einer Paarung, einer Dopplung – und sei es in der Figur der Ambiguität.[93] Viel könnte noch gesagt werden über dieses viel besprochene Gedicht Daríos, etwa zum rhetorischen Aufbau – zu anaphorischen, paronomastischen Eigenheiten u.v.m. Zusammenfassend sei angemerkt, dass im ikonischen und doch wandelhaften Zeichen des Schwans die Idee des poetischen Subjekts und die Instanz des Dichters dialogisch, schwarz und weiß, in eins fallen.

Zavala hat nachgewiesen, dass Darío *Los cisnes I* über das bekannte Ende hinausgeschrieben hat, dass diese weiteren Verse jedoch verschwunden seien. Die Frage nach der Auflösung des Orakels bleibe damit umso offener.[94] Im direkt nachfolgenden Gedicht des Zyklus, *En la muerte de Rafael Nuñez*, das in der Studie Zavalas berechtigterweise ausgeklammert ist, wird der Tod des kolumbianischen Präsidenten Rafael Nuñez evoziert; in *Los cisnes III*[95], einem monologischen Regress-Text, in dem die Sprechinstanz Zuflucht im Mythos, also außerhalb der historischen Zeit sucht, erscheint der protagonische Schwan wieder, wird im ersten Vers invoziert, um im letzten Gedicht, *Los cisnes IV*, in die Gefilde des Sexuellen geführt zu werden. Hier ereignet sich die Vereinigung mit Leda in einem hymnisch zelebrierten bestiarischen Kreis, in dem Sing- und Wissensvögel, Nachtigall und Eule, Kraft- und Geistvögel, Adler und Tauben, im Zeichen der Dioskuren paktieren und den olympischen Stolz zusammenfassen. Im Medium Leda erhebt sich der Dichter zum Gott, die Kopulation kommt einem Akt poetischer Schöpfung gleich – und womöglich sieht diese Sexualität des Textes auch vor, dass Leda zur Ko-Autorin poetischer Aktion werde.[96]

Doch zurück zum paradigmatischen Initialgedicht des Schwanen-Zyklus. Versteht sich Baudelaires *Le cygne* als einer der Prätexte zu *Los cisnes (I)*, kann die sinnliche, ja sexualisisierende Schreibweise herausgestrichen werden, die Darío wählt, um intellektuelle, moralische und auch politische bzw. ideologische Perspektiven zu codifizieren, sich der „selva de signos" auszuliefern.[97] Der Schwan ist hier ein ‚hochmotivierter'

[92] Vgl. ebd., 66 f.
[93] Vgl. ebd., 67 f.
[94] Vgl. Zavala, *Rubén Darío bajo el signo del cisne*, 79.
[95] Darío, *Los cisnes*, 891; 892 f.
[96] Vgl. Zavala, *Rubén Darío bajo el signo del cisne*, 103 f. In Daríos „Leda" wird diese im Übrigen vom Schwan vergewaltigt; Pan verfolgt die Szene aus dem Gebüsch. Für einen Überblick zu Leda-Lektüren siehe Steffen Schneider: „Leda", in: *Mythenrezeptionen. Die antike Mythologie in Literatur, Musik und Kunst von den Anfängen bis zur Gegenwart*, hg. von Maria Moog-Grünewald, Stuttgart/Weimar 2008, 408–412.
[97] Zavala, *Rubén Darío bajo el signo del cisne*, 18.

Stoff[98], der sich von Assoziation zu Assoziation entfaltet, bis das Gedicht in einem enigmatischen Kolloquium endet, angesichts dessen die Zukunft Hispanoamerikas weiter zu deuten bleibt. In Baudelaires *Le cygne* „schleppt" sich der Schwan im modernen Paris von einem nostalgisch stimmenden Anhaltspunkt zum nächsten, auch er eine Figur der Trauer[99], die, gen Himmel blickend, nach der Zukunft fragt. Der Schwanenhals schwankt, Paris schwankt, das poetische Subjekt ist exiliert wie Andromache, wie der Vogel aus dem Wasser vertrieben ist – das ohnehin nicht mehr fließt wie einst. Der baudelairesche Schwan ist, wie Jean Starobinski apostrophiert hat[100], ein Zeichen der Separation, und offen bleibt, ob dieser Zustand aufgehoben wird. Der Schwan Daríos, im Singular wie im Plural eine denaturalisierte und gleichwohl depersonalisierte Figur, die auf der Schwelle zwischen zwei Sphären steht, übernimmt diese vom poetischen Subjekt artikulierte Geste des Exilierten.

Transkriptionen nach Darío: Verdrehte Schwanenhälse und vampireske Schwanenseen bei Enrique González Martínez und Delmira Agustini

Einiges könnte noch zur Inbezugsetzung von *Le cygne* und *Los cisnes I* gesagt werden. Doch soll an dieser Stelle eine andere, nämlich postmodernistische Transkription des baudelaireschen Schwans erwähnt werden.[101] Es handelt sich um das Sonett *Tuércele el cuello al cisne* des Mexikaners Enrique González Martínez[102], der dem Schwan im wahrsten Sinne des Wortes den Hals umdreht, dafür aber die Eule (des Wissens) ihre Flügel aufspannen lässt. Diese Transkription aus dem Jahr 1911 ist wohlbekannt und vielzitiert, die erste Strophe lautet:

> Tuércele el cuello al cisne de engañoso plumaje
> que da su nota blanca al azul de la fuente;
> él pasea su gracia no más, pero no siente
> el alma de las cosas ni la voz del paisaje.[103]

Der Autor, der von Monsiváis als Modernist und Anti-Modernist tituliert wird, hat Daríos Schreibweise und jene der französischen Symbolisten gleichermaßen assimiliert. Der Bruch mit Darío wird nicht nur an der Zurichtung des weißen Vogels deutlich, sondern er erklärt sich ebenso mit einer sozialen Bewusstwerdung im Zuge der Mexikanischen Revolution, in deren heftigsten Jahren González Martínez' Texte besonders rezipiert

[98] Vgl. Zavala, *Rubén Darío bajo el signo del cisne*, 119.
[99] Neumeyer, *Der Flaneur*, 119.
[100] Jean Starobinski: *La mélancolie au miroir: Trois lectures de Baudelaire*, Paris 1990, 75.
[101] Siehe ebenso Borsò, „Charles Baudelaire et la modernité en Amérique Latine", 60 f.
[102] Enrique González Martínez: *Tuércele el cuello al cisne*, *Los senderos ocultos* [1911], hier in: González Martínez: *Obras Completas*, hg. von Antonio Castro Leal, Mexiko-Stadt 1971, 116.
[103] Und es heißt weiter wie folgt: „Huye de toda forma y de todo lenguaje/que no vayan acordes con el ritmo latente/de la vida profunda...y adora intensamente/la vida, y que la vida comprenda tu homenaje.//Mira al sapiente búho cómo tiende las alas/desde el Olimpo, deja el regazo de Palas/y posa en aquel árbol el vuelo taciturno...// El no tiene la gracia del cisne, mas su inquieta/pupila, que se clava en al sombra, interpreta/el misterioso libro del silencio nocturno."

wurden.[104] Mit der Distanzierung vom Modernismo – das Gedicht wurde teilweise als Manifest oder gar Doktrin einer neuen Poetik gelesen[105] – geht jedoch auch die Abkehr von der Schwanen-Allegorie baudelairescher Prägung einher.[106] Der Autor schreibt gegen die im trügerischen Gefieder (Vers 1) metonymisierte Äußerlichkeit an, die er in den Versen der Modernisten vorzufinden meint. Der Grazie des Schwans zieht er den unruhigen, weil wissenden Blick der Eule („inquieta pupila“[107]) vor. Die Eule – wie der Schwan allerdings ebenso ein hellenisches Tier – ist Interpretin, sie schwingt sich in die Nacht, um sie zu erkunden. Das für alle gegen die „secta modernista“[108] anschreibenden Autoren einschlägige Gedicht González Martínez' wird im Jahr 1915 erneut in dem sprechenden Gedichtband *La muerte del cisne* publiziert.[109] Daraufhin wird dem Autor die Bezeichnung „matador de cisnes“ auf ewig anhaften[110], wenngleich er sich mit dem Incipit seines Sonetts eigentlich auf Paul Verlaines *Art poétique* berief, wo es in der sechsten Strophe heißt: „Prends l'éloquence et tords-lui son cou!“[111]

Ähnlich eigenwillig ist das nur zwei Jahre nach González Martínez' Replik erschienene Gedicht *El cisne* der uruguayischen Autorin Delmira Agustini[112], in dem sich, so Borsò, eine profane, gar onirische Illumination zuträgt.[113] María José Bruña Bragado wiederum erklärt, Delmira Agustinis Werk reihe sich in eine von Baudelaire (wie von Poe und Rimbaud inspirierte) „escritura de la oscuridad“ ein[114]; Vögel seien darin Ausdrucksfiguren des (suchenden, durchaus irrenden) schöpferischen Aktes, aber auch Marker

[104] Monsiváis, *Historia Mínima de la Cultura Mexicana en el siglo XX*, 86.

[105] Vgl. Alfonso García Morales: *El ateneo de México (1906–1914). Orígenes de la cultura méxicana contemporánea*, Sevilla 1992, 213–221; insb. 219.

[106] Vgl. Borsò, „Charles Baudelaire et la modernité en Amérique Latine“, 60.

[107] Siehe Fn. 100.

[108] Niall Binns: „Lecturas, malas lecturas y *parodias*: desplumando al cisne rubendariano (Enrique González Martínez, Delmira Agustini, Vicente Huidobro, Nicanor Parra)“, in: *Anales de Literatura Hispanoamericana*, núm. 24 (1995), 159–179; 165.

[109] Enrique González Martínez: *La muerte del cisne*, Mexiko-Stadt 1915.

[110] Binns, 165.

[111] Paul Verlaine: *Art poétique*, in: Verlaine: *Jadie et Naguère*, Paris 1884, 23–25.

[112] Delmira Agustini: *El cisne*, in: Agustini: *Los cálices vacíos*, Montevideo 1913, 39–41. Weiter heißt es: „Flor del aire, flor del agua,/alma del lago es un cisne/con dos pupilas humanas,/grave y gentil como un príncipe;/alas lirio, remos rosa.../Pico en fuego, cuello triste/y orgulloso, y la blancura/y la suavidad de un cisne...//El ave cándida y grave/tiene un maléfico encanto;/clavel vestido de lirio,/trasciende a llama y milagro!.../Sus alas blancas me turban/como dos cálidos brazos;//ningunos labios ardieron/como su pico en mis manos;/ninguna testa ha caído/tan lánguida en mi regazo;//ninguna carne tan viva/he padecido o gozado:/viborean en sus venas/filtros dos veces humanos!/Del rubí de la lujuria/su testa está coronada:/y va arrastrando el deseo/en una cauda rosada...//Agua le doy en mis manos/y él parece beber fuego,/y yo parezco ofrecerle/todo el vaso de mi cuerpo...//Y vive tanto en mis sueños,/Y ahonda tanto en mi carne,/que a veces pienso si el cisne/con sus dos alas fugaces,//sus raros ojos humanos/y el rojo pico quemante,/es solo un cosne en mi lago/o es en mi vida un amante...//Al margen del lago claro/yo le interrogo en silencio.../y el silencio es una rosa/sobre su pico de fuego.../Pero en su carne me habla/y yo en mi carne le entiendo. [...]“ Es schließen sich die weiterhin im Fließtext zitierten Strophen an.

[113] Vgl. Borsò, „Charles Baudelaire et la modernité en Amérique Latine“, 71.

[114] María José Bruña Bragado: *Delmira Agustini: Dandismo, género y reescritura del imaginario modernista*, Bern 2005, 134.

melancholischer, makabrer, zumindest nächtlicher Vision, in der neben vielen anderen geflügelten Wesen der weibliche Vampir Versionen des poetischen Subjekts performiere.[115] Jenseits einer auf eine angeblich ‚weibliche Schreibweise' fixierten Lektüre, die dem Werk Agustinis selbstredend widerfahren ist, bietet sich, wie Niall Binns darlegt, gerade *El cisne* für eine doppelte Lektüre an, die durchaus den Anschluss an Rubén Darío sucht, ergo den Schwan als erotische, doch ebenso als poetische Figur liest.[116] Tatsächlich weist Agustinis Gedicht einen meta-poetischen Diskurs auf, in dem der Schwanensee sich als glatte, sozusagen glasglatte (Schreib-)Seite und als Ort der Selbsterkenntnis bzw. Selbstbetrachtung darbietet. In einem Dopplungseffekt, in dem das metonymische Auge der poetischen Instanz („pupila azul", Vers 1) die spiegelnde Oberfläche des Wassers bedeutet – drängen sich dieser innerhalb eines isotopischen Feldes der Klarheit und Transparenz die Gedanken derselben auf:

> Pupila azul de mi parque
> es el sensitivo espejo
> de un lago claro, muy claro!...
> Tan claro que a veces creo
> que en su cristalina página
> se imprime mi pensamiento.[117]

Hinsichtlich der performativen Ebene des Textes ist anzumerken, dass die Begegnung mit dem Schwan äußerst intensiv, aber auch transgressiv ist. Zwar wohnt dem Vogel bösartiger Zauber inne (Vers 16); er kommt in trügerischem, floralem Gewand (Vers 18), mit fetischistischem Haupt (Vers 30/31) daher. In unvergleichlicher Wollust umschlingt er das poetische Subjekt. Dieses hält dem Dürstenden Wasser hin und ist ihm gleichsam Gefäß (Vers 34–37). Das Szenario, das der Text entfaltet, so unterstreicht Sylvia Molloy, sei wie der besprochene Text von González Martínez ein Sakrileg gegen den Duktus Daríos[118]: weil er eine quasi post-mythologische Dynamik präsentiere, weil die Verwirrung in ihm vorrangig erotischer Natur sei und der Schauplatz ein nicht nur intimer, sondern auch persönlicher scheine.[119] Was jedoch den Clou des Gedichtes von Agustini ausmacht, ist ohne Frage Folgendes: Nachdem in den Versen zuvor unter paronomastischen Ausrufen noch eine Penetrationsvariante dargelegt wurde[120], mündet das selbst nach der *petite mort* des metonymischen Schwanennabels noch erotisierte poetische Subjekt in der weißen, nämlichen leeren (Schreib-)Seite:

> –A veces ¡toda! soy alma;
> y a veces ¡toda! soy cuerpo.-

[115] Vgl. ebd, S. 135f. Weiterhin siehe auch Aida Beaupied: „Otra lectura de 'El cisne' de Delmira Agustini", in: *Letras Femeninas* Nr. 22 (1996), 131–142; Sylvia Molloy: „Dos lecturas del cisne: Rubén Darío y Delmira Agustini", in: *La sartén por el mango. Encuentro de escritoras latinoamericanas* (1984), 57–69. Außerdem Tina Escaja: *Salomé decapitada. Delmira Agustini y la estética finisecular de la fragmentación*, New York 2001, 129–139.

[116] Binns, „Lecturas, malas lecturas y *parodias*", 166.

[117] Agustini: *El cisne*, 39.

[118] Molloy bezieht sich hier vorrangig auf Daríos *Leda*, siehe Fn. 75 und 93.

[119] Vgl. Molloy, „Dos lecturas del cisne", 63 ff.

[120] Anders als bei Darío ist diese nicht voyeuristisch. Siehe ebd., 65.

Hunde el pico en mi regazo
y se queda como muerto...

Y en la cristalina página,
en el sensitivo espejo
del algo que algunas veces
refleja mi pensamiento,
¡el cisne asusta, de rojo,
y yo, de blanca, doy miedo![121]

Damit bietet es sich an, die poetische Instanz nicht als passiven Empfangsort, sondern vielmehr als hermaphroditische, ja als „cross-dressing"-Figur zu lesen, die schließlich in einem ebenso post-modernistischen wie auch post-phallozentrischen Moment die Potenz der Feder übernimmt.[122]

Ausblick: "Afuera llueve Baudelaire"

Es mag scheinen, dass diese letzten Ausführungen von Baudelaire weggeführt haben. Vittoria Borsò jedoch unterstreicht, dass Sprache bei Delmira Agustini eine de-identifizierende Funktion erfülle, dass im Schreiben der uruguayischen Autorin jenes Prinzip des Heterogenen herrsche, das Baudelaire mit *Les Fleurs du Mal* in die Literatur eingeführt habe.[123] Alterität, das Fremde im Schreiben, die potentiellen Zonen der Leere, die schließlich Mallarmé poetisiert hat[124], sie scheinen in Agustinis *El cisne* auf. Vor dem Hintergrund, dass Hugo Friedrich formulierte, moderne Lyrik strukturiere sich mittels autoreflexiver Sprach-Operationen und entfremde innerliche Erfahrung, sowie in Anbetracht der Tatsache, dass moderne Lyrik – folgt man weiterhin Friedrich –Alarmzeichen setzt und eigene gewalttätige Markierungen vornimmt, die neue Kommunikationsdispositive eröffnen, so kann an dieser Stelle formuliert werden, dass die modernistischen Verfahren der Maskierung und Verkehrung, die sich bereits in der subtextuellen Fort-, bzw. Umschrift finden, die Rubén Darío an der Ästhetik Baudelaires vornahm, in den Schreibweisen von González Martínez und Agustini eine weitere Fort- und Umsetzung finden, wo sie sich radikalisieren, nämlich Erfahrungen verstärkt entfremden, Alarmzeichen gewaltiger wirken lassen, usf.

Für die Konstituierung eines modernen „sistema literario latinoamericano"[125] ist die Transkription, d.h. die permutative und gleichzeitig kontinuierende Mediation der für die poetische Moderne initialen Schreibweise Baudelaires indiskutabel wichtig gewesen.

[121] Agustini: *El cisne*, 41. Binns zufolge kann diese auch als Leere nach dem Mord am Vater des Modernismo, Rubén Darío, gelesen werden. Binns, „Lecturas, malas lecturas y *parodias*: desplumando al cisne rubendariano...", 170.

[122] Vgl. Escaja: *Salomé decapitada. Delmira Agustini y la estética finisecular de la fragmentación*, 129 f.

[123] Vgl. Borsò, „Charles Baudelaire et la modernité en Amérique Latine", 71 f.

[124] Stéphane Mallarmé, „Un coup de Dés jamais n'abolira le Hasard", in *Cosmopolis* Nr. 17 (1897), 417–427.

[125] Rama, *La crítica de la cultura en América Latina*, 87.

Ebenso ist evident, dass sich damit die *eine* Struktur okzidentaler, auf den Neuerungen der französischen Poetiken fundierenden Lyrik relativiert, weil diese sich im Zuge des Kulturtransfers, im ‚Transport' kultureller und symbolischer Äußerungsmodi, differenziert und pluralisiert hat. Es reicht aus, darauf hinzuweisen, dass der Modernismo, wie Zavala betont, auf der Idee der Reise gefußt hat; dass Sprache und sprachliche Bilder sich in einer Dynamik von Deplatzierungen zwischen der neuen und der alten Welt rekontextualisiert, zu kulturellen Ansteckungen („contagios") geführt haben.[126] So ist das moderne Experiment, die Struktur lyrischen Sprechens ins Schwanken zu bringen, kommunikative Wohnlichkeit auszusetzen, ein Projekt zwischen den Amerikas wie zwischen Europa und der Neuen Welt, und es erweist sich einmal mehr, dass sich Dichtung in vielerlei Hinsicht als „figure privilégiée de l'alterité" anbietet.[127]

Die Reise unterdessen geht weiter. Denn Baudelaires Mitte des 19. Jahrhunderts in Europa einschlagender Beitrag wird in Lateinamerika bis heute transkribiert.[128] Beispielsweise beginnt ein *San Baudelaire* betiteltes Gedicht des Venezolaners Elí Galindo aus dem Jahr 1974, über das ein ebenso auf den Autor der *Les Fleurs du Mal* verweisender Text von Vicente Huidobro platziert ist, mit dem Satz „Afuera llueve Baudelaire": Baudelaire wirkt hier als Regengeist, dessen Raunen über die Hölle aktuell und vertraut klingt, aber mit einem lokalen Schweigen und stolperndem Schritt beantwortet wird. Oder: der Argentinier Andrés Rivera legt im Jahr 1991 mit *El amigo de Baudelaire* einen historischen Kurzroman vor, in dem der Protagonist Baudelaire dem *poète maudit* gleichermaßen wie einem Fantasma begegnet, allerdings in Paris, wo er diesem anvertraut, der wahre Geruch der Pampa sei der Duft von Geld. Vor allem jedoch will er wissen, ob der französische Dichter sich ebenso mit den „códigos criollos" der Perversität auskenne.[129] Riveras Figur ist ein Flaneur zwischen den Welten, der sich im Raum der Stadt und im Raum der Pampa wie in der Geschichte vom Transfer poetischen wie kapitalistischen, schließlich unberechenbaren Aufbruchs verliert. Und so ist es kein Wunder, dass der Uruguayer Felipe Polleri in einem Roman mit dem wenig romanesken Titel *Gran ensayo sobre Baudelaire* aus dem Jahr 2006 in einem durchweg fragmentierten, erratischen Textgefüge „Baudelaire" quasi als prosaischen Suchbegriff eingibt.[130]

[126] Zavala, *Rubén Darío bajo el signo del cisne*, 12.

[127] Henri Meschonnic: *Poétique du traduire*, Paris 1999, 238.

[128] Elí Galindo: „San Baudelaire" [1974], in: Galindo: *San Baudelaire*, Caracas 2005, 41 f.

[129] Andrés Rivera: *El amigo de Baudelaire*, Buenos Aires 1991, 13; 39.

[130] Felipe Polleri: *Gran ensayo sobre Baudelaire*, Montevideo 2007.

Patricio Pron

El presente del pasado de las cosas

Algún tiempo atrás visité a una pareja de ancianos que vivía en las afueras de una pequeña ciudad alemana. No los conocía, pero sabía ya algunas cosas acerca de ellos: sabía que eran los abuelos paternos de mi novia, que eran lectores de Theodor Fontane, que él había sido maestro, que hacía tiempo que mi novia no los visitaba. Vivían en un pequeño piso con vistas a una autopista poco transitada y su conversación era exquisita, el resultado de una vida de lecturas que habían dejado huella en ellos y que ellos desgranaban sin afectación alguna mientras repartían el pastel prescriptivo, servían el café y se interesaban por nuestros asuntos, como si hubiese algo por lo que interesarse en nuestras vidas.

Al día siguiente de visitarlos recibimos una tarjeta en la que el anciano me agradecía, en un gesto quizás anticuado pero incluso así (o tal vez por ello) particularmente conmovedor para mí, el libro de Fontane que yo había comprado en un anticuario y que le había entregado el día anterior. Antes incluso, y poco después de que nos despidiéramos de ellos tras pasar la que para mí había sido hasta ese momento una de las mejores tardes de mi estancia en Alemania, mi novia me había contado una historia acerca de su abuelo: había sido reclutado forzosamente durante la guerra; había combatido en el frente oriental y en el occidental, escalando posiciones en el ejército involuntariamente, por deserción o muerte de sus superiores; en Francia, ante el avance de los Aliados, se había entregado: había forzado a un subordinado suyo a darle su uniforme de soldado regular y a ponerse el suyo de oficial; el subordinado había sido fusilado, él había salvado la vida.

Ni mi novia ni su padre conocían bien la historia, de la que (en realidad) preferían no hablar; por supuesto, su padre y ella sabían bien de la responsabilidad alemana en los hechos trágicos del período comprendido entre 1933 y 1945 y habían internalizado la culpa que persigue a los alemanes desde entonces, pero, incluso sabiendo acerca de esa culpa, parecían poco interesados en conocer la responsabilidad personal de un miembro de su familia en esos hechos. Más aun (pensé) su reconocimiento de la culpa alemana en los hechos trágicos de la primera mitad del siglo XX es lo que les impedía evaluar esa responsabilidad individual, era la excusa para no escarbar en la historia familiar, para no confrontar al anciano con unos hechos que no existían al margen de la historia alemana (como si ocupasen, digamos, el cuarto trasero de un edificio sólo conocido por su fachada), sino que eran la historia alemana misma, despojada de estrategias retóricas, carente de argumentos sociológicos y políticos que la explicasen, convertida en historia familiar y en destino.

Allí, pienso ahora, comenzó todo para mí. No necesariamente en la historia de aquel anciano que conocí una tarde en las afueras de una pequeña ciudad alemana y que murió algunos años después, sino en la confrontación entre responsabilidad individual y culpa colectiva en la que yo pensé por primera vez aquella tarde y en lo que esa confrontación tenía para decir acerca de mi propio país, donde los responsables del asesinato de treinta mil personas durante la dictadura militar habían sido juzgados y a continuación liberados en nombre del mismo argumento que presidía la forma alemana de pensar en el pasado, el de que el reconocimiento de la culpa colectiva eximía del ejercicio del esclarecimiento de la responsabilidad individual.

No volvía a Argentina desde hacía años y era perfectamente consciente de lo acertado de las palabras del sociólogo y ensayista británico Iain Chambers, quien alguna vez había escrito que la "migración es un viaje sin retorno", ya que "no hay hogar al que volver". Al regresar a Argentina, sin embargo, mientras no podía quitarme de la cabeza la historia de aquel anciano y las incógnitas que había dejado su muerte y que ya no podría resolver nadie (¿La historia era cierta? ¿Cuál era el nombre de su subordinado, el que había muerto con su nombre mientras él sobrevivía con el suyo? ¿En sus noches había remordimiento, satisfacción, indiferencia, consuelo?), pensé que regresaba al pasado, al de mi país (que yo sabía sangriento) y al de mi propia familia, cuya participación en los hechos trágicos del pasado argentino (y la forma en que había conseguido escapar de la muerte) mis padres y mis hermanos y yo habíamos fingido olvidar durante demasiado tiempo; volvía, me decía yo, al pasado, pero, al mismo tiempo, empezaba a resultarme cada vez más claro que tampoco me era posible volver al pasado, ya que, en realidad, nunca lo había abandonado por completo e iba conmigo dondequiera que yo fuera: que (al fin) estaba donde yo allí donde yo estuviese, incluso en un piso en una pequeña ciudad alemana, una tarde, en las palabras no dichas por un anciano que a mí iban a servirme de estímulo para narrar la historia de lo que yo había visto y oído y de cómo lo había visto y oído, en un país que para mí era el pasado; es decir, el presente.

Verzeichnis der Autorinnen und Autoren

Dr. KORA BAUMBACH ist seit 2012 wissenschaftliche Koordinatorin am Lichtenberg-Kolleg, dem Institute for Advanced Study der Universität Göttingen.

Arbeitsschwerpunkte: Protestbewegungen der zweiten Hälfte des 20. Jahrhunderts, insbesondere die Literatur der Studentenbewegung, die Beziehungen und gegenseitigen Einflussnahmen der revolutionären und Befreiungsbewegungen Lateinamerikas und der Studentenbewegung bzw. der intellektuellen Linken; Rezeption der Anne-Frank-Tagebücher im Rahmen der Holocaust-Erinnerung in der DDR.

Veröffentlichungen (Auswahl): *Standorte. Westdeutsche und lateinamerikanische Autoren im Wechselspiel politischer und ästhetischer Konstellationen* (Berlin 2011); als (Mit-)Herausgeberin: *Strömungen. Politische Bilder, Texte und Bewegungen. Neuntes DoktorandInnenseminar der Rosa-Luxemburg-Stiftung* (Berlin 2007); „Kontroverse Geschichtsbilder: Mario Vargas Llosas Strategie fiktionaler Erinnerungspolitik", in: *Differenz und Herrschaft in den Amerikas. Repräsentationen des Anderen in Geschichte und Gegenwart*, hg. von Anne Ebert, Maria Lidola, Karoline Bahrs und Karoline Noack, (Bielefeld 2009), 271–282; „Verdrängte Kolonialgeschichte. Zu Uwe Timms Roman *Morenga*", in: *Monatshefte für deutschsprachige Literatur und Kultur, Special Issue: Integrität*, hg. von Andrea Albrecht und Horst Turk, Summer 2005, Volume 97, Number 2, 213–231.

Dr. RIKE BOLTE hat im Bereich Lateinamerikanistik promoviert und habilitiert zu poetischen Zeitfunktionen und Zeitreisen in der frankophonen Lyrik des späten 19. Jahrhunderts.

Arbeitsschwerpunkte: Erinnerungskulturen, Repräsentationstheorien, (Text-)Bildmedien, Lyriktheorien, Wissenspoetik (u.a. Ökokritik), Gender-Studies. Monographie: *Gegen (-)Abwesenheiten. Memoria-Generationen und mediale Verfahrensweisen kontra erzwungenes Verschwinden (Argentinien 1976–1996–2006)* (ADLAF-Preis 2012). Letzter Sammelband: *Sondierungen. Lateinamerikanische Literaturen im 21. Jahrhundert* (zus. mit Susanne Klengel). Außerdem ist sie (Ko-)Leiterin und Gründerin des Berliner Poesiefestivals LATINALE und leitet seit Herbst 2013 ein studentisches Forschungsprojektes zu neuen poetischen Schreibweisen in Lateinamerika (latinale.academica). Neben wissenschaftlichen Schriften hat sie Anthologien zur aktuellen spanischsprachigen Lyrik und Prosa herausgegeben (z.B. *Sichtungen – Einblicke in die neue mexikanische Dichtung*, in: *Poet* Nr. 12, Leipzig 2012, 104–189; *TransVersalia – Horizontes con versos/Horizonte in verkehrten Versen*, Berlin 2011, oder: *Asado Verbal. Junge argentinische Literatur*, Wagenbach 2010, zus. mit Timo Berger).

Prof. Dr. MARCO THOMAS BOSSHARD, geboren 1976 in Zürich, ist Professor für Spanische Literatur- und Kulturwissenschaft an der Europa-Universität Flensburg.

Monographien: *La reterritorialización de lo humano. Una teoría de las vanguardias americanas* (Pittsburgh, 2013); *Churata y la vanguardia andina* (Lima, 2014). Als Herausgeber u.a. *Return Migration in Romance Cultures* (Freiburg, 2014; hg. zus. mit Andreas Gelz); *Buchindustrie und Buchmessen zwischen Deutschland, Spanien und Lateinamerika* (Münster, 2015) und *Orientaciones transandinas para los estudios andinos* (Pittsburgh 2015, Sondernummer der *Revista Iberoamericana*; hg. zus. mit Vicente Bernaschina Schürmann).

Dr. KATJA CARRILLO ZEITER ist promovierte Lateinamerikanistin.

Arbeitsschwerpunkte: hispanoamerikanische Literatur- und Kulturwissenschaft unter besonderer Berücksichtigung der argentinischen, chilenischen und mexikanischen Literatur und Kultur, Prozesse des Nation-building, Comicliteratur, Populärliteratur.

Veröffentlichungen (Auswahl): *Die Erfindung einer Nationalliteratur. Literaturgeschichten Argentiniens und Chiles (1860-1920)* (Frankfurt a.M./Madrid 2011); als Mitherausgeberin: *Ganoven, Gauchos und Gesänge. Die Biblioteca criolla: eine Geschichte des Sammelns und Forschens* (Berlin 2015); *Las ciencias en la formación de las naciones americanas* (Madrid/Frankfurt a.M. 2014); *Von Liebe, Mord und Alltag. Die Sammlung argentinischer Theater- und Romanzeitschriften des Ibero-Amerikanischen Instituts* (Berlin 2014); *Literatura de la Independencia, independencia de la literatura* (Frankfurt a.M./ Madrid 2013).

Prof. Dr. OTTMAR ETTE ist seit 1995 Lehrstuhlinhaber für Romanische Literaturwissenschaft an der Universität Potsdam. Seine Venia Legendi umfasst die Romanischen Literaturen sowie die Allgemeine und Vergleichende Literaturwissenschaft. Er ist Mitglied der Berlin-Brandenburgischen Akademie der Wissenschaften sowie Honorary Member der Modern Language Association.

Arbeitsschwerpunkte: Literaturen der Welt, TransArea Studies, Alexander von Humboldt, Literaturwissenschaft als Lebenswissenschaft.

Veröffentlichungen (Auswahl): *TransArea. A Literary History of Globalization*, translated by Mark W. Person (Berlin/Boston 2016); *Der Fall Jauss. Wege des Verstehens in eine Zukunft der Philologie* (Berlin 2016); *SaberSobreViver. A (o) missão da filologia* (Paraná 2015); *Roland Barthes: Landschaften der Theorie* (Paderborn: Konstanz University Press 2013); als Herausgeber: *Humboldt, Alexander von: Views of the Cordilleras and Monuments of the Indigenous Peoples of the Americas. A Critical Edition*, edited with an Introduction by Vera M. Kutzinski and Ottmar Ette (Chicago/London 2012).

Prof. Dr. SUSANNE KLENGEL ist seit 2009 Professorin für Literaturen und Kulturen Lateinamerikas am Lateinamerika-Institut der Freien Universität Berlin, Mitglied des Internationalen Graduiertenkollegs „Entre Espacios. Movimientos, actores, representaciones“ und Chefherausgeberin der Zeitschrift *Iberoromania. Revista dedicada a las lenguas, literaturas y culturas de la Península ibérica y de América latina.*

Arbeitsschwerpunkte: Gegenwartsliteratur in Hispanoamerika und Brasilien, iberoromanische Avantgardebewegungen, transatlantische Intellektuellengeschichte, literarische und kulturelle Süd-Süd-Beziehungen Lateinamerika/Indien.

Veröffentlichungen (Auswahl): *Die Rückeroberung der Kultur. Lateinamerikanische Intellektuelle und das Europa der Nachkriegsjahre (1945–1952)* (Würzburg 2011); *Reconquistando la cultura, recuperando la memoria. Agendas latinoamericanas en la segunda posguerra y en la literatura contemporánea sobre la memoria del Holocausto.* (Medellín 2016); als Mitherausgeberin: *Novas Vozes. Zur brasilianischen Literatur im 21. Jahrhundert* (Madrid/Frankfurt a.M. 2013); *SUR / SOUTH: Poetics and Politics of Thinking Latin America/ India* (Madrid/Frankfurt a.M. 2016).

Dr. MARTINA KOPF ist Wissenschaftliche Mitarbeiterin am Institut für Allgemeine und Vergleichende Literaturwissenschaft der Johannes Gutenberg-Universität Mainz.

Arbeitsschwerpunkte: Literatur und Kulturwissenschaft, literarische Beziehungen zwischen Europa und Lateinamerika, Interkulturalität, literarische Kulinaristik.

Veröffentlichungen (Auswahl): *Alpinismus – Andinismus. Gebirgslandschaften in europäischer und lateinamerikanischer Literatur* (Stuttgart 2016); „Mountain Food or the Common Ground of Milk and Coca: On the Relationship between Alpine and Andean Landscapes and Food in Literature", in: *Food & History* 11/1 (2013), 57–73; „Parodie und Dekonstruktion des Bergdörflichen. Vea Kaisers Blasmusikpop oder Wie die Wissenschaft in die Berge kam und Ursula Meiers L'enfant d'en haut."; in: *Imaginäre Dörfer. Zur Wiederkehr des Dörflichen in Literatur, Film und Lebenswelt*, hg. von Werner Nell und Marc Weiland, Bielefeld 2014, 387–406.

Prof. Dr. HORST NITSCHACK ist seit 2005 Professor für Allgemeine und Vergleichende Literaturwissenschaft und für brasilianische Literatur und Kultur an der Universidad de Chile.

Arbeitsschwerpunkte: brasilianische Literatur und Kultur; Kritische Theorie (Walter Benjamin); Lateinamerikanische Literaturkritik; der Bildungsroman in Lateinamerika.

Veröffentlichungen (Auswahl): „Gilberto Freyre y Sérgio Buarque de Holanda: mestiçagem y cordialidade como estrategias de convivencia", en: *Revista Chilena de Literatura* N° 88, Dic. 2014, 173-198; „W. Benjamin in Lateinamerika: Rezeption, Appropriation und Recycling", in: *Verlag Macht Weltliteratur. Lateinamerikanisch-deutsche Kulturtransfers zwischen internationalem Literaturbetrieb und Übersetzungspolitik*, hg. von Gesine Müller, Berlin: W. Frey (tranvía), 2014, 239–255; „Representación y goce de la violencia en Roberto Bolaño", en: *Memorias en tinta. Ensayos sobre la representación de la violencia política en Argentina, Chile y Perú*, ed. by Lucero de Vivanco, Santiago: Ediciones Universidad Alberto Hurtado, 2013.

Dr. KARIN PETERS studierte Komparatistik, Hispanistik und Interkulturelle Kommunikation an der LMU München (2000–2006) und der VIU Venedig (2004). Noch während ihrer Promotion am Promotionsstudiengang „Literaturwissenschaft" der LMU

(2007–2010) kam sie 2008 als Wissenschaftliche Mitarbeiterin (LW Französisch/Spanisch) an das Romanische Seminar der Johannes Gutenberg-Universität Mainz.

Arbeitsschwerpunkte: Autorschafts- und Kulturtheorie, Roland Barthes, Bukolik des spanischen Siglo de Oro, Männlichkeitsstudien, Geschichtsrepräsentationen und Affekt, Argentinische (Gegenwarts-)Literatur.

Veröffentlichungen (Auswahl): *Der gespenstische Souverän. Opfer und Autorschaft im 20. Jahrhundert* (München 2013); als (Mit-)Herausgeberin: *In (Ge)Schlechter Gesellschaft? Politische Konstruktionen von Männlichkeit in der Romania* (Bielefeld 2016), *Allegorien des Liebens. Liebe – Literatur – Lesen* (Würzburg 2015); *Jenseits der Zeichen. Roland Barthes und die Widerspenstigkeit des Realen* (München 2012).

Dr. PATRICIO PRON wurde 1975 in Rosario, Argentinien, geboren, hat in Göttingen in Romanistik promoviert und lebt heute in Madrid. Für seine Erzählungen erhielt er 2004 den Juan Rulfo Short Story Prize. 2010 wurde er in die spanische Ausgabe der „Granta"-Anthologie aufgenommen, unter die 20 besten spanischsprachigen Autoren unter 40 gewählt.

Dr. PETER W. SCHULZE ist Koordinator des Instituto Ibero-América an der Universität Bremen und arbeitet seit 2015 an dem DFG-Forschungsprojekt (Eigene Stelle) *Glocalising Modes of Modernity: Transnational and Cross-Media Interconnections in Latin American Film Musicals*.

Arbeitsschwerpunkte: Lateinamerikanische Literatur- und Filmgeschichte; Genretheorie, Medienästhetik, Intermedialität; postkoloniale Theorien und Kulturpraktiken; interamerikanische Globalisierungsprozesse (insbesondere zwischen Argentinien, Brasilien, Mexiko und den USA).

Veröffentlichungen (Auswahl): *Transformation und Trance: Die Filme des Glauber Rocha als Arbeit am postkolonialen Gedächtnis* (Remscheid 2005), *Strategien ›kultureller Kannibalisierung‹. Postkoloniale Repräsentationen vom brasilianischen Modernismo zum Cinema Novo* (Bielefeld 2015); als Mit-Herausgeber: *Novas Vozes. Zur brasilianischen Literatur im 21. Jahrhundert* (Frankfurt a.M.2013); *Genre Hybridisation. Global Cinematic Flows* (Marburg 2013); *Transmediale Genre-Passagen: Interdisziplinäre Perspektiven* (Wiesbaden 2015).

PD Dr. habil. SASCHA SEILER, geb. 1972 in Ludwigshafen am Rhein, Privatdozent am Institut für Allgemeine und Vergleichende Literaturwissenschaft an der Johannes Gutenberg -Universität Mainz und freier Musikjournalist.

Zahlreiche Bücher und Aufsätze vor allem zur populären Musik, zur Literatur der Postmoderne und zur Terrorismusforschung. Besonderer Forschungsschwerpunkt ist die Ästhetik des Verborgenen und Verschwundenen. Hierzu zuletzt erschienen ist eine Monographie zum Phänomen des Verschwindens in der Literatur der Moderne und Postmoderne sowie ein Sammelband zum Versteckten und Verborgenen in der Popmusik.

Dr. MICHI STRAUSFELD war von 1974–2008 im Suhrkamp Verlag verantwortlich für die spanisch-lateinamerikanischen Titel. Seitdem im S. Fischer-Verlag tätig.

Herausgeberin von Materialienbänden zur lateinamerikanischen, brasilianischen und spanischen Literatur; Herausgeberin von Anthologien (15), Essays, Artikel (u.a. Länderartikel für KLfG) usw.

Letzte Veröffentlichungen: *Schiffe aus Feuer. 36 Geschichten aus Lateinamerika* (Frankfurt a.M. 2010); *Dunkle Tiger. Lateinamerikanische Lyrik* (Frankfurt a.M. 2012); *Der Vorabend aller Pracht. Eine Lesereise durch zwei Jahrhunderte argentinischer Erzählkunst und Poesie* (*die horen* 238, 2010); *In so einem Augenblick ist alles möglich ... Ein Spaziergang durch die Literatur Brasiliens* (*die horen* 251, 2013).